戦後の
日本資本主義

長島誠一 著

桜井書店

はしがき

　本書は,「企業と市場の社会」から「自立した個人が連帯する社会」へ転換すべきだとする視点から, 戦後日本の経済・社会体制の特質を明らかにし, 日本経済のダイナミックな発展の軌跡をフォローし, 21世紀を迎えた日本社会が陥っている構造危機（日本資本主義システムの危機）を克服するための構造改革を提起している。若い世代の人たちに本書の主張に関心を持ってもらいたいので, 以上の内容を理解しやすい言葉を使って説明しておこう。

　「企業と市場の社会」とは, 企業が自由に営利活動（カネ儲け）する社会（企業社会）であり, 財とサービスの生産・流通・消費過程が市場を舞台として商品と貨幣に媒介されて実現される社会である（商品・貨幣経済）。経済学の専門用語で表現すれば, 商品経済が無限の自己増殖を求める資本によって包摂されている経済（資本制商品経済）である。そこでは資本（カネ）を持つ人たちの貨殖活動は自由であるが, 労働する人たちには「労働の疎外」（労働の創造性の喪失）をもたらし, 生活する人たちには「生活の疎外」（欲求不満の累積）を生みだし, 貧富の格差や失業を必然的に強制する。小渕内閣の経済戦略会議や小泉内閣の経済財政諮問会議の基本的な路線となっている規制緩和・民活・市場主義は, こうした経済社会を理想としている。戦後のアメリカを中心とした西側諸国（先進資本主義国）の黄金時代（高度経済成長期）をリードしてきたケインズ政策（財政・金融政策を中心とした国家の経済政策）が失敗し, またソ連・東欧の東側諸国（「社会主義」国）の解体によって, こうした新自由主義（新保守主義）が経済学の主流となった。しかしそれがもたらしているものは, 日本のバブルとその崩壊, 1990年代からつづいている長期停滞であり, 世界的な金融投機活動による不安定性の増大であり, 貧富の格差の拡大と高失業時代の到来であった（本書の第6・7・8章, 参照）。

　「自立した個人が連帯する社会」は,「自由人の連合体」とか「アソシエーション」とも呼ばれるカール・マルクスの共産主義社会（その前段階としての社会主義社会）である。ソ連や東欧の「社会主義体制」の解体をもって, 社会主

義思想や社会主義運動の破産をいいたてる人たちがぞくぞくと登場してきた。その底流には，ソ連・東欧の「中央指令型社会主義」を社会主義の典型とみる考えがあり，これは「虚像」に向かって批判しているようなものである。あるいは意図的に悪宣伝するデマゴギーであり，とうてい学問的な批判とはなっていない。ソ連社会は，マルクスの社会主義・共産主義とは異質であり，私は19世紀の社会主義像に安住せず，また20世紀の「社会主義」の成立と解体の歴史を直視しながら，21世紀の社会主義像を構想してみようとした（第10章）。

さて，植民地侵略戦争をひた走りに走ってきた日本軍国主義（帝国主義）は，1945年8月15日に敗戦となった。東アジアを中心とした諸国・地域・民族に甚大な被害を与えたばかりでなく，日本国民も多くの戦争犠牲者をだした。生き残った人たちは飢餓的な窮乏生活の中で刻苦精励し，占領軍（GHQ）指導下ながら民主改革（財閥解体・農地改革・労働改革）を進め，日本国憲法を制定した。しかし東西冷戦の激化による占領政策の変更，ドッジ不況，単独講和と日米安保体制の確立をへて日本資本主義が再建されていく過程において，戦後改革は不徹底なものとなり，また後退もした。逆に，戦後復興が完了していくことによって，日本の経済社会は近代的な資本主義（国家独占資本主義）として再建された（序章）。本書では，再建された戦後日本資本主義の構造的特質を，資本体制（第1章）と社会体制（第2章）の両面から全体的に描こうとした。私の基本的視点は，自然とそれを土台とした主体としての人間，この人間がつくりだす経済や社会を統合的に考察することにある。したがって，経済的特質だけではなく，政治・社会・教育・イデオロギー・自然の特質にも目を配ってみた。

再建された日本資本主義は，資本の運動（自己増殖運動）法則に支配され，短期循環（在庫投資循環）は中期循環（設備投資循環）に吸収され，中期循環は長期的な発展局面を形成してきた。戦後のダイナミックな発展の軌跡を，経済復興期，高度経済成長期，スタグフレーション期，バブルとその崩壊期に区分し，まず高度成長期以降の三つの時期（発展局面）の枠組み・動態・帰結を概観してみた（第3章）。このようにダイナミックに日本経済は変化してきたのであり，戦後全体を一つの時期としてまとめるのは困難であることを私は実感した。それだけ日本社会の変化のスピードが速かったとも考えられる。しかし

同時に，経済は生き物であり，その時々の具体的・歴史的条件によっても左右されるので，それぞれの時期の短期・中期的な景気動向をなるべく詳しくフォローしてみた（第4・5・6・7章）。世界経済の中で日本経済をみれば，この過程は経済大国化・債権大国化・金融的敗戦となるが，アメリカを中心とした世界経済の枠組みによって日本経済も規制されているから，それぞれの時期の世界経済との関連も重視した。

　このように資本の運動は，構造（枠組み）に規制されながら循環運動を繰り返すとともに，この循環運動は構造そのものを変化させてきた。21世紀となった時点で，あるいは敗戦から56年をへた時点で，戦後体制としての構造はどのように変化したのか。結論的にいえば，戦後の制度や組織やイデオロギーが行き詰まってきた。第8章ではそれを構造危機として総括し，危機は経済・社会・人間（精神）・生活様式にまで及んでいることを力説した。しかし行き詰まったからといって，社会は自動的に崩壊するものではない。主体としての人間自身がつくりだしている社会である以上，人々はそれを打開しようとする。政権政党はもとより各政党から，多種・多様な構造改革案が提起されはじめた。第9章では，新しい社会（「自立した個人が連帯する社会」）へ向かっての改革の方向性を提起してみた。その基本的スタンスは，不徹底ながら日本社会に「定着」してきた日本国憲法の理念（市民社会）を一つ一つ実現していこうとするものである。その経済観は，経済財政諮問会議とは根本的に異なっているだろう。もし仮にも，小泉内閣の構造改革が資本主義の枠を突き破るようになった時にはじめて，本物の構造改革として私は評価したい。残念ながら，構造改革がめざすべき「新しい社会」観なり，1930年代のニュー・ディールに匹敵するような新資本主義論が欠如していると考えざるをえない。

　40年ほど前に日本では，「社会主義への日本の道」を巡って構造改革論争が巻き起こった。しかし現代資本主義論として理論化されなかった。経済理論学会でひきつづき現代資本主義分析はなされてきたが，本格的な日本資本主義論は少なかった。また，戦後の全過程をフォローする学生向けの日本資本主義論も不足しているように思えた。しかし私は日本経済についてはまったく不勉強であった。その意味においては未知の研究領域に「参入」しようとしたことになるが，あえて執筆してみようと思い立ったのは，このような研究・教育事情

による。誤った記述があるかもしれないが，読者のみなさまのご寛容をせつにお願いしたい。そして，若い世代の人たちに，今日の日本社会の構造危機の実態とその発生過程と歴史的根源とに関心を向けてもらいたい。戦後日本という身近な対象から出発して，経済学と社会科学，そして科学全般への認識も深めてもらいたい。

　本書で使用した文献や資料はすべて東京経済大学図書館に収蔵されており，図書館の司書の方々は親切なレファレンスをしてくれたことに感謝したい。最後になってしまったが，桜井香さんは，誕生したばかりの桜井書店を取り巻く困難な諸事情にもかかわらず，本書の出版を快諾してくれて，執筆過程でいろいろとアドヴァイスをしてくれた。戦時中にこの世に命をもらい，戦後のひもじい想いを鮮明に持ちながら，日本社会の激動の中で生きてきた同時代人同士の「自分史」の語らいは，非常に楽しかったしまた有意義であった。記して，深く感謝したい。

　　　　　　　　　2001年8月24日　箱根湯本でのゼミ合宿の夜

　　　　　　　　　　　　　　　　　　　　　　　　　　長 島 誠 一

目 次

はしがき………………………………………………………………………3

序　章　戦後復興………………………………………………………19

　第1節　敗戦による国民生活の困窮……………………………………19
　　　　1　死亡者数／2　国土の荒廃／3　国富の喪失／4　生産力の破壊
　　　　5　国民生活の飢餓的状態／6　縮小再生産の進行
　第2節　経済復興過程……………………………………………………24
　　　　1　経済混乱期／2　経済再建発足期／3　経済安定計画期／4　経
　　　済復興期／5　経済自立胎動期

第1章　戦後資本主義と日本の資本体制……………………………31

　第1節　世界経済の構造…………………………………………………31
　　第1項　戦後体制　31
　　　　1　パックス・ルッソー＝アメリカーナ（冷戦体制）／2　経済体制・
　　　IMF＝GATT体制／3　植民地体制の崩壊と南北問題の発生
　　第2項　生産力基盤　34
　　　　1　戦後の科学技術革新／2　産業構造の変化
　　第3項　労働力の移動　35
　　第4項　貿　易　36
　　第5項　資本輸出（多国籍企業）　36
　　第6項　国際通貨・金融　37
　第2節　国家の政策………………………………………………………38
　　第1項　国家の二重機能　38
　　第2項　国家の景気政策と長期計画　39
　　第3項　日本の経済政策　40
　　　　1　全体的計画の変質（立案と廃棄）／2　経済政策の体系的整備
　第3節　独占資本体制（金融資本）の復活……………………………42
　　第1項　財閥解体から企業集団の形成　42

目次　7

第 2 項　独占体制の確立と企業系列　43
　　　1　「一般集中度」／ 2　「品目別生産集中度」／ 3　企業集団の確立／
　　　4　企業集団への集中度
　　第 3 項　系列ワン・セット主義　45
　　第 4 項　間接金融方式　46
　第 4 節　金融資本の編成（企業集団）…………………………………………47
　　第 1 項　企業集団内部の結合関係　48
　　　1　人的結合関係／ 2　融資関係／ 3　所有関係
　　第 2 項　法人資本主義論（所有と支配）　54
　　　1　バーリー＝ミーンズの経営者革命論／ 2　宮崎義一の経営者革命
　　論批判
　第 5 節　金融寡頭制支配の構造…………………………………………………56
　　第 1 項　金融寡頭制　56
　　　1　金融資本の経済支配／ 2　政・官・財の複合体制
　　第 2 項　金融寡頭制のイデオロギー　58
　　　1　資本とイデオロギー／ 2　会社至上主義イデオロギー／ 3　輸出
　　至上主義イデオロギー／ 4　文部省の文教政策／ 5　戦後日本のイデ
　　オロギー論争

第 2 章　戦後日本資本主義の社会体制……………………………………………67

　第 1 節　労働体制…………………………………………………………………67
　　第 1 項　戦後労働運動の高揚と後退　67
　　　1　占領軍の労働政策の転換／ 2　戦後労働運動の高揚と後退
　　第 2 項　労働者階級構成　69
　　第 3 項　労働者階級意識　71
　　第 4 項　企業別労働組合と企業内管理組織　72
　第 2 節　生活環境…………………………………………………………………75
　　第 1 項　森林の環境保全機能　75
　　第 2 項　環境政策不在の産業政策　75
　第 3 節　政治と教育………………………………………………………………77
　　第 1 項　戦後民主主義政治　77
　　　1　主権在民と議会制民主主義／ 2　民主化運動と民主主義の体制内
　　化／ 3　55年体制の成立／ 4　安保闘争（民主主義とナショナリズム

の高揚)／5　高度経済成長と民主主義の資本主義化／6　新左翼運動の登場

　　第2項　戦後民主主義教育　81
　　　　1　民主主義教育の理念／2　現場からの教育改革と国家の教育管理／3　大学の自治と学生運動

　第4節　保守政権の政策に対する闘争……………………………………84
　　第1項　外交政策に対する闘争　84
　　第2項　産業政策に対する闘争　85
　　第3項　文教政策に対する闘争　85

第3章　戦後日本資本主義の循環と発展………………………………………87

　第1節　戦後の成長と循環………………………………………………87
　　第1項　長期発展過程　87
　　第2項　経済企画庁の景気基準日付　91
　　第3項　長期・中期・短期循環の複合作用　91
　　　　1　中期循環／2　短期循環／3　長期循環

　第2節　敗戦から高度成長への転換の秘密…………………………………96
　　第1項　戦前からの断絶と継続　96
　　第2項　高度経済成長の秘密　97

　第3節　高度経済成長期（1950年代後半・60年代）……………………99
　　第1項　枠組み　99
　　　　1　国家の政策／2　資本体制／3　社会体制
　　第2項　動　態　100
　　第3項　帰　結　101

　第4節　スタグフレーション期（1970・80年代前半）…………………103
　　第1項　枠組み　103
　　第2項　動　態　104
　　第3項　帰　結　106

　第5節　バブルの形成と崩壊期（1980年代後半・90年代）………………106
　　第1項　枠組み　106
　　第2項　動　態　107
　　第3項　帰　結　109

第4章　高度経済成長期の景気循環 …………………………111

第1節　世界循環 ……………………………………………111
- 第1項　各国循環の同時性と非同時性　111
- 第2項　恐慌の軽微化　111
- 第3項　周期の長さ（短縮化）　114
- 第4項　クリーピング・インフレーションの出現　115

第2節　神武景気と1957〜58年恐慌 ………………………116
- 第1項　回復の準備　117
- 第2項　景気指標の動向　117
- 第3項　数量景気から投資景気へ　119
- 第4項　「なべ底不況」としての1957〜58年恐慌　122
- 第5項　景気後退パターン（国際収支の天井）　123

第3節　岩戸景気と1960年代初期の不況 ……………………123
- 第1項　回復の条件　123
- 第2項　マクロ指標の動向　124
- 第3項　岩戸景気の動向　124
- 第4項　景気過熱から緩やかな景気調整へ　128
- 第5項　神武・岩戸景気の性格──設備投資主導型景気　129

第4節　オリンピック景気と昭和40年不況 …………………130
- 第1項　景気指標の動向　130
- 第2項　過剰投資の解消不十分性　132
- 第3項　労働力不足下の景気（「好況感なき景気」）　132
- 第4項　昭和40年不況　134

第5節　いざなぎ景気と1970〜71年恐慌 …………………135
- 第1項　回復過程　135
- 第2項　設備投資＝輸出主導型景気（経済大国化）　136
- 第3項　いざなぎ景気　138
- 第4項　スタグフレーション的景気後退　140

第5章　スタグフレーション下の景気循環 …………………145

第1節　世界経済の変化 ……………………………………145

第 1 項　金・ドル交換停止（旧 IMF 体制の崩壊）　145
第 2 項　石油危機　146
第 3 項　アメリカ金融資本の世界戦略の開始　147

第 2 節　世界循環 …………………………………………………………148
第 1 項　各国循環の同時性と非同時性　148
第 2 項　低成長・高失業・高インフレ時代の到来　149

第 3 節　スタグフレーション体質の発生とスタグフレーション
　　　　の進展 ……………………………………………………………149
第 1 項　資本の過剰蓄積　149
第 2 項　労働生産性の停滞・コスト上昇圧力・貯蓄率の上昇　150
第 3 項　スタグフレーションの進展　150

第 4 節　列島改造ブーム（第 1 次バブル）と狂乱物価
　　　　（第 1 次石油危機） ……………………………………………153
第 1 項　財政・住宅・耐久消費財主導の景気回復　153
第 2 項　マクロ指標の動向　154
第 3 項　列島改造景気　156
第 4 項　狂乱的物価騰貴と1974～75年恐慌　158

第 5 節　輸出主導型景気（減量経営）と第 2 次石油危機（長期不況）…160
第 1 項　回復過程　160
第 2 項　二つの循環のドッキング　161
第 3 項　減量経営下の長引く回復過程　162
第 4 項　インフレーションと「貨幣錯覚」　164
第 5 項　減量経営と日本的労使慣行　164
第 6 項　回復のとん挫　165
第 7 項　民間需要拡大による好況　166
第 8 項　第 2 次石油危機と長期不況　167

第 6 節　ケインズ政策の失敗と新保守主義の登場 ……………………169
第 1 項　ケインズ政策の失敗　169
　　　1　スタグフレーション化／ 2　一国資本主義論の限界／ 3　国家観の誤り
第 2 項　新古典派の市場万能論批判　171

目次　11

1 セー法則の信奉／2 「小さな政府」論(反ケインズ革命)／3 新古典派と国際機関帝国主義

第6章 バブルの形成と景気循環 …………………………………177

第1節 インフレーションの軽微化と資産価格上昇への推移 ………177

第2節 世界経済の金融経済化 ……………………………………181
- 第1項 国際的投機的金融活動 181
- 第2項 アメリカの純債務国化 182
- 第3項 プラザ合意とその帰結 183

第3節 世界循環—同時的な生産鈍化と株価の上昇 ………………185

第4節 バブルの再発と円高不況 …………………………………186
- 第1項 回復要因 186
- 第2項 輸出主導型景気 187
- 第3項 好況の進展 189
- 第4項 株価・地価騰貴下の円高不況 190

第5節 バブル高進と平成景気 ……………………………………190
- 第1項 バブル・円高石油安・債権大国化 190
- 第2項 バブルの第1局面 193
  - 1 回復過程／2 バブルの定義／3 バブルの展開とブラック・マンデー
- 第3項 バブルの第2局面 197
  - 1 本格的好況の進行／2 バブルの再膨張
- 第4項 バブル崩壊直後の引き延ばされた好況 200
- 第5項 バブルのメカニズム 200
  - 1 企業部門／2 銀行部門／3 個人部門

第7章 バブル崩壊後の景気循環 …………………………………205

第1節 バブルの崩壊 ………………………………………………205

第2節 冷戦体制の崩壊とアメリカのヘゲモニーの回復 …………210
- 第1項 冷戦体制の崩壊 210
- 第2項 アメリカの世界戦略と対日要求 211
- 第3項 アメリカの好景気と日欧の不況 212

第3節　金融危機下の景気循環 ……………………………213
　　第1項　停滞基調の景気回復　213
　　第2項　金融危機の発生　216
　　　　1　第1次金融危機(1995年)／2　第2次金融危機(1997年)／3　金融危機の影響
　　第3項　金融危機下の不況　221
　第4節　バブル崩壊のメカニズム ………………………………222
　　　　1　企業部門／2　銀行部門／3　個人部門
　第5節　現局面の景気（1999年以降）……………………………225

第8章　日本資本主義の構造変化と構造危機 ……………………229
　第1節　資本体制の変化 …………………………………………229
　　第1項　戦後体制の変化　229
　　　　1　冷戦体制の終焉とアメリカの単独ヘゲモニーの復活／2　IMF＝GATT体制の変質／3　南北問題の未解決／4　最近の科学技術革新／5　一層進展した体制
　　第2項　国家政策の失敗　232
　　第3項　企業集団の再編成　233
　　第4項　間接金融方式の変質　236
　第2節　社会体制の変化 …………………………………………236
　　第1項　労働運動の低迷　236
　　第2項　階級構成の推移　240
　　第3項　階級帰属と階層帰属意識の変化　247
　　第4項　生活環境の悪化　247
　　第5項　政治・教育の変化　248
　　　　1　55年体制と自民党政治の失敗／2　現場からの教育改革と教育の国家管理化との激突
　第3節　経済危機 …………………………………………………250
　　第1項　バブルの崩壊と20世紀末大不況　250
　　第2項　現実資本の過剰と不良債権（債務）危機　254
　　第3項　財政危機　261
　　第4項　政治危機と特殊法人危機　262

第 5 項　企業の国際的再編成と雇用危機　267

第 4 節　社会危機 …………………………………………………………268

第 1 項　金融寡頭制の腐敗　268

1　経済と政治の癒着／2　政治と官庁の癒着／3　官庁と経済の癒着／4　政・官・財複合体と闇の世界の癒着／5　無責任体制

第 2 項　国民統合イデオロギーの喪失　272

1　経済至上主義イデオロギーの破綻／2　輸出至上主義イデオロギーの破綻

第 3 項　企業内統合の揺らぎ　275

第 4 項　社会福祉政策の危機　276

第 5 節　人間危機 …………………………………………………………277

第 1 項　教育の荒廃　277

第 2 項　アイデンティティ・クライシス　278

第 6 節　大量消費文明（生活様式）の危機 ………………………………280

第 9 章　日本社会の構造改革 ……………………………………285
―新しい社会を求めて―

第 1 節　21世紀の経済学者の課題 ………………………………………285

第 1 項　ケインズ経済学の失敗　285

第 2 項　新古典派の市場万能論批判　286

第 3 項　マルクス派の反省　287

1　生活者の視点／2　市民社会の視点／3　労働の復権

第 2 節　現代資本主義の変貌 ……………………………………………291

第 1 項　信用の暴走性と年金基金　291

第 2 項　情報通信革命とグローバリゼーション　292

第 3 節　日本社会の構造改革 ……………………………………………293

第 1 項　当面する経済危機の打開策　293

1　設備過剰対策／2　債務危機対策／3　財政危機対策／4　雇用危機対策

第 2 項　市民制革新政権の樹立―金融寡頭制支配の打倒　298

第 3 項　生活環境の回復　300

第 4 項　国民教育の確立　300

第 5 項　生存権としての社会保障　301
　　第 6 項　主体的労働の復活　303
　　第 7 項　労働者自主管理権（労働者こそ生産の主人公）　304
　　第 8 項　ナショナリズムとインターナショナリズムの統合　304

第10章　21世紀の社会主義像 ……………………………………309
　　　　―スターリン主義の克服をめざして―
　第 1 節　ソ連邦の歴史 ………………………………………………309
　第 2 節　ソ連社会の性格 ……………………………………………311
　　　1　所有形態／2　生産の計画性(不足の経済)／3　擬制的・計画的商品／4　労働力商品廃絶のバリエーション／5　金利生活者と地主の廃絶／6　国家と民主主義／7　軍国主義と平和
　第 3 節　マルクスの社会主義・共産主義 …………………………315
　　　1　自由な個人のアソシエーション／2　社会的労働と共同的生産／3　生産過程の意識的計画的な統御／4　社会的生産／5　社会的所有／6　個体的所有／7　協同組合的な社会
　第 4 節　新しい社会主義像 …………………………………………320
　　第 1 項　緑の社会主義　320
　　　1　人類・生命のグローバルな危機／2　マルクスとエンゲルスにおける自然と人間(唯物史観と生態史観)／3　日本の緑の危機と緑の革命の必要性
　　第 2 項　多民族・多文化共存の社会主義　326
　　　1　マルクス主義における民族問題の軽視／2　高島善哉のスターリン民族論批判／3　高島善哉の風土概念／4　多民族・多文化共存のインターナショナリズム
　　第 3 項　連帯と愛の社会主義　331
　　　1　アソシエーション(自由人の連合体)とは何か／2　人間総体の把握／3　ジェンダー，真の両性の愛を求めて
　　第 4 項　コミュニティーと国家　335
　　　1　国家は消滅しない／2　マルクスのコミューン原則／3　農村・都市・国家
　　第 5 項　市民制社会としての社会主義　339
　　　1　資本制社会と市民社会／2　日本国憲法と市民制社会

図・表目次　345

戦後の日本資本主義

序章　戦後復興

第1節　敗戦による国民生活の困窮

　日清・日露・15年戦争・太平洋戦争と海外軍事侵略路線をひた走りに走ってきた日本の軍国主義（帝国主義）は，ポツダム宣言を受け入れて敗戦を迎えた。この帝国主義・植民地戦争に敗れた日本資本主義は，当然のことながら未曾有の人的・物的・自然的破壊を被った。そして敗戦後の経済活動は麻痺的状況となり，国民生活は食糧難・大量失業・住宅難・インフレーションによる飢餓的状況に陥った。まずその実態をみておこう。

1　死亡者数

　経済安定本部の報告（推計）によると太平洋戦争による人的被害は，本土では軍人・軍属の死亡者数155万5308人，負傷・行方不明者30万9402人，一般国民の死亡者29万9485人，負傷・行方不明者36万8830人となる。本土決戦なるものの前哨戦とされた沖縄では，軍人の戦死者9万4136人（米軍人1万2520人），民間人の戦死者9万4000人を数える[1]。実際には死亡者などはこの推計を大幅に上回るだろうが，総数273万3025人もの尊い生命が戦争の直接の犠牲となった（現在，陸軍183万人，海軍57万人，非戦闘員70万人と判明）。太平洋戦争のはじまった1941年の日本の人口は7221万8000人，沖縄戦のはじまる直前の沖縄の人口は59万500人であったから[2]，日本の全人口の3.8％，沖縄民間人の15.9％もの犠牲者を出したことになる。

2　国土の荒廃

　日本は敗戦により旧支配地域の約45％にあたる30万5546平方キロを失った[3]。国内では，戦争と戦後の混乱によって国土の保全・維持の努力がほとんど放棄されていた。河川の被害額（災害工事費）は1944年の11億1800万円（46年価格）

から48年の68億5000万円へと累増した。1948年において河川・耕地・山林・港湾等の被害額863億円（繰越額202億円）に対して，補填されたものは約266億円にすぎず，差し引き799億円分は国土に対する食い込みとなっていた。まさに災害を拡大再生産しているようなものであった。こうした災害の元凶は山林の消耗である。山林の過剰伐採面積（伐採面積－造林面積）は戦争中から進行し，1944～48年間の過剰伐採面積は107万6000町歩にも及び，山林面積2056万9000町歩の5.2％が植林されないままに放置された。「特に伐採運搬に便利な里山は，殆ど伐採しつくされんとし，林相は悪化して災害の有力な原因となっている」という状態であった[4]。

3　国富の喪失

経済安定本部の調査によれば，国富の被害総額は約1340億円に及び，被害率は平和的資産の25％，純軍事的資産の100％，国富総額の被害率は41.5％という高率になる。終戦時の資産的（平和的）国富は1889億円と推計され，この額は1935年の資産的国富1868億円とほぼ等しい。1935年以降に蓄積された国富が戦争によって喪失したことになる。被害額と終戦時残存国富の合計額で被害額を割り，個別に計算すると，被害率の高いのは船舶80.6％，工業用機械器具34.3％，建築物24.6％，諸車21.9％となる[5]。

4　生産能力の破壊

表0-1は空襲による工業生産設備能力の被害を示している（被害率は1944年能力に対する）。全体としては動力・機械・化学・繊維産業の被害が軒並み高い。50％以上の被害率は石油精製・真空管・自転車・硫安，40～50％未満は人造石油・ゴム・梳毛，30～40％未満は火力電気・苛性ソーダ・石鹸・紡毛・麻紡，20～30％未満は電気鋼・アルミニウム・工作機械・軸受・蒸気機関車・客車電車・自動車・脂肪酸・セメントである。被害が皆無に近い産業は，水力電気・鉛・錫・水銀・板ガラス・スフにすぎない[6]。ここでの被害率は終戦の前年1944年を基準としているが，それ以前に軍需転換・屑化・外地移駐等によって，すでに生産能力が失われていたことに注意しよう。

こうした工業生産能力の大々的な破壊は工業生産を大幅に低下させた。1935

表0-1 空襲による生産能力の破壊状況

部門別 業種別	単位	日月 年別	1944年末 設備能力(A)	空襲被害 設備能力(B)	B/A (被害率)	1945年8月 設備能力
真空管	1,000ヶ	年産	9,020	5,020	55.7	4,000
蒸気機関車	輛	〃	826	227	27.5	—
電気機関車	〃	〃	200	18	9.0	—
客車電車	〃	〃	2,156	530	24.6	—
貨車	〃	〃	17,000	3,060	18.0	—
自動車	台	月産	3,600	750	20.8	1,850
自転車	1,000台	生産	1,440	720	50.0	720
化学工業						
硫安	瓲	年産	1,659,000	897,000	54.1	762,000
石灰窒素	〃	〃	356,000	8,000	2.2	344,000
過燐酸石灰	〃	〃	1,861,000	303,780	16.3	1,557,220
カーバイト	〃	〃	379,200	6,000	1.6	373,200
硫酸	〃	〃	6,281,300	903,300	14.4	5,376,000
苛性ソーダ	〃	〃	722,550	257,860	35.7	464,690
ソーダ灰	〃	〃	889,200	158,400	17.8	327,200
アルコール	瓩	〃	245,900	28,100	11.4	217,800
脂肪酸	瓲	〃	123,630	27,774	22.5	95,856
石鹸	〃	〃	161,310	61,669	38.2	99,621
セメント	〃	〃	1,779,000	2,101,080	27.0	5,677,920
板硝子	函	月産	468,000	0	0	443,000
ゴム	瓲	年産	62,976	—	42.7	36,096
皮革	〃	〃	72,819	—	19.4	58,691
繊維工業						
人絹糸	瓲	日産	153	6	3.9	151
スフ	〃	〃	307	2	0.7	301
綿スフ紡績	錘	〃	3,592,000	683,352	10.0	2,809,046
梳毛	〃	〃	659,150	379,678	42.4	376,464
紡毛	〃	〃	635	214	33.7	421
絹紡	〃	〃	332,552	39,830	12.0	154,852
麻紡	〃	〃	361,394	123,260	34.1	233,834
綿織物	〃	〃	148,785	20,121	13.5	123,747
絹人絹織物	台	〃	195,675	6,951	3.6	121,213
毛織物	〃	〃	12,425	2,133	17.2	112,642
人絹パルプ	英トン	年産	211,000	10,800	5.1	200,200
製紙パルプ	〃	〃	757,050	78,420	10.4	678,630
洋紙パルプ	1,000封度	〃	1,639,858	97,272	2.9	958,226
板紙	〃	〃	754,704	63,470	8.4	657,986
和紙	〃	〃	490,933	6,543	1.3	483,362

備考：1) 日産，月産，年産の不統一は換算による不正確をさけ各調査担当局の報告としたことによる。
　　　2) 1944年末設備能力より被害設備能力を差引いたものは必ずしも終戦時設備能力と一致しないが，これは，この間他の原因により能力に変動を来したものである。
　　　3) 経済安定本部調べ『戦争被害調査』による。
出所：経済企画庁戦後経済史編纂室編『戦後経済史　総観編』大蔵省印刷局，1957年，100-101頁。ただし，西暦に改めた。

～37年を100とすると，工業生産は終戦直後には10%を下回った。終戦から1年余りたった46年9月になっても30.4%にしか回復せず，翌年の47年にかけて再び低下さえした。石炭電力の需要は45年9月には43に，石炭の生産は45年11月には16にまで低下した[7]。

その後の鉱工業生産の回復は，連合軍総司令部経済科学局資料によれば（1932～36年＝100），47年59.7，48年80.6，49年96.2，となる。また経済安定本部資料によれば（1933～35年＝100），47年44.2，48年62.7，49年78.7，となる。どちらの資料によっても基準水準にまで回復していないことになる[8]。鉱工業生産が戦前水準（1932～36年＝100）を上回るのは，朝鮮戦争とその特需が発生する1950年である（104.6）。しかし太平洋戦争突入前の1937～39年と比較すると，51年4月になっても鉱工業生産と産業活動はこの水準に回復していない[9]。

5　国民生活の飢餓的状態

敗戦によるこうした生産力の破壊によって，食糧難と住宅難が生じ，急激なインフレーションによって深刻さは倍加した。経済安定本部の調査によれば，1946年の農機具の供給は1940年の2～3割に急減した。化学肥料も減少し，1937年と46年を比較すると，窒素質肥料は190万トンから92万トン，燐酸質肥料は152万トンから40万トン，カリ質肥料は25万トンから11万トンに減少した。そのために，主食であった米は6705万石（1937～39年平均）から6138万石（1946年），麦は同じく2325万石から1158万石に減少した。この急減を補うためにイモ類が増産された[10]。

生活必需品は極度に減少した[11]。

(1)　食　糧

標準的な摂取量（1人1日）は，2150カロリー，タンパク質75グラムとされたが，戦時中から減少していた。

1941年	2,105カロリー	64.7グラム
42年	1,971	60.2
43年	1,961	60.6
44年	1,927	61.2
45年	1,793	65.3

(2) 衣料品

戦前の平均を10ポンド前後として,
- 1941年　　6.2ポンド
- 42年　　5.8
- 43年　　3.4
- 44年　　1.3
- 45年　　1.2

(3) 日用品

1930〜36年＝100とした1947年の生産見込み量
- 石鹸5　　マッチ40　　地下足袋34　　紙28

(4) 家庭燃料

1932〜36年＝100として, 1945〜46年の平均は,
- 木炭　　65
- 薪　　66
- 練豆炭　　43

(5) 住　宅

　1947年における住宅不足数　　400万戸

このように国民生活は飢餓的状態に陥ったのである。

6　縮小再生産の進行

　このように, 国土の破壊によって自然災害が累増しているうえに, 生産能力の破壊や原燃料と資材の不足によって縮小再生産が累積化していった。すなわち, 鉱工業生産は, 1935〜37年＝100として終戦直後には10以下に低下し, その後若干回復するが, 46年9月30.4, 10月29.4, 11月28.8, 12月27.7, 47年1月26.2, 2月24.7, と縮小していった[12]。第1回の『経済白書』を執筆した都留重人氏は, つぎのようにこの時期の日本経済を描写した。

　……国の財政も, 重要産業も, 国民の家計も, いずれも赤字をつづけているということの結論は次のようになる。／第1に, 資材のストックはどんどん減りつつある。／第2に, 製材を維持するために, 正常的に行われねばならぬような補修や補填が行われないでいる, しかも, その度合いはひどくな

りつつある。／第3に，外国に対する借金はふえる一方である。／このような事態は決して永続きしうるものではない。なぜかと言えば，それはなによりも，国の経済全体として，再生産の規模を日1日と狭めてゆくことを意味するからである[13]。

同時にこの時期には急激なインフレーションが進展したから，縮小再生産とインフレーションが共存し，一種のスタグフレーション状態だったといえよう。ただし1970年代から80年代前半にかけてのスタグフレーションは供給過剰状態で発生したものだが，この時期は供給不足状態のもとで発生した点が異なる。戦争に生き残った国民は，このような状態の下で刻苦精励し，次節でみるような経済復興にたちあがっていった。

第2節　経済復興過程

1　経済混乱期

[1945年8月・終戦〈東久邇宮内閣・幣原内閣・吉田内閣・片山内閣〉
47年3月・占領軍政策の転換]

初期の連合国総司令部（GHQ）の日本管理の目標は，軍国主義の基盤を解体することであり，それはつぎのように要約される。

　第1に，日本の軍事力を形成するいっさいの経済的施設を禁止，第2に，侵略の原動力ともいうべき巨大財閥を解体し，第3に，国内に経済の民主的勢力を助長，育成せんとした[14]。

財閥解体・農地改革・労働改革は連合国総司令部が実施した三大改革と呼ばれる[15]。財閥解体政策によって戦前の家族的支配（持株会社）は一掃されたが，占領政策の転換とともに独占的大企業はほとんど無傷のまま存続し，やがて高度経済成長期に近代的な企業集団として金融資本体制が復活する。戦前の小作人が自作農民に変化したように，農地改革は徹底的に実行されたといえる。しかし戦後，農民運動は衰退し，農業協同組合運動が定着し，国の農業保護政策と公共事業によって体制内化し，農村は保守政権の強固な地盤となっていった。労働運動は，戦前極端に抑圧されていた人民の解放意欲によって敗戦直後には高揚するが，やはり占領政策の転換によって戦闘的な運動や組織は弾圧さ

れ，占領政策に協調するかぎりでの体制内運動に変質していった。

前節で考察したように，この時期には，生産の縮小と急激なインフレーションが同時進行した（インフレはドッジ・ラインの実施までつづく）。急激なインフレーションが進行したのは，生産が縮小しているのに通貨が増大したからである。すなわち一方では，敗戦による生産能力の破壊，世界経済からの隔絶による原燃料の途絶，軍需生産の民需への転換の困難性によって，縮小再生産が進行した。他方で，臨時軍事費の放漫な支出，金融機関の貸出，大衆の預貯金引出，終戦処理費の放出によって通貨が増大した。そしてインフレーションと生産停滞とが悪循環した。このインフレの高進と食糧事情の逼迫とが，生産者の企業意欲と勤労者の生産意欲とをそぎ，ために生産はますます停滞した[16]。

政府は経済危機緊急対策（1946年2月17日）を出すが，新旧通貨の交換と預貯金の払出し制限以外ほとんど成果がなく，積極財政政策（石橋財政―財政赤字，価格調整補給金の増額，復興金融金庫の設立）にもかかわらず生産は縮小さえした。そのために，1人当たり実質国民所得は210円（1934～36年）から110円（現在価格で18万7000円）に激減し，国民生活は窮乏化していった[17]。

国民生活を飢餓的状況にまで落とし込んだ深刻な経済危機と，それによって生じた社会的不安を背景として，労働運動・民主化運動・社会主義運動が高揚した。社会党が衆参両院において第一党となり，国民協同党などとの連合政府（片山内閣）が誕生した。こうした経済危機・社会不安・社会主義運動の高揚を目撃した連合国総司令部から，マッカーサー書簡が出された。それは初期占領軍の目標であった軍国主義基盤の解体から，日本社会の安定化とそのためのアメリカの日本に対する援助政策への転換であった。

2　経済再建発足期

[1947年3月・アメリカの世界戦略の転換〈芦田内閣〉
48年10月・占領政策の転換]

連合国総司令部の対日占領政策変更の背後には，東西対立（冷戦）の開始に対処しようとするアメリカ帝国主義の世界戦略の転換があった。トルーマン米大統領は1947年3月に，ギリシャ・トルコへの軍事経済援助借款供与に関連して，軍事的・経済的力によって「共産主義」を封じ込めようとする声明を発表

した（トルーマン・ドクトリン）。米国務長官マーシャルはこの声明直後に，西ヨーロッパ諸国の革命化を阻止し，西ヨーロッパ資本主義を再建するための経済援助政策を提唱した（マーシャル・プラン）。しかしこの時期には，占領軍の新しい目的となった日本の経済的復興のための総合的な経済政策はなかった[18]。直接の対日経済援助は，ガリオア資金による救済的物資（食料・肥料・医薬品等）とエロア資金による経済復興物資（1948年7月以降）であった。間接的な経済援助としては，制限付きであるが民間貿易を再開させたり，賠償や経済力集中排除問題を緩和する処置があった。

　芦田内閣は独自に経済復興計画を発表し，復興金融金庫を設立し，重要産業に補給金を支給した。復興金融金庫は追加的な日銀信用に依存しながら，重要産業の巨大企業に優先的に融資し，またインフレーションをさらに進展させた。補給金は重要な基礎物資を生産・購入する企業に有利になるよう支給され，「新価格体系」下では賃金抑制的に作用した。補給金の原資は大衆の所得税によってまかなわれた。

　しかし経済危機は，日本国民の活力と経済安定本部などの努力によって，深化が回避されはじめたといえよう。また日米政府の政策上のズレがあった。すでに指摘したように，アメリカ政府には総合的対日経済政策は確立しておらず，社会不安と労働攻勢に対処するための経済の安定化を重視したのに対して，日本政府は本格的な経済復興を推進しようとした[19]。

3　経済安定計画期

［1948年10月〈吉田内閣〉50年6月・朝鮮戦争勃発］

　ソ連の原爆実験成功（1949年8月29日），中華人民共和国の成立（49年10月1日），朝鮮戦争の勃発（50年6月25日）と冷戦と熱戦とが激化していくなかで，アメリカの対日政策は，アメリカの安全保障と日本の経済復興へと変更されていった。この目的のために「経済安定9原則」が作成され，マッカーサー総司令官は吉田首相にその実施を厳命する（48年12月19日）。マッカーサーの経済財政顧問のドッジは，その実施を直接指揮・監督するための具体的政策を声明するが（49年3月7日），それは日本政府に一層の厳しさと緊急性を要求するものだった。

この「経済安定9原則」の骨子は，均衡財政主義―財政・金融融資によるインフレ要因の除去，物資の供給増，賃金・物価統制，為替管理，単一為替レートの設定と整理である[20]。その基本的性格は，インフレ収束＝物価の安定をはかり，アメリカの援助と補助金に依存しないで，貿易収支均衡を実現できる経済を実現しようとするものであった。しかしドッジ・ラインの実施によって経済は縮小し，ドッジ不況を生みだした。超均衡予算の実施による金詰まりは，復金融資の停止・補給金の減廃が加わり，失業や中小企業の倒産が増加し，国内の消費購買力を縮小させた。さらに世界的な景気後退が生じ，輸出が不振に陥った。価格補給金の減廃や国家資金から民間資金への転換は，企業の合理化を迫り，人員整理や中小企業の淘汰が進行した[21]。こうした中小企業の淘汰に加えて，鉄と石炭を軸とした傾斜生産方式から集中生産方式（重要産業の有力企業への優先的融資）への転換によって，大企業体制への方向が決まっていった。
　ドッジ・ラインが戦後日本社会に与えた最大の影響は，その資本主義体制としての復活の条件（資本主義的秩序の回復）を生みだしたことにあった。井村喜代子氏はつぎのように総括している。

　　ドッジ・ラインは，インフレの収束，均衡財政の確立，単一為替レートの設定，大規模な人員整理，劣弱企業の淘汰を実現し，日本の重要産業の有力企業を軸として国際競争力強化を推進・強制していくメカニズムを生みだしていった。／他方では，労働法規の一大変更と結合して，敗戦後強力な発言力をもっていた労働組合をいっきょに弱体化させ，占領軍に協力し，経済発展に協力する労働組合の方向を固めていった。／ドッジ・ラインの意義は，これら両面をあわせて，占領軍に協力する体制の強化と資本主義的秩序の一応の回復・整備をはかっていったところにある（強調点は引用文による）[22]。

4　経済復興期

［1950年6月・朝鮮戦争勃発〈吉田内閣〉51年10月・景気の谷］
　朝鮮戦争が勃発することによって，日本経済はドッジ不況から脱していく[23]。戦争の勃発によって輸出の増大と特需が発生し，とくに特需は繊維・機械・金属を中心として急増した。滞貨が一掃され，操業度の上昇，企業利潤の上昇をもたらした。生産も戦前の1934～36年平均を1951年には超えた。それとともに日本

経済の脆弱性が露呈し，原材料不足とインフレーションの危険性を生みだした。
　しかし朝鮮戦争ブームは，1951年春からの世界的景気後退の影響を受けて不況へと転換していく。51年3月にアメリカが戦略物資の買付を停止し，輸出価格の低下・輸出契約のキャンセルや激減をもたらし，貿易商社と繊維問屋の整理・倒産が発生した。しかしこの不況は，経済企画庁の景気基準日付によれば4ヵ月と短いものに終わった。その理由は，救済融資，特需の継続受注や財政投融資の増大があった結果といえよう[24]。

5　経済自立胎動期

[1951年10月・景気の谷〈吉田内閣・講話条約〉54年11月・景気の谷]

　朝鮮戦争の勃発によって，アメリカの対日政策の重心は軍事的・政治的な要求になった。講和条約（日本国との平和条約）と日米安保条約（日本国とアメリカ国との間の安全保障条約）が1951年9月8日に調印された。この講和条約は資本主義体制側だけとの単独講和であり，日米安保条約はアメリカの極東戦略に日本を組み込むための従属的条約であった。すでに50年7月8日のマッカーサー連合国最高司令官の吉田首相宛書簡によって，国家警察予備隊の新設と海上保安庁の増員が指令され，即時実現された。その後54年7月には，陸海空の3軍からなる自衛隊が創設されていった。講和条約によって日本は，戦後資本主義世界の国際的経済機構である国際通貨基金（IMF）と関税と貿易に関する一般協定（GATT）に加盟し，独立国家として正式に国際社会に復帰した。

　特需にひきつづき依存しながらも政府が1952年度にデフレ対策，53年度に積極財政政策を推進したので，はじめは消費景気，やがて消費・投資景気が出現した。52年度の鉱工業生産は10.3％の成長であるが，業種別に見ると，表0-2のようになる。非耐久消費財（印刷製本，食料，煙草，ゴム，皮革，化学繊維）の伸びが大きく，耐久財（投資財，金属，機械，窯業，製材，木製品）が停滞的であった。耐久財の中でも，輸出関連商品が停滞的なのに，国内消費財の増加率が高い。53年度に入ると投資財の多い耐久財と消費財の多い非耐久財がともに25.0％，26.9％と上昇した[25]。この上昇率は世界最高であったように，本格的な「合理化投資」が従来型の重化学工業を中心として進展した[26]。

　こうした積極政策下の「合理化投資」による好況はインフレ傾向を生みだし，

表 0-2　業種別生産指数の動向　　　　　　　　　　　　　　　　　　（1934～36年＝100）

	1951年度	1952年度	1953年度	1953年4月	1953年9月	1953年12月	1954年3月
産 業 活 動	123.5	136.1 (10.2)	167.7 (23.2)	157.6	162.4	179.6	179.3
公 益 事 業	187.4	203.7	228.3	214.7	217.5	251.3	252.8
電 力 業	186.9	201.2	221.4	208.3	219.2	235.3	236.7
ガ ス 業	182.4	205.2	244.7	230.4	203.8	300.8	302.8
鉱 工 業	118.4	130.6 (10.3)	161.4 (23.5)	151.7	156.3	172.6	172.4
鉱　　業	117.8	115.2	117.2	131.9	109.3	127.9	128.4
製 造 業	118.7	132.8	167.5	154.6	162.8	178.9	178.5
（非耐久財）	92.4	109.4 (18.3)	138.9 (26.9)	131.3	135.7	151.8	148.3
（耐　久　財）	168.5	175.1 (3.9)	218.9 (25.0)	194.8	211.1	225.9	232.5
食料, 煙草	108.1	123.7	166.1	176.4	152.2	187.7	163.0
繊　　維	60.7	66.7	80.3	72.2	84.9	86.9	79.8
印 刷 製 本	60.5	85.7	108.8	102.1	113.6	113.4	111.4
化　　学	143.8	179.7	233.1	219.9	211.5	257.9	272.9
ゴム, 皮革	123.6	137.0	180.3	171.7	184.8	191.0	205.8
製材, 木製品	154.5	159.3	174.6	166.5	174.5	188.9	190.0
窯　　業	139.5	139.3	163.5	155.0	156.1	172.6	181.6
金　　属	149.1	155.5	194.2	181.5	192.5	202.6	217.4
機　　械	202.6	211.9	275.6	229.0	258.2	278.0	278.0

備考：カッコ内数字は，対前年度増加率。
出所：表0-1に同じ，464頁。原資料は，経審調べ。ただし，西暦に改めた。

輸入増と輸出の不振によって国際収支が悪化した。そのために1953年9月に金融引き締め政策が登場し，政府の外貨予算は削減された。鉱工業生産は54年3月から9月まで低迷し，54年度全体でみると消費財は9％増，基礎財は2％の増加となるが，投資財は8％の減少となった[27]。こうして戦後復興を完了した日本経済は，高度成長へ向かっていく。

注
1）　大蔵省財政史室編『昭和財政史―終戦から講話まで(19)統計』1978年，22-23頁，および東洋経済新報社編『昭和国勢総覧』下，東洋経済新報社，1980年，518頁。
　　なお，沖縄の平和の礎（糸満市摩文仁）刻銘者数は以下の通りである。沖縄県出身者14万8341人，他都道府県出身者7万5325人，外国人1万4495人（アメリカ

1万4007人,イギリス82人,大韓民国296人,朝鮮民主主義人民共和国82人,台湾28人),合計23万8161人。
2) 総務庁統計局監修『人口統計総覧』東洋経済新報社,1985年,46頁,102頁。
3) 経済企画庁戦後経済史編纂室編『戦後経済史　総観編』大蔵省印刷局,1957年,9頁。
4) 以上は同上書,167-168頁。
5) 同上書,9-11頁。
6) 同上書,99-109頁。
7) 経済安定本部『経済実相報告書』(第1回経済白書,1947年),『復刻・経済白書』第1巻,日本経済評論社,1950年,29-32頁。1950年版までの経済白書は復刻版による。
8) 経済安定本部『経済現況報告』(経済白書,1950年)付属統計資料,19頁。
9) 経済企画庁戦後経済史編纂室編『戦後経済史　総観編』234-237頁。
10) 経済安定本部『経済実相報告書』34-35頁。
11) 同上書,23-28頁。
12) 同上書,29頁。
13) 同上書,11頁。
14) 経済企画庁戦後経済史編纂室編『戦後経済史　総観編』3-4頁。時期の表題はこの書物にしたがった。
15) 三大改革については,井村喜代子『現代日本経済論』有斐閣,2000年,の第1章,参照。占領政策については,竹前栄一『戦後占領史』岩波書店,1992年,および同『GHQ労働課の人と政策』エムティ出版,1991年,参照。
16) 経済企画庁戦後経済史編纂室編『戦後経済史　総観編』4-5頁。
17) 同上書,5-6頁。
18) 以下の説明は,経済復興政策と経済安定9原則とを区別する井村喜代子氏の説明の要約である(『現代日本経済論』50-59頁)。
19) 経済企画庁戦後経済史編纂室編『戦後経済史　総観編』107-110頁。
20) 同上書,221-222頁。
21) 同上書,223-224頁。
22) 井村『現代日本経済論』69頁。
23) 朝鮮戦争の世界史的意義とその日本経済に与えた影響については,同上書の第2章序節・第1節,参照。
24) 経済企画庁戦後経済史編纂室編『戦後経済史　総観編』321-322頁。
25) 同上書,463頁。
26) 井村『現代日本経済論』第2章第3節,参照。
27) 経済企画庁戦後経済史編纂室編『戦後経済史　総観編』536頁。

第1章　戦後資本主義と日本の資本体制

　アメリカ以外の先進資本主義諸国が戦後復興を終えると，資本主義世界は1950・60年代に高度経済成長期を迎えた。日本の高度経済成長（新鋭重化学工業の確立）は「神武景気」（1954年11月）からはじまるが，その前に第1・2章で，この高度経済成長期の資本主義の構造（枠組み）を日本を中心として明らかにしておこう。

第1節　世界経済の構造

第1項　戦後体制

1　パックス・ルッソー＝アメリカーナ（冷戦体制）

　第2次世界大戦が終わると，敗戦帝国主義は序章第1節で考察したように，絶対的窮乏化状態に陥った。ドイツやイタリアも同様であり，軍事的にアメリカやソ連の支配下に入った。戦勝帝国主義国となったイギリスやフランスも，国土が戦場になったために人的・物的損害は甚大であった。唯一アメリカ合衆国だけが軍事的・経済的超大国として資本主義世界に君臨するようになった。たとえば1948年において，アメリカは世界の鉱工業生産の53.5％，公的金準備の70.7％を占めていた。したがって戦後の世界経済はアメリカの通貨ドルを基軸として再建された。その国際通貨制度がIMF体制（国際通貨基金）であり，多角的貿易制度がGATT（関税と貿易に関する一般協定）であった。

　世界の軍事情勢はつぎのようであった。朝鮮半島とドイツはアメリカとソ連とに分断占領された。東アジアの中国では，日本帝国主義に共同して戦った中国国民党と中国共産党が内戦に突入しようとしていた。ソ連に占領された東ヨーロッパでは人民民主主義政権が樹立されていく。また日本や西ヨーロッパでは社会主義勢力が高揚してくる。こうした戦後の世界情勢の中にあって，ソ連ブ

ロックに対抗するために，序章で指摘したように1947年にトルーマン・ドクトリンやマーシャル・プランが登場した。それらはソ連ブロックに対抗するために日本や西ヨーロッパの資本主義を復活強化することを目的としており，日本では占領政策の変更となっていった。ヨーロッパでは北大西洋条約軍とワルシャワ条約軍とが対峙し，49年のソ連の原爆実験成功と中国大陸での中華人民共和国の成立は冷戦を一挙に激しくしていった。日本は占領政策の変更と資本主義世界との単独講和によってアメリカブロックに組み込まれ，51年に日米安全保障条約が締結された。

2 経済体制・IMF = GATT 体制

終戦の約1年前の1944年秋に，アメリカ大西洋岸地域のブレトン・ウッズにおいて，連合国側の戦後世界経済の体制が討議された。30年代の各国の金本位制の放棄とブロック経済化は第2次世界大戦の遠因となった。その弊害を回避するために，安定した国際通貨体制として国際通貨基金（IMF）構想，自由貿易体制として関税と貿易に関する一般協定（GATT）が決まった（ブレトン・ウッズ体制）。

IMFの前身は戦前の米・英・仏通貨同盟（1936年）に求められるが，会議においてはイギリス代表のケインズ案とアメリカ代表のホワイト案が対立した。ホワイト案が通り，戦後のアメリカ支配体制の布石ともなっていった。その主要内容は，1オンス（28グラム）の金=35ドルでのドルと金との兌換を中央銀行間で認め，ドル以外の通貨はドルとの固定為替相場で結びつけられ，各国には1％の枠内で固定相場を維持する義務が課せられた（日本はドッジ・ラインによって1ドル=360円の為替レートが設定された）。この国際通貨体制は，金為替本位制と「ドル本位制」との両面をもっていた。すなわち，ドルの金兌換を限定的にしろ認めていた点において，ドルは金為替としての性格をもっていた。しかし，ドルの金兌換は中央銀行間に限定されていたし，アメリカへの従属的協調関係を重視した政府は金兌換を控えたから，実質的には「ドル本位制」に近かった。しかしこの体制は「流動性ジレンマ」と呼ばれる矛盾を内包していた。金兌換を限定的にしろ保証しているドル（基軸通貨）が世界で不足しないためには，基軸通貨国アメリカの国際収支は絶えず赤字化せざるをえない。

逆にアメリカの国際収支が黒字化すれば、ドルが世界で不足する。事実、日本では1960年代の前半までは、好況の進展とともに国際収支が悪化し、金融引き締めによって景気後退を余儀なくされつづけた。

　戦前のブロック経済下の関税戦争による排他的な貿易関係によって、世界貿易は大幅に減少した。同時に発生していた農業恐慌も1930年代の長期不況を増幅していった。こうした戦前の経験の教訓としてGATT体制ができあがり、戦後の世界貿易の拡大と先進資本主義国の高度成長を支えていった。日本では通産省の行政指導のもとで、国際競争力が強化された産業から関税の段階的な切り下げや撤廃を実現していった。ある意味では、GATT体制にうまく対処し、かつ巧妙に利用していったといえよう。

3　植民地体制の崩壊と南北問題の発生

　終戦後、旧植民地地域は主権国家として政治的独立を獲得していった。日本の植民地は国土の45％を占めていたが、敗戦後、朝鮮半島には大韓民国と朝鮮民主主義人民共和国が、台湾には国民党政権が成立し、南樺太はソ連領となった。独立した国々は国際連合（UN）に加盟し、アメリカとソ連の冷戦体制に対抗する第三勢力を形成した。これらのアジア・アフリカ・ラテンアメリカ諸国は独自にA・A・LA会議を結成し、新たな国づくりに連帯し、経済建設をはじめた。またアメリカを中心とする先進資本主義国も戦前の軍事的・政治的植民地政策を放棄し、後進国（発展途上国）の経済開発を援助する「開発」政策を採用した。アメリカとソ連は、第三勢力を自陣営に引きつけるためにも開発援助競争を展開した。

　しかし経済的には、北側の工業国群と南側の開発途上国との間の格差は解消せず、南北問題を生みだした。すなわち南北の成長率を比較すると（1950～77年）、開発途上国は全体でも1人あたりでも先進資本主義国に劣らないが、1人あたりの国民所得の水準は先進資本主義国が5140ドルなのに開発途上国では460ドルにすぎない（75年）[1]。戦前の植民地体制下の「資源輸出＝工業品輸入」という「植民地型貿易構造」は依然として存続し、帝国主義政策は解消したのではなく「開発主義」という名のものに衣替えしていった。そのために1960年代頃から、資源は現地の工業化に優先的に使われるべきだとする資源ナショナ

リズムが第三世界で高揚し，70年代は石油危機が先進資本主義諸国を襲うようになる。

第2項　生産力基盤

1　戦後の科学技術革新

戦後は第3次科学技術革新の時期になる。すなわち第1次（産業革命期）には，動力源に蒸気機関が導入された。第2次（重化学工業化の時期）には，動力源に内燃機関や電気が導入された。第3次では動力源として原子力が導入され，さらにエレクトロニクス，エーロノスティックス，オートメーション，新合成物質，が登場した[2]。これらの技術革新は在来の重化学工業の革新と新産業の出現を促進した。たとえば，鉄工業における一貫生産方式，造船業における大型ブロック工法，工作機械における炭化タングステン工具の一般化とトランスマシーンの展開，航空機産業でのエンジンのジェット化などである。新産業としては，たとえば電子産業で開発されたトランジスタ・ダイオードや集積回路は，いわゆるハイ・テク産業の基礎となった。この技術は電子産業の革新をもたらしただけでなく，ほとんどあらゆる生産・交通・通信・生活面でのコンピュータ化やオートメーション化をもたらした。また，エネルギー源は石炭から石油に転換したが，石油化学はプラスティック・人造繊維・薬品・肥料などの合成物質を生みだし，消費生活を一変させた[3]。こうした産業は大量生産を求め，それに対応して大量消費経済を出現させ，人間本来の欲望を疎外させる浪費経済をもたらした。

これらの科学技術は軍事と密接に結びつけられて開発されたので，アメリカが最初は絶対的な優位を保っていた。しかし日本やヨーロッパは，高度成長期にアメリカの最先端の技術を導入していくことに成功した。日本では高度成長期に新鋭重化学工業を建設し，1960年代後半にはアメリカの水準に追いついていった[4]。

2　産業構造の変化

産業構造の変化過程は，新鋭の重化学工業を真っ先につくりあげたアメリカ

と，それにキャチング・アップしていった日本やヨーロッパとでは時間的なズレがあるが，共通して第1次産業の比率は大幅に低下した。第2次産業の比率はアメリカにおいては停滞するが，日本やヨーロッパでは高度成長期には上昇した。共通して第3次産業の比率は上昇していった。第3次産業拡大の中心は広告・宣伝分野と商業・金融分野である。耐久消費財ブームは日本やヨーロッパでも展開したが，それは広告・宣伝活動によって煽られ，消費者金融や住宅ローンの爆発的な発展によってバック・アップされた[5]。

また，冷戦体制の激化によって，軍需産業が肥大化し，それが両陣営の再生産構造に定着してしまった。軍事支出には過剰生産能力を吸収する効果があるが，逆に生産力基盤を弱めてしまう。アメリカとソ連の成長率の低下には，巨大な軍事支出が影響していたといえる。また軍需産業の肥大化は「産軍複合体制」を生みだし，政治的な癒着体制が形成され，景気政策が政治的に展開されるようになった。

第3項　労働力の移動

移民によるネットの労働力の移動は次のようになる。1946～57年と1960～70年ともに北アメリカ（340万人，410万人）・オセアニア（100万人，90万人）が流入であり，ヨーロッパ（540万人，30万人）とアジア（50万人，120万人）が流出となる。アフリカとラテンアメリカは，前期がプラスで入国者が多かったが（それぞれ50万人，90万人），後期には出国者が多くなった（それぞれ160万人，190万人）。

ヨーロッパからの移民をみると，1951～55年間が移民総数のピーク（279万人）となっている。1951～70年間の移民先はアメリカ（246万人）・オーストラリア（239万人）・カナダ（233万人）が圧倒的に多く，つづいてラテンアメリカとなる（165万人）。発展途上国からの移民先は1960～70年においてつぎのようになる。アジア・アフリカからの移民先はヨーロッパが多く（147万人），ラテンアメリカからは，ヨーロッパからの移民と同じく，北アメリカ・オセアニアへの移民が圧倒的に多い（175万人）。西ヨーロッパの労働移動は高く，1976年には EEC 内部で163万人，EEC 以外の国から EEC へ441万人が移動してい

る[6]。

　高度成長期には多国籍企業の世界的な進出によって労働力移動が高まったが，日本では労働力不足に転換したものの，外国人労働者の流入は本格化しなかった。21世紀には経済のグローバル化や高齢化社会の到来とともに，日本でも本格的な国際労働力の移動がはじまるであろう。

第4項　貿　　易

　世界的な高度経済成長期の後半にあたる1963～69年間に，世界の貿易全体（輸出額）は1.79倍，工業国は1.89倍，発展途上国は1.52倍増加した。この間の世界全体の鉱工業生産は1.50倍であるから，貿易の伸びが生産の伸びよりも高く，貿易依存度が高度化したといえる[7]。しかし工業国の伸びが発展途上国の伸びよりも高いことによってわかるように，工業国同士の水平的分業関係が進展した。この関係は，63年において先進資本主義国同士の輸出額が世界貿易全体の49.75％を占めていたのに，70年にはその比率が55.0％に高まっていることによっても確認できる。また，「社会主義諸国」の占める割合は63年において11.9％，70年において10.3％，78年に9.2％にすぎない。冷戦体制とはいえ，世界経済は先進資本主義国と発展途上国（世界資本主義）が圧倒的に優勢であった。また「社会主義諸国」の輸出の半分以上は「社会主義圏」内部の貿易によって占められているから，「社会主義諸国」の経済的影響は内部的性格が強かったと判断できる[8]。

第5項　資本輸出（多国籍企業）

　戦後の世界経済がアメリカを中心として再建されたように，戦後の資本輸出もアメリカが中心となった。1967年における世界全体の対外直接投資残高に占めるアメリカの比率は53.8％にもなる[9]。50年から70年にかけて主要資本主義国の鉱工業生産は2.3倍になったのに対して，アメリカの対外直接投資は6.6倍にも伸びている[10]。資本輸出が急増したといえよう。日本が本格的に海外投資をはじめるのは高度成長期後である。高度成長直後の資本輸出の対象をみる

と，全体としては，製造業への投資が一番多く，サービス業は抽出産業（原燃料）と同じかそれ以上となる。サービス産業への投資は80年代以降急増するが，これは金融の自由化とマネー取引の増大が影響している[11]。

戦後の資本輸出の特徴は，その担い手が多国籍企業になったことにある。多国籍企業は国境を越えて世界各地域において直接に生産・営業活動をし，その影響力は非常に大きく，政治的に独立した第三世界の国々の主権さえ左右することがしばしばあった。世界全体の生産に占める多国籍企業の比率は，原油が70％（1972年），銅が54％（69年），アルミニウムが47％（76年），コンピュータが90％（74年）となる。

第6項　国際通貨・金融

第1項2で指摘したように，IMF体制には「流動性ジレンマ」が内包されていた。1960年代になると，膨大な海外軍事支出と資本輸出によってアメリカの国際競争力は弱まり，しだいに国際収支が赤字化していった。アメリカはドルの金兌換請求を制限しようとして「金プール制」（62年）・「金二重価格制」（68年）を実施したが，71年8月15日には金とドルとの交換を完全に停止してしまった。それ以降は，経済のスタグフレーション化による現実資本の停滞を反映して，過剰流動性ドルは実体経済から乖離し投機化していった。

しかし「金・ドル交換停止」以前は，ヨーロッパに堆積したドルのさまざまな吸収路があった。すなわち，①IMFの一般引出権の拡大・一般借入協定・特別引出権の創出と拡大・黒字国通貨建て米国財務省証券の発行，②ユーロ・ダラー市場，③ユーロ・ダラー市場への貿易金融・多国籍企業・先進国企業からの資金需要，によって吸収されていた。過剰ドルは黒字国にとっての過剰流動性ではあっても，世界的にみれば現実資本とかかわりをもっていた[12]。こうした意味においては，この時期においてIMF体制は世界的な高度成長を金融面で支えていたといってよいだろう。

第2節　国家の政策

第1項　国家の二重機能

　戦後の資本主義は国家独占資本主義と規定されるように，世界戦争と革命，大恐慌と1930年代大不況という危機に直面した独占資本主義を国家が調整管理・組織化しようとする資本主義である。いいかえれば，資本主義の機構そのものに欠陥があり，資本の自動的運動にゆだねることが困難になり，国家が資本の循環運動そのものの中に介入するようになった。そもそも資本主義は国家なしに自立的な運動をしてきたのではない。

　国家の機能は，支配階級たる資本の利害に奉仕すること（「階級国家」）と社会原則の遂行（「共同管理業務」）である。支配階級の利害といってもその内部にはさまざまな対立があるし，対立する諸階級（労働者階級や土地所有者階級）の利害調整をしなければならない。したがって諸階級の利害の複合的・総合的作用の結果として，支配階級総体の利害が貫徹する。国家はこのように階級的性格を持つが，社会として資本主義が存続できるためには経済原則・社会原則を実現しなければならない。カール・マルクスは「共同管理業務」として，自然災害や事故への予備と対策，一般的管理事務，学校・保健・衛生等の共同消費のための機能，労働不能者への援助機能を指摘している[13]。

　資本の循環運動（価値増殖運動）の背後には，さまざまな外部経済（インフラストラクチャー）が存在する。道路・港湾・鉄道などの運輸機関，上下水道・病院などの共同消費機関，災害に対処する防災機関，学校などの教育機関である。こうした外部経済を私的資本が経営したり負担することは不可能であるから（可能ならば内部経済化する），国家が国民全体から徴収した税収入で負担する。このような外部経済が存在するからこそ，国家抜きの資本の自立的運動は不可能となる。

図 1-1 資本主義の経済体制

〈資本のイデオロギー〉　　　　　　　　「三位一体説」
〈国家の統合機能〉　　　　　　　　　　法と秩序，精神・教育・イデオロギー操作
〈国家の経済管理（現代）〉原材料の備蓄　国家主導下の合理化　　　政府支出　労働力の再生産
　　　　　　　　　　　　技術開発　　　産業基盤の整備

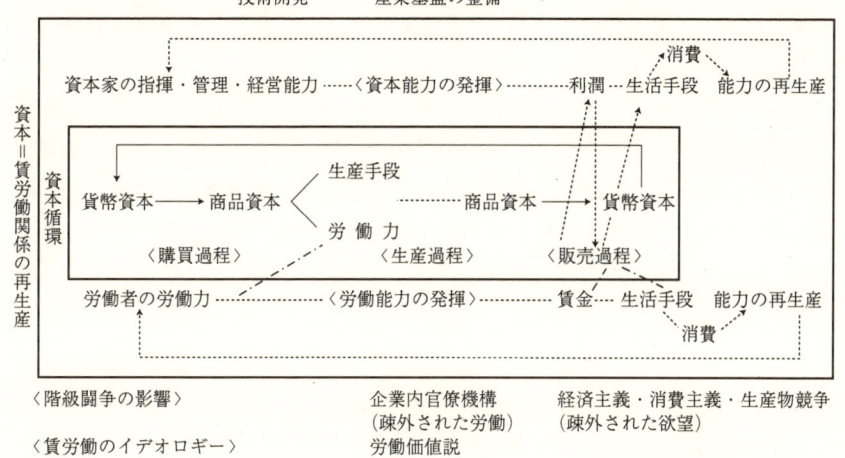

```
                    ┌─────────────────────────────────────消費
                    │                                      ↓
         資本家の指揮・管理・経営能力……〈資本能力の発揮〉……利潤…生活手段　能力の再生産
   ┌──────────────────────────────────────────────────────┐
資  │                       生産手段                       │
本  │ 貨幣資本──→商品資本 ←          ──商品資本──→貨幣資本 │
＝  │ 資本循環              労働力                         │
賃  │ 〈購買過程〉        〈生産過程〉        〈販売過程〉 │
労  └──────────────────────────────────────────────────────┘
働            労働者の労働力……〈労働能力の発揮〉……賃金…生活手段　能力の再生産
関                                                       ↑
係                                                      消費
の
再
生
産
```

〈階級闘争の影響〉　　　　　企業内官僚機構　　　経済主義・消費主義・生産物競争
　　　　　　　　　　　　　（疎外された労働）　（疎外された欲望）
〈賃労働のイデオロギー〉　　労働価値説

第2項　国家の景気政策と長期計画

　資本循環と資本＝賃労働関係の再生産・階級闘争・国家・イデオロギーとの関係は，図1-1のようになる[14]。本項では国家との関係について説明しよう。資本の循環過程は生産過程と流通過程からなる。生産過程では剰余価値を生産しなければならず，流通過程において剰余価値を含めた価値全体を販売（実現）しなければならない。この二つのハードル（「供給・搾取の条件」と「需要・実現の条件」）をクリアーしなければ資本循環は攪乱され，恐慌が生じる。国家は大恐慌の再発を回避するために，恐慌からの脱出を速め，景気の過熱を未然に防ぎ，人為的・なし崩し的に恐慌を引き起こす（景気政策）。具体的には財政・金融政策によって実行していくが，恐慌との関連でいえば搾取と実現の両過程に介入する。搾取の条件の面では労働力と原材料を国家的規模で確保する政策を展開する。実現の条件の面ではさまざまな国家支出によって，国家が商品を買いつける。軍事支出は生産力効果はまったく発揮せず，一方的に需要

効果を発揮するが，公共投資などは両条件を改善するように作用する。所得再配分政策などは実現の条件を改善する。しかしこうした景気政策はかならずしも成功していたとはいいきれない。いわゆる政策の発動が遅れることによる景気振動の増幅（景気政策の失敗），選挙を有利にするための意識的な積極財政などである[15]。

　国家の政策はこうした短期の景気政策として実施されるだけではなく，体制の長期的発展と安定をつくりだすための長期計画が実施される。図1-1に表示されているように，原燃料の備蓄，科学技術政策，国家主導の産業構造の転換，産業基盤の整備・創出，福祉国家政策，労働力の生産・再生産政策などである。次項において戦後日本の国家政策について具体的に考察しよう。

第3項　日本の経済政策

1　全体的計画の変質（立案と廃棄）

　前項で考察した国家政策は，日本においては高度経済成長の開始時期（1950年代半ば）には確立したといえるが，政府の経済政策は占領政策に基本的に規制されて出発した。最初は全体的計画が立案されていった。しかし，ドッジ・ラインの実施による資本主義的秩序の復活，サンフランシスコ講和条約による資本主義世界の一員としての主権の回復をへて，経済計画は，自由企業と自由市場を前提とした間接的な誘導型（行政指導）に変質していった。主要な経済計画案を列挙すれば，

　芦田内閣
　　経済復興計画第1次試案（1948年5月）
　吉田内閣
　　「自立経済達成の諸条件」または「エオス作業」（1950年6月発表）
　　「自立計画」（1951年1月発表）
　　「B資料」（1951年9月のサンフランシスコ講和会議で日本全権団が提起）
　　「岡野構想」（1953年に準備）
　鳩山内閣
　　「経済自立5ヵ年計画」（1956年1月）

岸内閣
「新長期経済計画」（1957年12月閣議決定）
池田内閣
「国民所得倍増計画」（1960年12月）

となる。経済安定本部に参画し，第1回の『経済白書』を執筆した都留重人氏は，つぎのように要約している。

　換言すれば，政府による全体的な計画化という基本理念はついに放棄され，それに代わって，計画は「自由企業と自由市場という基本的枠組み」の内部で「経済行動の指針として役立つべき」ものである，という理念が，間違えようもない用語で宣明されたのだった。／〝計画を実施するための手段〟として「財政，金融，貿易＝為替に関する諸政策などの間接的方法」を特に指摘し，「政府としてはできる限り，直接統制対策に頼ることは慎むべきである」と明確に述べていた[16]。

　しかしこうした行政指導が政・官・財の癒着体質を形成し，さまざまな汚職事件や金融・証券スキャンダルを引き起こし，90年代にその行き詰まりを露呈した。この点については第8章第4節第1項において考察する。

2　経済政策の体系的整備

　こうした経済計画の変質に対応して，経済政策遂行上の体系が整備されていった。井村喜代子氏の整理によれば[17]，対外関係を管理する法律として，「外国為替及び外国貿易管理法」（外為法）（1949年12月公布），「外資に関する法律」（外資法）（1950年5月），が制定された。国内の政府系の長期設備資金の供給機関として，財政投融資の運用機関として日本開発銀行（1951年4月），日本輸出（入）銀行（1951年2月）が設立された。日本興業銀行は再編成され，日本長期信用銀行（1952年6月）とともに金融債を発行し，産業金融を提供する体制になった。また，「企業合理化促進法」（特別償却制度と租税の特別減免措置）（1952年3月）や独占禁止法の大改訂（不況カルテル，合理化カルテルの容認）（1953年9月）は，独占的大企業の復活・強化を促進するものであった。

第3節　独占資本体制（金融資本）の復活

第1項　財閥解体から企業集団の形成

　序章第2節第1項で指摘したように，占領軍の財閥解体政策によって戦前の家族支配（持株会社）は解体したが，占領軍の政策転換によって独占的大企業はほとんど無傷のまま存続し，高度成長期に近代的な企業集団が確立する。まず本項では，初期占領政策によって実施された財閥解体処置と，その後の転換過程を考察しよう。

　井村喜代子氏の整理によれば，財閥解体過程はつぎのように進行した[18]。GHQの「初期の基本的指令」（1945年11月1日）によって，軍国主義の基盤（財閥，大地主）の解体方針がだされ，それを実施する委員会として持株会社整理委員会（1946年8月）が発足する。委員会が実施したものは，

　　　持株会社＝財閥本社とそれに準ずるもの28社の解体
　　　持株会社指定現業会社（三菱重工業，日本製鉄など）の他企業支配力の排除
　　　三井物産，三菱商事の細分割
　　　財閥家族56名の有価証券強制譲渡と会社役員からの追放
　　　「制限会社」の株式処分（資本支配関係の切断）
　　　持株会社や財閥家族等が所有していた有価証券の強制譲渡と処分
　　　三大財閥傘下会社の照合・商標使用禁止（7年間）

となる。独占的大企業の分割は過度経済力集中排除法（1947年12月18日成立）によって実施されることになったが，実際に処分されたものは対象325社のうちの18社にすぎなかった。

　財閥解体の意義と性格について井村氏はつぎのように総括している。

　　なによりもまず注目すべき財閥解体の画期的意義は，財閥が多数の傘下企業を統合・支配してきた中枢支配機構を完全に崩壊させたことである。／……しかし，占領政策「変更」・「集中排除」方針の一大転換によって，財閥傘下の巨大事業会社のほとんどが解体・分割されずに終わったことである。／

……財閥傘下の巨大独占企業や単独の巨大独占企業・巨大金融機関はほとんどそのまま，財閥本社や財閥家族による直接・間接の支配・管理から解放された形で，存続していくこととなったのである[19]。

第2項 独占体制の確立と企業系列

高度成長第1期においてすでに，巨大企業の独占的支配体制が確立していたことを確認しておこう。

1 「一般集中度」

東京証券取引所上場会社の上位100社の資本金の比率（全営利法人，金融・保険を除く）は，1958年末において35.4％に達する。62年度の製造業全体をみると，資本金10億円以上の企業422社（全法人の0.3％）が，従業員の26.0％，有形固定資産の61.5％，当期純益の52.8％を占めていた。化学・船舶・鉄鋼・輸送用機械・電気機器の集中度はさらに高くなる[20]。

2 「品目別生産集中度」

1959年における上位8社の生産集中度は，板ガラス・アルミ地金・ビール・合成ゴム・熔解パルプ・熱延薄鋼板が100％の完全独占体制になっていた。90％以上100％未満の製品は，トランジスター・乗用車・電気鋼・自動車タイヤとチューブ・トラック・鋼管となる[21]。

3 企業集団の確立

しかもこうした独占的巨大企業は，単独で行動したのではなく，企業集団を形成しその一員として行動した。宮崎義一の研究によれば，1960年には以下のような企業集団が形成されていた[22]。

(1) 国家資本系（43社）
　①国営（9社），②特殊法人（13社），③日本開発銀行系（20社），④日本輸出入銀行系（1社）
(2) 長期信用銀行系（21社）

①日本興業銀行系（19社），②日本長期信用銀行系（1社），③農林中央金庫系（1社）
(3) 巨大産業系（21社）
①八幡製鉄系（3社），②富士製鉄系（1社），③神戸製鋼所系（2社），④トヨタ系（5社），⑤日立系（4社），⑥東芝系（3社），⑦松下系（3社）
(4) 三菱系（30社）
(5) 住友系（30社）
(6) 三井系（23社）
(7) 第一銀行系（15社）
①古河系（5社），②川崎製鉄系（4社）
(8) 富士安田系（18社）
(9) 三和銀行系（9社）
(10) 大和銀行系（5社）
(11) 日本勧業銀行系（6社）
(12) その他の系列（5社）
①東京銀行系（1社），②神戸銀行系（1社），日本生命系（2社），第一生命系（1社）
(13) 外国資本系（8社）
(14) 系列外企業
①株式集中型（19社），②自己金融型（56社），分散調達型（18社）

系列外企業は93社あるが，合計327社の28％にすぎず，圧倒的に多くの独占的巨大企業は企業集団に属しているといえる。

4　企業集団への集中度[23]

3の巨大企業の相対的経済力（有形資産集中度，1960年）を系列ごとに示すとつぎのようになる。全産業において，国家資本系44.4％，長期信用銀行系4.8％，巨大産業資本系8.6％，三菱系5.1％，住友系4.3％，三井系4.1％，第一銀行系2.5％，富士安田系3.1％，三和銀行系1.5％，大和銀行系0.5％，日本勧業銀行系0.6％，その他の系列0.4％，外国資本系1.1％，系列外企業19.0％，とな

る。重化学工業においては，国家資本系1.2％，長期信用銀行系4.1％，巨大産業資本系32.5％，三菱系11.7％，住友系8.6％，三井系7.1％，第一銀行系6.4％，富士安田系7.6％，三和銀行系3.9％，大和銀行系0.8％，日本勧業銀行系0.9％，その他の系列0％，外国資本系2.7％，系列外企業12.5％，となる。

さらにこれらの企業集団が全資産に占める比率をみると，1960年において，企業集団全体は全産業で35.5％，重化学工業では83.6％に及ぶ。企業集団が重化学工業という先端産業を支配していることがわかる。さらに旧財閥（三菱，三井，住友，富士安田）への資産集中度をみると，全産業の16.6％，重化学工業の35.0％になっている。戦前の財閥が衣替えして復活してきたといえる。

第3項　系列ワン・セット主義

独占的巨大企業（独占資本）は，新投資による既存投下資本の利潤減少と価値破壊を回避しようとするから，投資行動に慎重性が生じる。そして競争の形態は変化するが，投資そのものは具体的な技術・競争・需要状態によって左右される[24]。日本の高度成長期には，①技術条件をみると，最新のアメリカで導入された新鋭重化学工業技術の導入期であったし，新しい技術のもとでの新製品が開発・導入される状態だった。②競争条件をみると，つぎに述べるように企業集団が競って各産業に参入していったから（系列ワン・セット主義），過当競争状態だった。③需要条件をみると，設備投資が設備投資を生みだし，また耐久消費財ブームとして消費も拡大した。このように独占資本の投資が積極化する条件が成立していた。

日本的特徴としては，個々の独占的巨大企業が競争しあったばかりでなく，企業集団としてグループ相互が競争しあったところにある。この系列ワン・セット主義を実証した宮崎義一の研究によれば，再生産可能な有形資産が50億円以上の独占的巨大企業849社の，1960から70年度にかけての動態は，以下のようになる[25]。

(1)　1969年度までに参入して1970年度までの期間中所属企業集団を変更しなかった企業　462社
(2)　1970年度に新規参入した企業　102社

(3) 合併によって消滅した企業　34社
(4) 倒産・解散によって消滅した企業　4社
(5) 有形資産が1年でも50億円未満となった企業　59社
(6) 特定企業集団から他の企業集団に移動した企業　188社

　半分以上の巨大企業が企業集団を変更していないが，この事実は企業集団が強固に定着してきたことを意味する。宮崎は(6)の企業集団を変更した巨大企業に着目し，系列ワン・セット主義を実証している。各企業集団に流入した企業数から流出した企業数を引くと，プラス（純流入）の集団は，三菱系（26社），三和銀行系（10社），富士安田系（7社），三井系（6社），東海銀行系（6社），巨大産業資本系（5社）となる。マイナス（純流出）の集団は，自己金融型（30社），国家資本系（13社），分散調達型（4社），勧業銀行系（4社），長期信用銀行系（3社），株式集中型（3社）となる。これを要約すると，国家資本系や長期信用銀行系としてスタートした企業が旧財閥系の集団に吸収され，系列外企業が選別融資によって旧財閥系集団に吸収されていったことになる。国家資本系から流出した企業は海運と航空に集中している。

　そして各集団が傘下においている産業数の変化をみると，三菱系が23産業（1960年度）から38産業（1970年度）に，富士安田系が13産業から26産業に，三和銀行系は8産業から18産業に拡大している。まさに系列ごとに参入産業を拡大する系列ワン・セット主義が示されているといえる。こうした傾向は，戦後の近代化した企業集団によって可能となったとして，宮崎義一は，

　　したがって，戦後の〝過当競争〟をも辞さないワンセット支配的な設備投
　　資競争は，財閥形態をもってしては，不可能であったというほかはない。そ
　　れは，どちらかといえば財閥は利潤本位に，そして戦後の企業集団はシェア
　　本位に行動していることと関係が深い[26]。

と総括している。

第4項　間接金融方式

　日本国民の貯蓄性向は世界的に高く，預貯金が郵便局を含むあらゆる金融機関に吸収され，それを企業が設備投資などに借り入れる方式が高度成長期にな

ると支配的となった（間接金融方式）。貯蓄性向が高い理由はいろいろ考えられるが，たとえば都留重人氏はつぎのように整理している。

　従来，幾つかの説明が与えられてきたのであって，それは次のようなものだった。①6月と12月に毎回ほぼ3ヶ月分の給与またはそれ以上の額に達する〝ボーナス〟支給という，特に戦後の一般的な慣行が，必然的に支出の遅れとこれによる高い貯蓄性向を生み出しているというもの。②特に高齢者のための社会保障制度が適切でないため，他の多くの先進諸国よりも，予備的動機の高い個人貯蓄率が必要となっているというもの。③依然として日本で根強く残っている年功序列制のおかげで，より高齢の人たちの間では，まだ学校に通う子供たちを持っていたり，結婚を控えた人々よりも，現実には支出する必要が少なくなっていることから高い貯蓄性向が生じているということ。そして，④日本では家計部門がそれ自体のなかに他の諸国よりもはるかに大きな数の個人業主を含んでおり，この人々は単に家計のためだけではなく，商売としての企業のためにも貯蓄しているということ等である[27]。

　間接金融方式は，民間金融機関の預金獲得と貸付をめぐる競争，長期信用銀行の債券発行による長期資金の貸付によって強化されていた。また政府は低金利政策と利子課税減免処置によって巨大企業への資金供給を援助した。日本銀行は都市銀行に恒常的に貸し付け，それに依拠して都市銀行は巨大企業への資金供給を拡大していった（いわゆるオーバー・ローン）。

第4節　金融資本の編成（企業集団）

　金融資本の概念をめぐっては論争があるから，まず定義を与えておこう。ルドルフ・ヒルファディングは，産業資本形態をとっている銀行資本（銀行の貸付資本）として金融資本を定義したが，これは当時のドイツでの銀行支配の強固さにとらわれすぎた規定であり，独占資本主義が確立していく過程の歴史的過渡的な規定である[28]。ウラジミール・レーニンは，産業独占と銀行独占の融合・癒着関係総体として金融資本を把握した[29]。本書での金融資本概念はこの規定にしたがう。そして本節で説明するように，戦後の日本の企業集団はこの規定が有効であると考える。ポール・スウィージーは1930年代のアメリカ

経済における利益集団を検出したが，その際に金融資本概念をヒルファディング流に解釈し，その意味においては金融資本は消滅したと論じた[30]。しかしスウィージー自身が検出した利益集団こそ，レーニン的な金融資本といえよう。ともかく本書では，産業独占・商業独占・銀行独占の相互癒着・融合関係の総体なり組織体として金融資本概念を使用する。

第1項　企業集団内部の結合関係

宮崎義一の記念碑的研究によれば，高度成長前期においてすでに旧財閥は近代的な企業集団として復活した。その結合関係の実態について宮崎の研究を紹介しよう。

1　人的結合関係

金融資本内部では古典的に重役の相互派遣やグループ会議によって，独占資本を代表する役員たちが人的に結合する。金融資本の最高意志決定機関は戦前は持株会社（家族的財閥）であったが，戦後の高度成長期には，復活した旧財閥を中心として社長会が企業集団の全体的な方針を決定するように変化した。宮崎の研究によれば，強い社長会として，三井系の二木会（17社），三菱系の金曜会（26社），住友系の白水会（16社）があり，弱い社長会として，三井系の月曜会（26社），古河・川崎系の三水会理事会（10社）と睦会（3社），富士安田系の芙蓉会（29社），三和系の三水会（21社）がある[31]。戦前の財閥と比較した社長会の特徴は，その中心が，金融問題のときは金融機関がなり，生産技術問題のときには重化学工業の独占資本がなるように，流動的である点にある。このように中核は変動するが，内部の関係は上下関係ではなく，「相互にヨコにスクラムを組んだようなマトリックス型」の結合関係である。社長会は当初は，新規事業の決定とか緊急救済融資の決定などをしていたが，1965年不況以降しだいに人事権を強化していった[32]。

人的結合のもう一つの形態は役員の相互派遣である。高度成長前期の1963年における役員派遣数は，三井系が8人，三菱系22人，住友系5人となる。独占禁止法第13条による役員兼任の制限によって，戦後の人的結合は戦前より量的

にも質的にも弱い[33]。

2 融資関係

　企業集団中の金融集団の融資関係を明らかにしよう。当然のことながら，この集団内部においては系列融資関係が存在する。その前に，金融集団を持たない企業集団の融資関係は異なることを確認しておこう。巨大産業資本系の融資比率（借入金に占める金融機関の比率）は，つぎのようになる[34]。

新日本製鉄	1960年度	興銀 (18.4%)，長銀 (12.8%)
	1970年度	興銀 (14.0%)，三菱 (11.8%)，富士安田 (11.6%)
神戸製鋼所	1960年度	外資系 (38.3%)，興銀 (7.9%)，第一 (2.4%)
	1970年度	富士安田 (9.4%)，三和 (8.9%)，第一 (6.4%)
トヨタ自動車工業	1960年度	自己金融
	1970年度	長銀 (15.1%)，三井 (6.4%)，東海 (4.4%)
日立製作所	1960年度	興銀 (10.8%)，富士安田 (10.3%)，三和 (8.6%)
	1970年度	興銀 (13.3%)，三和 (11.5%)
東京芝浦電気	1960年度	三井 (19.1%)，興銀 (15.2%)
	1970年度	三井 (15.3%)
松下電器産業	1960年度	住友 (20.6%)，興銀 (14.3%)
	1970年度	住友 (10.7%)

　このように巨大産業資本系の代表企業の借入先は分散化しており，またメイン・バンクは必ずしも固定していないことがわかる。この傾向は，系列外企業（株式集中型，自己金融型，分散調達型）と分類された巨大企業においてはさらに明瞭となる。

　さて，金融集団の融資比率は表1-1（1960年度）と表1-2（1970年度）のようになる。金融集団を構成する金融機関は以下のように判定されている[35]。

三井金融集団	三井銀行，三井信託，大正海上火災，三井生命
三菱金融集団	三菱銀行，三菱信託，東京海上火災，明治生命
住友金融集団	住友銀行，住友信託，住友海上火災，住友生命
富士・安田金融集団	富士銀行，安田信託，安田海上火災，安田生命
第一金融集団	第一銀行，第一信託，朝日生命
三和金融集団	三和銀行，東洋信託，大同生命
大和金融集団	大和銀行，東京生命

表 1-1　巨大産業資本の融資比率（1960年）　　　　　　　　　　　　　（単位：%）

金融集団	第1系列	第2系列	第3系列
(a) 三菱系			
三菱重工業	三菱16.8	輸銀20.9	神戸銀行6.7
三菱地所	三菱27.5		
三菱金属	三菱42.5		
三菱石油	三菱52.0		興銀5.4
旭ガラス	三菱9.9		
三菱商事	三菱26.4	東銀12.8	三和9.4
東京急行電鉄	三菱24.1	三井12.8	興銀13.3
(b) 三井系			
三井不動産	三井45.2		
三井金属	三井36.5	興銀20.0	
三井石油化学	三井23.9		長銀18.8
小野田セメント	三井19.9	興銀17.7	三菱9.6
三井物産	三井19.0	富士安田13.9	東銀9.0
ソニー	三井65.2		
(c) 住友系			
住友金属	住友23.5	興銀12.4	世銀32.4
住友金属鉱山	住友45.0	興銀19.0	
住友化学	住友33.3	興銀19.2	
日本板ガラス	住友60.8		
住友商事	住友56.4		東銀10.2
(d) 第一銀行系			
古河鉱業		第一46.2	興銀24.3
川崎製鉄		第一6.8	長銀4.2
川崎重工業		第一23.9	輸銀17.9
日商岩井	第一29.7	三和25.1	東銀19.2
(e) 富士安田系			
日清製粉	富士安田18.8	住友17.1	第一17.1
昭和電工	富士安田26.4	興銀7.3	三和8.5
日本セメント	富士安田34.0	勧銀19.2	
日本鋼管	富士安田17.6	興銀12.6	勧銀4.4
丸紅飯田	富士安田29.8	住友16.9	東銀11.5
(f) 三和銀行系			
日本レーヨン	三和23.4	興銀13.4	大和4.1
丸善石油	三和17.1	住友3.0	UNOCO13.5
日綿実業	三和34.0	東銀20.2	三菱6.4
新日本汽船	三和18.8	開銀68.1	興銀5.4
ダイハツ工業	三和29.4	興銀12.0	神戸銀行15.6
(g) 大和銀行系			
日本金属鉱業	大和37.4		富士安田33.1
(h) 日本勧業銀行系			
興国人絹パルプ	勧銀26.4	三菱21.1	
新潟鉄工所	勧銀31.6	長銀12.5	

出所：宮崎義一『戦後日本の企業集団』日本経済新聞社，1976年，の企業リストより作成。

表 1-2 巨大産業資本の融資比率（1970年）　　　　　　　　　　（単位：%）

金融集団	第1系列	第2系列	第3系列
(a) 三菱系			
三菱重工業	三菱22.1	輸銀25.8	住友7.8
三菱地所	三菱30.3		
三菱金属	三菱37.6		
三菱石油	三菱36.4		興銀9.4
旭ガラス	三菱31.5		
三菱商事	三菱23.4	興銀10.2	東銀9.5
東京急行電鉄	三菱19.4	第一生命10.2	日本生命11.0
(b) 三井系			
三井不動産	三井40.2		
三井金属	三井28.1	興銀15.2	
三井石油化学			長銀18.8
小野田セメント	三井28.1	興銀16.7	協和8.7
三井物産	三井18.2	輸銀16.7	富士安田10.9
ソニー	三井65.2		
(c) 住友系			
住友金属	住友34.0	興銀8.6	世銀32.4
住友金属鉱山	住友40.0	興銀14.2	
住友化学	住友22.1	興銀12.7	
日本板ガラス	住友48.8		
住友商事	住友30.4	輸銀10.2	東銀9.5
(d) 第一銀行系			
古川鉱業		第一52.1	興銀10.5
川崎製鉄		第一10.2	長銀13.0
川崎重工業		第一18.2	輸銀38.0
日商岩井	三和29.7	輸銀11.6	第一9.6
(e) 富士安田系			
日清製粉	富士安田20.9	住友32.0	第一17.1
昭和電工	富士安田21.5	興銀6.1	三和7.2
日本セメント	富士安田44.1	勧銀10.9	長銀10.0
日本鋼管	富士安田22.6	勧銀5.8	興銀8.7
丸紅飯田	富士安田24.8	輸銀16.0	東銀12.4
(f) 三和銀行系			
日本レーヨン	三和25.1	興銀14.2	大和4.1
丸善石油	三和17.3		興銀9.1
日綿実業	三和32.5	東銀14.5	輸銀9.3
新日本汽船	三和18.8	開銀68.1	興銀5.4
ダイハツ工業		三和28.8	
(g) 大和銀行系			
日本金属鉱業	大和31.5		長銀18.6
(h) 日本勧業銀行系			
興国人絹パルプ	三菱11.7	第一生命5.9	
新潟鉄工所	勧銀15.8	長銀9.5	

出所：表1-1に同じ。

東海金融集団　　　東海銀行，中央信託

表より，興銀や長銀のような国家資金や外資借入の高い巨大企業は，主力銀行からの融資比率はそれほど高くない。しかし国内の民間銀行からの借入比率が圧倒的に高い巨大企業は，金融集団中の主力銀行からの借入比率が高いことがわかる。

こうした系列融資関係は，第3節第3項で説明した系列ワン・セット主義を促進したことはいうまでもない。宮崎義一は1960年度から70年度にかけての企業集団間の移動を分析し，つぎのように要約している。

　高度成長期のはじめ（1960年頃），国家資本系，長期信用銀行系としてスタートした企業が国家資本によって基礎が固められると次第に旧財閥系の企業集団に吸収されていくプロセスを物語っている。また，はじめ系列外企業としてスタートした企業が高度成長期間中に，旧財閥系企業集団等によって選別融資されて，吸収されていったといえるだろう[36]。

3　所有関係

表1-3は，宮崎義一たちが作成した1970年度の巨大企業の所有構造と，1955・61・66・70年度の支配構造の変化を示す。70年度の支配構造をみると，会社支配57.1％，経営者支配20.7％，家族支配20.6％，となる。会社支配とは次項でも説明するが，企業集団内部の巨大企業がグループ企業の株式を相互に持ち合うことによって，企業集団全体として支配する形態である。半数以上の巨大企業がこの会社支配になっていることになる。この株式の相互持ち合いこそ日本の企業集団の特徴

表1-3a　株式会社の所有と

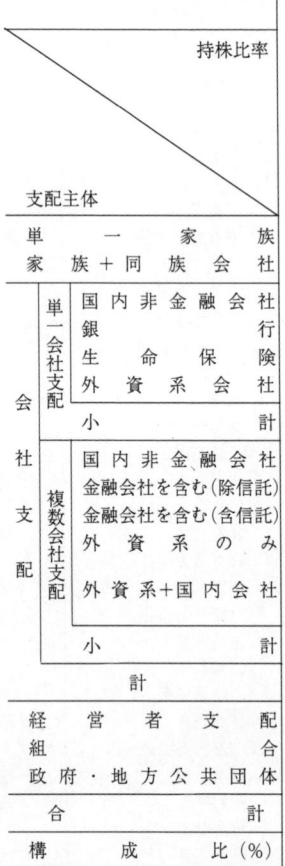

支配主体		持株比率
単　一　家　族		
家　族　＋　同　族　会　社		
会社支配	単一会社支配	国　内　非　金　融　会　社
		銀　　　　　　　　　　行
		生　　命　　保　　険
		外　資　系　会　社
		小　　　　　　　　　計
	複数会社支配	国　内　非　金　融　会　社
		金融会社を含む（除信託）
		金融会社を含む（含信託）
		外　資　系　の　み
		外　資　系　＋　国　内　会　社
		小　　　　　　　　　計
計		
経　営　者　支　配		
組　　　　　　　　　　　合		
政　府　・　地　方　公　共　団　体		
合　　　　　　　　計		
構　　成　　比（％）		

出所：表1-1に同じ，289頁。

支配（1970年度）

直接的支配									究極的支配								
過半数持株支配		少数持株支配				経営者支配	合計	構成比%	過半数持株支配		少数持株支配				経営者支配	合計	構成比%
90%以上	90%未満~50%	50%未満~30%	30%未満~20%	20%未満~10%	10%未満~3%				90%以上	90%未満~50%	50%未満~30%	30%未満~20%	20%未満~10%	10%未満~3%			
1	4	8	18	24	28		83	11.4	2	10	13	24	28	29		106	14.5
1	11	9	17	16	13		67	9.2	1	10	7	11	15	12		56	7.8
11	46	37	19	43			156	21.4									
				7	6		13	1.8			1	1	2			4	0.5
			9				9	1.2				1	11			12	1.6
5	5	2	2	1			15	2.0	7	10	3	3	1			24	3.3
16	51	39	21	60	6		193	26.3	7	10	4	5	14			40	5.4
10	20	13	5	2			50	6.8	13	48	50	38	105	9		263	36.0
	9	15	14	67	3		108	14.8									
	3	5	14	24			46	6.3									
	2		1				3	0.4		2		1				3	0.4
									⑦							7	1.0
									④	4						8	1.1
11	6	1		1			19	2.6					2		1	4	0.5
21	40	34	34	94	3		226	30.8	24	56	51	39	106	9		285	38.9
37	91	73	55	154	9		419	57.1	31	66	55	44	120	9		325	44.3
						151	151	20.7							233	233	31.8
		1		1			2	1.3			1		1			2	1.3
1	5		2	2			10	0.3	1	5		2	2			10	0.3
40	111	91	92	197	50	151	732	100.0	35	91	76	81	166	50	233	732	100.0
5.5	15.1	12.5	12.6	26.9	6.8	20.6	100.0		4.8	12.4	10.4	11.1	22.7	6.8	31.8	100.0	

である。持ち合い比率（グループ内企業の総株式発行数に占めるグループ内企業が相互に持ち合っている株式数の割合）は，70年度において，住友系20.11％，三菱系19.45％，第一系17.19％，富士系14.56％，三井系12.93％，三和系11.18％となり，10～20％の相互持ち合いによって企業集団としての支配・決定をしているといえる[37]。個々の巨大企業の株式所有構造をみると，10大株主の持株比率は70年度において，20％以上50％未満に集中している。しか

表1-3b 株式会社の所有・支配構造の変化

支配主体			持株比率	過半数持株支配	少数持株支配				経営者支配	合計	構成比（％）			
				90％以上	90％未満～50％	50％未満～30％	30％未満～20％	20％未満～10％	10％未満～3％			70年	66年	61年	55年
家族支配	単一家族			1	4	8	18	24	28		83	11.4	7.5	8.3	(6.4)
	家族＋同族会社			1	11	9	17	16	13		67	9.2	7.5	8.0	(7.0)
	小計			2	15	17	35	40	41		150	20.6	15.0	16.3	(13.4)
会社支配	単一会社支配	国内非金融会社		11	46	37	19	43			156	21.4	18.4	12.7	(1.9)
		銀行						7	6		13	1.8	1.7	1.1	(4.5)
		生命保険						9			9	1.2	1.5	—	(1.9)
		外国会社		5	5	2	2	1			15	2.0	2.2	1.9	(1.3)
		小計		16	51	39	21	60	6		193	26.3	23.8	15.7	(9.6)
	複数会社支配	国内非金融会社		10	20	13	5	2			50	6.8	3.9	2.8	(2.6)
		非金融会社＋金融会社			12	20	28	91	3		154	21.1	19.2	22.1	(19.8)
		外国会社			2						2	0.3	0.4	0.6	(0.0)
		外国会社＋国内会社		11	6	1	1	1			20	2.7	4.5	4.7	(7.6)
		小計		21	40	34	34	94	3		226	30.8	28.0	30.2	(29.9)
	計			37	91	73	55	154	9		419	57.1	51.8	45.9	(39.5)
経営者支配										151	151	20.7	31.3	35.6	(43.3)
政府・地方公共団体・組合				1	5		2	3			12	1.6	1.9	2.2	(3.8)
合計				40	111	91	92	197	50	151	732	100.0	100.0	100.0	100.0
構成比（％）	1970年			5.5	15.1	12.5	12.6	26.9	6.8	20.6	100				
	1966年			6.0	11.0	9.9	9.4	23.8	8.6	31.3	100				
	1961年			6.1	9.1	8.3	7.4	23.5	10.0	35.6	100				
	1955年			1.9	2.5	4.5		24.2	23.6	43.3	100				

出所：表1-1に同じ，290頁。ただし，原表の計算ミスは修正した。また，西暦に改めた。

し10大株主で過半数支配を満たしている巨大企業は，728社中282社（38.7％）にもなっている[38]。

第2項 法人資本主義論（所有と支配）

前項で説明したように，企業集団内部の人的結合・融資関係・所有関係をとおして産業・流通独占と銀行独占が融合・癒着した企業集団としての金融資本

が，高度成長期に支配的となった。誰が株式会社を所有し，誰が株式会社を支配しているのかという観点から考察しなおしてみよう。

1 バーリー゠ミーンズの経営者革命論

株式会社形態においては，資本所有と資本機能とが分離することはすでにカール・マルクスが指摘した。マルクスはさらに株式所有形態によって，資本主義の枠内での社会的所有化が極限にまで進展したと認識していた[39]。しかしマルクスの場合には，株式会社の経営者はあくまでも資本機能を営む雇用重役であり，会社の支配権を持った存在としては考えていなかったといえよう。経営者が株式会社の実質的な支配者になったとはじめて主張したのは，1930年代のバーリーとミーンズである（経営者革命論）。バーリー゠ミーンズは，経営単位の拡大にともなう株式所有の分散化は，少数の株式所有による支配を可能にし，やがては有力な株式所有なしの「経営者支配」が成立するとした[40]。この経営者革命論の帰結は，経営者が資本所有から完全に自立化し，彼らが政府と協力して労資が協調する「集散的資本主義」に向かうことになる[41]。しかし宮崎の詳細な日本の企業集団分析により，このような予言は幻想であったことはもはや明らかであろう。

2 宮崎義一の経営者革命論批判

宮崎は，経営者が資本所有から自立化する条件として株式の無限の分散化が必要であるが，株の相互持ち合いの実証によってそれは幻想にすぎないと批判する。さらに，経営者が忠誠を誓うべき株式会社は，融資関係によって単一ないし複数の大口会社株主によって支配的に所有されているし，この会社自身が株式の相互持ち合いによって他の会社を支配しているのであるから，経営者の資本所有からの自立化は幻想であると批判する[42]。そして戦後の所有と支配の特徴は，「会社による所有と支配の統一」にあるとして，

戦後日本の現実は，すでに見たごとく会社による会社所有が支配的であり，いわば「資本の法人化」が進展し，それとならんで「法人の人格化」（会社の前進のために献身する「会社人」としての経営者によるビジネス・リーダーシップ）が確立しつつあるといってよいだろう。この動きを多少シェーマ

ティックに表現すると，個人による所有と支配の統一から個人所有の分散と「経営者支配」を経て，「会社による所有と支配の統一」の方向に進んでいるということができよう[43]。

そして会社は不滅の生命を保持するのに対して，経営者はある種の「通過集団」にすぎないという。私も基本的に宮崎説を支持するし，この研究はその後の法人資本主義論へと展開されていった[44]。

第5節 金融寡頭制支配の構造

第1項 金融寡頭制

1 金融資本の経済支配

第3節第2項1において指摘したように，1962年度の製造業全体において，資本金10億円以上の企業422社（全法人の0.3％）が，従業員の26.0％，有形固定資産の61.5％，当期純益の52.8％を占めていた。これらの巨大企業は圧倒的に企業集団に属するから，企業集団が全資産に占める比率は1960年をみると，企業集団全体は全産業で35.5％，重化学工業では83.6％になる。こうした巨大企業とそれらのグループである企業集団は，第4節第2項2で考察したようにいわば永久存在機関であり，「通過集団」としての少数のエリート経営者たちが，その人格化として経済界を実際には支配する主体となっているといえる。経済力を支配した金融資本は，すでに20世紀初頭においてヒルファディングやレーニンが喝破したように[45]，その経済力を基盤として，政治・社会・軍事・教育研究のリーダーたちとの結合関係を形成する。ここに金融資本を中心として金融寡頭制が確立するが，戦後日本においても高度成長前期において再確立していたといえる。政治体制の中に天皇制が存続し，閨閥関係によって結合していることが日本的特質である。

2 政・官・財の複合体制

20世紀初頭の金融寡頭制と現代との違いはどこにあるだろうか。アメリカにおいてはアイゼンハワー大統領が退任演説で警告した産軍複合体制が存在する

が，日本においては平和憲法の存在によって自衛隊は合法化されていないこともあり，軍部と軍需産業の融合・癒着関係はアメリカほどではない。第2節で考察したように戦後は国家の役割が飛躍的に増大したことによって，金融寡頭制はより強化されたといえる。財界と政界と官僚界との利害関係はどのようなものであるか。

　経済力を支配する財界（個々の巨大企業，企業集団，財界の全体組織である経済団体連合会・経済同友会・日本経営者連盟・商工会議所など）は，直接・間接のルートを通して保守政権を中心とした政党に政治献金をする。選挙の時には企業ぐるみの投票が組織される。アングラではさまざまなワイロ資金が提供される。またバブル期の証券スキャンダルによって暴露されたように，政治家の政治資金を増殖させることを企業そのものが援助している。

　見返りとして政界が財界に提供する利益は，戦後支配的となった金融・財政政策や長期経済計画を通して実現する。第2節で考察したように，国家（政界）は資本の価値増殖運動の全過程において巨大資本を援助する。国家支出が飛躍的に増大したことは，バラ撒き政治をつくりだし，土建屋国家を出現させる。バブル崩壊後の不良債権問題を深刻化させた一つの要因は，このような日本特有の政界と財界の癒着関係であるといえる。

　行政を実際に実行する各省庁は，財界と政界とのパイプ役を演じる。第2節でも説明したように，行政指導の名のもとに巨大企業へのガイドラインを提示し，業界全体のいわば「護送船団方式」による誘導が実現した。こうした間接的指導とは別に，やはりすでに指摘したように，政府系機関は輸出至上主義思想にもとづき，巨大企業に融資関係・税制関係・特別償却制度などのさまざまな優遇処置を講じてきた。財界が官僚たちに与える見返りは，政治家と同様に直接的なワイロの提供であり，さまざまな資産保護（証券会社の損失補填など）であり，官僚の天下り先の提供である。政界が官僚に与える見返りは，官僚人事であり官僚の政界への転身である。

　市民社会から生まれ市民に奉仕すべき国家は，市民社会が資本主義社会となることによって資本制国家となった。すでに第2節第1項において考察したように，国家は階級支配機能と共同管理機能との二重機能を果たした。この二重機能は金融寡頭制のもとでの国家も実行する。しかし日本的特徴としては，そ

れが姻戚関係にもとづく閨閥を形成しているところにある[46]。最後にこうした日本的な政・官・財の融合・癒着体制がバブルを激化させ，その崩壊後の国際的信用失墜の原因であったことを指摘しておこう。

第2項　金融寡頭制のイデオロギー

1　資本とイデオロギー

　もともと資本の価値増殖運動（利潤追求）を担うのは人間であるから（資本の人格化），イデオロギー（思想）は資本にも重要な影響を与える。経済学の諸学派はこうした観点からみれば，資本主義を擁護する経済学と資本主義を批判する経済学とに区分されるといえる。前者の典型的な経済学説は「三位一体」説であり，賃労働・資本・土地所有の関係を平等関係として説明する。後者の典型的な経済学説は労働価値説であり，賃労働と資本の関係を搾取関係として，土地所有は搾取（剰余価値）の分配関係として説明し，資本主義にかわる社会主義・共産主義社会を構想する。こうした経済学説としてのイデオロギーのほかに，民族や宗教や風土などに規制されたさまざまなイデオロギー（思想）が資本の価値増殖という普遍的運動に影響を与える。戦前の国家的なイデオロギーは天皇制であったが，周知のように平和憲法のもとで象徴天皇制になった。そして被占領状態からアメリカ陣営に組み込まれることによって，アメリカ的な生活様式や民主主義が日本社会に移入された。戦後の金融寡頭制が展開した国民統合のための代表的なイデオロギーを批判しておこう。

2　会社至上主義イデオロギー

　占領軍によって軍国主義が一掃され，アメリカの民主主義が導入されたことは，戦後の日本社会の革命的な変化であった。すでに第3・4節で考察したように，金融資本の支配形態は財閥から企業集団に変貌した。戦前の財閥支配は封建的な家族支配であったが，戦前・戦中の企業のリーダーたちは戦犯などで退き，新しい「三等重役」たちがリーダーとなった。しかしバーリー＝ミーンズたちが予想したような「経営者革命」が実現したのではなく，会社や企業集団に忠誠を誓う経営者たちが，アメリカ的な合理性にしたがって組織全体の利

害関係を代表するように変質した。封建時代の大名の家臣団が「お家と名」を存続させることを最優先したのに似ていて、ビジネス・リーダーたちは巨大企業と企業集団を存続させ増殖することを目標とした。「会社が会社を支配し、支配される」会社至上主義が誕生した。

それと対応するように労働組合も、総労働の立場や個々の産業全体の立場（産業別労働組合運動）から退歩し、企業の存続と増殖を優先した企業内組合運動が支配的潮流となった。企業内の従業員は、年功序列制の影響もあって、企業の発展によって生活を向上させることを目標に、生産性向上に積極的に協力し、拡大するパイの分配闘争に力を傾注するようになった。経営者と同様に従業員にも会社至上主義が形成された。高度成長の終焉とバブルの崩壊以後の激しいリストラ運動は、周知のようにこうした会社至上主義を動揺させている。

こうした企業内部の会社至上主義は、企業全体の体制としての「日本株式会社」主義をも生みだした。第1項で考察したように、政・官・財の複合体制が形成され、政・官の「行政指導」に誘導されながら、業界全体や企業全体の発展こそ国家の発展であり、国民的な課題であるとするイデオロギーが誕生した。戦前の植民地獲得が国益とされたように、戦後はアメリカの生産力に追いつき追い越すことが国民的課題とされたのである。

3　輸出至上主義イデオロギー

日本は資源の多くを外部に依存しなければならない。戦前の軍国主義は資源を求めて軍事的に進出したが、戦後は植民地体制が世界的に崩壊したし、軍事力の対外発動を禁じた平和憲法は戦前型の資源確保路線を不可能とした。そこで輸出を振興し、獲得した外貨で資源を輸入していくことが至上命題となった。こうした国民的課題の名のもとに、政府と巨大企業集団は輸出産業の保護・育成政策を最優先していった。

すでに指摘したように戦後の経済復興過程において、石炭業・鉄工業・海運業を中心とした基幹産業を優先した融資（傾斜生産方式）から、重要産業の大企業を優先した融資（集中生産方式）に転換した。また1950年代の初期に政府系金融機関が設立・改組され、政府系の資金が重要産業の有力企業に優先的に貸し付けられた。しかしこの時期にはまだ、輸出産業を優先する政策は登場し

てはいなかった。むしろ国内の重要産業の近代化と確立が優先されていたといえる。しかし高度成長期となり，新鋭の重化学工業建設と新製品が簇生する時期になると，政府の政策は輸出競争力の劣る先端産業は手厚く保護し，輸出競争力がついた産業から貿易自由化要求に応じていくようになる。あきらかに，輸出競争力を強化し経済大国化していこうとする輸出至上主義が登場してきた。2で指摘した会社至上主義のもとで，輸出市場こそ日本の生命線であり，輸出を量的にも質的にも拡大することが国民的課題であるかのようなイデオロギーが登場してきた。実際にアメリカの生産力水準に追いつき追い越すようになると（1960年代後半から），日本は経済大国となる。さらに貿易黒字で稼いだドル資金の資本輸出がその後急増し，やがて世界一の債権国になる（1980年代）。

　こうした高度成長期・経済大国化・債権大国化はまさに輸出至上主義の成功がもたらしたものにほかならず，そのために団塊の世代を中心として国民全体が邁進していった。しかし，その背後で払った犠牲は大きかったことに注意を向けなければならない。日本の輸出拡大主義は1970年代後半には「集中豪雨型」となり，世界各地において貿易・経済摩擦を引き起こしてしまった。国内的には，黒字を国内に回さず外国に投資したために，環境破壊・福祉や教育の軽視を生みだし，国民生活の向上には還元されなかった。また輸出を伸ばすための独占資本の古典的な手法であるダンピング輸出は，外国との摩擦を激化させたばかりでなく，国内物価を高くし，都市を中心とした国民生活を圧迫するものとなってしまったことを指摘しておこう。

4　文部省の文教政策

　国の教育政策を立案し実施し管理する機関としての文部省は，世界的にも数少ない存在である（2001年1月6日からスタートした1府12省庁体制では文部科学省に属するようになった）。国家は国民統合機能を果たさなければならないが，まさに文部省は教育行政によってこの機能を果たす機関である。戦前の教育政策は天皇制イデオロギーと軍国主義教育であったが，戦後は平和憲法下でのアメリカ民主主義教育を基本とするものとしてスタートした（教育基本法，学校教育法）。アメリカ民主主義は個の自立化（個人主義イデオロギー）に立脚し，州や地域の草の根運動に根ざしているといえよう。しかし戦前の日本社

会では一種の集団主義・全体主義が支配的であり、侵略戦争に反対した自由主義者・民主主義者・社会主義者は激しく弾圧されたために、大正デモクラシーは発展しなかった。せっかく導入された民主主義教育制度は次第に変質し、高度経済成長と、日本株式会社主義と輸出至上主義に役立つ人間の養成政策になっていった。そのために、市民社会の責任ある一員としての自立した個人の形成と、その連帯と協同の重要性を教えるものではなく、会社や国家に貢献できる健全かつ従順な人材、国際競争力を担える知識と技術を持った人材の養成が重視されるようになった。

この文部行政に真っ向から闘ってきたのが、教育の現場を守る教師たちの団体である日本教職員組合（日教組）であった。政界は1955年に、保守陣営では自由党と民主党が合同し（自由民主党）、革新陣営は左右の社会党が再統一された（55年体制の成立）。その後の日本の政治はこの両党の対立を軸として展開するが、教育界も政権政党である自由民主党の文教政策に基本的に規制された文部省の文教行政と、社会党を支援する日教組運動との激突の舞台となった。その後日教組は、組合加入率の低下、総評の解体などを背景として退潮してきたのが現状である。日本資本主義社会そのものの今日の構造的破綻によって、文部省が推進した経済・会社・輸出至上主義に役立つ人材の養成という文教政策が、行き詰まってきたといえよう。

5　戦後日本のイデオロギー論争

戦後日本のイデオロギー論争として、ナショナリズム、教科書問題、憲法論議を経済学的側面から取りあげておこう。

カール・マルクスとフリードリッヒ・エンゲルスはいまから150年以上前に、『共産党宣言』において世界のプロレタリアートよ団結せよと訴えた[47]。しかしその後の歴史をみればわかるように、世界革命が成功したのではなく、20世紀の社会主義は「一国社会主義」として誕生し、かつ崩壊していった（ソ連邦と東欧諸国）。民族問題は今日の地域戦争を基本的に規定している。高島善哉は国家や民族は体制が変わっても永久に存続すると断言した[48]。いまや民族問題（ナショナリズム）はマルクス主義のアキレス腱といってよい。あの悪名高いスターリンの著作くらいしかまともに民族問題を扱ったマルクス主義文献は

存在しないのであり，高島の生産力理論はまさにこの民族問題を社会科学から解明しようとしたものにほかならない。戦前の日本ではナショナリズムは軍国主義に利用されたが，民族とその文化・生活様式の相互理解と相互尊重にたってはじめて，世界レベルでの交流と団結が可能となるのである。ちょうど自立した自由人の連合として共産主義社会が成り立つのと同じく，自立した平等互恵の民族の連合として世界共産主義が構想される関係にあるといえる。戦後の金融寡頭制はすでに指摘してきたように，日本株式会社主義・輸出至上主義という経済至上主義イデオロギーとして，国民の民族感情を利用することに成功してきたといえるが，これからの革新側は真のナショナリズムのあり方を真剣に探求しなければならないだろう。

　こうしたナショナリズム論争は，教科書問題によって鋭く提起されてきたように，戦前の日本軍国主義戦争の性格をめぐる論争にもなった。あきらかに戦前の戦争は侵略戦争であり，帝国主義国相互の植民地獲得競争が引き起こした戦争であった。侵略戦争であったことを否定する人たちは，日本の軍事進出と植民地政策は欧米の植民地から独立化する契機となったと評価する。これは日本軍国主義の免罪論である。しかし，植民地化されたアジアの国や地域は植民地母国が入れ替わっただけであり，いわば奴隷の主人が替わったからといって奴隷制度がなくなるのではないのと同じである。侵略されたアジアの人民は，けっして日本軍を解放者として歓迎したのではない。それは戦後日本の占領軍をみてもわかるだろう。序章で考察したように，たしかに初期の占領軍は財閥解体・土地改革・労働改革を推進したが，それは日本軍国主義の基盤を解体することを主要目的としており，けっして日本人民を天皇制と資本主義体制から解放しようとしたものではなかった。侵略戦争否定論は，まさか戦後の占領軍を解放軍などとは規定しないであろう。まさに主権が奪われた国家であり，それは日本の旧植民地においても基本的に同じ状態だったと考えなければ論理的矛盾である。

　最後に，さまざまなイデオロギー対立の原点は平和憲法論争にあることを指摘しておこう。戦後の政治的対立はまさに，新憲法を守るか（護憲派）それとも憲法を変えるか（改憲派）をめぐって展開してきたといえる。資本主義体制を擁護する人たちの間にも改憲には反対の人たちがいるからこそ，簡単に憲法

を変えることができなかった。また平和憲法による軍事費の制約が日本の経済成長に貢献したことも事実である。しかし憲法が形骸化していること、また憲法の規定をさらに発展・充実させる必要性があることも事実である。これからの憲法論議は、守るべきもの発展させるべきものをはっきりとさせて展開すべきであろう。まかり間違っても、日米安保体制下での集団的自衛権の発動を許すようなことがあってはならない。アジアの諸国を敵にまわすことになるし、そうした軍事力の発動では今日の国際関係は解決できないことを深く認識すべきであろう。

注
1) 宮崎犀一・森田桐郎・奥村宏編『近代国際経済要覧』東京大学出版会、1981年、188-189頁。
2) たとえば、エルネスト・マンデル著、飯田裕康・的場昭弘訳『後期資本主義』Ⅰ、柘植書房、1980年、第6章、参照。
3) たとえば、大内力『世界経済論』(経済学体系第6巻)東京大学出版会、1991年、382-383頁、参照。
4) たとえば、井村喜代子『現代日本経済論』有斐閣、2000年、第3章第1節・第4章第2節、参照。
5) 拙著『現代資本主義の循環と恐慌』岩波書店、1981年、第2・3章、参照。
6) 宮崎ほか編『近代国際経済要覧』9-10頁。
7) 経済企画庁編『世界経済白書』1970年度版、230頁、236頁より計算。
8) 宮崎ほか編『近代国際経済要覧』145頁より計算。
9) 同上書、214頁。
10) 同上書、140頁、218頁より計算。
11) 同上書、217-218頁。
12) 徳永正二郎『現代外国為替論』有斐閣、1982年、9頁、参照。
13) カール・マルクス著、西雅雄訳『ゴータ綱領批判』岩波書店、24-25頁。
14) 全体の説明については、拙著『経済学原論』青木書店、1996年、第7章、参照。
15) 高度成長期の国家の景気政策と景気循環そのものの一般的説明としては、拙著『現代資本主義の循環と恐慌』第4章、参照。
16) 都留重人『日本の資本主義』岩波書店、1995年、153頁。
17) 井村『現代日本経済論』第2章第2節、参照。
18) 同上書、28-34頁。

19) 同上書，34-36頁。
20) 公正取引委員会事務局経済部編『日本の産業集中』東洋経済新報社，1964年，26頁，および同『日本の産業集中—昭和38～41年』東洋経済新報社，1969年，5-6頁。
21) 経済企画庁『経済白書』(1965年版)(昭和40年度年次経済報告)89頁。
22) 宮崎義一『戦後日本の企業集団』日本経済新聞社，1976年，348-351頁。
23) 同上書，240-241頁，292頁。
24) 独占資本の投資行動についてはさしあたり，拙著『経済学原論』117-118頁，247-248頁，参照。
25) 以下の説明は，宮崎『戦後日本の企業集団』263-278頁による。
26) 同上書，259頁。
27) 都留『日本の資本主義』117-118頁。
28) ルドルフ・ヒルファディング著，岡崎次郎訳『金融資本論』岩波文庫・中，97頁。野田弘英『金融資本の構造』新評論，1981年，第3・9章，はヒルファディングの定義の歴史的過渡期的性格を指摘している。
29) ウラジミール・レーニン著，宇高基輔訳『帝国主義』岩波文庫，78頁。
30) ポール・スウィージー著，都留重人訳『歴史としての現代』岩波書店，1954年，第12・13章，参照。
31) 宮崎『戦後日本の企業集団』64-65頁。
32) 同上書，249-250頁。
33) 同上書，253-255頁。
34) 同上書の企業リストより作成。
35) 同上書，66頁。
36) 同上書，275頁。
37) 同上書，30頁。
38) 同上書，292頁。
39) カール・マルクス著，資本論翻訳委員会訳『資本論』第3巻，新日本出版社版第10分冊，760-762頁。
40) アドルフ・バーリー＝ガーディナー・ミーンズ著，北島忠男訳『近代株式会社と私有財産』文雅堂書店，1958年，105-118頁。
41) 同上書の「日本版への序文」，参照。
42) 宮崎『戦後日本の企業集団』292-297頁。
43) 同上書，297頁。
44) 宮崎義一の「会社による会社支配」論は，たとえば，奥村宏『法人資本主義』(御茶の水書房，1984年)，北原勇『現代資本主義における所有と決定』(岩波書店，1984年)へと継承されていった。三者の見解の差異については，北原氏の書

物（250-252頁，268-272頁，438-441頁）を参照。
45) ヒルファディング『金融資本論』第23章，レーニン『帝国主義』第3章，参照。
46) 最近の汚職事件を詳細に研究したジャーナリスト広瀬隆氏は，一連の閨閥関係（国家を私物化した一族）を明らかにしている。詳細については，『私物国家』光文社，1997年，参照。
47) プロレタリアートは祖国をもたないと理解されているが，私は誤読だと思う。マルクスとエンゲルスは，「さらに，共産主義者は，祖国を，国民性を，廃止しようとしているといって非難されている。／労働者は祖国を持たない。持っていないものをとりあげることはできない。プロレタリアートは，まずもって政治的支配を獲得して，国民的な階級の地位にのぼり，みずからを国民としなければならないという点で，ブルジョアジーのいう意味とはまったく違うが，それ自身やはり国民である。」（マルクス＝エンゲルス「共産党宣言」『マルクス・エンゲルス全集』第4巻，大月書店，492-493頁），と表明しているのである。この点については，第10章第4節第2項で論じる。
48) たとえば，高島善哉『民族と階級』（著作集第5巻）こぶし書房，1997年，第2章，参照。

第2章　戦後日本資本主義の社会体制

第1節　労働体制

第1項　戦後労働運動の高揚と後退

1　占領軍の労働政策の転換

　序章で考察したように占領軍の対日政策は，初期の軍国主義基盤の破壊方針から，反共の砦として資本主義的秩序を再形成する方針に転換してしまった。労働政策の面では初期には，労働組合法（1945年11月答申，12月公布）と労働基準法（46年12月答申，47年4月施行）が制定された。前者は，労働者の団結権・団体交渉権を保証し，日本国憲法と同じく集会・結社・言論・出版の自由を保証し，検閲を禁止，戦後の労働運動・社会主義運動の高揚に大きな役割を果たした。後者は，前近代的＝封建的な労働関係の排除，1日8時間・週48時間労働，週休制・年次有給休暇制の制定，女性・年少労働者に対する保護規定の充実，雇用主の労働災害補償など，先進資本主義国で戦前に獲得された水準を保証した[1]。

　占領軍の方針転換とともに，マッカーサーの芦田首相宛書簡を受けた政府は，公務員の争議権の全面的剥奪と団体交渉権の大幅制限を実施した（ポツダム政令201号）。この政令の対象となったのは戦後労働運動を担ってきた中心的勢力であっただけに，日本の労働運動に大打撃を与え，また官公労働者と民間労働者とが分断されることになった。それと同時的に，民間労働者に適用されることになった労働組合法も，1949年6月に経営者側に有利なように全面的に改定された。さらに公安条例や「団体等規制令」が制定された。井村喜代子氏は，こうした戦後の労働改革とその一大変更の日本資本主義に与えた影響を，つぎのように総括している。

　　第1は，労働改革とその一大変更が，日本の労働組合を資本主義体制の

枠内で経済的に協力する労働組合としていく基礎を準備したことである。……／第2に，一連の労働改革によって，戦前・戦中の劣悪な労働条件・雇用関係が改善され，労働組合が戦後はじめて法的に容認された（……）ことは，労働者が各種の耐久消費手段や新製品を購買する消費者大衆として登場し，国内市場の拡大に大きな影響を与える存在となるという戦後的特徴を生み出す基礎となる[2]。

こうした占領軍の政策転換に労働運動がどのように対応し，かつ挫折していったかを，簡単にみておこう。

2　戦後労働運動の高揚と後退[3]

序章でみたような飢餓的な国民生活を克服すべく，労働者階級は急速に闘争に立ちあがり，組織的に結集していく。朝鮮人労働者や中国人労働者がまっさきにストライキや暴動にはいるが，1945年12月には509組合が結成され，参加人員38万人とほぼ戦前水準を回復し，46年6月には1万2000組合，368万人の組合員数，39.5％の組織率にまで急成長した。全国的組織として，日本労働組合総同盟（総同盟）と全日本産業別労働組合会議（産別会議）が結成された。当時の主要な闘争形態は生産管理戦術であり，ストライキ闘争を上回った。農民運動も急速に広がり，村政民主化運動を背景として日本農民組合が46年2月に結成された。しかし，戦前の産業報国会が事業所ごと組織が転化した労働組合も多く，のちに支配的となる企業別組合の下地が形成されていたことにも注意しておこう。こうして労働運動は高揚していくが，資本家のほうもこの時期に経済同友会（46年4月），経済団体連合会（経団連，46年8月），関東経営者協会（日経連の前身，46年6月）などの全国的団体が結成された。経団連は資本の中枢的組織であり，労働者の大量人員整理と合理化による経済復興を基本政策とした。そして第1次吉田内閣は，生産管理闘争を否認し企業の経営権を擁護した。

こうした状況のもとで産業別のストライキ闘争が主要な戦術となるが，政府の発表した国鉄労働者と海員労働者の大量解雇方針に対する反対闘争が起こり，完全に撤回させることに成功した。そして産別会議は1946年の10月闘争を実行し，大幅賃上げ，首切り撤回，労働協約の締結などを勝ちとった。11月には全

官公庁労組共同闘争委員会（全官庁共闘）が結成され，民間労働者との合流がめざされ，全国労働組合懇談会（全労懇）の結成となる。この懇談会には，産別会議，総同盟，日本労働組合会議，国鉄，全逓信従業員組合などの主要組織や組合が参加した。こうした10月闘争，公務員労働者の闘争は，吉田内閣打倒・民主政府樹立をめざす政治闘争へと発展し，47年2月1日に公務員労働者を中心とした組織労働者600万人が参加するゼネスト方針となった。しかし倒閣運動へと発展したとき，GHQ はゼネストは占領目的に反するとして中止勧告をだすが，政府との交渉が決裂した1月29日にはゼネスト決行が必死となった。しかしマッカーサーはゼネスト中止命令をだし，ゼネストは中止となった。

ゼネストは中止されたが労働運動は前進し，3月10日には全国労働組合連絡協議会（全労連）が結成され，組織労働者の84％を網羅する全国的労働戦線の統一が実現した。1947年5月23日に社会党・民主党・国民協同党の連立内閣（片山内閣）が成立し，民主主義の徹底と経済危機の打開を主要課題としたが行き詰まり，48年2月10日に総辞職となった。づづく芦田内閣は，賃金抑制政策をとり産別会議や全労連と激しく対立するが，官公庁の組合は GHQ のゼネスト禁止令に対抗して地域ストライキを展開した（3月闘争）。そこにポツダム政令が登場し，労働運動への弾圧攻勢が激化していった。49年になるとドッジ・ラインが設定され，経済復興政策が強行されるが，その本質は，企業整備・行政整理という名の労働者の大量整理，首切りであり，階級的労働組合運動やその先頭に立っていた共産党員活動家への弾圧でもあった[4]。労働運内部においても左派と右派の民主化同盟との対立が激しくなっていったが，国労がストライキ方針を出した1949年夏に下山事件・三鷹事件・松川事件が起こり，戦闘的労働運動弾圧の決定打となってしまった。こうして，ドッジ・ラインは戦後の戦闘的労働運動の基幹的部分に大きな打撃を与え，産別会議の組合員数は激減し，全体の組織率も低下していった。だが，戦後改革の成果である労働運動の法認そのものは，覆されることはなかった[5]。

第2項　労働者階級構成

表2-1は，戦前の1930年と高度経済成長がはじまる55年の階級構成を比較し

表2-1　戦前と戦後の階級構成の比較　　　　　　　　　　　　　　　（単位：千人，%）

	実　　数		構　成　比	
	昭5 (1930)	昭30 (1955)	昭5 (1930)	昭30 (1955)
有業人口計	29,604	39,145	100.0	100.0
A．支配階層	366	733	1.2	1.9
1．法人経営者	324	629	1.1	1.6
2．高級官公吏	42	104	0.1	0.3
B．中間層	9,289	9,421	31.4	24.1
3．個人業主	9,066	9,151	30.6	23.4
農　林　業	5,001	5,074	16.9	13.0
漁　　　業	231	198	0.8	0.5
鉱　　　業	9	17	0.0	0.0
工　　　業	1,165	758	3.9	1.9
建　設　業	434	440	1.5	1.1
運輸通信公益事業	162	53	0.5	0.1
商業金融不動産業	1,681	1,862	5.7	4.8
サービス業	382	749	1.3	1.9
4．独立の特殊技能者	223	270	0.8	0.7
技　術　者	4	8	0.0	0.0
医療関係者	131	142	0.4	0.4
教　　　員	1	3	0.0	0.0
芸　術　家	46	28	0.2	0.1
そ　の　他	41	89	0.1	0.2
C．新中間層	2,143	5,286	7.2	13.5
5．被雇用の技術者，知識層	1,852	4,979	6.3	12.7
官公職員	333	916	1.1	2.3
技　術　者	809	360	2.7	0.9
民間事務職員		2,393		6.1
医療関係者	133	299	0.4	0.8
教　　　員	327	731	1.1	1.9
芸　術　家	44	30	0.1	0.1
そ　の　他	206	250	0.7	0.6
6．警官軍人消防夫等	291	307	1.0	0.8
D．労働者層	17,806	23,705	60.1	60.6
7．生産労務者	14,747	19,603	49.8	50.1
農　林　業	9,142	10,197	30.9	26.0
（雇　用　者）	(602)	(533)	(2.0)	(1.4)
（家族従業者）	(8,540)	(9,664)	(28.8)	(24.7)
漁　　　業	322	405	1.1	1.0
（雇　用　者）	(179)	(266)	(0.6)	(0.7)
（家族従業者）	(143)	(139)	(0.5)	(0.4)
鉱　　　業	230	333	0.8	0.9
工業建設業及び単純労働者	4,641	7,877	15.7	20.1
運輸通信公益事業	412	791	1.4	2.0
8．商業販売員	1,456	2,423	4.9	6.2
（雇　用　者）	(824)	(1,408)	(2.8)	(3.6)
（家族従業者）	(632)	(1,015)	(2.1)	(2.6)
9．サービス従業者	1,603	1,679	5.4	4.3
家事サービス	822	337	2.8	0.9
その他サービス	781	1,342	2.6	3.4

出所：大内兵衛監修・日本統計研究所編『日本経済統計集―明治・大正・昭和』日本評論社，1958年，352頁。
　　　ただし，集計ミスは，集計単位を生かして修正した。

ている[6]。支配階層は若干増大，中間層は低下，新中間層は増大，労働者層は横ばい，となっている。労働者層は1930年の有業人口2960.4万人中の60.1％，55年の有業人口3914.5万人中の60.6％ととなる。戦前から戦後にかけての変化を要約すると，

　日本の階級構成は戦前と戦後を比較すれば大きく近代化したということができる。それは個人業主，家族従業者の停滞と，サラリーマン層，雇用労働者の増加によって明らかである。日本における階級構成は，いまなお，農業をはじめとする前近代的な分野をのこしながら，一歩一歩と資本主義的な構成に近づきつつあるということができる。／しかし，わが国の階級構成は，海外と比較すれば，いぜんとして前近代的な面をもっている。その最大の指標が，個人業主および家族従業者数が現在でもいちじるしく多いことである。海外ではこの両者の合計は全体の10～20％にすぎないが，日本ではこれが50％に達する。このようなおくれた面をはらんでいるのが，日本の階級構成の特色といえよう[7]。

　こうした階級構成が，高度経済成長・経済大国化・バブルの形成と崩壊という日本資本主義の激動とともにどう変化したかは，第8章で考察しよう。ここでは前近代的な要素を残しながらも先進資本主義国に近い階級構成でもって，高度成長がはじまったことを確認しておこう。労働者層の内部を見ると，1955年において，生産労務者が82.7％，商業販売員が10.2％，サービス従業者7.1％となる。こうした構成も急激に変化していったことは第8章で考察しよう。

第3項　労働者階級意識

　日本の国民は，自分をどの階層なり階級に帰属していると意識しているのだろうか。この問題は1970年代後半に「新中間層」論としても議論された。この問題は社会学者たちが，SSM（社会階層と社会移動）調査に依拠して研究しているので，その成果を紹介しておこう。

　階層帰属意識とは，社会を連続的な層と仮定して，「上，中の上，中の中，中の下，下」に区分して，調査対象者が帰属すると考える層を選択させる。高度成長のはじまる1955年の調査では「中」への帰属者は90％にもなっており，

「中の中」を除外した75年の調査でも「中」は76.9％になる[8]。まさに「新中間層」論争が巻き起こったのである。しかし「上」と答えた人を含めて多くの人たちが，自分は労働者に属していると考えている。階層帰属意識を規定する要因として，所得・財産・学歴・従業上の地位（地位変数）を取りあげ，その相関関係を分析すると，第1に，階層帰属意識はさまざまな地位変数と関連しており，高い所得，多い財産，高い学歴，経営者や自営業であることなどは，高い階層への帰属をもたらす方向に作用する。第2に，どの地位変数のどのカテゴリーにおいても，半数前後が「中の下」に帰属しており，「中の下」意識は全階層にゆきわたっている[9]。地位変数は帰属意識を決定する決定的な要因ではなく，「暮らし向き」変数が大きく影響している。人々にとっては「自家風呂や電話のある生活」・「電気冷蔵庫のある生活」などが，大体「中」の生活ないしは「中の下」の生活として意識されてきた[10]。

いいかえれば，高度経済成長過程で実質所得が増大したことを反映して，標準的な耐久消費財を確保できることになった結果，「中」階層意識が生まれたと解釈できる。それはけっして「新中間層」意識をもたらしたのではないことを確認しておこう。つぎに階級帰属意識について検討しよう。

階級帰属意識は，社会が利害の対立する階級からなる非連続的な集合体とみなして，どの階級に帰属するかを問題とする。高度経済成長の終わった1975年において，労働者階級が71.0％，中産階級が24.1％，資本家階級4.9％という結果になる[11]。低所得，低財産所得，低学歴，一般従業者であることなどは，いずれも労働者階級への帰属率を高める。逆に，高所得，高財産所得，高学歴，経営者や部長以上の役職であることは，中産階級への帰属率を高める傾向があるが，資本家階級への帰属率を高めることはあまりない[12]。

このようにみると，高度成長が終わった時期において，労働者階級帰属意識が圧倒的に多く，階層帰属としての「中」意識は中産階級意識とは異なる実質生活水準の上昇だと理解できる。

第4項　企業別労働組合と企業内管理組織

第1項で考察したように，産別会議の戦闘的労働運動は，ポツダム政令とド

ッジ・ラインにバックアップされた吉田内閣の攻撃と民主化同盟の内部対立とによって，敗北していった。民主化同盟が母体となって，1950年7月に日本労働組合総評議会（総評）が結成された。総評は講話3原則と再軍備反対，破壊活動防止法（破防法）反対，基地反対闘争を展開する。1952・53年にはあいついで大争議（電産，炭労，全自動車・日産，三鉱連，全駐労）が発生し，総資本対総労働の対決の様相を帯びるようになった。総評指導部は55年から産業別賃上げ闘争（春闘）へ転換し，資本と政府側は日本生産性本部を設立した。資本と政府が労働攻勢を押さえ，経済再建期を終えて高度成長期になると，労働組合の組織形態はますます企業の生産性向上に協力し，その利益の一部にあずかろうとする企業別組合になっていった。

　この期に形成された雇用関係（日本的労使関係）の特徴をみておこう。第1章で考察したように，この時期にすでに巨大企業を中心とした独占支配と企業集団（金融資本グループ）が復活強化された。それと対応して企業内の労働管理の近代的な姿が形成された。まず巨大企業内部の労働者（工員と職員）は正規雇用者と臨時工・社外工とに分断され，また巨大企業の外部には多数の中小零細の下請企業が編成された。景気変動とともに人員整理を必要とするときには真っ先に臨時工・社外工が対象となるし，企業に忠誠を誓い生産性向上に協力する正規雇用者を確保しようとする。正規雇用者の賃金体系はいわゆる「年功序列制」である。この概念規定についてはいろいろな解釈があるが，井村喜代子氏は，年齢・勤続年数が地位・賃金決定の基本要因となり，それ以外の要因を曖昧にした制度であると規定している[13]。したがって曖昧にされているほかの要因が重要となる。

　最新鋭の重化学工業が導入された高度成長期には，労働者の熟練や経験を不要化し，生産工程が平準化・均質化する。それに対応して生産工程を多数の職務に分割しそれぞれの職務を評価し，職務評価・職務序列と作業管理・労務管理が設定される。それぞれに職務上昇（昇進ルート）が定められ，年功序列制度と結合して適格と判断された者は年齢・勤続に応じて昇進し，その一部は管理職化していく[14]。いわば職場内部にピラミッド型の職制と就業規則が張り巡らされた管理・被管理の関係が形成される。

　この企業内の官僚組織ともいうべき制度によって，労働者相互の連帯は分断

され，組合活動を困難化させる。また年功序列制であるから企業の存続が至上課題となり，個々の労働者は生産性の向上と企業業績の向上に協力することに利益をみいだすようになる。労働組合そのものも，全国的な連帯よりも個別企業内での生活向上を優先するように変化する。そこから企業に対する忠誠心を持った労働者層が形成され，会社至上主義が形成される。労働者は身の回りの功利的利益を重視し，賃上げと消費生活の充実を追い求めるようになる。第3項でみた階級帰属意識においては労働者階級への帰属意識が圧倒的に多いのに，階層帰属意識においては「中」意識がやはり圧倒的に多いとの調査結果は，まさに労働者が高度成長期の実質所得の上昇によって獲得できるようになった耐久消費財の影響とみることができる。

　しかしこうした賃上げ闘争は，高度成長期には，生産性上昇の範囲内の実質賃金上昇ならば経営側も容認することができたにすぎない。これがまさに生産性本部の原理にほかならなかった。しかし高度成長の終焉とともに到来した高失業時代になってからは，企業内組合は雇用の確保を最優先する方針に転換せざるをえなくなった。これについては第8章第2節第1項で再論するが，経済が成長していたこの時期においても企業内労働運動には限界があったことを指摘しておこう。すなわち戦後の労働力の再生産機構は複雑化し，とうてい企業から受け取る賃金だけでは労働力は再生産できなくなっていたからである。企業が労働者に支払う賃金から所得税や住民税やさまざまな社会保険が控除される。労働組合はこうした税金のあり方，社会保障，退職後の年金制度などに無関心であってはならない。また納めた税金は政府や地方自治体の社会福祉として再配分される。現代の生活様式からして，こうした社会福祉施設の利用なしに労働者の生活はありえない。企業内経済闘争は全国的経済闘争に展開しなければならないし，全国的経済闘争は政治闘争化せざるをえない。現代資本主義の構造そのものがこうした闘争の必然性を生みだしている。

第2節　生活環境

第1項　森林の環境保全機能

「国破れて山河あり，城春にして草木深し」(杜甫)という詩があるが，序章で考察したように，敗戦によってその山河も破壊された。戦時中からの過剰伐採によって山林が荒廃し，それによる自然災害が急増したのであった。伐採運搬に便利な里山は，ほとんど伐採しつくされんとし，林相は悪化した。その後，国土緑化運動が起こり，緑の羽根募金や愛鳥週間が設定されて山林の意義が再認識され，植林が活発におこなわれた。その結果，植林面積は伐採面積を上回るようになった。植林運動が一段落した60年において，日本の総土地面積に占める林野の率は69％にもおよぶ。その後の国土開発(工業化，商業化)によって林野率は若干低下し，90年には67％になる(第10章の注35，参照)。この7割近い土地を占める樹木や草が，自然災害の予防と環境保全に果たしている役割を認識しなければならない。ところが日本の高度経済成長は，林業を犠牲にしてさまざまな公害を生みだしてしまった。この点については第10章第4節第1項3で考察しよう。

第2項　環境政策不在の産業政策

第1章で考察したように，国家は「共同管理業務」として，資本にとっての外部経済(インフラストラクチャー)である道路・港湾・鉄道などの運輸，上下水道・病院などの共同消費，災害に対処する防災，学校などの教育機関などを担う。そしてこうした外部経済を私的資本が経営したり負担することは不可能であるから，国家が国民全体から徴収した税収入で負担する。国家独占資本主義になると，国家は資本の循環運動全体の組織・管理に乗りだし，エネルギー政策，原燃料の備蓄，科学技術政策，国家主導の産業構造の転換，産業基盤の整備・創出，福祉国家政策，労働力の生産・再生産政策などを実施した。
1950年代前半の開発政策は食糧増産・災害防除・電源開発・自然資源開発を

めざしていたが（国土総合開発法），高度成長期になると財界と自由民主党政権が一体となって産業基盤の造成に乗りだした。「経済自立5ヵ年計画」(56年1月)，「新長期経済計画」(57年12月)であり，全国的に工場誘致ブームが巻き起こった。60年代に「国民所得倍増計画」(60年12月)，「中期経済計画」(65年1月)，「経済社会発展計画」(67年3月)，「新全国総合開発計画」(69年5月)と本格化していった。その政策手法はすでに指摘したように，「自由企業と自由市場という基本的枠組み」の内部での「経済行動の指針として役立つべき」ものであった（いわゆる「行政指導」）。その基本的性格は，独占的巨大企業を中心とした新鋭重化学工業を建設することを最優先させ，公害対策をはじめとする環境政策はまったく考慮されていないものだった。しかもそうした政府の政策は，第1章で指摘したように，輸出市場こそ日本の生命線であり，輸出を量的にも質的にも拡大することが国民的課題であるかのような輸出至上主義とも呼ぶべきイデオロギーのもとで展開された。清水嘉治氏は，こうした高度経済成長は極端な格差をもたらしてしまったとして，①過密地域（都市）と過疎地域（農村）の二重構造，②臨海工業地帯内部の都市を工業化しようとする圧力，③人間軽視の都市の発展，④地域経済の独占的巨大企業への従属化，⑤社会資本の極端な立ち遅れを指摘している[15]。政府と通産省の計画は新鋭重化学工業のための産業配置と地域開発であり，4大工業地帯にかわって太平洋沿岸ベルト地帯の形成であった。公害の発生源である企業に対する規制処置を十分にとらなかったために，公害が一挙に全国化したといってよい。70年代になると公害は一層深刻化し，公害反対運動が高揚してくる。清水氏は，①水質汚染は内容が多様化・広域化・深刻化し，②大都市や大工業地帯での大気汚染が周辺地区へ拡大し，③自動車による大気汚染も増大し，④爆発事故のような産業災害が生じるようになった，と要約している[16]。

　このように経済大国化を最優先した政策は，せっかくの国土緑化運動による森林の環境保全・汚染浄化機能の増大にもかかわらず，日本列島全体に公害をまき散らす結果となった。さらに第10章第4節第1項3で考察するが，高度経済成長のさまざまな影響によって森林が荒廃化しているのであり，森林がもつ環境汚染の浄化能力が減少しつづけた。誰のための経済成長と経済政策であったのかを深刻に反省しなければならない。

第3節　政治と教育

第1項　戦後民主主義政治

1　主権在民と議会制民主主義

　日本国憲法の基本性格は前文で謳われているように，国民主権・平和主義・国際主義にある。そして天皇制（君主制）国家は議会制民主主義国家になった。立法（第4章の国会），行政（第5章の内閣），司法（第6章）の三権が分離され，女性の選挙権が初めて与えられた。明治憲法からの一大変革であった。新憲法は1947年5月3日に施行されたが，その前後において直接民主主義を求める運動や改革が続出した。

　労働組合は生産管理闘争を展開し，農村では地主的支配秩序の打破をめざす村政民主化闘争が，都市では食糧危機突破闘争が起こり，生活協同組合・生活擁護同盟・食糧委員会などが結成され，町会民主化闘争となった。女性たちも立ちあがり，「新日本婦人同盟」（1945年11月3日），「婦人民主クラブ」（46年3月16日）が結成された[17]。直接民主主義を求める運動は部分的には成功し，制度化された。片山内閣のもとで，戦前の内務省は解体分割され，労働省が厚生省から分離新設され，司法省が廃止され，総理府に法務庁が新設された。警察制度も分権化し，自治体警察，県単位の国家地方警察と公安委員会に分割された。地方自治法が成立し（47年4月17日），府県以下の自治体の首長公選制，住民権拡大，住民参加の地方自治への道が開かれた[18]。

2　民主化運動と民主主義の体制内化

　社会党の片山哲を首班とする社会党・民主党・国民協同党の連立内閣（片山内閣）は，民主主義と経済危機の打開を主要課題とし，民主化の面では憲法の実質が形成された。しかしさまざまな困難に直面し，片山内閣は1948年2月10日に総辞職する。その後は，冷戦体制の進行によるGHQの占領政策の変更とドッジ・ラインに支援された芦田・吉田内閣の反動攻勢によって，戦後の民主主義運動は後退していく。第1節で指摘したように，ポツダム政令による公務

員のストライキ権や団体交渉権の剥奪，ドッジ・ラインの実施にともなう労働者の大量首切りと階級的労働運動の弾圧，朝鮮戦争の勃発を契機とする警察予備隊の創設と共産党員とその支持者の解雇（レッド・パージ）によって，日本社会は資本主義的秩序を回復し，日本資本主義は復活する。51年の単独講和条約と日米安全保障条約によって，日本資本主義はアメリカのヘゲモニー下の世界資本主義体制に組み込まれ，日本の財界と政府はその枠組みを利用しながら高度経済成長へと助走体制を強めていった。労働運動も一時は総評指導部の交替によって（高野実の指導)，「地域・家族ぐるみ」の闘争が高揚するが，55年には政治闘争重視から経済闘争重視に方針が転換される。春闘方式が成立し，資本主義体制内での賃上げ運動，企業の生産性向上への協力とその成果の獲得という企業別組合運動が主流になっていく。民主化闘争も次第に資本主義内部での民主化要求となっていった。

3　55年体制の成立

1951年10月に社会党は講和条約と安保条約を巡って左右に分裂するが，共産党の内部混乱・極左活動による支持の激減の影響を受け，また反戦・平和の民衆意識が社会党を選挙で躍進させた。55年の衆議院選挙では，左右あわせて社会党は156議席を獲得し，10月13日に統一が実現する。一方，保守合同の動きもこれに対抗して進められ，11月15日に民主党と自由党が合同し自由民主党（自民党）が成立した。

こうして55年体制は，保守と革新という対抗関係を明確にし，また安定した長期自民党支配を可能にしていった。その結果，「政・官・財」の同盟関係が成立し，政治腐敗が隠蔽される体質が形成されてしまった。さらに自民党の支持基盤が財界・業種・職能団体から町会・農村の部落会まで系列化され，自民党支配の安定性・排他性・連続性を生みだした。社会党の場合も労働組合依存の体質が形成され，その後の長期的低迷の原因となった[19]。

4　安保闘争（民主主義とナショナリズムの高揚）

鳩山内閣の後の石橋内閣は短命に終わり，岸内閣が成立した。岸は2度にわたってアジアを歴訪し賠償問題などを解決しようとしたが，それと同時に日米

安全保障条約の改定交渉がはじまった。この交渉はアメリカ側の主導権のもとに進められた。その背景にあるのは，ソ連のフルシチョフ政権の登場による冷戦の緩和ムードであり，アメリカの世界戦略の転換であった（大量報復戦略・軍事援助偏重・再軍備強要から低開発国への開発援助主義へ）。また，アジア・アフリカ・ラテンアメリカの非同盟中立運動や国際的な原水爆禁止運動の発展も，こうした転換を促進した。日本に対してアメリカは，再軍備強化を要求していたが，国内の反基地闘争・原水禁運動・護憲運動の力をみて憲法改正の不可能性を認識したことも，こうした転換に向かわせた。

日米の安保改定交渉の時期に，教員の勤務評定（勤評）と警察官職務執行法の改正をめぐる国民的規模の闘争が起こった。こうした中で1959年3月28日，安保条約改定阻止国民会議が結成された。この安保闘争は，

　……，講話問題や逆コース反対の諸運動，50年代の新しい国民運動の流れを引き継ぎ，勤評・警職法の共同闘争の経験を踏まえた，それらの集大成として位置づけられる。その中で長く対立状態にあった社会党・共産党が，その影響下の大衆運動とともに共闘を実現することになる。運動の基調には，戦争の参加への反対と憲法など戦後民主主義擁護の思いとがあった[20]。

全学連指導部（共産主義者同盟）は独自の運動を展開し，国民会議の第8次統一行動において国会構内に突入した。1960年に新安保条約は調印されるが，安保国会では「極東条項」と「事前協議」が論戦の焦点になり，対米従属性が浮き彫りにされた。しかし会期末の5月19日に岸内閣と自民党は安保特別委員会の質疑を一方的に打ち切り，衆議院を強行開催し安保条約等の採決をするという暴挙にでた。この強行採決が国民のあいだに民主主義の危機感を与え，反安保闘争は未曾有の国民運動となっていった。また運動の背後には民族の完全独立を求めるナショナリズムもあった。国民が民主主義の危機感を感じて立ち上がったということは，国民の中にそれだけ民主主義が定着してきたことを意味するし，体制側は改憲にかわる新しい対応を迫られたことを意味する。それが岸退陣後の池田内閣の「国民所得倍増計画」であり，戦争による飢餓的生活からの解放を求める国民の経済的要求を満たしていくという経済主義であった。

5 高度経済成長と民主主義の資本主義化

このように安保闘争は，民主主義と民族の独立にたいする危機感をバネとして，未曾有の国民的大衆闘争となった。政府と財界は，民主主義の定着と憲法改正の不可能性を認識し，新しい体制安定化政策を展開する。その意図は，憲法の資本主義体制内化であり，定着してきた市民社会的原理の資本主義的原理への塗り替えだった。じつはこうした動きは，高度成長期の経済政策やイデオロギー攻勢，労働対策によって開始されていたし，企業別組合主義としての労働運動そのものにこうした経済主義を積極的に受け入れる下地が形成されていたといえる。

資本側のイデオロギーは，第1章で考察したように，会社至上主義であり輸出至上主義である。第1章第4節第1項で考察したように，金融資本の支配形態は財閥から企業集団に変貌した。しかし「経営者革命」が実現したのではなく，会社や企業集団に忠誠を誓う経営者たちが組織全体の利害関係を代表するように変質した。巨大企業と企業集団を存続させ増殖することを目標とした会社至上主義が誕生した。それに対応するように労働組合も，第1節で考察したように，企業の存続と成長を優先した企業内組合運動がしだいに支配的潮流となった。従業員も会社至上主義を受け入れるようになった。こうした企業内部の会社主義は，企業全体の体制としての「日本株式会社」主義をも生みだした。そして政府は，産業の保護・育成政策の中心を輸出産業においた。輸出市場こそ日本の生命線であるかのようなイデオロギーが登場してきた。

こうした経済・輸出至上主義イデオロギー操作に影響され，企業別組合主義が支配的となり，企業への従業員の忠誠心が形成されていった。企業への忠誠心は単に物質的豊かさを求める欲求だけで形成されたのではなく，第1節第4項で考察したような，「年功序列制」賃金体系や生産工程の平準化・均質化にもとづくピラミッド型の管理・被管理の関係という客観的条件によっても促進された。

その結果，高度経済成長が終わると，第1節第3項で考察したような階級・階層意識が形成された。すなわち，階級帰属としては労働者である層が，耐久消費財を中心とする実質生活の向上によって「中」階層意識を持つようになったのである。まさに，政治・社会・教育問題から経済問題に国民の関心を転換

させ，市民社会原理を資本主義原理で包摂（体制内化）することに日本資本主義は成功したといえよう。

6　新左翼運動の登場

戦後の革新運動は，これまでみてきたように，主として日本社会党と日本共産党とそれぞれの影響下にある組織によって担われてきたといえる。1960年前後から，社共の議会重視路線を批判する新左翼の組織と運動が登場した。その背景には，1956年のフルシチョフによるスターリン批判の公表があった。スターリン主義については第10章で批判することにし，ここでは新左翼運動を簡単に紹介しておこう。

1957年に日本トロツキスト同盟が結成され，やがて日本革命的共産主義者同盟となる。58年には共産主義者同盟が結成され，全学連の主流となり，学生の安保闘争を指導した。60年代になると成田空港反対闘争，労働者の反戦青年委員会運動，全国学園闘争，ベトナム戦争反対運動，70年安保闘争等を展開し，社会に大きな影響を与えた。しかし組織としては諸派が分立し，個々の組織も分裂と結集を繰り返してきた。共通する主張としては，世界革命論，日本共産党の官僚体質の批判，議会闘争重視の既成政党の限界や戦後民主主義の限界の主張，日本帝国主義自立論などである。70年代になると「内ゲバ」と「粛正」事件が起こり，影響力を低下させた。新左翼運動を真剣に総括し，スターリン主義から決別しなければならない。

第2項　戦後民主主義教育

1　民主主義教育の理念

戦後の民主主義教育の原点は，日本国憲法第26条の教育権（教育を受ける権利と与える義務）にある。この精神を受けて教育基本法と学校教育法が制定された。1946年3月，アメリカの教育使節団が来日し，日本側の教育委員会と全日本教職員組合がそれぞれ報告書を提出した。使節団は報告書をまとめマッカーサーに提出したが，この報告書がその後の教育改革の指針となった。その内容は，

報告書はこれまでの日本の教育が中央統制的・画一主義的であると批判し，生徒の能力や条件を無視した画一的なカリキュラムではなく，生徒の興味に立脚しその理解を深めるものでなければならないと説き，男女共学の9年間の義務教育の採用，教育の機会均等を原則とする単線型六三制，公選の教育委員会の設置などの具体的改革案を示した[21]。

　教育基本法は，「個人の尊厳を重んじ，真理と平和を希求する人間の育成」と「普遍的にしてしかも個性豊かな文化の創造」をめざす宣言をした。学校教育法は，差別的な複線型学制から機会均等を保証する単線型の学制に変えた。このようにして，戦前の教育勅語中心の教育から民主主義教育へと変革された。

2　現場からの教育改革と国家の教育管理

　日教組などは再軍備反対運動や平和教育運動を展開していったが，政府は1954年6月に教育二法（「教育公務員特例法改正法」と「義務教育諸学校における教育の政治的中立の確保に関する臨時処置法」）を制定した。これは政治的中立という名目のもとに，政府の方針に沿って教育を管理しようとするものだった。56年には政府は「地方教育行政の組織及び運営に関する法律」を成立させ，戦後改革の成果である教育委員会の公選制を廃止し首長の任命制に変え，教育長を最終的には文部大臣の任命承認に変えてしまった。これは地域自治にもとづく教育から，文部省主導の教育に転換させるものである。教科書法案は廃案となったが，文部省は省令によって教科書検定制を強化した。こうした政府・文部省の教育政策は，日本国憲法・教育基本法・学校教育法の理念を実質的に否定するものであった[22]。

　地域自治に根ざした民主主義をめざす日教組と，民主主義教育を政府の高度成長路線の枠内に管理しようとする文部省が激突したのが，勤務評定（勤評）闘争であった。個々の教員の勤務状態を校長が評価しようとする内容であり，教員統制の危険性をはらんでいた。日教組は地域の労働組合や住民組織との共同闘争を組み，総評の全面的支援を受けた組織をあげての闘争となった。校長自身が日教組側にたって地域住民の意見を聞く地域もあった。文部省側も地域の保守層を総動員したので，地域闘争が全国的に展開されることになった。1957年から58年にかけての激しい闘争の結果，勤評は実施され校長の管理職と

しての性格が強まったが、恣意的な運用はすぐには実施されなかった[23]。

3　大学の自治と学生運動

このように民主主義教育を国家管理の枠内におさめようとする文部省の政策は、1960年代になると高等教育機関である大学へもおよんできた。もともと文部省は、国立大学については大学予算や行政指導を通じて影響力を発揮してきたし、私立大学へも大学・学部の設置認可権を通じて監督する権限を持っていた（当然、国公立大に対しても持っている）。安保闘争での全学連の力に驚いた政府は、その基盤となっている大学の自治に危機感を持ち、大学管理を目的として63年に「国立大学運営法案」（大管法）の制定をもくろんだが、国立大学協会を中心とした反対によって廃案となった。ところが「大学紛争」を口実にして政府は、69年に「大学の運営に関する臨時処置法」を強行採決した。この臨時処置法は、国立大学長の文部大臣への紛争報告義務、文部大臣の大学への対応処置の勧告、学長の研究教育機能の休止権限、文部大臣の研究教育機能の停止権限、職員に対する休職処置権、を明文化していた。あきらかに大学の自治と自立を否定する内容であったが、時限立法でもあり適用はされなかった。その後、国立大側は国立大学協会（国大協）による自主規制路線へと変質し、私立大学側も私学補助を受ける代償として、私立大学連盟を中心とした文部省との協調路線に転換した。私大連盟の中では有力な大規模大学の発言力が強く、私学補助金もこうした大学に有利なように配分されてきたのが実態である。文部省と真っ正面から対決するような大学の自治からは後退してしまった。

こうした大学の自治の侵害や形骸化に対して、「大学と何か、学問とは何か」と大学の自治と戦後民主主義に鋭い「告発」と問題を提起したのが、全国大学闘争だったといえる。ノンセクト・ラディカルのこうした運動と、反共産党の新左翼の諸セクトとの共闘（野合）として全共闘運動は展開されたといえる。この運動の発端は、学費の一方的値上げ、不正経理、不当処分、学生の自治権の侵害などであった。日大全共闘は不正経理の追求と学園の民主化要求によって結成された。東大全共闘は、医学部の不正処分に対する不当処分糾弾運動をきっかけとした大衆団交要求として結成された。両全共闘が共闘し政治闘争化していき、安田講堂事件で敗北し、セクト間の対立激化や内ゲバによって急速

に解体した。しかしノンセクト・ラディカルを動かしたものは，産業社会の要請や独占的大企業の労働力需要に応じえる「広い教養と高い技術力」を持った学生を求める政府・財界の要望，またそれに自主規制しながら応じようとする大学や学問に対する「告発」であったことを直視しておこう。

第4節　保守政権の政策に対する闘争

　以上の労働・環境・政治・教育をめぐる社会運動は，体制側の一連の政策に対する闘いでもあった。この事実は，日本政府は基本的かつ総体的には体制側の政策を遂行しようとしてきたことを意味する。しかし政策に対する闘いがあったからこそ，政策実行の過程で修正・変更・断念があったことも事実である。本節では政府の政策に対する闘いとしてまとめて考察しよう。

第1項　外交政策に対する闘争

　単独講和条約と日米安全保障条約によって，日本資本主義はアメリカのヘゲモニー下の世界資本主義体制に組み込まれた。日本の財界はその枠組みを利用しながら高度経済成長へと助走をはじめ，政府は対米協調・従属の外交政策を推し進めた。日米安全保障条約の改定交渉は，アメリカ側の主導権の下に進められた。こうした中で59年3月28日，安保条約改定阻止国民会議が結成された。60年に新安保条約は調印されるが，安保国会では「極東条項」と「事前協議」が論戦の焦点になり，対米従属性が浮き彫りにされた。この安保闘争は国民のあいだに民主主義の危機感を与え，未曾有の国民運動となっていった。国民の中にそれだけ民主主義が定着してきたことを認識した体制側は，改憲に変わる新しい対応を迫られた。それが池田内閣の「国民所得倍増計画」であり，国民の経済的要求を満たしていくという経済主義であった。それはまた，日米安全保障条約体制下でひたすら経済大国化していこうとする保守の本流でもあった。このように外交政策は安保条約（日米同盟）を巡る攻防が中心となり，革新側は平和憲法下の安全保障（たとえば非同盟中立構想・多国間集団安全保障構想・アジア安全保障構想など）を模索してきた。

第2項　産業政策に対する闘争

　第2節第2項で考察したように，高度成長期になると財界と自由民主党政権が一体となって産業基盤の造成に乗りだし，全国的に工場誘致ブームが巻き起こった。その基本的性格は，独占的巨大企業を中心とした新鋭重化学工業を建設することを最優先させ，公害対策をはじめとする環境政策はまったく考慮されていなかった。政府と通産省が進めたものは，4大工業地帯にかわって太平洋沿岸ベルト地帯の形成であった。公害の発生源である企業に対する規制処置を十分にはとらなかったために，公害が一挙に全国化した。このように経済大国化を最優先した政策は，せっかくの国土緑化運動による森林の環境保全・汚染浄化機能の増大にもかかわらず，日本列島全体に公害をまき散らす結果となってしまった。そして高度成長が終わる1970年代になると，公害は一層深刻化し，公害反対運動が爆発する。そしてのちに多くの公害裁判において，企業の公害発生責任が認定され被害者への補償処置の判決が勝ちとられた。

第3項　文教政策に対する闘争

　第3節第2項1で考察したように，戦後教育は日本国憲法下でのアメリカ流民主主義教育を基本とするものとしてスタートした。しかし導入された民主主義教育制度は次第に変質し，高度経済成長とその国民的課題とされた輸出至上主義に役立つ人間の養成が重視されるようになっていった。市民社会の責任ある一員としての自立した個人の形成と，その連帯と協同の重要性を教えるものではなく，会社や国家に貢献できる健全かつ従順な人材，国際競争力を担える知識と技術を持った人材の養成が重視されるようになった。
　このような文部行政と真っ向から闘ってきたのが日本教職員組合（日教組）であった。55年体制の成立とともに，教育界も，政権政党である自由民主党の文教政策に基本的に規制された文部省の文教行政と，社会党を支援する日教組運動との激突の舞台となった。その激突は，地域の現場からの教育と国家管理の教育との闘いであり，資本主義を越えようとする民主主義と資本主義に包摂

された民主主義（体制内化した民主主義）との闘いであった。

　本章では論ずることができないが，高度経済成長期の政府の政策，そして高度経済成長そのものが生みだしたり放置してきた諸問題（諸矛盾）に対抗するさまざまな運動（革新自治体運動・平和運動・女性運動・環境運動など）が，1960年代以降に群生したことを最後に指摘しておこう[24]。

注
1) 以上は，井村喜代子『現代日本経済論』有斐閣，2000年，44-46頁，より。
2) 同上書，48頁。
3) 以下の叙述は，歴史科学協議会編『日本現代史』青木書店，2000年，第3章（青木哲夫・柴山敏雄氏執筆）による。
4) 同上書，255頁。
5) 同上書，257頁。
6) 階層区分の基準については，大内兵衛監修・日本統計研究所編『日本経済統計集—明治・大正・昭和』日本評論社，1958年，353頁，参照。
7) 同上書，353頁。
8) 富永健一編『日本の階層構造』東京大学出版会，1979年，第11章「階層意識と階級意識」（直井道子氏執筆）366頁。
9) 同上書，371頁。
10) 同上書，378頁。
11) 同上書，379頁。
12) 同上書，381頁。
13) 井村『現代日本経済論』207-208頁，参照。
14) 以上は，同上書，207-208頁。
15) 清水嘉治『現代日本の経済政策と公害』汐文社，1973年，145-149頁。
16) 同上書，110-128頁，参照。
17) 歴史科学協議会編『日本現代史』173-178頁。
18) 同上書，198-199頁，213-214頁。
19) 同上書，312-313頁。
20) 同上書，348-349頁。
21) 同上書，197頁。
22) 同上書，317-318頁。
23) 同上書，346-347頁。
24) 諸々の新しい運動については，たとえば，同上書の第IV章6・7，第V章4，参照。

第3章　戦後日本資本主義の循環と発展

　第1章で考察したような資本側の体制と国家の政策，第2章で考察した労働側を中心とした社会体制と社会運動のもとで，日本資本主義はどのようにダイナミックに展開してきたのか。本章において，長期的発展過程を高度成長期・スタグフレーション期・バブルとその崩壊期に区分し，それぞれの特徴・枠組み・動態・帰結を概観しておこう。

第1節　戦後の成長と循環

　経済企画庁の景気基準日付によると，戦後の日本経済は12の景気循環を経験し，現在（2001年8月）は1999年4月からはじまる第13循環の下降期にある。景気は回復に向かったが，本格的な好況を迎えないままに，長期好況をつづけてきたアメリカの景気後退の影響を受けて不況期に入ったと判断できる。このように日本経済も資本主義経済である以上，景気循環（変動）をともなって発展せざるをえない[1]。しかし資本主義経済は景気循環を単に繰り返すだけではなく，繰り返し運動をしながら構造（蓄積条件）を変化させる。その結果，景気循環の形態（姿）が変化したり，経済全体のパフォーマンスが変わってきた。

第1項　長期発展過程

　戦後日本経済の長期的な発展過程を，本書では，経済復興期（1945～54年），高度経済成長期（1955～71年），スタグフレーション期（1972～82年），バブルの形成と崩壊期（1983～2001年）に区分する。経済指標の長期動向を検討し，時期ごとに経済のパフォーマンスが変化してきたことをまず確認しておこう。なお経済復興期については序章で考察したので，本章では対象外におく。
　表3-1から表3-6は，成長率（鉱工業生産）・物価騰貴率（卸売物価と消費

表 3-1　成長率の長期動向
(単位：%)

年	成長率	年	成長率
1958	−1.8	1980	1.2
59	24.0	81	1.0
60	21.5	82	0.3
61	17.9	83	2.9
62	3.7	84	9.5
63	15.0	85	3.7
64	11.7	86	0.0
65	2.1	87	3.4
66	16.0	88	9.7
67	17.2	89	5.8
68	14.2	90	4.1
69	15.8	91	1.7
70	9.8	92	−6.1
71	0.9	93	−4.5
72	9.3	94	0.9
73	11.5	95	3.7
74	−10.8	96	2.7
75	−5.4	97	5.7
76	9.8	98	−7.1
77	2.2	99	0.8
78	6.0	2000	5.7
79	7.0		

出所：(1)1958〜80年間は『経済変動指標総覧』(東洋経済新報社, 1983年), (2)1981〜97年間は『経済統計年報 1997』(日本銀行調査局),(3)1998〜2000年間は『金融経済統計月報』(日本銀行調査統計局), より計算。

表 3-2　卸売物価(総合)騰貴率の長期動向
(単位：%)

年	騰貴率	年	騰貴率
1960	—	1981	1.3
61	1.2	82	1.0
62	−1.6	83	−0.6
63	2.1	84	0.1
64	0.0	85	−0.8
65	0.9	86	−4.7
66	2.8	87	−3.2
67	1.6	88	−0.5
68	0.4	89	1.9
69	3.5	90	1.6
70	2.1	91	1.0
71	−0.8	92	−0.9
72	3.3	93	−1.5
73	22.6	94	−1.8
74	23.4	95	−0.8
75	2.0	96	−1.6
76	5.5	97	0.6
77	0.4	98	−1.6
78	−2.3	99	−3.3
79	13.0	2000	−0.1
80	12.8		

出所：表 3-1 の資料より計算。

者物価)・失業率（完全失業率と有効求人倍率）・売上高経常利益率（全産業）の長期動向を示す。それぞれの年データを上記の時期区分ごとに平均して示すと，表 3-7 のようになる。各データの単純平均値をみておこう。成長率は，高度成長期12.0％，スタグフレーション期2.9％，バブル期2.4％，となりスタグフレーション以降極端に成長率が落ちていることがわかる。したがって1970年代以降は，低成長ないし長期的停滞といえる。卸売物価騰貴率は，高度成長期1.1％，スタグフレーション期7.5％，バブル期−0.9％となり，消費者物価騰貴率は，高度成長期4.5％，スタグフレーション期8.4％，バブル期1.2％となる。高度成長期には卸売物価が安定していたのに消費者物価が上昇し，スタグフレ

表 3-3 消費者物価(総合)騰貴率の長期動向
(単位：%)

年	騰貴率	年	騰貴率
1956	0.9	1979	3.7
57	2.7	80	7.8
58	−0.4	81	4.8
59	2.2	82	2.9
60	3.4	83	1.8
61	6.4	84	2.3
62	6.5	85	2.0
63	6.5	86	0.7
64	4.7	87	0.0
65	6.5	88	0.7
66	4.6	89	2.4
67	4.4	90	3.8
68	4.7	91	3.2
69	6.6	92	1.7
70	7.0	93	1.3
71	5.6	94	1.7
72	5.3	95	−0.1
73	16.1	96	0.1
74	22.0	97	1.8
75	10.2	98	0.6
76	9.4	99	−0.3
77	6.7	2000	−0.7
78	3.4		

出所：表 3-1 の資料より計算。

表 3-4 完全失業率の長期動向
(単位：%)

年	失業率	年	失業率
1957	1.8	1979	2.1
58	2.1	80	2.0
59	2.0	81	2.2
60	1.5	82	2.4
61	1.3	83	2.6
62	1.2	84	2.7
63	1.2	85	2.6
64	1.1	86	2.8
65	1.2	87	2.8
66	1.3	88	2.5
67	1.2	89	2.3
68	1.1	90	2.1
69	1.1	91	2.1
70	1.1	92	2.2
71	1.3	93	2.5
72	1.4	94	2.9
73	1.3	95	3.2
74	1.4	96	3.4
75	1.9	97	3.4
76	2.0	98	4.1
77	2.0	99	4.7
78	2.2	2000	4.7

出所：表 3-1 の資料より計算。

ーション期になると両物価が急騰し，バブル期には物価騰貴が沈静化したと判断できる。完全失業率は，高度成長期1.4%，スタグフレーション期1.9%，バブル期3.0%となり，有効求人倍率は，高度成長期0.97，スタグフレーション期0.84，バブル期0.80となる。完全失業率で判断すると失業率が段階的に高くなっている。有効求人倍率はスタグフレーション期とバブル期に低下している。ともあれ高失業時代になってきた。最後の売上高経常利益率は，高成長期3.2%，スタグフレーション期2.5%，バブル期2.6%となり，スタグフレーション期以降利潤率が低下したまま低迷していると判断できる。このように，長期的に経済の様相が変わってきたことが確認できる。すなわち，高度成長期は高

表3-5 有効求人倍率（除新卒）

年	求人倍率	年	求人倍率
1963	0.69	1982	0.61
64	0.80	83	0.60
65	0.64	84	0.65
66	0.72	85	0.68
67	1.00	86	0.62
68	1.12	87	0.70
69	1.29	88	1.01
70	1.41	89	1.25
71	1.11	90	1.40
72	1.16	91	1.40
73	1.76	92	1.08
74	1.20	93	0.76
75	0.61	94	0.64
76	0.64	95	0.63
77	0.56	96	0.70
78	0.56	97	0.72
79	0.71	98	0.53
80	0.75	99	0.48
81	0.68	2000	0.59

出所：表3-1の資料より計算。

表3-6 売上高経常利益率（全産業）

（単位：％）

年	利益率	年	利益率
1960	3.8	1981	2.4
61	3.5	82	2.2
62	3.2	83	2.4
63	3.2	84	2.6
64	2.9	85	2.5
65	2.5	86	2.5
66	3.1	87	4.0
67	3.3	88	3.4
68	3.4	89	3.7
69	3.6	90	3.1
70	3.2	91	2.7
71	2.6	92	2.0
72	3.2	93	1.8
73	3.7	94	2.0
74	1.7	95	2.1
75	1.6	96	2.4
76	2.1	97	2.5
77	2.2	98	1.9
78	2.7	99	2.2
79	3.0	2000	3.2
80	2.7		

出所：表3-1の資料および総務省統計局『日本統計月報』平成13年4月号より計算。

表3-7 経済指標の長期動向

経済指標	高度成長期	スタグフレーション期	バブル期
成長率（％）	12.0	2.9	2.4
卸売物価騰貴率（％）	1.1	7.5	−0.9
消費者物価騰貴率（％）	4.5	8.4	1.2
完全失業率（％）	1.4	1.9	3.0
有効求人倍率	0.97	0.84	0.80
売上高経常利益率（％）	3.2	2.5	2.6

備考：スタグフレーション期は1972～82年，バブル期（バブルの膨張と破裂）は1983～2000年とした。高度成長期は経済指標によって異なる。
出所：表3-1～表3-6より作成。

成長・高利潤率・低失業率と消費者物価の騰貴，スタグフレーション期は低成長・低利潤率・高失業率・激しい物価騰貴，バブル期は低成長・低利潤率・高失業率・物価騰貴の沈静化，と特徴づけることができる。

第2項　経済企画庁の景気基準日付

　景気基準日付による景気循環（12循環）を第1項の時期区分に対応させれば，表3-8のようになる。景気基準日付は月単位で測っているから時期区分の年と多少ズレている。また各循環の名称は私がつけたものであるが，本書ではこの名称を使用する。好況（拡張）の期間を比較すると，高度成長期38.5ヵ月，スタグフレーション期24.3ヵ月，バブル期40.0ヵ月となり，不況（後退）期間は，高度成長期12.8ヵ月，スタグフレーション期20.3ヵ月，バブル期24.7ヵ月，となる。スタグフレーション期に好況期間は短くなったが，バブル期には高度成長期を上回っている。不況（後退）期間は，スタグフレーション以降バブル期にかけて長期化している。このように時期ごとに好況・不況の期間が変わっている。いいかえれば，短期的な資本蓄積（景気循環）の繰り返しは構造（蓄積条件）を変化させ，構造変化は逆に景気循環を変形させる関係にある。

第3項　長期・中期・短期循環の複合作用

　戦後日本経済のダイナミックな発展過程をみる場合にも，いくつかの経済波動（循環）が複合的に作用しているとみなければならない。以下，篠原三代平氏の研究成果[2]を借用して，日本経済の循環的特徴を確認しておこう。

1　中期循環

　図3-1はコンポジット・インデックス[3]と実質GDP（国内総生産）と鉱工業生産の動向，図3-2は鉱工業生産と設備の稼働率（操業度）指数の動向を示す。図において網目の部分は景気基準日付の後退期を示し，Tは景気の谷（不況の底），Pは景気の山（好況の最高期）を示す。両図から，どの指標もだいたい同じような波動をしていることがわかる。図3-3は，平均株価，民間法人

表3-8 景気基準日付

	谷	山	谷	拡張期間	後退期間	循環期間
経済復興期						
第1循環						
（朝鮮戦争特需景気）	1950.6	1951.6	1951.10	12	4	16
第2循環						
（合理化景気）	1951.10	1954.1	1954.11	27	10	37
高度経済成長期						
第3循環						
（神武景気と57・8年恐慌）	1954.11	1957.6	1958.6	31	12	43
第4循環						
（岩戸景気）	1958.6	1961.12	1962.10	42	10	52
第5循環						
（オリンピック景気）	1962.10	1964.10	1965.10	24	12	36
第6循環						
（いざなぎ景気）	1965.10	1970.7	1971.12	57	17	74
スタグフレーション期						
第7循環						
（列島改造景気）	1971.12	1973.11	1975.3	23	16	39
第8循環						
（減量経営景気）	1975.3	1977.1	1977.10	22	9	31
第9循環						
（輸出主導型景気）	1977.10	1980.2	1983.2	28	36	64
バブル期						
第10循環						
（バブル再発景気）	1983.2	1985.6	1986.11	28	17	45
第11循環						
（バブル高進景気）	1986.11	1991.2	1993.10	51	32	83
第12循環						
（金融危機景気）	1993.10	1997.3	1999.4	41	25	66
第13循環						
（現在進行形）	1999.4					

備考：(1)景気基準日付は経済企画庁発表にしたがった。ただし第1循環の谷は筆者が判定した。(2)景気の名称は筆者が付けた。(3)期間は月単位である。

所得・国民所得比率，設備投資・GNP 比率の動向を示す。黒丸は景気の山，黒三角は景気の谷である。貨幣資本の運動を示す株価と現実資本の動きを示すほかの指標とは当然ズレるが，基本的には中期循環的な動きを示しているといえる[4]。

図 3-1　コンポジット・インデックスと実質 GDP, 鉱工業生産

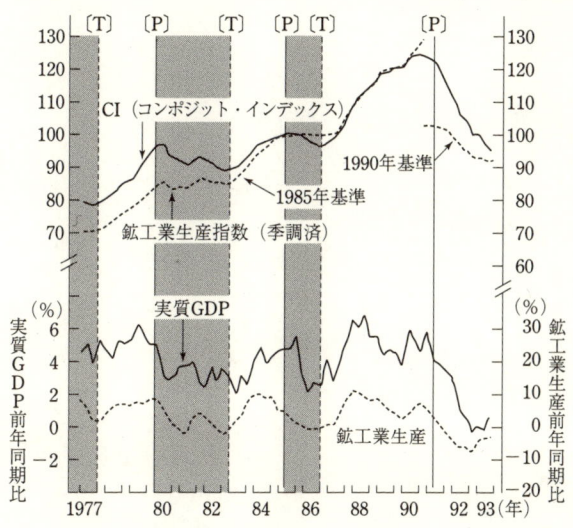

出所：篠原三代平『戦後50年の景気循環』日本経済新聞社，1994年，44頁。
原資料は，経済企画庁『景気動向指数』1994年 4 月。

図 3-2　生産指数と操業度（稼働率）

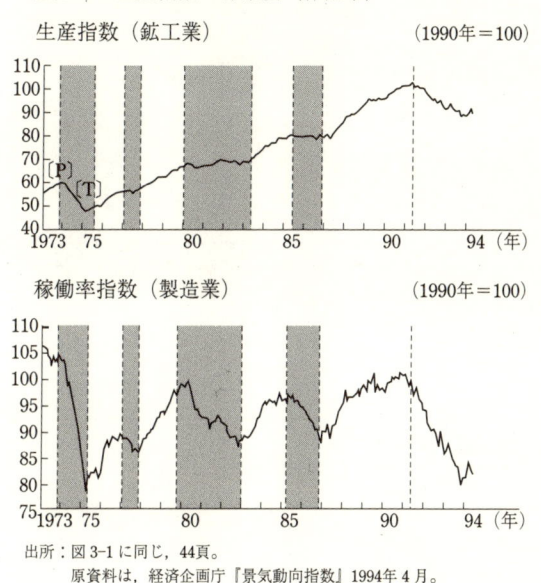

生産指数（鉱工業）　　　　　　　　　　　（1990年＝100）

稼働率指数（製造業）　　　　　　　　　　（1990年＝100）

出所：図 3-1 に同じ，44頁。
原資料は，経済企画庁『景気動向指数』1994年 4 月。

第 3 章　戦後日本資本主義の循環と発展　93

図 3-3 中期循環の主要指標

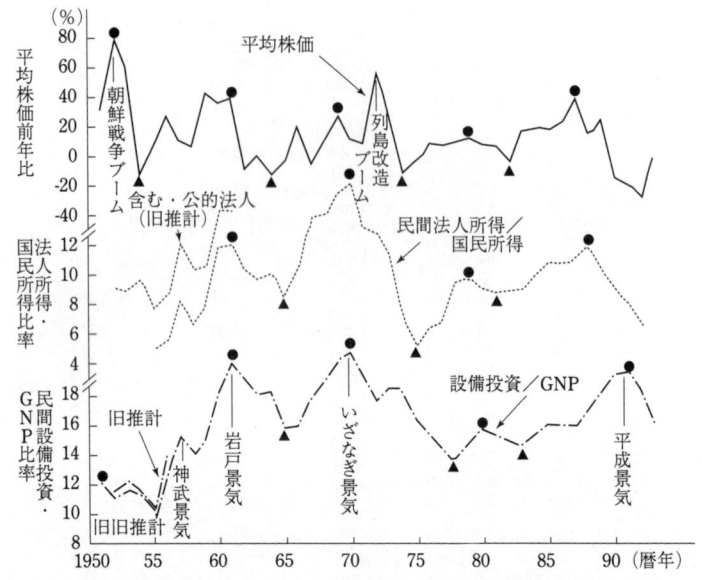

資料：株価→日経平均株価東証225種年平均の前年比。ほかは国民所得統計による。
注：●印，▲印はそれぞれの指標の山と谷を示す。
出所：図3-1に同じ，28頁。

図 3-4 鉱工業生産の成長率循環と在庫調整

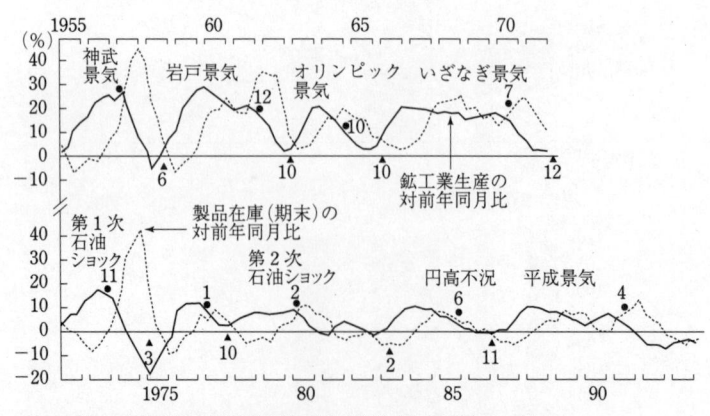

註：●印，▲印は経済企画庁基準日付による山と谷（月で示されている）。
出所：図3-1に同じ，146頁。

図 3-5 鉱工業出荷と製品在庫の循環図

① 1954年第1四半期（山）～1957年第2四半期（山）

② 1957年第2四半期（山）～1961年第4四半期（山）

③ 1961年第4四半期（山）～1964年第4四半期（山）

④ 1964年第4四半期（山）～1970年第3四半期（山）

⑤ 1970年第3四半期（山）～1973年第4四半期（山）

⑥ 1973年第4四半期（山）～1977年第1四半期（山）

⑦ 1977年第1四半期（山）～1980年第1四半期（山）

⑧ 1980年第1四半期（山）～1985年第2四半期（山）

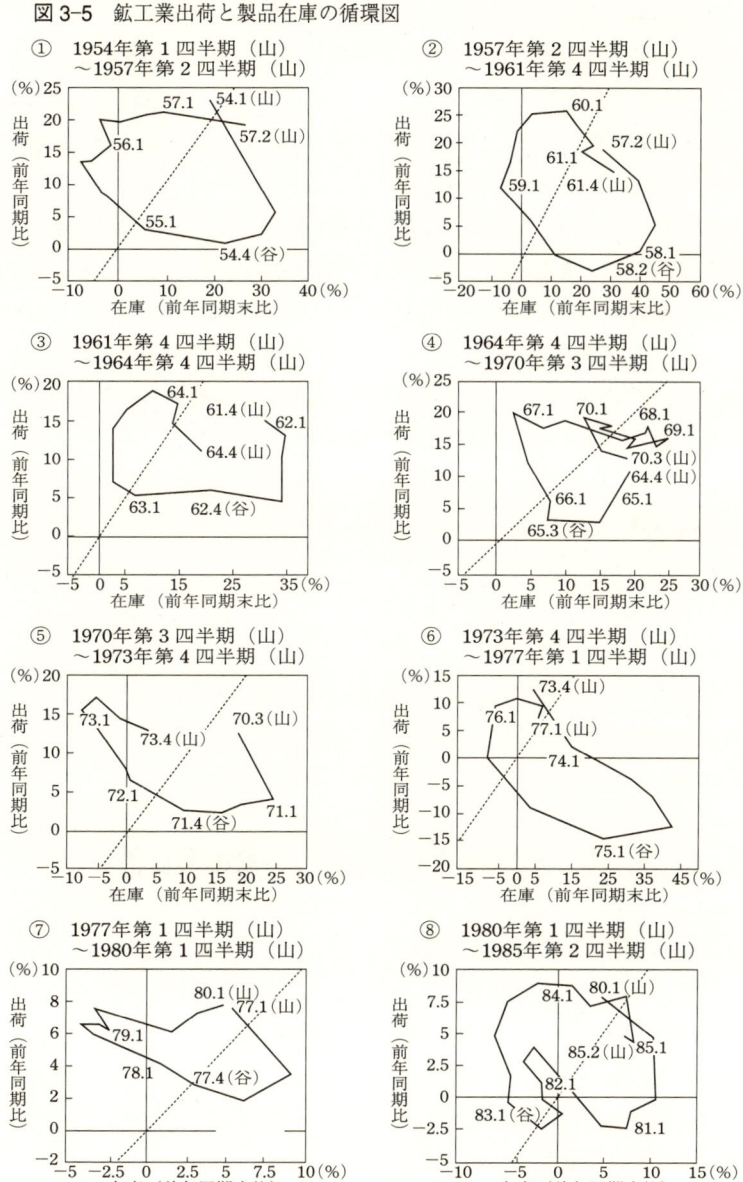

出所：図3-1に同じ、148-149頁。原資料は、経済企画庁『経済白書』（平成5年度）参考資料、13-14頁。

第3章　戦後日本資本主義の循環と発展

2　短期循環

図3-4は，鉱工業生産の成長率循環と在庫の増減を示している。黒丸は景気の山，黒三角は景気の谷であるから，経済企画庁の景気基準日付は在庫循環を反映していると判断できる。両循環を比較すれば，鉱工業生産の成長率循環は製品在庫の変化に半年から1年先行していることがわかる。図3-5は，鉱工業出荷と製品在庫との関係を示す。縦軸に出荷の前年同期比，横軸に製品在庫の前年同期末比をヒットさせると，時計回りに動いていることがわかる。すなわち景気が山を越えて出荷が低下すると，しばらくは在庫は増えるが，不況の深化とともに在庫も減少する。出荷が増えはじめ景気が回復すると在庫もひきつづき減少し，好況の深化とともに在庫が増えはじめる関係にある。このように，中期循環と短期循環は密接に関係しながら複合的に作用していることがわかる。

3　長期循環

経済指標は長期的にも変動する。第1項で考察したように，高度経済成長期・スタグフレーション期・バブル期に区分すると，長期の成長率なり物価の循環がみられた。そして，長波の高揚期には短期循環は好況色の強いものになるし，長波の下降期には不況色の強い短期循環が現れる。いわゆるコンドラチェフの長期波動の原因は確定しがたいが，そのような長波が存在することを日本経済においても否定できないことを指摘しておこう[5]。

第2節　敗戦から高度成長への転換の秘密

第1項　戦前からの断絶と継続

第1・2章で明らかにした戦後日本資本主義の構造は，戦前からの断絶なのか継続なのか。本項ではこの問題を考えてみよう。成長率でみれば，明治以降の平均は4％台なのに，高度成長期には10％台の成長がつづいた。また戦後の技術革新の規模は戦前をはるかに凌駕したものであり，経済のパフォーマンスとしては戦後と戦前は不連続である。

井村喜代子氏は，アメリカの世界・アジア戦略とその変化に規制された，断

絶,資本主義的秩序の回復,戦後日本資本主義の適応,といったように歴史的・総体的に捉えるべきだと主張する[6]。序章で考察したように,アメリカの占領政策による民主的改革（財閥解体,農地改革,労働改革）によって,高度成長期の競争的独占（寡占）体制,国内農村市場の確立,労働者の地位向上と購買力の増大が準備された。占領軍による上からの改革であったが,戦前の日本資本主義の枠組みを大きく変えた点では断絶といえる。その後の占領政策の変更とドッジ・ラインによって,零細企業の淘汰,重要産業の独占的大企業の復活・強化と,労働組合の体制内化によって,資本主義的秩序が回復する。1950年代には,アメリカの日本に対する貿易自由化促進とアジア援助強化のための経済力強化の要求に対し,これを利用して経済成長路線を歩みはじめた[7]。

このように断絶と継続を考える場合には,どの時期を比較するかを明確にしておかなければならない。ドッジ・ライン以降は資本主義体制が継続したことになるし,戦後改革にかかわらずそれが不徹底であったり後退させられたことによって,戦前の体質が継続された面も当然ある。たとえば,天皇制の維持,戦争責任の回避,集団主義的無責任体制の継続などは,市民社会（民主主義）の未確立を示している。自立した個人に立脚する真の民主主義が欠如していたので,軍国主義教育による国家への忠誠心が,国際競争力強化・日本株式会社イデオロギーの下での企業への忠誠心へと変わっただけの結果をもたらしたといえる。

第2項　高度経済成長の秘密

戦後の資本主義世界は軒並み高度経済成長を達成したが,日本はその中でも飛び抜けて高かった。その要因については次節で考察することにし,本項では都留重人氏の説明を紹介しコメントしておこう。

まず都留氏は,統計的に分析する。経済成長率は,

　　成長率＝労働力の成長率＋労働生産性の成長率＋両成長率の積
　　　　　＝貯蓄率／資本係数

のように分解できる[8]。日本の高度成長は,上の式でいえば,労働力なかんずく労働生産性の成長率の高さによって説明できる。下の式で考えれば,資本係

数は先進諸国ではあまり相違はないので，貯蓄率が例外的に高いことによって説明できる（第1章第3節第4項，参照）[9]。日本の高度成長は，急激な技術革新の導入による労働生産性の急成長，高い貯蓄率によることになる。都留重人氏はさらにつぎのような諸問題を提起する。すなわち，

(1) 高い成長率を正当づけた有効需要の主たる源泉は何だったのか。
(2) 成長を刺激する上で政府が演じた役割は何だったのか。
(3) 産業構造に重大な転換はあったのか。もしあったとすれば，いかにしてその転換がもたらされたのか。
(4) かつての財閥構造の運命とその結果としての大企業機構の展開はどうなったのか。
(5) 1949年4月に設定された単一為替レートが，この国の対外経済関係に与えた影響はいかなるものだったのか[10]。

(1)の設問に対する都留氏の回答は，輸出と民間投資である[11]。高度成長を需要面からみて輸出主導でありかつ投資主導だったとする点において，篠原三代平氏も同じ見解である[12]。私も基本的には両主導型であったと考えるが，強いていえば高度成長期前半はより設備投資主導であり，後半はより輸出主導になったと考える。(2)の設問に対する回答は，ⓐ政府による全体的計画化，ⓑ行政指導，ⓒ工場立地のための埋め立て，ⓓ産業のための特別の税軽減措置，ⓔ低金利政策，ⓕ時間稼ぎの貿易自由化と外資流入の自由化，ⓖ水と電力についての補助金である[13]。(3)の設問に対する回答は，新製品（特に電子・石油化学関係）の急激な成長である[14]。(4)の設問に対する回答は，財閥系グループの再結集と系列ワン・セット主義が指摘される[15]。(5)の設問に対する回答は，為替レートの過小評価による輸出補助効果が指摘される[16]。いわゆるダンピング輸出の一形態である。

こうした都留氏の分析を考慮しながら，日本の高度成長の秘密を探っていこう。それと同時に，高度成長の矛盾とその後のスタグフレーション化・バブル化の必然性をも射程に入れなければならない。次節以降では，高度成長期・スタグフレーション期・バブル期の枠組み・動態・帰結を概略的に説明しておく。

第3節　高度経済成長期（1950年代後半・60年代）

　戦後の世界経済の枠組みと戦後日本資本主義の資本体制と社会体制は，第1・2章で考察した。それは同時に高度成長期の枠組みでもあるので，第1項で要約しておこう。

第1項　枠組み

1　国家の政策

　政府の政策は高度経済成長の開始時期（1950年代半ば）に，自由企業と自由市場を前提とし，全体的な目標を明示しながら行政指導によって間接的に誘導していくものとして確立した。その経済政策遂行上の手段として外為法と外資法が制定され，長期設備資金の国内の政府系の供給機関として日本開発銀行と日本輸出入銀行，日本興業銀行と日本長期信用銀行が設立された。産業政策は産業基盤の造成であり，具体的には新鋭重化学工業のための産業配置と地域開発であった。4大工業地帯にかわって太平洋沿岸ベルト地帯が形成され，全国的に工場誘致ブームが起こった。その基本的性格は，独占的巨大企業を中心とした新鋭重化学工業を建設することを最優先させ，公害対策をはじめとする環境政策はまったく考慮されていないものだった。しかも，経済至上主義・輸出至上主義とも呼ぶべきイデオロギーのもとで展開された。このような経済大国化を最優先した政策は，国土緑化運動による森林の環境保全・汚染浄化機能の増大にもかかわらず，日本列島全体に公害をまき散らしてしまった。文部省の教育政策は国民の生活を守る政策ではなく，高度経済成長とその国民的課題とされた輸出至上主義に役立つ人間の養成政策に変質してしまった。

2　資本体制

　高度成長の開始期にすでに，巨大企業の独占的支配体制が確立した。しかも戦後は，近代的な企業集団として再編成された。企業集団内部の独占的大企業は人的結合・融資・株式の相互持ち合いによって結合関係を強めながら，政府

や官僚という国家機関と癒着していった（政・官・財の複合体制）。同時に，会社の存続と発展を最優先させる会社主義を生みだしたが，労働者も会社の発展によって所得を増大していこうとする会社主義に陥った（企業別組合運動）。

3 社会体制

高度経済成長がはじまる1955年の階級構成を戦前と比較すると，前近代的な要素を残しながらも先進資本主義国に近い階級構成になった。工場内では「年功序列制」にもとづくピラミッド型の管理・被管理関係が形成された。

政治の世界では55年体制が生みだされ，保守と革新という対抗関係が明確になったが，安定した長期自民党支配をも生みだした。その結果，「政・官・財」の同盟関係が成立し，政治腐敗が隠蔽される体質が形成された。革新側の反安保闘争は未曾有の国民運動となった。国民大衆が民主主義の危機感を感じて立ちあがったということは，国民の中にそれなりに民主主義が定着してきたことを意味するし，体制側は改憲に変わる新しい対応を迫られた。教育の世界は，教育の国家管理をめざす文部省と，地域に根ざした民主主義教育をめざす日教組との激突の舞台となった。

第2項 動 態

ドッジ・ラインによる資本主義的秩序の回復，単独講和と日米安全保障条約を契機とする国際経済への復帰，国家の政策体系の確立と55年政治体制の確立などをへて，日本資本主義は新鋭重化学工業の建設の時代へと入る。「もはや戦後ではない」と当時の経済白書がいったように，高度経済成長がはじまる。神武景気にはじまり，1957年のアメリカ恐慌によって一時後退するが，すぐに岩戸景気に引き継がれる。新鋭重化学工業を中心として「設備投資が設備投資を生む」好循環が形成され，それは第1章第3節第3項で考察したように，企業集団の系列ワン・セット主義による過当競争（強蓄積）によって促進された。そのために過剰蓄積化し60年代前半の不況を迎え，オリンピック景気によって一時的に回復するが，昭和40年（1965年）不況に陥る。日銀の緊急融資や建設国債の発行，ベトナム戦争の拡大によるベトナム特需によって回復した。第二

次高度経済成長としての「いざなぎ景気」が進行し，もはや「国際収支の天井」に制約されないほどの黒字体質が生まれ，経済大国化していった。

第2節第2項で紹介したように，都留重人氏も篠原三代平氏もともに高度成長は設備投資と輸出が主導的であったとした。1955年から71年にかけての国民所得構成要因の成長を調べると，政府支出4.3倍，民間最終消費6.5倍の増加に対して，財貨・サービスの輸出と海外からの要素所得12.2倍，国内総資本形成13.1倍となる[17]。設備投資と輸出がダントツに増加しており，両主導説は正しいことが確認される。

図 3-6 失業率と物価騰貴率（1957～71年）

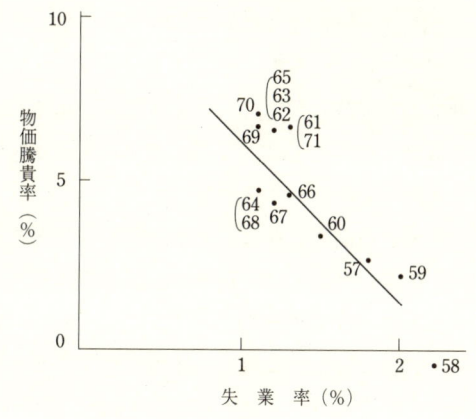

出所：表3-3と表3-4より作成。

第1節第1項でみたように，この時期は高度成長・高利潤率・低失業率・消費者物価の騰貴と卸売物価の安定，として特徴づけられる。失業率と消費者物価の騰貴率を合計したスタグフレーション度（ミゼラブル指数ともいう）は，5.9％と低い。両指標の相互関係は図 3-6 のようになる。この時期には，失業率が高くなれば物価騰貴率が低下し，逆ならば逆となる逆相関関係が検出される。

第3項　帰　結

世界的な高度成長は過剰投資（過剰蓄積）を生みだし，収益性危機（利潤率の長期的低下）に陥った。同時に物価騰貴も加速化し，1970年前後からは，景気が悪化し成長率が低下する中で物価騰貴がひきつづき加速化するスタグフレーション病に陥る。真っ先にスタグフレーションになったのはイギリスであるが（イギリス病），ヘゲモニー国家アメリカも70年に恐慌に突入するとともに，

スタグフレーション病が顕在化した。このスタグフレーションは高度成長の帰結であり、その経済政策の支柱となっていたケインズ政策が成功したがゆえに失敗したものである。その原因（スタグフレーション体質）として，①過剰蓄積による販路の悪化，②労賃や原料（資源）価格の上昇によるコスト上昇圧力，③労働生産性の停滞，④独占資本の価格転嫁行動，などがあった[18]。本格的には第5章第1～3節で論じよう。

　世界的な高度成長は，国際的不均等発展を逆転させた。第1章第1節第1項2で指摘したように，戦後の国際通貨体制（IMF体制）には，「流動性ジレンマ」という矛盾が内包されていた。1950年代は世界的なドル不足であったが，60年代になるとドル過剰に転換した。アメリカはドルの金兌換請求を制限しようとして「金プール制」（62年）・「金二重価格制」（68年）にするが，71年8月にはスタグフレーションから脱出する必要にも迫られて，金・ドル兌換を一方的に停止してしまった（ニクソンの新経済政策）。これが世界的な過剰流動性を増大させ，インフレーションの歯止め装置をなくし，スタグフレーションの高進とその後の短期貨幣資本の浮遊（投機化）傾向を生みだす元凶となった。詳しくは第5章第1節第1項で論じよう。

　最後に高度成長は，日本の労働者階級の意識変化を引き起こした。第2章第1節第3項で考察したように，高度経済成長の結果，労働者帰属意識は圧倒的に高いが，階層帰属意識としては「中」意識が圧倒的に多くなった。この意識変化は「新中産階級意識」ではなく，実質所得の増大による耐久消費財を中心とした「物の豊かさ」の増大によると考えるのが妥当だった。しかもこうした意識変化は，政府が進めた「国民所得倍増計画」が国民の経済的欲求への関心を生みだしたことや，テレビを中心とした独占資本の意識的な欲求喚起政策（広告・宣伝活動），労働運動そのものの中で総評が後退し，全日本労働総同盟（同盟）やIMF・JC（国際金属労連日本協議会）の結成などが影響していた。第2章第3節第2項3で指摘したように，全国学園闘争においてノンセクト・ラディカルを動かしたものは，「広い教養と高い技術力」を持った学生の要請を求める政府・財界の要望，またそれに自主規制しながら応じようとする大学や学問に対する「告発」であった。

第4節　スタグフレーション期（1970・80年代前半）

第1項　枠組み

　前節の高度成長の帰結として述べたように，IMF 体制が事実上崩壊し，固定相場制から外国為替市場での需給関係によって決まる変動相場制に移行した。固定相場制下では各国は固定相場を維持する義務があったから，ドルの減価（アメリカのインフレーション）の枠内のインフレーションしか原理的には許容できなかった。この固定相場制が撤廃されたということは，世界的なインフレーションの歯止め装置をなくしたことになる。また金との兌換を停止したドルはアメリカに還流することなく，ユーロ市場を中心として浮遊することになり，世界経済の投機化が進行するようになる。詳しくは第5章第1節第1項・第6章第2節で考察しよう。

　またこの時期には資源ナショナリズムを背景として，石油輸出国機構は2度にわたって原油の値段を大幅につり上げた（第1・2次の石油危機）。石油エネルギーに依存している先進資本主義国はスタグフレーションを激化させ，非石油輸出発展途上諸国は窮地に陥った。このように，石油を中心とした資源価格と先進国の輸出する工業製品の価格とが逆転し，国際的な「価格革命」が発生した。

　スタグフレーションになることによって，国家の政策は行き詰まってしまった。すなわち，インフレーションを抑えようとして総需要を抑制しようとすると，不況が長期化・深化してしまうし，不況からの脱出を速めようとして総需要を拡大しようとすると，インフレーションを高進させてしまうジレンマに陥った。これは高度成長期の国家の景気政策が機能しなくなったことを意味し，ケインズ経済学の権威が失墜することになる。もともとケインズ主義は一国経済を対象としていたが，IMF 体制が事実上崩壊し短期資本が投機化して流入・流出することは，国民国家の財政・金融政策の効果を阻害する。ケインズ的国家政策は二つの意味において行き詰まったのである。

　世界経済においては，アメリカのヘゲモニーが後退し，西ドイツを中心とす

るヨーロッパ（EEC），日本を中心とする東アジア，との三局構造が形成された（米・日・欧）。世界全体がスタグフレーションから脱出できずにいるときに，日本だけは徹底的なリストラ（「減量経営」）をし，ME技術を生産工程に真っ先に導入することによって，石油価格上昇を吸収する体制を整えた。スタグフレーションによる失業の脅威に直面して，労働組合は賃上げよりも雇用確保を重視したために，企業側が容易に賃上げを押え込むことを結果的に助けたといえよう。こうして日本は集中豪雨型の輸出拡大をすることによって，各国とくにアメリカとの貿易・経済摩擦を激化させていった。しかしアメリカの金融的反撃は，日本が「一人勝ち」したこの時期にはじまっていたことに注意しておこう。

第2項　動　態

　世界的な過剰流動性の時期に，田中内閣は「日本列島改造計画」を発表し積極財政政策を発動したために，マネーサプライは急増した。ところが高度成長期の過剰蓄積によって設備投資欲は冷えていたから，急増したマネーは「改造計画」に煽られて土地や株式などの資産のほうに向かった。まさに1980年代後半のバブルの先駆けが発生した。私鉄を中心として山林の分譲開発やゴルフ場建設のための土地漁りが進行した。実体経済のほうも多少は上昇するが，かつての高度成長期の勢いは当然ない。景気上昇期にすでにインフレーションが進行していたが，日本では1973年秋の原油価格4倍の値上げによって物価が狂乱的に上昇した。驚いた田中内閣は総需要抑制政策に転換し，1974～75年恐慌に突入する。物価が沈静化することによって景気は若干上昇するが（「減量経営景気」），それでも73年のピーク時の鉱工業生産までは回復しなかった。この恐慌は戦後最大の規模であったし，日本は突出した高度成長の反動として長びく停滞的局面を迎えた。本格的に景気が回復するのは，「減量経営」の徹底化と世界に先駆けてのME革命の導入，集中豪雨的輸出の拡大によってである（「ME革命・集中豪雨型輸出景気」）。しかし1978年から79年に石油価格がまたつり上げられ（第2次石油危機），これを契機として景気が後退し，世界的にそれまでで最大の長期不況に陥る。1983年2月に回復に向かうが，物価が鎮静

化に向かったのに株価が上昇しはじめる（「バブル再発景気」）。85年，プラザ合意による円高によって不況に陥る（「円高不況」）。86年11月に実体経済は回復に向かったが，バブルは「円高不況」期にも一貫して進行した。

この期間のマクロ経済指標の動向はつぎのようになる[19]。1972年から82年にかけて，国内総支出は2.9倍，民間最終消費3.1倍，政府最終消費3.6倍，総固定資本形成2.5倍，財貨・サービスの輸出4.3倍，となる。輸出拡大にリードされたことがわかる。高度成長期の16年間とこの10年間

図3-7 失業率と物価騰貴率（1972～86年）

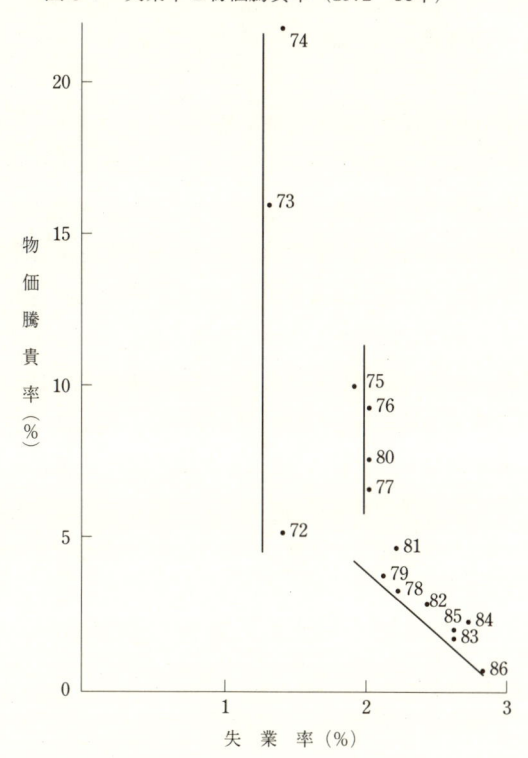

出所：表3-3と表3-4より作成。

を比較すると，政府支出が4.3倍から2.9倍への低下，民間消費が6.5倍から3.1倍への低下であるが，総固定資本形成は13.1倍から2.5倍に急低下，財貨・サービスの輸出も12.2倍から4.3倍へと急低下している。高度成長期の投資と輸出の飛び抜けた急増が逆に浮き彫りにされる。

この期間にスタグフレーション度は当然，高度成長期の5.9％から10.3％へと急上昇している。図3-7は失業率と物価騰貴率の関係を示すが，フィリップス曲線は72年から77年の物価急騰貴の時期には垂直線となり，失業率の動向したがって景気の動向とは無関係に物価が急騰したことを物語っている。79年から82年間は高度成長期と同じく逆相関関係を示している（80年はやや例外的）。

第3章 戦後日本資本主義の循環と発展　105

第3項 帰 結

 1980年代に入ると物価騰貴率は徐々に低下し，反対に失業率が上昇するようになる。いわばスタグフレーションのスタグネーションの側面が強まってきた。ひとまず物価騰貴が軽微化したことによって，スタグフレーションは再熱の危険性を持ちながらも沈静化した。そして日本は債権大国化し，政・官・財の日本的複合体制の優秀さが宣伝され，そうした日本的経営を賛美するエコノミストや経済学者がぞくぞくと登場した。しかしアメリカ金融資本は，この間に世界戦略を練り直していた。日米経済摩擦を背景として，83年に訪日したレーガン米大統領は金融の自由化を要求し，翌年には中曽根内閣はこれを受け入れる。85年のプラザ合意によって，円高容認と内需拡大のための財政支出拡大，そして超低金利政策を実施する。バブルそのものは83年の景気回復とともに再発していたが，プラザ合意によってバブルに油が注がれた。

第5節 バブルの形成と崩壊期（1980年代後半・90年代）

第1項 枠組み

 バブルは国際通貨体制としての IMF の事実上の崩壊に遠因があり，日本では「日本列島改造ブーム」として第1次バブルというべきものが発生した。世界的には金融自由化が実施される1980年代の半ばくらいからはじまる。アメリカでは87年11月のブラック・マンデーによって破裂するが，日本では90年の年頭に破裂した。その後の日本の「長期的停滞」とは対照的に，アメリカは「一人勝ち」となり「長期的繁栄」を迎える。日本資本主義は現在もバブルの後遺症に陥っているのだから，バブルの形成と崩壊の時期を一つの時期として考察する。

 レーガン政権の金融自由化要求は，84年に一連の金融自由化処置となって実現した。宮崎義一は，投機目的の資金の流出入を制限していた為替管理における「実需原則」と「円転換規制」を撤廃したことを重視している[20]。前者は

実体取引とは無関係に先物為替取引ができるようにし，後者は外貨を借り入れて円資金を調達することを可能とさせた。資金過剰とその投機的使用への道を開いたことになる。

こうした「金融の自由化」・「金融の国際化」処置にもかかわらず，ドルは下がらずアメリカの金利も下がらなかった。レーガン政権の第2期に財務長官となったベーカーは，竹下登たちG5の蔵相を召集し，85年9月22日に「プラザ合意」を成立させる。円高・ドル安への転換であり，アメリカとの金利格差の維持要求に応じるために，そして円高不況から脱出するために，日銀は公定歩合を連続的に引き下げた。この金融緩和処置はバブルを加熱させる「政策的失敗」として後日批判される。

アメリカ金融資本の「金融自由化戦略」が世界的に展開することによって，投機目的のマネーゲームが進行する。世界の貿易高をはるかに凌ぐマネー取引が出現し，マネー（貨幣資本の運動）が実体経済（現実資本の運動）を振り回す転倒した資本主義世界が出現した。このバブルは日本では1990年の年頭に破裂するが，89年から91年にかけて東欧・ソ連が解体する世界史的な事件が発生する。戦後世界の政治・軍事関係を規定してきた超大国アメリカとソ連を中心とする冷戦体制が崩壊した。これは世界の軍事バランスを崩し，一方的に有利となったアメリカ帝国主義は湾岸戦争に踏み切ったし，アメリカの諜報機関はその対象を日・欧の企業活動に向けるようになった。情報戦争がアメリカから日・欧に仕掛けられたようなものである。それと同時にアメリカ国内では，情報通信革命がいち早く進み，それがまた国際的な金融戦争を有利に展開させた。このようにバブル崩壊以降の90年代は，再びアメリカの覇権が復活した時期といってよい。

第2項　動　態

日本の景気は1983年2月から第10循環に入るが，83年秋頃から株価が上昇しバブルが再発する（「バブル再発景気」）。85年6月の不況局面に入り，「プラザ合意」によって「円高不況」となるが，バブルは進行していく。「円高不況」から脱出し景気は回復するが，バブルはアメリカのブラック・マンデーによっ

図 3-8 失業率と物価騰貴率(1986〜2000年)

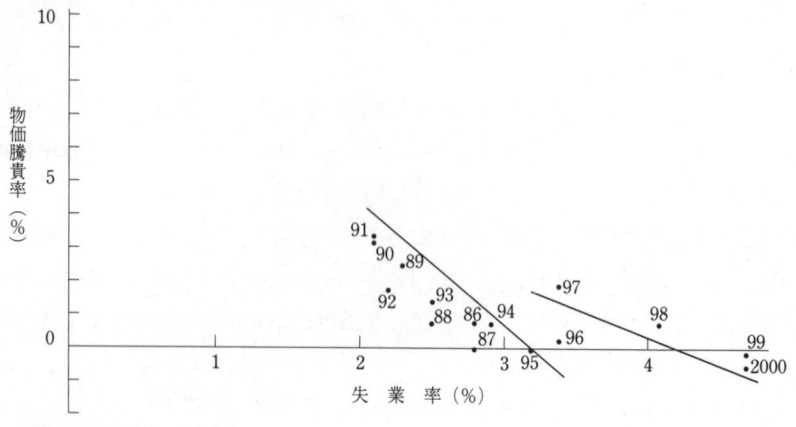

出所:表 3-3 と表 3-4 より作成。

て第1局面をへて第2局面へと突進していった。バブルそのものは90年の年頭に破裂するが,景気は約1年遅れの91年2月に不況に転換する(「バブル高進・崩壊景気」)。景気は93年10月に第12循環に入るが,不良債権を抱えた金融機関が95年と97年に金融危機に陥る(「金融危機景気」)。景気は99年4月に回復に向かうが,その回復は金融機関の「貸し渋り」や消費・設備投資の冷え込みによってはかばかしくなかった。アメリカの景気後退の影響を受けて,現時点(2001年8月)では下降局面に入っている。83年から99年にかけての16年間のマクロ経済指標を72年から82年の10年間と比較すると[21],国内総支出は2.9倍から1.8倍へ低下,民間最終消費も3.1倍から1.5倍への低下,政府最終消費も3.6倍から1.7倍への低下,総固定資本形成も2.5倍から1.8倍への低下,財貨・サービスの輸出も4.3倍から1.7倍へ低下している。バブル期,とくにバブル崩壊期になってからの長期的不況の性格が浮き彫りにされているといえる。

この期間にはスタグフレーション度は,10.3%から4.0%へと急低下しているが,完全失業率は2.1%から2.7%へと上昇している(2000年を含めていないので表3-7の数値とは若干ズレている)。図3-8は失業率と物価騰貴率の関係を示しているが,1996・97年に失業率が上昇したのに物価も若干上昇している点をのぞけば,だいたいフィリップ曲線は逆相関関係に戻ったといえる。

第3項　帰　結

1990年代の日本は，バブルの後遺症，日米情報戦争と金融戦争での敗北によって，長期的な不況状態であったと総括できる。不良債権処理のための公的資金の投入にもかかわらず，株価の下落とともに不良債権は増加し，金融危機は解決されなかった。それは「失われた10年」でもあり，高度成長期に形成された日本資本主義の構造や制度や枠組みが行き詰まってきたことを物語っている。それとともに失業率の高まりによって象徴されるような経済的困難，高度成長期後に形成された「中」階層帰属意識の変化，無党派層の増大などが示しているように，自民党政権への批判と深刻な政治不信を生みだした。この点については第8章第3節第4項と第9章第3節第2項で考察しよう。

注
1) 資本主義経済には景気循環・恐慌がなぜ必然的なのかについては古くから研究が積み重ねてこられた。景気学説と景気理論については，さしあたり拙著『景気循環論』青木書店，1994年，を参照されたい。
2) 篠原三代平『戦後50年の景気循環』日本経済新聞社，1994年。
3) 経済企画庁が出している景気動向指数に，DI（ディフュージョン・インデックス）がある。これは個別指標を3ヵ月前と比較し，上昇・変化なし・低下の三つに区分し，それぞれに1，0.5，0のウェイトをつけて加重平均したものである。コンポジット・インデックスは変化の速度を加味して合成された指数である。詳しくは，篠原『戦後50年の景気循環』39-45頁，参照。
4) 中期循環の存在を認めたからといって，10年周期が貫徹していることにはならない。篠原氏は10年周期の設備投資率循環（成長率循環）を検出しているが，こうした成長率循環があることと，全体としての循環運動が10年周期であることとはおのずから違っている。まさに異なるサイクルが複合的に作用しているのであって，循環周期は国家の景気政策や，独占の投資行動や，世界経済全体の循環などの具体的要因によっても左右されている。
5) コンドラチェフ波動については，さしあたり篠原『戦後50年の景気循環』第6章，参照。
6) 井村喜代子『現代日本経済論』有斐閣，2000年，7頁。
7) 同上書，69頁，160頁，参照。
8) 式の説明については，都留重人（渡辺・石川訳）『日本の資本主義』岩波書

　　　　店，1995年，391-392頁，参照。
9）　同上書，114-117頁。
10）　同上書，118頁。
11）　同上書，137-140頁。
12）　篠原『戦後50年の景気循環』200頁。
13）　都留『日本の資本主義』第4章。
14）　同上書，142-143頁。
15）　同上書，第3章第2節。
16）　同上書，137頁。
17）　東洋経済新報社編『経済変動指標総覧』東洋経済新報社，1983年，より計算。
18）　拙著『現代資本主義の循環と恐慌』岩波書店，1981年，の第5章，参照。
19）　日本銀行調査局編『日本経済を中心とした国際比較統計』1983年版より計算。
20）　宮崎義一『複合不況』中央公論社，1992年，109-114頁，参照。
21）　日本銀行調査局編『日本経済を中心とした国際比較統計』各年版から計算。

第4章　高度経済成長期の景気循環

第1節　世界循環

第1項　各国循環の同時性と非同時性

　図4-1と図4-2は，高度成長期の世界各国の景気後退期（斜線と網目）と鉱工業生産の変動を示す。日本のドッジ不況（1949～50年）の時は各国がほぼ同時的に景気後退したが，朝鮮戦争後の不況（1951～52年）の時は，ヨーロッパは一斉に景気後退したがアメリカとカナダは好況局面にあった。昭和29年不況（1954年）の時にはアメリカとカナダが前年から景気後退していたが，ヨーロッパでは上昇していた。神武景気の景気後退期（1957～58年）には，世界各国が同時に景気を後退させている（1957～58年恐慌）。岩戸景気の景気後退期（1962年）にはアメリカ・カナダ・イギリスが先行して後退し，フランスでは好況であった。昭和40年不況（1965年）の時は，イギリスとフランスとオランダだけが前から景気後退していたにすぎない。いざなぎ景気の景気後退（1970～71年）の時には，世界全体で後退が生じた（1970～71年恐慌）。このように世界経済は同一の世界的循環を同時的に繰り返すのではなく，各国の特殊事情や景気政策の違いなどに影響されて，独自の運動をしていることがわかる（恐慌の非同時性）。しかし各国資本主義はいうまでもなく貿易や金融や資本によって緊密に結びついているのだから，同時的に景気後退をする時期もある（恐慌の同時性）。そのような景気後退は1949年，1957年，1970年に起こっており，中心国たるアメリカの比較的深い景気後退によって引き起こされていると推測できる。

第2項　恐慌の軽微化

　第2次大戦後の景気後退（恐慌）の深さは大幅に浅くなった。表4-1は，恐

図 4-1 戦後景気後退期と工業生産の変動

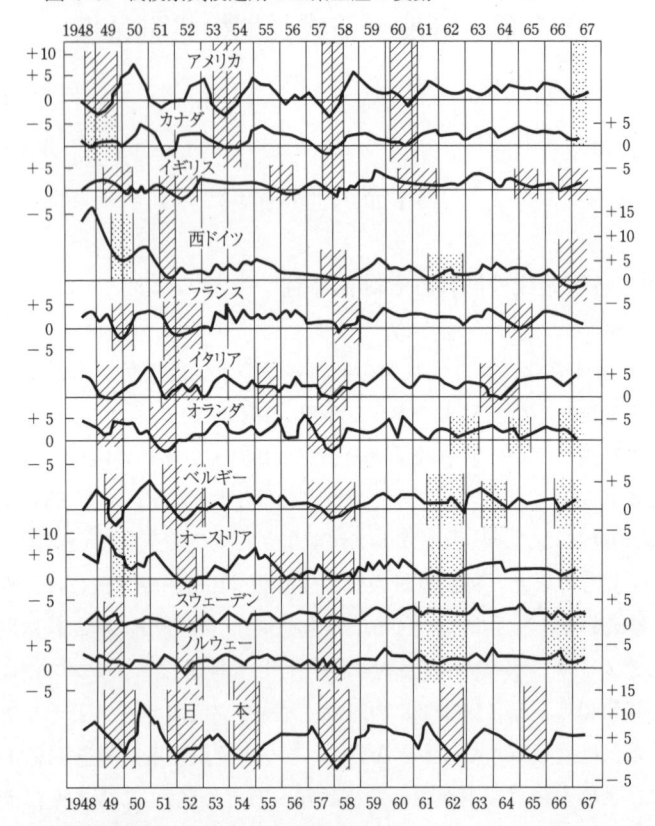

注：季節調整済み。
出所：経済企画庁『世界経済白書』(1967年版) 160頁。
　　　原資料は，OECD, OEEC 資料等。

慌期における工業生産の低下率とその単純平均を，資本主義の発展段階ごとに示している。年次資料であるから生産の低下率は緩和されているが，アメリカ・イギリス・西ドイツでは20世紀前半に低下率が上昇し，戦後になって減少している。フランスと日本の19世紀の低下率は不明であるが，20世紀前半と比較すると戦後の低下は大幅に軽微化している。年次資料でもあるから，フランス・西ドイツ・日本の低下率はプラスとして表現されている。

恐慌期の生産の低下が戦後軽微化したことは，図 4-3 の世界全体の鉱工業生

図 4-2 戦後景気後退期と鉱工業生産のトレンドからの乖離

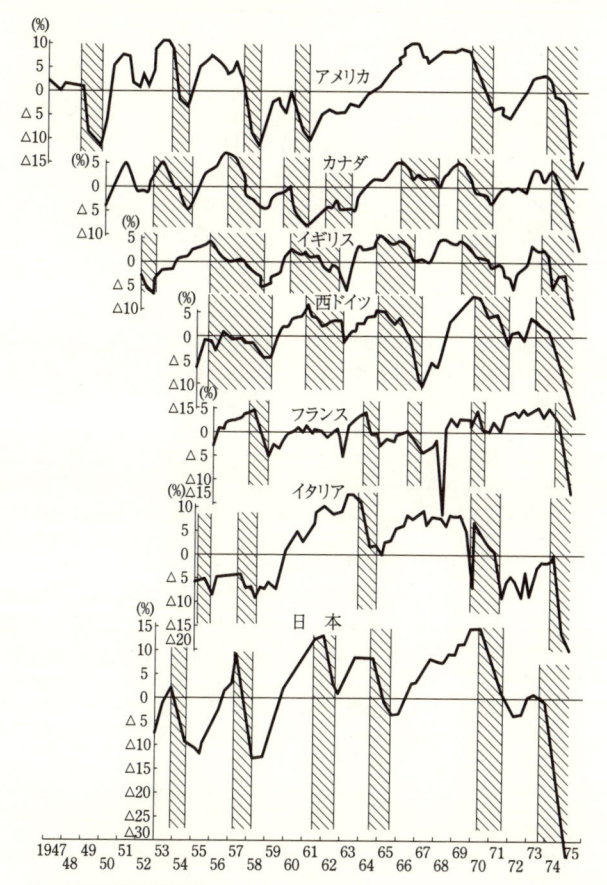

注：斜線部分は景気後退期。
出所：経済企画庁『世界経済白書』(1975年版) 29頁。
　　　原資料は，各国の資料およびOECD, NBER資料。

産の成長率によっても確認できる（四半期データ）。成長率は明らかに循環しているが，生産が全体として低下したのは1957～58年恐慌，1974～75年恐慌，1980～82年恐慌の時だけである。この変化は戦後恐慌の形態変化の一つであるが[1]，国家の景気政策や独占資本の投資行動の計画性が増大してきたことが影響している。

第4章　高度経済成長期の景気循環　　113

表 4-1　19・20世紀の恐慌・不況期の工業生産の低下率（年次資料）　　（単位：％）

アメリカ	イギリス	フランス	西ドイツ	日本
	1825～26　(−8.9)			
	1836～37　(−4.9)			
	1845～47　(−3.2)			
	1857～58　(−6.6)			
	1866～67　(−1.6)		1867～70　(−5.9)	
1872～75　(−5.6)	1877～79　(−9.6)		1872～74　(−6.2)	
1883～85　(−3.2)	1883～86　(−8.2)		1879～80　(−4.2)	
1892～94　(−14.2)	1891～93　(−6.8)		1891～92　(−3.4)	
19世紀の平均−7.7	19世紀の平均−6.2		19世紀の平均−4.9	
1903～04　(−1.6)	1899～1901　(−2.7)	1900～01　(−4.5)	1900～01　(+0.3)	1900～02　(−7.8)
1906～08　(−16.7)	1907～08　(−5.2)	1907～08　(0.0)	1906～08　(−6.5)	1907～08　(−7.0)
1913～14　(−8.2)	1913～14　(−6.5)			1913～14　(−4.5)
1920～21　(−22.7)	1920～21　(−47.4)	1920～21　(−11.3)		1919～21　(−24.0)
1929～32　(−46.2)	1929～32　(−16.5)	1930～32　(−31.6)	1929～32　(−46.7)	1929～31　(−8.4)
1937～38　(−21.6)	1937～38　(−6.5)	1937～38　(−7.3)		1937～38　(+1.2)
1930年代までの平均−19.5	1930年代までの平均−14.1	1930年代までの平均−10.9	1930年代までの平均−17.6	1930年代までの平均−8.4
1948～49　(−7.0)		1949～50　(+0.9)		
1953～54　(−7.0)	1951～52　(−2.6)	1952～53　(+1.0)	1951～52　(+6.0)	1953～54　(+8.0)
1957～58　(−6.9)	1957～58　(−1.2)	1958～59　(+1.3)	1957～58　(+2.8)	1957～58　(0.0)
1960～61　(+0.9)	1960～61　(0.0)	1964～65　(+1.8)	1962～63　(+3.1)	1961～62　(+8.4)
1966～67　(+1.2)	1966～67　(0.0)	1966～67　(+3.4)	1966～67　(−1.7)	1964～65　(+3.4)
1969～71　(−2.9)	1969～71　(0.0)	1970～71　(+4.0)	1970～71　(+2.0)	1970～71　(+3.0)
1973～75　(−9.2)	1973～75　(−7.3)	1974～75　(−8.5)	1973～75　(−7.1)	1973～75　(−13.4)
第2次大戦後の平均−4.4	第2次大戦後の平均−1.9	第2次大戦後の平均+0.6	第2次大戦後の平均+0.9	第2次大戦後の平均+1.6

注：西ドイツ，1945年まではドイツ。
出所：С. М. Меньшиков, Инфляция и кризис регулирования экономики, Москва, Мысль, 1979, стр. 30. 平均値は筆者が計算。
備考：拙著『現代資本主義の循環と恐慌』岩波書店，1981年，69頁からの引用。

第3項　周期の長さ（短縮化）

表4-2は，世界全体の工業生産のピークからピークの期間（好況周期）の平均を発展段階ごとに示している。自由競争段階から独占段階への移行期にかけて好況周期は長くなったが，それ以降一貫して周期が短縮化し，戦後は自由競

図 4-3 世界の成長率循環（鉱工業生産）

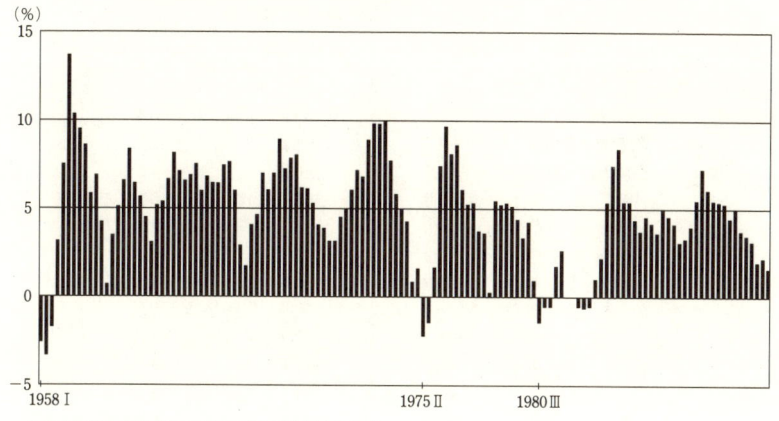

出所：経済企画庁『世界経済白書』各年版より作成。

争段階の約半分に短縮化していることがわかる。回復から回復までの回復周期が正確な循環周期であるから，このデータは不十分ではあるが，戦後の周期短縮化を示していると考えてよいだろう。恐慌の軽微化と循環周期の短縮化は戦後の世界的な特徴であったことを確認しておこう。

表 4-2 世界の好況周期（好況から好況までの期間）

自由競争段階（1866〜72年）	8.0年
独占段階への移行期（1872〜92年）	10.1年
独占段階（1892〜1937年）	7.5年
第2次世界大戦後（1951〜73年）	4.6年

出所：原資料は，Solomos Solomou, *Phases of Economic Growth*, Edward Elgar, 1993.
　　　拙著『経済学原論』青木書店，1996年，119頁より引用。

第4項　クリーピング・インフレーションの出現

　高度成長期になると恐慌期（景気後退期）においても物価が下落せず，忍び寄るように上昇しはじめた（クリーピング・インフレーション）。表 4-3 は，戦後のアメリカでの景気後退期における物価変動を示す。1948〜49年の時は卸売物価も消費者物価も商品全体で下落していた。ところがすでに1953〜54年に

表4-3 景気後退期における物価変動（アメリカ）　（単位：％）

	物価変動率		
	1957～58年	1953～54年	1948～49年
卸売物価			
全　商　品	+1.0	+0.3	-6.3
農産物・食料品	+4.7	+1.2	-11.1
その他の商品	-0.1	-0.2	-4.3
｜原　材　料	-0.8	-0.7	-5.5
｜完　成　品	+0.9	+0.7	-2.3
｜企　業　設　備	+2.2	+1.0	+1.2
｜消　費　財	+0.2	+0.6	-3.8
消費者物価			
全　品　目	+1.3	+0.3	-2.7
商　　　品	+0.7	-0.8	-4.4
｜食　料　品	+0.8	-1.1	-5.1
｜そ　の　他	+0.9	-0.4	-3.6
サ　ー　ビ　ス	+2.7	+2.1	+2.4

備考：工業生産の低下する直前2ヵ月間の平均からの変動率を示す。期間は，1957年7・8月～58年3月，53年6・7月～54年2月，および48年9・10月～49年5月。
出所：原資料は，*Federal Reserve Bulletin*, April 1958, p. 388. 経済企画庁『世界経済白書』（1959年版）至誠堂，51頁より引用。

は，全商品の卸売物価と消費者物価はともに0.3％上昇し，1957～58年になると上昇率も高まった。さらに後者の景気後退においては，個々の商品分類別にみると，原材料以外のすべての商品が騰貴している。日本においてもこのクリーピング・インフレーションは発生した。景気基準日付による景気後退期（1957年6月～58年6月）に，卸売物価（総合）は2.6％の上昇，消費者物価は8.9％上昇している[2]。スタグフレーション期になると忍び寄るインフレから駆け足のインフレに転化した。この現象は従来の需要プッシュ説では説明できず，コスト・プッシュ説による物価論が登場した。不況下の物価騰貴については次章で考察しよう。

第2節　神武景気と1957～58年恐慌

［1954年11月・谷～57年6月・山～58年6月・谷］

前節で考察した戦後恐慌の世界的な形態変化は，日本も例外ではなかった。

それは戦後資本主義（国家独占資本主義）に共通した変化であり，日本資本主義を考察する場合も，こうした戦後段階の一般性が作用していたことを忘れてはならない[3]。このことを踏まえながら，高度成長期の日本の景気循環を具体的に考察し，その日本的特殊性を検出していこう。

第1項　回復の準備

神武景気にさきだつ第2循環（「合理化景気」）の不況期に，金融の引き締めと財政支出の削減による景気引き締め政策が実施された。その効果は，①輸出商品の国内価格9％の低下と輸出価格5％の低下，国際価格へのさや寄せが生じ，②経常収支の改善，③インフレ気運の沈静，となった[4]。

輸出は，世界貿易の拡大とポンド地域の輸入制限緩和による消費財輸出の拡大，緊縮政策による輸出ドライブによって増加した。他方で輸入は，輸入価格の低下や輸入の支払いの節約によって減少したので，経常収支は1954年第4四半期に黒字化した[5]。企業の経営態度は銀行への過度の借入依存が改まり，自己資本を充実させようとするものに変わった。その結果，銀行に預けられた輸出代金や供米代金は産業界に戻らずに，日銀返済に向けられた。そして銀行のオーバー・ローンが改善された[6]。この輸出増大が景気回復を先導したが，生産の本格的な回復にはならなかった[7]。

第2項　景気指標の動向

図4-4は，国民総生産の前年同期比の動向を示す。景気の谷である1954年10～12月から景気の山の57年4～6月間を計算すると，国民総生産が43％，個人消費22％，個人住宅95％，設備投資138％，財政支出25％，輸出31％（輸入139％）伸びたことになる。個人住宅と設備投資が驚異的に増加しているが，設備投資は金額的にも個人住宅より圧倒的に大きいから，この好況は設備投資主導型と規定できる。景気の山にあたる57年4～6月から景気の谷にあたる58年4～6月間を計算すると，国民総生産－7％，個人消費7％，個人住宅－14％，設備投資－13％，財政支出13％，輸出－3％（輸入－36％）となる[8]。

図 4-4　国民総生産構成要素の成長率（前年同期比）

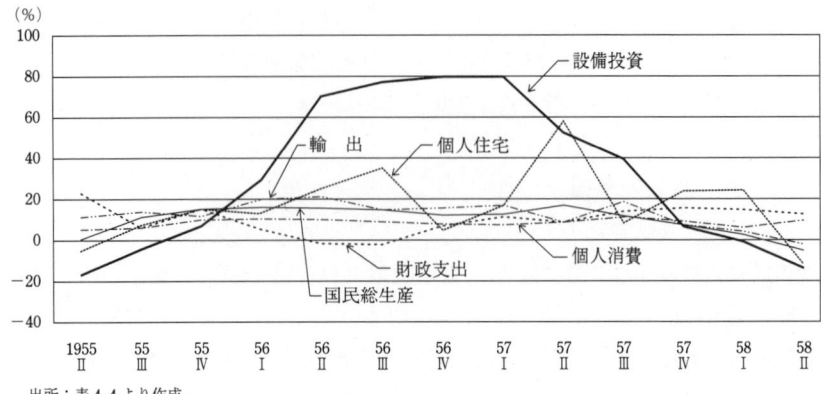

(%)、1955Ⅱ〜58Ⅱ。設備投資、輸出、個人住宅、財政支出、個人消費、国民総生産。

出所：表 4-4 より作成。

表 4-4　国民総生産の推移　　　　　　　　　　　　　　　　　　　　（単位：億円）

	個人消費	民間投資			財政支出	輸出	総需要(小計)	輸入(控除)	総支出(総生産)
		(個人住宅)	(設備投資)	(在庫投資)					
1954年 4〜6	46,630	1,362	8,125	8,952	13,102	9,234	87,405	9,565	77,840
7〜9	47,216	1,320	7,681	△1,292	14,740	9,448	79,113	7,823	71,290
10〜12	47,219	1,299	7,481	396	13,826	10,240	80,460	7,216	73,244
55年 1〜3	48,282	1,328	7,110	2,638	15,869	9,514	84,740	8,622	76,119
4〜6	49,159	1,306	6,818	2,996	16,048	10,235	86,561	8,795	77,766
7〜9	50,080	1,408	7,317	2,688	15,693	10,690	87,876	8,961	78,914
10〜12	51,251	1,487	7,950	6,170	16,037	11,335	94,230	10,109	84,121
56年 1〜3	52,550	1,478	9,053	6,497	16,385	11,442	97,404	10,182	87,222
4〜6	53,402	1,616	11,488	5,983	15,847	12,361	100,697	11,503	89,194
7〜9	53,960	1,881	12,860	6,375	15,443	12,209	102,727	12,569	90,158
10〜12	54,405	1,552	14,283	6,863	16,855	13,009	106,969	13,953	93,016
57年 1〜3	55,674	1,710	16,234	9,141	18,036	13,312	114,108	16,896	97,211
4〜6	57,601	2,529	17,793	13,195	17,233	13,405	121,737	17,213	104,524
7〜9	59,362	2,017	17,972	3,971	17,394	14,488	115,183	15,646	99,537
10〜12	59,181	1,907	15,042	2,009	19,108	13,710	110,935	12,243	98,692
58年 1〜3	58,932	2,102	16,145	177	20,607	13,812	111,477	12,473	99,005
4〜6	61,404	2,172	15,408	△3,068	19,416	12,960	108,292	10,976	97,316
7〜9	61,848	2,416	15,804	△ 312	20,192	13,056	113,004	11,664	101,340
10〜12	62,168	2,040	14,720	△ 120	21,244	14,128	114,180	10,888	103,292
59年 1〜3	63,792	2,296	16,640	4,072	19,568	13,988	120,356	13,036	107,320

備考：経済企画庁経済研究所『四半期別国民所得統計速報』季節調整ずみ。
出所：経済企画庁『経済白書』（昭和34年版）至誠堂，403頁。ただし，西暦に改めた。

好況をリードした設備投資と個人住宅が低下したのが不況に大きく影響したこと，財政支出や個人消費が景気を下支えしたこと，輸出ドライブが作用したことがわかる。

第3項　数量景気から投資景気へ

この好況は設備投資主導型であったが，最初から設備投資が群生したのではない。表4-4からわかるように，設備投資は1954年第3四半期から1年ほど連続して低下している。図4-5は55年の上期と下期に分けて経済指標の前年同期比を示す。

図4-5　1955年度の経済指標の伸び（前年同期比）

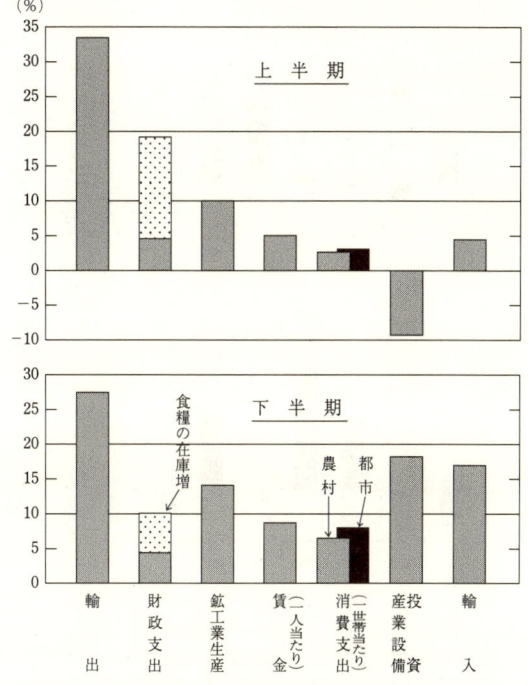

備考：輸出入は日銀調べ「外国為替統計」（ただし輸入にはユーザンスによる支払繰り延べ分を加えた），財政支出，産業設備投資は「国民所得統計」（ただし下半期は一部推定を含む）による。
出所：経済企画庁『経済白書』（昭和31年版）至誠堂，5頁。

鉱工業生産はともに10％以上であるが，上期に大きな伸びを示しているのは輸出と財政支出であった。下期になって全指標が一斉に上昇している。しかも設備投資が前年同期より10％を超えて上昇するのは56年に入ってからである（図4-4）。第1節で考察したように，この景気循環の不況期には物価も上昇したが（クリーピング・インフレーション），55年は物価が安定している状態で数量が拡大したので，『経済白書』は「数量景気」と呼んだ。この数量景気は，国際収支が改善され物価が安定し，金融面でオーバー・ローンが是正されたのが特徴であった。この三者の同時達成は明治42年（1909年）と大正4年（1915年）の2回にすぎなかった[9]。

第4章　高度経済成長期の景気循環　119

図4-6 産業別にみた就業者の増加

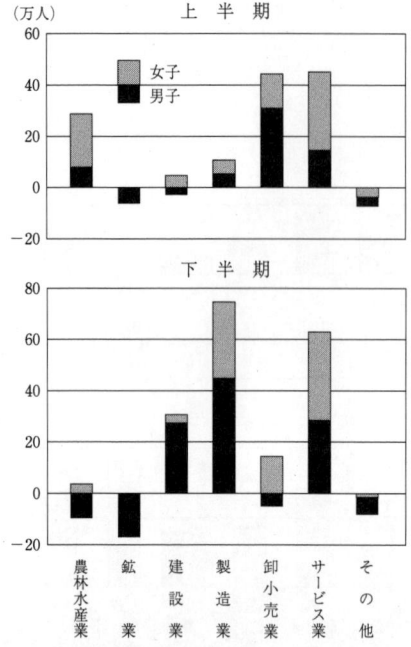

上半期

下半期

注：1955年度の前年同期に対する増加。
出所：経済企画庁『経済白書』(昭和31年版) 至誠堂,
　　　21頁。
　　　原資料は，総理府統計局調べ「労働力調査」。

図4-7 輸入増大の原因

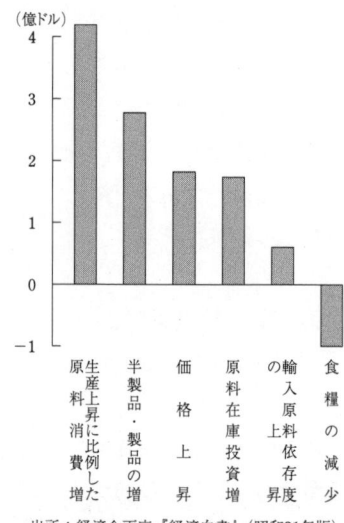

（左から）原料消費の生産上昇に比例した増／半製品・製品の増／価格上昇／原料在庫投資増／輸入原料依存度上昇／食糧の減少

出所：経済企画庁『経済白書』(昭和31年版)
　　　至誠堂, 24頁。

数量景気の背後にはつぎのような経済情勢があった。すなわち, 国際収支の黒字と豊作によって一般財政が安定し, 輸出の増加による滞貨の一掃と商業信用（企業相互間の信用）が拡大し, 1952～53年の「合理化投資」が実際に生産能力化した。個人消費は, 景気からの収入の遅れと収入から支出の遅れによって, 伸びは相対的に小さかった。雇用は図4-6のように製造業・卸小売業・サービス業を中心として拡大した。雇用の拡大は中小企業が中心であった[10]。

　設備投資は1955年第4四半期に輸出産業を中心として増加に転じ, 56年第2四半期からは前年同期比で70％台の成長率が1年もつづく超投資景気が出現した（図4-4, 参照）。57年に入っても, 第2四半期54.9％, 第3四半期39.8％の設備投資増加がつづいた。輸出は増大（55年第4四半期～57年第3四半期間27.8％）したが, それ以上に輸入が増大（同期間54.8％）したために, 56年第3四半期からは貿易赤字に転じ, 深刻な国際収支危機が発生した[11]。この輸入

表 4-5　企業利益率の推移

	全　産　業			製　造　業		
	売上高利益率	総資本回転率	総資本利益率	売上高利益率	総資本回転率	総資本利益率
1955年上	3.16%	1.02回	3.70%	5.78%	0.87回	6.12%
55年下	3.22	1.07	3.98	5.76	0.86	6.10
56年上	3.47	1.18	4.70	6.62	0.95	7.78
56年下	3.63	1.21	5.03	6.83	0.92	7.78

備考：大蔵省『四半期別法人企業統計速報』より算出。
出所：経済企画庁『経済白書』(昭和32年版) 至誠堂, 108頁。ただし, 西暦に改めた。

急増の原因は, 図 4-7 にみられるように, 高蓄積による原料や半製品の需要急増であった。この世界最高の強蓄積は機械・装置を中心としてなされたが, その背景にあるものとして『経済白書』は, 設備の近代化欲求, 利潤増大と金融緩和による投資資金調達の容易化, 中小企業の投資熱, 繊維・百貨店の駆け込み増設, 租税特別処置法や資本充実法による駆け込み増資, を指摘している[12]。表 4-5 はこの間の利潤率の推移を示すが, 利潤率が上昇しそれが設備投資増となる好循環が作用していたことがわかる。

実体経済の拡大のスピードがあまりにも速いために, 生産隘路 (ボトル・ネック) と金融逼迫 (オーバー・ローン) が生じた。前者については, 機械受注残高が1956年央には月々の引渡高の約 1 年半分に達していた[13]。後者については, 企業の自己調達資金では旺盛な資金需要に追いつけないために, 企業は銀行借入を増やそうとする。しかし銀行は, 預金をはるかに超える企業からの資金需要に応じるためには, 日銀借入に依存しなければならない。また銀行自身も貸付競争をしたから, 日銀借入に依存した企業貸付が進展した (金利は引き上げられなかった)[14]。雇用関係は大・中小企業ともに改善し, その後の労働力不足経済への転換を準備するが, 依然として臨時工の比重が高かった。個人消費はやはりタイム・ラッグがあるから, 景気が不況に向かってから最高の伸び (57年第 3 四半期10.0%, 表 4-4, 参照) となる[15]。

第 4 章　高度経済成長期の景気循環

第4項 「なべ底不況」としての1957〜58年恐慌

　原料・半製品輸入の急増による国際収支危機に直面して, 1957年5月に政府は金融引き締めに転じた。日銀は公定歩合を2銭1厘から2銭3厘に引き上げ, 窓口規制をした。財政投融資も6月に繰り延べられたが, 景気引き締めの主役は金融政策であった。むしろ財政投融資は18%, 一般会計が9%前年度より増加していたために, 景気後退の下支えとなった[16]。何故に金融引き締めが効果的であったのかといえば, 企業は資金を銀行に依存し（間接金融方式）, 銀行は日銀借入に依存する体質が形成されていたからである（オーバー・ローン）。金融引き締めがどのような効果を発揮したかをみておこう。

　『経済白書』はこの景気後退の特徴として, ①前回の引き締め政策（1953年10月）と比較して今回の引き締め政策の効果は数ヵ月早い, ②景気後退の最大の要因は急増していた在庫投資の急減であり, ③景気後退の急激さのわりには労働面や中小企業への影響が軽かった点を指摘している。最後の社会的影響が軽かったのは, 最終需要とくに設備投資が高水準を維持していたからである[17]。国際収支は, 金融引き締め以前の輸入急増によって, 57年上期は累計5億ドルの赤字となったが, 引き締めによる急減によって下期には2億ドルの黒字となった。輸入が急減したのは, 在庫の輸入が不要となったこと, 国内景気への輸入の反応が大きいこと, 輸入価格の低下による[18]。この間, 輸出そのものは58年第1四半期まで増大していたが, 輸入の急減によって国際収支は改善されていった（表4-4, 参照）。

　設備投資は, 1957年中は増加し, 58年に入ってから低下しつづけた（前年同期比, 表4-4, 参照）。景気後退の前半において設備投資が増大したのは, 『経済白書』によれば, ①設備投資計画が継続していたこと（全体の8割）, ②投資計画全体の4割を占める基礎部門（電力, 鉄鋼, 石炭, 運輸）に財政投融資や民間資金が優先的に供給されたからである[19]。

　以上のように, この景気後退は金融引き締めによって急激に下降したが, その後は設備投資などの最終需要が堅調であったので, 横ばいとして推移した（国内総支出は景気後退の最後の四半期にはじめて減少となったにすぎない）。

ゆえに「なべ底」不況と呼ばれた。

第5項　景気後退パターン（国際収支の天井）

たしかに好況期には世界最高の高蓄積が展開したが，設備投資の減少によって恐慌が発生したのではなく，国際収支の天井にぶつかって政策的に転換したものだったといえる。いいかえればこの循環は設備投資循環ではなく，在庫循環の性格が強かったともいえる。この景気後退をシェーマ化してみれば，
　　　輸入増→貿易収支・国際収支の赤字化→金融引き締め→景気後退→
　　　輸入削減・輸出ドライブ→貿易収支赤字の解消→金融緩和
となる。しかもこうした景気後退（国際収支の天井）は，前回の景気後退（1954年1月～54年11月）にもみられ，60年代前半までつづく共通したパターンであった。こうした事実が，第1・2章でみた輸出至上主義イデオロギーが生みだされてくる一つの背景にあった。

第3節　岩戸景気と1960年代初期の不況

［1958年6月・谷～61年12月・山～62年10月・谷］

第1項　回復の条件

前節で考察したように，在庫投資の急減にもかかわらず過剰投資が過剰能力化せず景気後退が深刻化しなかったのは，最終需要が堅調であったからである。総支出は不況の最終局面（1958年第2四半期）になってはじめて対前年同期比でマイナスとなったにすぎない。項目別にみると，個人消費は57年第3四半期から58年第2四半期にかけて一貫して増加した。財政支出もこの間増加しつづけた。設備投資は57年中は増加し，個人住宅と輸出は58年の第1四半期まで増加した（表4-4，参照）。過剰投資が過剰能力化せず，他方で輸入が急減したので国際収支は大幅に改善されたことが，回復の下地となったのである。

図 4-8 利益率の変動

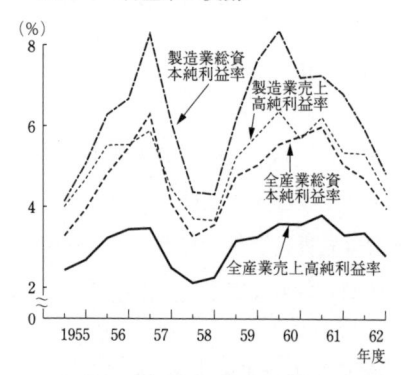

出所:経済企画庁『経済白書』(昭和33年版)至誠堂、312頁。原資料は、大蔵省『法人企業統計季報』。ただし、西暦に改めた。

第2項　マクロ指標の動向

1958年第3四半期からピークの61年第4四半期にかけて，国内総支出の伸びは46%，民間最終消費支出31%，総固定資本形成98%，政府最終消費支出19%，輸出と海外からの所得49%となる。総固定資本形成の伸びが大きいことがわかる。61年第4四半期から谷の62年第3四半期にかけては，国内総支出3%，民間最終消費7%，総固定資本形成6%，政府最終消費7%，輸出と海外所得が16%伸びている。景気後退期であったがマクロの指標がすべて増加していることが特徴的である[20]。しかし利潤率や稼働率（操業度）の動向をみれば，景気後退は鮮明に浮き彫りされる。図4-8は利益率，図4-9は稼働率の循環的変動を示す。製造業総資本利益率は58年から上昇するが，60年をピークとして低下している。製造業の操業度も58年から上昇するが，60年をピークとして低下していた。

第3項　岩戸景気の動向

「なべ底不況」からの回復過程は図4-10のようになる。鉱工業生産は1958年3月を底に上昇し，12月には神武景気のピーク（57年5月）を超えた。卸売物価は上半期2.3%低下し，下半期に2.7%上昇した。売上高・利益も下期に増加し，利益率も回復した。したがって景気の回復は下半期に完了し，59年に本格的な好況に入ったと判断できる[21]。『経済白書』は，景気回復の直接の契機となったのは在庫投資の回復だと判断している[22]。

『経済白書』の分析によると，1959年の好況は物価安定・国際収支の均衡・雇用状態の改善を達成しながら進展した。鉱工業生産は29%上昇したが，それに見合った最終需要の増加があったので，物価は高騰（生産隘路の発生）も低

図 4-9 操業度(稼働率)の変動

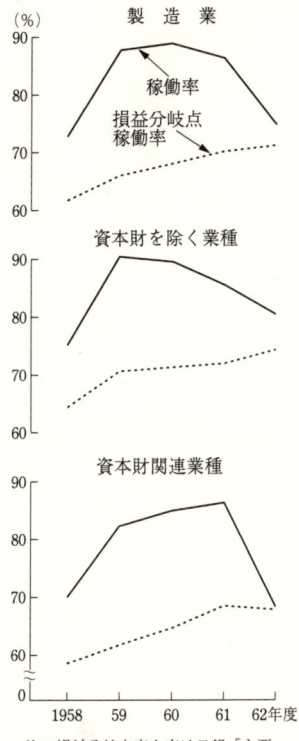

製造業・資本財を除く業種・資本財関連業種の稼働率と損益分岐点稼働率(1958〜62年度)

注:損益分岐点売上高は日銀「主要企業経営分析」より算出し、能力は通産省「生産能力調査報告書」により、

損益分岐点稼働率

$$\left(\frac{損益分岐点売上高}{生産能力}\right)$$

を推計した。
1958〜61年度末および62年末による。
出所:経済企画庁『経済白書』(昭和33年版)至誠堂,88頁。ただし,西暦に改めた。

図 4-10 生産指数と能力指数の推移
(1955年=100)

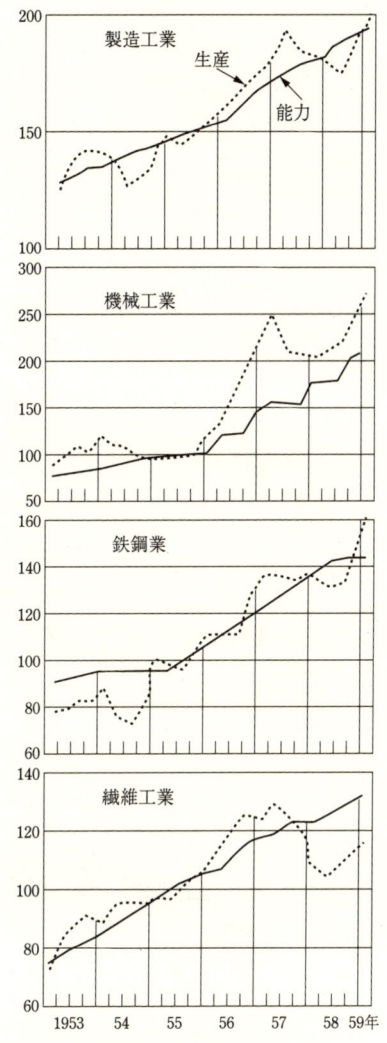

製造工業・機械工業・鉄鋼業・繊維工業の生産と能力の推移(1953〜59年)

出所:経済企画庁『経済白書』(昭和34年版)至誠堂,110頁。ただし,西暦に改めた。

第4章 高度経済成長期の景気循環　125

図 4-11 生産・物価・国際収支の推移

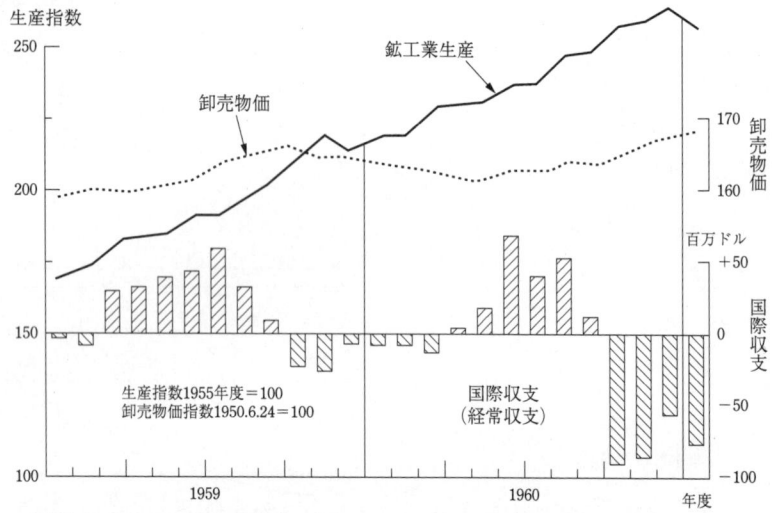

備考：1） 鉱工業生産指数は通産省調べ（1955年＝100，季節変動修正値）による。
　　　2） 卸売物価指数は経済企画庁調べ「週間卸売物価指数」（朝鮮動乱直前基準，月平均）による。
　　　3） 国際収支（経常収支）は大蔵省調べによる。
出所：経済企画庁『経済白書』（昭和36年版）大蔵省印刷局，2頁。ただし，西暦に改めた。

図 4-12 国民総生産構成要素の推移

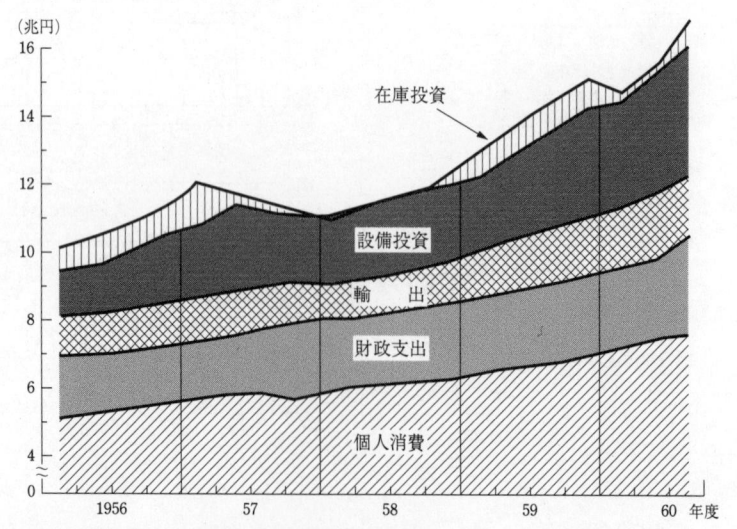

出所：経済企画庁『経済白書』（昭和36年版）大蔵省印刷局，4頁。ただし，西暦に改めた。

下（過剰能力の発生）もせず比較的安定していた。最終需要中，輸出は25％，個人消費4.8％，産業設備投資は資本金1億円以上の企業23％，従業員300人未満の中小企業60％，財政支出13.5％，と増加した[23]。景気が過熱化（過剰投資化）しなかった理由として，『経済白書』はつぎの四つの要因を指摘している。①年度はじめに生産能力の余裕が存在し（操業度は過去最高より9％低下していた），また過去の投資が生産能力化した。②労働力が豊富に供給された（若年労働力は引き締まる）。③輸入が急増せず交易条件が改善された。④金融が59年後半から早めに引き締められ，産業資金供給は33％の上昇にとどまった[24]。

図4-11は生産・物価・国際収支の推移を，図4-12は国民総生産構成要素の推移を示す。1960年全体で実質国民総生産が11％，鉱工業生産23.7％の成長となったが，前半は生産の伸びが低下し卸売物価が下落し，国民総生産は第1四半期はマイナスとなったが，後半に再び急上昇した。経常収支は上期黒字から下期赤字に転じている。生産の中だるみが生じたのは在庫投資の減少によるが，旺盛な設備投資と堅調な個人消費が下支えとなり，8月の公定歩合引き下げと「国民所得倍増計画」によって，企業の投資意欲を盛り上げた[25]。

表4-6は1960年度の総需要と総供給の動向を示す。民間設備投資が38.4％と一番高く，設備投資主導であったと判断できる。『経済白書』は，技術革新の波と貿易自由化の進展などによる投資意欲の強まりによって，設備投資が進展したと分析している。そして技術革新投資の特徴は，①主要産業での新規計画の登場，②「工場内部のイノベーション」から「工場ぐるみのイノベーション」・「工場群のイノベーション」（コンビナート化）への変化，③産業基盤への投資，④新製品導入のための先行投資，⑤貿易自由化に備えての量産体制の強化，⑥原料転換のための投資，にある[26]。つぎに伸びが高いのは個人住宅であり，これは神武景気の時と同じである。政府の財貨・サービス購入は18.3％増であり，公共事業や公企業の投資が中心となっていた。輸出12.9％・個人消費12.6％増であり，個人消費は比重が高いから寄与率では設備投資を上回っている。個人消費は所得増加によるが，その内容はテレビから電気冷蔵庫・扇風機にかわり，またレジャーブーム，インスタント食品の登場など生活様式なり生活意識の変化が影響している[27]。民間在庫投資は唯一29.5％低下しているが，神武景気と比較してサイクルの振幅が小さくなっているのが特徴で

表 4-6 総需要と総供給の動向 (単位：億円，%)

	1959年度	1960年度	対前年変化率			1960年度の増加に対する寄与率
			1958	1959	1960	
個 人 消 費	68,367	77,000	5.5	8.6	12.6	40.4
民間設備投資	21,669	30,000	△2.5	32.4	38.4	39.0
民間在庫投資	8,511	6,000	△96.2	4681.4	△29.5	△11.7
個 人 住 宅	2,761	3,400	6.8	21.0	23.1	3.0
政府財貨サービス購入	22,816	27,000	10.3	13.8	18.3	19.6
輸 出	16,119	18,200	△2.2	19.0	12.9	9.7
総 需 要	140,243	161,600	0.0	21.5	15.2	100.0
総 生 産	125,224	143,500	2.8	20.6	14.6	―
輸 入	15,019	18,100	△19.4	29.5	20.5	―
総 供 給	140,243	161,600	0.0	21.5	15.2	―

備考：1959年度は経済企画庁調べ『国民所得報告』による。
　　　1960年度は経済企画庁暫定推計。
出所：経済企画庁『経済白書』(昭和36年版) 大蔵省印刷局，5頁。ただし，西暦に改めた。

ある。輸出は前期が好調で後期は伸び悩みであった。貿易収支は若干増加したが，貿易外収支が赤字となったので経常収支は赤字化した。しかし短期資本が流入したために国際収支全体では黒字となる現象が生じた。これは神武景気にはみられなかった新しい動向である[28]。金融は8月と12月に公定歩合が引き下げられたが，その背景には国際収支の黒字があった。岩戸景気は，労働力不足と消費者物価の上昇傾向という新しい問題を生みだした[29]。

第4項　景気過熱から緩やかな景気調整へ

新製品開発・新工場・コンビナート建設のための設備投資は1961年にも進行した。利潤率は61年には低下していたのだから（図4-8，参照），あきらかに過剰投資であった。前半の鉱工業生産は年率で22%増と高かった。景気過熱の決定的なシグナルはこの時期も国際収支の悪化であった。短期資本の流入によって黒字化していた国際収支も，5月には赤字化し，8月には資本収支も赤字化した。こうした国際収支の悪化を背景として，5月頃から日銀の窓口規制が強化され，7月と9月に公定歩合が2度引き上げられ，本格的な引き締め政策が発動した[30]。景気引き締め効果は，①7月18日をピークとした株価の急落，

②企業間信用の拡大，③卸売物価の低下，④機械受注の急減，⑤製品在庫の増大，⑥62年に入ってからの鉱工業生産の低下，であった[31]。鉱工業生産は業種別に波状的に低下していった。すなわち，生産財が先に落ちはじめたときには資本財と消費財は増えつづけ，資本財も落ちはじめたときにも消費財は増えつづけ，消費財が低下したときには生産財・資本財は回復に向かった[32]。このような生産の波状的低下は設備投資意欲の強さによってもたらされたが，景気の低下を軽微なものとした。

流通在庫投資は1961年第2四半期から，原材料在庫投資は第4四半期から低下する。小幅ではあったが，62年には低下をつづけ第2四半期にはマイナスとなった[33]。前回と同じく，景気引き締めの効果は真っ先に在庫投資の減少をもたらした。民間設備投資は61年は増勢をつづけたが，62年になると2.0％の低下にとどまった[34]。消費支出はひきつづき伸び，引き締め政策が解除される62年第4四半期になってはじめて若干低下したにすぎない。この消費の堅調さがまた景気の低下を軽くした。財政支出は61年19.1％，62年25.8％と増加し，景気を下支えした[35]。国際収支は，61年9月の引き締め政策を境として輸入が減少し輸出が増加したので，62年夏には黒字になった[36]。10，11月と公定歩合も引き下げられた。

第5項　神武・岩戸景気の性格—設備投資主導型景気

神武・岩戸景気をつうじて，世界最高の資本蓄積率と生産の成長率が実現した。設備投資はすでに分析してきたように，1958年と62年に軽微の減少をしただけで，54年第3四半期から高水準を維持していた。その背後には，新産業・新製品を中心とした技術革新意欲，間接金融方式による銀行からの豊富な資金供給，企業集団相互の系列ワン・セット主義的な過当競争，マーケット・シェアの維持・拡大を目標とした独占的投資行動などがあった。また60年代からは，新工場や工場群（コンビナート）建設が設備投資を促進したといえる。政府は財政支出によって需要面からバック・アップしただけではなく，産業基盤の整備・拡充，長期的な産業政策による巨大独占的企業の設備投資計画のガイド・ラインの設定などによって支援した。神武景気の「なべ底不況」は，急激な生

図 4-13 操業度（稼働率）の推移

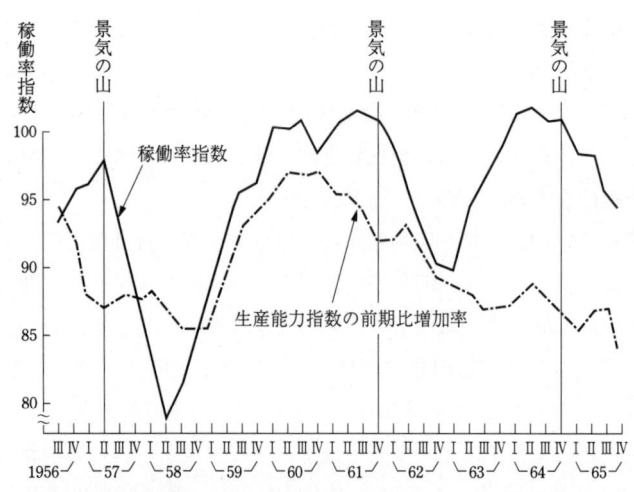

(1960年＝100, 縦線は景気の山)

稼働率指数

稼働率指数

生産能力指数の前期比増加率

1956 57 58 59 60 61 62 63 64 65

備考：1) 通産省調べ。
　　　2) 生産能力指数は3期加重移動平均値による。
出所：経済企画庁『経済白書』(昭和41年版) 大蔵省印刷局, 33頁。ただし、西暦に改めた。

産低下をともなったが，基本的には在庫調整ですんだし，岩戸景気の「なだらかな景気調整」でも設備投資は前半まで増勢にあった。両循環は設備投資主導型の景気であり，過剰に投資された生産能力問題をその後に残した。

第4節　オリンピック景気と昭和40年不況

[1962年10月・谷～64年10月・山～65年10月・谷]

第1項　景気指標の動向

前節の第4項で説明した「なだらかな景気調整」が進み，在庫投資が増加に転ずると，10月には金融引き締めも解除された。このオリンピック景気は「好況感なき景気」と呼ばれたように，弱い景気であった。それだけ神武・岩戸景

図 4-14 企業利潤率の推移

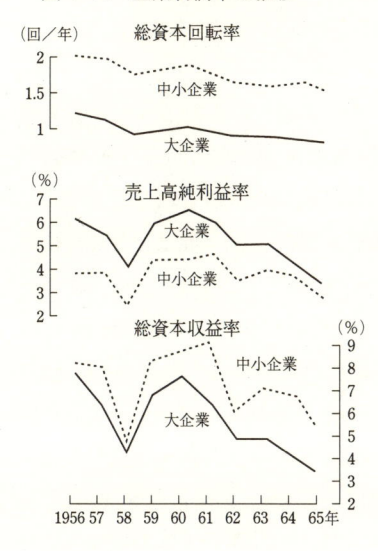

(回/年) 総資本回転率
中小企業
大企業

(％) 売上高純利益率
大企業
中小企業

総資本収益率
中小企業
大企業

1956 57 58 59 60 61 62 63 64 65年

備考：1） 大蔵省調べ『法人企業統計季報』原表より作成。
2） 中小企業は資本金200万〜5000万円，大企業はそれ以上のもの。
3） 総資本回転率＝$\dfrac{売上高}{平均総資本}$

売上高純利益率＝$\dfrac{純利益}{売上高}$

総資本収益率＝$\dfrac{純利益}{平均総資本}$

4） 平均総資本＝〔前年12月末＋（3月末＋6月末＋9月末）×2＋当年12月末〕総資本×$\dfrac{1}{8}$

出所：経済企画庁『経済白書』(昭和41年版) 大蔵省印刷局，40頁。ただし，西暦に改めた。

気の過剰投資が整理されなかったといえる。

1962年第4四半期から64年第4四半期にかけての好況期に，国民総支出は26％，個人消費21％，設備投資（総固定資本形成）36％，財政支出14％，輸出（海外からの所得を含む）41％の増加にすぎない。需要中輸出が最大の伸びとなっている。1964年第4四半期から65年第4四半期の不況期に，国民総支出4％，個人消費5％，設備投資（総固定資本形成）1.5％，財政支出7％，輸出9％増となり，成長率の落ち込みですんだ[37]。図4-13は操業度の動向を示す。岩戸景気のピークには低下しているが，操業度の循環的変動全体を比較するとオリンピック景気の振幅が小さいことがわかる。利潤率も循環的変動をしており，総資本収益率も売上高純利益率も62年下期から63年下期にかけて上昇し，63年下期から65年上期にかけて低下している[38]。しかし利潤率の長期の動きをみると（図4-14），1960年をピークとして65年にかけて一貫して低下している。神武・岩戸景気の設備投資が過剰投資化していたことを示しているといえる。この点については次項で考察しよう。

第2項　過剰投資の解消不十分性

　神武・岩戸とつづいた高蓄積は，これまでも指摘してきたように過剰蓄積（過剰投資）となった。前項でみたように利潤率が1960年以降低下していた。本項では，この過剰蓄積の実態を分析した篠原三代平氏の説を紹介しよう[39]。

　篠原氏は，設備投資と売上高の伸びを比較し，1955～60年間は「設備投資の伸び＞売り上げの伸び」となる投資ブーム期（供給力不足局面），61～66年間は「売り上げの伸び＞設備投資の伸び」となる投資停滞期（供給力超過局面），66～70年間は投資ブーム期の再現，と規定する。そして供給力超過（過剰能力）の調整過程として，設備投資比率の低下，稼働率（操業度）の低下，製品在庫率の上昇，企業間信用の異常増大，倒産・不渡手形の増大，資本収益率の低下，株価の低迷，を列挙しそれぞれの動向を検討している。①設備投資・GNP比率は，前章の図3-3によっても確認できるようにこの期間低下している。篠原氏は，設備投資・売上高比率を産業別に検討し，そのピークが61年に集中していることを確認している[40]。②操業度はこの期間循環的に変動していたが，振幅が弱くなっていた。③製品在庫率はこの期間に22.9％増大した[41]。④企業間信用（商業信用）については，売掛金（受取手形を含む）・売上高比率，買掛金（支払手形を含む）・売上高比率，「買掛金（支払手形を含む）－受取手形割引高」・売上高比率をみても，62年以降は50～61年間のステディな上昇ラインをかなり上回っている。この結果は，「供給力過剰の影響が稼働率の低下や製品在庫の累積に現れただけでなくて，掛けによる売り上げ促進という形にも現れたとみることができる」[42]。⑤倒産・不渡手形も61年以降急増していた[43]。⑥総資本利益率は明瞭に低下している（図4-14）。⑦株価も61～65年間に22.3％低下した[44]。

第3項　労働力不足下の景気（「好況感なき景気」）

　在庫投資が増加し，鉱工業生産は1963年になると回復し，64年第4四半期まで上昇する。操業度が岩戸景気のときと同じように回復していることからわか

るように（図4-13），生産は急上昇したといえる。鉱工業生産は年率で63年15.3%，64年13.6%増となる[45]。この回復における在庫投資増大の特徴は，製品在庫も増大している点である。消費構造の高度化・多様化，販売競争の激化が影響しているが，過剰能力を抱えている産業で固定費用上昇を回避して操業度を維持しようとしたからである[46]。設備投資は61年下期から低下していたが，63年下期には上期を16%上回り，64年の景気引き締めにもかかわらず前年比で21%も増加した。過剰設備の調整期にこのような設備投資がなぜ復活したかについて，『経済白書』は，①直接生産能力増加にならない間接分野への投資，②設備の更新，③賃金上昇→資本装備率の引き上げ→限界資本係数の上昇による投資需要，を指摘している。また設備投資が増勢なのは消費関連産業であり，投資関連部門や電力では能力過剰で設備投資は弱かった[47]。

このように生産と投資が進展して輸入が急増し，輸出の上昇は鈍化したので，早くも1963年1月に経常収支は赤字となり，7月には国際収支も赤字化した。輸入増加の背景には輸入価格の上昇などの偶発的影響もあったが，生産拡大が主要な原因であった[48]。そのために63年12月から64年3月にかけて金融引き締めが早くも開始された（預金準備率の引き上げ，新窓口規制，公定歩合の引き上げ）。それでも64年にも生産と投資は増加していった。引き締めの効果は国際収支の均衡化には有効に作用し，6月に貿易収支が，7月に経常収支が黒字化し，12月から65年6月にかけて引き締めが解除されていった[49]。生産拡大にもかかわらず国際収支が改善されたのは，輸入が横ばいで輸出が前年度より26%も増大したからである。『経済白書』は輸出拡大の要因として，①世界経済の好況，②国内生産能力の増加，③下期の輸出ドライブ，④合成繊維や乗用車などの新輸出品の登場，⑤輸出競争力の強化，を指摘している[50]。

国民総生産は，1963年13.0%，64年16.3%増加した。それを需要面から支えた要因は，寄与率からみると63年は個人消費・財政支出・在庫投資であり，64年はやはり個人消費と財政支出に加えて輸出と設備投資だったと判断できる[51]。景気引き締め後にも設備投資が増大した理由として『経済白書』は，①金融引き締め後の継続工事，②日本経済の構造変化による消費関連や商業・運輸通信関連投資の伸び，③限界資本係数の上昇，④手元現金預金と内部資金の増大，を指摘している[52]。「オリンピック景気」の一つの特徴は，労働力逼迫下の好

況であったことにある。新規求人に対する新規求職者の比率は63年に1未満となったし（62年1.17，63年0.97），それを反映して61・62・63年と連続して賃金上昇率が生産性上昇率を上回った（64年には逆転する）[53]。

第4項　昭和40年不況

「オリンピック景気」には生産と投資の盛り上がりがみられたが，第2項で考察したように過剰資本（過剰投資）の整理過程であったために，「好況感なき景気」であった。景気の転換となったのは1964年第4四半期における在庫投資と設備投資の低下である[54]。操業度は四半期前にピークに達していた（図4-13）。民間非農業在庫投資は，64年第1四半期の年率2兆円から65年第3四半期の1年半にわたって減少した。65年の民間企業在庫投資はマイナス67.3％となる。設備投資も年間でマイナス3.4％であった。年間で伸びたのは，個人消費・民間住宅・財政支出・輸出であった[55]。

『経済白書』は昭和40年不況の性格を次のように規定し，循環的性格と中期的性格と構造的性格に分類して検討している。

　(イ)　国際収支の改善がすすみ，金融が緩和しただけでは景気は回復せず，財政面からの需要の補給が必要であったこと，

　(ロ)　経済規模のおちこみは，……軽微であったのに，中小企業の倒産，信用不安，企業経営の経営悪化が激しかったこと，

　(ハ)　不況でも消費者物価が大幅に上昇したこと，

をあげている[56]。(イ)の循環的性格としては，神武景気（「なべ底不況」）・岩戸景気（「なだらかな調整過程」）と比較して，在庫率が約1年で減少し，生産・出荷は14ヵ月で回復している点で酷似しており，三つの不況とも在庫調整という性格を持っている。しかし昭和40年不況は財政出動によって抜け出すことができた点と，設備投資の回復が遅れている点が前2回の不況と異なる。(ロ)の中期的性格についてはすでに第2項で考察した。(ハ)の構造的性格は，すでに「なべ底不況」期にクリーピング・インフレーションとして発現した現象が高進してきたことを意味し，スタグフレーション期に向けての構造変化である。昭和40年不況で特記すべき景気政策としては，日銀の特別融資と国債発行である。

3月に山陽特殊鋼が倒産したが、事実上の倒産状態にあった山一証券に緊急融資をおこない、株価の一層の低下と証券恐慌を防ごうとした。企業側の大蔵省や日銀への依存体質がつくりだされるきっかけとなる。後年のバブル期の「政・官・財」癒着体質の形成であった。またこの年には、均衡財政主義から転換して建設国債の発行に踏みきっている。石油ショック以前までは「国債依存度」は低下していったが、その後の国債残高累増のきっかけとなった[57]。

第5節　いざなぎ景気と1970〜71年恐慌

［1965年10月・谷〜70年7月・山〜71年12月・谷］

第1項　回復過程

　昭和40年不況は秋に底をつき、年末から回復に向かうだろうと『経済白書』は診断し、その指標として、①株価（東証第1部旧修正株価平均）は1965年7月12日に1020円に落ち込んでから急速に回復し、66年3月末には1600円に近づいた（約57％の上昇）、②卸売物価が65年7月を底として66年3月には3.4％回復し、③生産も第3四半期に1.0％上昇、第4四半期横ばい、66年第1四半期3.7％上昇、④製品在庫の増加は年末までつづいたが、在庫率は8月をピークとして低下し、⑤製造業の超過勤務時間が10月から増加し、⑥機械受注が第3四半期から増加したことを指摘していた[58]。

　こうした景気回復の原因について、『経済白書』はつぎのように分析している。①需給バランスの改善。供給は生産調整（不況カルテル・勧告操短・自主減産）によって低下したのに、不況下でも輸出・農村消費・非製造業の設備投資が増大し、在庫投資も1965年第4四半期に回復したからである。②財政・金融政策。金融緩和は64年12月からはじまり、企業の手元流動性（現預金／売上高）が急速に上昇したが、投資意欲は弱かった。財政面からは公共投資を中心とした積極財政政策が展開され、65年第3四半期に入って効果を発揮した。昭和40年不況からの回復において公共投資が急増している点が特徴的である[59]。これは、前節で指摘した建設国債の発行によって可能となったものである。ま

図 4-15 製造業需給ギャップ率の推移

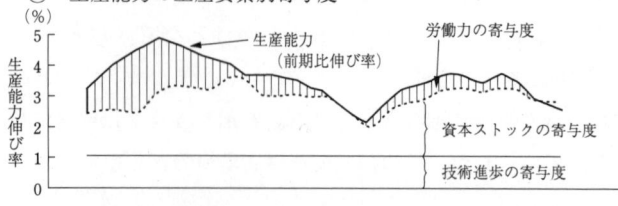

① 生産能力の生産要素別寄与度

② 需給ギャップ率

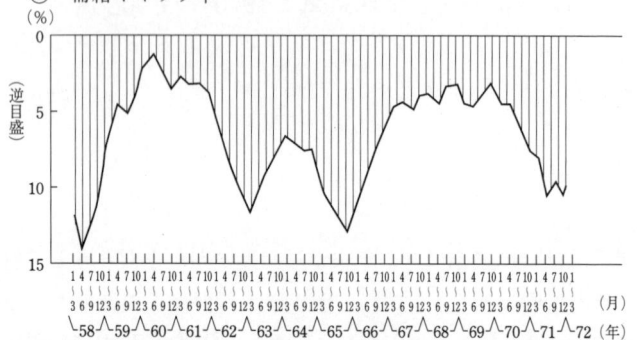

備考：1） 通産省「通産統計」，労働省「毎月勤労調査」等により作成。
2） 生産能力の伸びは3期移動平均値の前期比。
3） 製造業の労働力には失業者を含まない。
4） 暫定試算である。
出所：経済企画庁『経済白書』（昭和47年版）大蔵省印刷局，2頁。ただし，西暦に改めた。

た『経済白書』は指摘していないが，65年5月にアメリカがベトナムへの北爆を開始し，ベトナム戦争が一気に拡大したことによるベトナム特需が，昭和40年不況を深刻化しなかった点に注意しておこう。

第2項　設備投資＝輸出主導型景気（経済大国化）

1965年第4四半期から70年第3四半期にかけての好況期に，国民総支出は71％，個人消費32％，投資（総固定資本形成）113％，財政支出22％，輸出（海外からの所得を含む）105％，の成長となる。投資と輸出が飛び抜けて増加しており，この第2次高度成長期は設備投資主導型であると同時に輸出主導型

でもあったことになる。第1次高度成長期の神武景気の好況期には、設備投資138%、輸出31%、岩戸景気の好況期には設備投資61%、輸出38%（第2節第2項・第3節第2項）であり、設備投資の伸びのほうが輸出の伸びをはるかに凌駕していたが、この「いざなぎ景気」においては輸出が投資に比肩する高度成長要因となったことが確認される。

1970年第3四半期から71年第4四半期にかけての不況期に、国民総支出19%、個人消費20%、投資9%、財政支出13%、輸出18%の増加となっている[60]。絶対額は増加している成長率循環の不況局面であり、それだけ軽微であったと判断できる。

図4-15と図4-16は、需給ギャップ率と総資本収益率の

図4-16 総資本収益率の推移

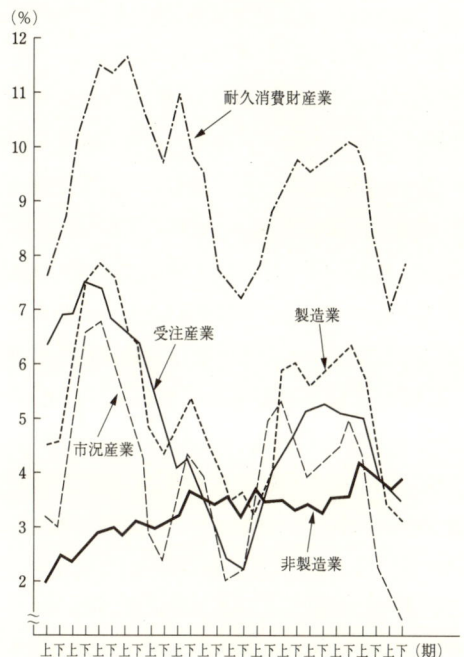

備考：1）日銀「主要企業経営分析」より作成。ただし、1971年度下期は経済企画庁内国調査課推計。
2）耐久消費財は弱電、自動車、精密機械。
市況産業は鉄鋼、繊維、化学、非鉄、紙パルプ。
受注産業は一般機械、重電、造船。
出所：経済企画庁『経済白書』（昭和47年版）大蔵省印刷局、47頁。ただし、西暦に改めた。

推移を示す。需給ギャップ率＝1−操業度、の関係があるから、操業度は66年中に急速に上昇し、69年にかけて高原状態にあり、その後71年にかけて低下している。総資本収益率もほぼ同様の循環的変動をしている。

さきほど好況は設備投資と輸出が主導したことを確認したので、その中身を簡単にみておこう。まず設備投資の目的は大型化＝巨大量産化によるコスト低下であり、新製品としてはトランジスタより革新的なIC（集積回路）技術の応用であり、コンピュータの普及とその国産化が追求された[61]。輸出につい

第4章 高度経済成長期の景気循環　137

ていえば,新鋭重化学工業化は神武・岩戸景気(第1次高度成長期)に進んだ
が,輸出の新鋭重化学工業化は「いざなぎ景気」(第2次高度成長期)と「日
本列島改造景気」の昭和40年代に実現した。すなわち,輸出総額に占める機械
類の比率は,1960年の25%から75年の54%に上昇し,最先進国型となった。個
別産業ごとにみると,乗用車の輸出依存率(輸出・生産比)は,60年4%,70
年23%,75年44%に急上昇した。民生用電子機械もそれぞれ23%,38%,55%
と上昇し,鋼材も13%,23%,33%と上昇している[62]。このように,輸出が
量的に拡大しただけでなく質的にも最先進国型になった背景には,大量生産＝
コスト・ダウンによる国際競争力の強化とともに,この間のベトナム戦争の拡
大による東アジアを中心とする輸出の急増があった[63]。

　こうした輸出の最先進国型化は,日本が経済大国化した一つの指標となる。
経済大国化を生産力の面からみると,国民総生産は資本主義世界の第2位
(1967年),粗鋼生産でも資本主義世界第2位(70年)となる。70年には,船舶
竣工量・ラジオ・テレビ・合成繊維・商業車が資本主義世界の第1位となって
いる[64]。また輸出の急増による国際収支の大幅な黒字化は,いままでの景気転
換の直接的契機であった国際収支の壁(天井)を除去した。これもまた経済大
国化の一つの指標となる。この大幅黒字を背景として,巨大独占企業の海外直
接投資が急増し,本格的に多国籍企業化への道を歩みはじめることになる。

第3項　いざなぎ景気

　1966年から本格的に景気が上昇した。景気の谷から19ヵ月後の鉱工業生産の
上昇率をみると,神武景気の時は29.8%,岩戸景気43.6%,オリンピック景気
28.0%であった。今回は30.7%であるから,昭和30年代の回復速度と比較して
も遜色がなかった[65]。『経済白書』はつぎのように分析している。景気上昇の
牽引力は輸出と財政であった。輸出の増加は,1964年27.5%,65年21.4%,66
年14.2%と増勢が鈍ったが,輸出の比重が高まったために生産上昇に寄与した
比率は高まった(前回の13%から今回の23%へ)。金融緩和処置の第2弾は65
年6・7月から開始されていたが,66年には大規模な公共事業と大幅な減税が
実施された。その効果は,①66年5〜7月に公共事業関係支出額の急増,②金

融を緩和させ中小企業の投資を刺激し，③減税による所得増加，④以上の効果として所得増→投資と消費の誘発→民間需要の急増（下期）をもたらした[66]。

こうした財政と金融が一体となった景気対策によって，企業金融が大幅に緩和された。金融緩和の主因は，公共部門の投資超過幅の拡大によるマネーフローの変化だと，『経済白書』は分析している。すなわち，①金融機関の公共債（政府保証債，地方債，1966年からの国債）引き受け→公共部門の民間企業からの買い上げ→民間企業の資金の増大とその一部の内部留保化が生じ，第1次高度成長期の間接金融方式に変化が出てきた。②大企業では，設備投資の落ち着き，企業間信用の増勢鈍化，売上代金回収の好転によって金融機関借入依存度が低下した。③中小企業では投資意欲は活発で，流動性補塡意欲も旺盛だったから借入需要は大きかったが，大企業の借入需要の沈静化に悩んでいた銀行が積極的に中小企業に融資した。この金融緩和は貸出金利を大きく低下させ，中小企業の投資を刺激した。また資本金1億円以上の企業でも運輸・通信・電力では不況期にも設備投資が継続されたし，資本金1億円未満の企業でも建設・商業・サービス業では65年第3四半期から増勢となった。そして製造業の資本金1億円以上の企業の設備投資が66年第3四半期から増勢となったので，下期の設備投資は一段と増勢になった。個人消費も，全国の小売販売額は1965年の8.0％増から66年の10.5％増へ，百貨店売上高も9.7％増から12.7％増へと伸びを高めた。この背景には農家所得と都市勤労者の所得が増大したことがあり，また耐久消費財では乗用車とカラーテレビが急増しはじめた[67]。

1967年に入っても設備投資は高進し，年間33％も増加した。『経済白書』は高進した要因として，①供給不足への転換，②労働力不足による資本への代替，③消費関連産業の投資拡大，④持続的な第3次産業の設備投資を指摘している[68]。在庫投資もひきつづき増加し，年間で44％増加した。個人消費は14％と安定的に伸び，国民総支出の13.3％と同程度であった[69]。その結果，後半からの引き締め政策にもかかわらず鉱工業生産は18.7％成長した。このような生産拡大によって，輸入は年間で21.8％と急増した。ところが輸出は世界景気の停滞を反映して年間で8.8％しか増加せず，貿易収支黒字は11.2億ドルへと大幅に縮小した。貿易外収支は輸入の急増による運輸収支の悪化によって12.6億ドルの赤字，移転収支も1.8億ドルの赤字，長期資本収支も海外直接投資を反映

して7.4億ドルの赤字となり，基礎的収支は10.5億ドルの赤字となった[70]。

国際収支の赤字化に直面して政府は，財政・金融両面からの景気調整政策に踏み切った。9月1日に公定歩合を引き上げ，貸出増加額規制に乗りだした。9月5日に財政支出を繰り延べた。この景気調整は，金融市場の逼迫と金融機関の抑制的融資態度を生みだしたが，前回の同一局面（1964年上期）と比較し，企業の実物投資は金融資産投資よりはるかに大きく，自己金融力もやや高い状態であった。引き締めは在庫投資の減少をもたらした[71]。

こうした景気引き締めにもかかわらず，生産と投資は1968・69年と急増していった。国民総生産の実質成長率は，67年13.0％，68年13.8％，69年13.0％と13％以上の高さであり，岩戸景気に匹敵する高度成長となった[72]。しかし，岩戸景気と比較した「いざなぎ景気」の特徴は，①輸出の寄与率が顕著に高まり，②住宅投資の寄与率も高まり，③在庫投資の寄与率が顕著に低下し，④設備投資はひきつづき大きな寄与をしている，点にある[73]。また岩戸景気のときには国際収支が悪化しそれが景気引き締めの導火線となったが，「いざなぎ景気」においては国際収支の大幅黒字の下で設備投資が急増した。

旺盛な設備投資の動機として，さきに指摘した要因に加えて，『経済白書』は，①国際競争力強化のための大型化投資，②技術革新の進展や消費意欲の盛り上がりを背景とした新技術・新製品投資（原子力発電，コンテナ船，電子計算機など）を指摘している[74]。1969年になると省力化・公害防止などの経済社会環境に対応した投資がようやく高まり，投資も製造業・非製造業・大企業・中小企業全般で活発になった[75]。設備投資の高進は，生産手段部門内部でだけ生じたのではなく，「投資が消費を生み」また「消費が投資を生む」といった生活手段部門とのバランスをとった再生産構造によって支えられていた。いわば大量生産＝大量消費（浪費）型の好況が出現したことになる[76]。

第4項　スタグフレーション的景気後退

4年間にわたって年々2割をこえる民間設備投資は過剰蓄積化し，製造業の総資本利益率は1969年下期をピークとして低下に向かい（図4-16），製造業の操業度（需給ギャップ）も69年第4四半期をピークとして低下しはじめた（図

4-15)。この間の過剰蓄積は,労働力需給の逼迫や消費者物価の騰勢を強めていった。70年になると景気転換の兆候が現れはじめ,やがて夏頃から消費者物価が騰貴する中で景気が後退していく。典型的なスタグフレーションに突入した。なぜスタグフレーションになっていったかについては次章で考察することにして,本項ではこのスタグフレーション下の景気後退過程をみておこう。

『経済白書』は,長期好況から景気後退に向かう時期を三つに分けている。第1期は1969年秋から70年春頃までで,金融引き締めは実体経済にはほとんどブレーキとならなかった。第2期は70年春から夏にかけてであり,出荷の停滞,製品在庫の増大,機械受注の減少,商品市況の軟化,労働力需給の緩和などが顕在化してきた。第3期は70年秋から71年春にかけてであり,景気後退が明白になり,70年10月には金融緩和政策に転換した[77]。

鉱工業生産の成長率や生産財生産は1971年第2四半期をボトムに回復に向かったが[78],8月15日のアメリカの新経済政策(金・ドル交換停止)とその後の国際通貨危機の衝撃を受けて,回復はとん挫した。すなわち,輸出は急増から停滞になり,生産と出荷は低下し,製品在庫率が再上昇し,市況の軟化,企業の新規求人の取り消しが増加した。また株価は暴落し,企業の景気見通しは悲観色に急転した[79]。

スタグフレーションについては次章で説明するが,私はこの不況で日本もスタグフレーションに突入したと考えている。『経済白書』は,現象的には欧米と同じであるが同一視できないとして,①日本では卸売物価が低落している,②日本では賃金上昇率が高水準ながら鈍化し,全面的なコスト・インフレにはなっていない,③欧米では物価上昇率が経済成長率より高いが,日本では逆になっている点を指摘していた[80]。しかしこれこそ現象的な違いを重視しすぎて,スタグフレーションの本質をみていないといえる。失業率(その逆は経済成長率)と物価騰貴のトレード・オフ関係が崩れているのがスタグフレーションであり,経済成長を低めて物価騰貴を押さえようとすれば失業率が上昇し,失業率を低めるために経済成長を高めようとすると,物価騰貴を加速してしまう政策的ジレンマ状態こそスタグフレーションの本質である[81]。①についていえば,この景気後退期にはたしかに卸売物価は若干低下しているが,「いざなぎ景気」全体をみれば上昇してきた。②についていえば,「いざなぎ景気」

中に賃金上昇率は高く，それが好景気を支えるとともに消費者物価の騰勢を促進していたのであって，賃金と物価のスパイラル的上昇はすでにはじまっていたといえる。③については，どちらの成長率（上昇率）が高いかが問題なのではなく，失業率と物価騰貴率との間のトレード・オフ関係が崩れてきたことのほうを重視しなければならないのである。

注
1) 戦後の国家独占資本主義下の恐慌の形態変化については，さしあたり，拙著『現代資本主義の循環と恐慌』岩波書店，1981年，の第4章4，富塚良三・吉原泰助編『恐慌・産業循環（上）』（資本論体系9-1）有斐閣，1997年，に所収した拙稿「現代資本主義の循環と恐慌」を参照されたい。
2) 東洋経済新報社編『経済変動指標総覧』東洋経済新報社，1983年，より計算。
3) 現代資本主義の景気循環の一般的な変容論については，拙著『現代資本主義の循環と恐慌』第4・8章，および拙稿「現代資本主義の循環と恐慌」を参照されたい。
4) 経済企画庁編『経済白書』（昭和30年版）至誠堂，1955年，15-20頁。
5) 同上書，7頁，16-17頁。
6) 同上書，8頁，19-20頁。
7) 同上書，6-8頁。
8) 以上は，『経済白書』（昭和34年版）至誠堂，403頁より計算。
9) 『経済白書』（昭和31年版）至誠堂，2-4頁。
10) 同上書，10-21頁。
11) 『経済白書』（昭和34年版）至誠堂，403頁より計算。
12) 『経済白書』（昭和32年版）12頁。設備投資の内容は，①量的拡大を意図した投資，②近代化設備の盛行，③新産業・新製品部門の拡大，④生産隘路打開の投資の増大，に分類される（同書，94-97頁）。
13) 同上書，3頁。
14) 同上書，5-6頁。
15) 同上書，14-20頁。
16) 『経済白書』（昭和33年版）至誠堂，19-24頁。
17) 同上書，2-6頁。
18) 同上書，7-10頁。
19) 同上書，14頁。
20) 東洋経済新報社編『経済変動指標総覧』より計算（実質値，季節調整済み）。
21) 『経済白書』（昭和34年版）至誠堂，2-4頁。

22) 同上書, 28頁。
23) 『経済白書』(昭和35年版) 大蔵省印刷局, 4-15頁。
24) 同上書, 15-23頁。
25) 『経済白書』(昭和36年版) 2-4頁。
26) 同上書, 7-8頁。
27) 同上書, 11-12頁。
28) 同上書, 8-21頁。
29) 同上書, 19-20頁。
30) 『経済白書』(昭和37年版) 2-3頁。
31) 同上書, 3-4頁。
32) 『経済白書』(昭和38年版) 15頁。
33) 『経済白書』(昭和37年版) 7頁,『経済白書』(昭和38年版) 7頁。
34) 『経済白書』(昭和37年版) 8-9頁,『経済白書』(昭和38年版) 15頁。
35) 『経済白書』(昭和38年版) 15頁。
36) 同上書, 4頁。
37) 東洋経済新報社編『経済変動指標総覧』より計算。
38) 『経済白書』(昭和41年版) 43頁。
39) 篠原三代平『戦後50年の景気循環』日本経済新聞社, 1994年, 70-82頁。
40) 同上書, 80-82頁。
41) 同上書, 74頁。
42) 同上書, 75-76頁。
43) 同上書の図20 (75頁), 参照。
44) 同上書, 76頁。
45) 『経済白書』(昭和39年版) 9頁,『経済白書』(昭和40年版) 4頁。
46) 『経済白書』(昭和39年版) 11-13頁。
47) 同上書, 17-20頁。
48) 同上書, 2-9頁。
49) 『経済白書』(昭和40年版) 5頁。
50) 同上書, 9-12頁。
51) 同上書, 3頁。
52) 同上書, 25-29頁。
53) 『経済白書』(昭和39年版) 27頁,『経済白書』(昭和40年版) 37-38頁。
54) 『経済白書』(昭和40年版) 19頁。
55) 『経済白書』(昭和41年版) 30頁。
56) 同上書, 29頁。
57) 篠原『戦後50年の景気循環』79-80頁, 参照。

58) 『経済白書』（昭和41年版）3-4 頁。
59) 同上書，5-28頁。
60) 以上のマクロ指標の成長率は，東洋経済新報社編『経済変動指標総覧』より計算。
61) 井村喜代子『現代日本経済論』有斐閣，2000年，249-256頁，参照。
62) 篠原『戦後50年の景気循環』89頁。
63) ベトナム戦争が日本の輸出拡大に与えた効果については，井村『現代日本経済論』第 4 章第 1 節，参照。
64) 日本銀行調査統計局『日本経済を中心とする国際比較統計』（1983年）56-57頁。
65) 『経済白書』（昭和42年版）1-2 頁。
66) 同上書，3-6 頁。
67) 同上書，6-15頁。
68) 『経済白書』（昭和43年版）17-23頁。
69) 同上書，23-26頁。
70) 同上書，4-15頁。
71) 同上書，27-36頁。
72) 『経済白書』（昭和45年版）1 頁。
73) 『経済白書』（昭和44年版）15頁。
74) 同上書，51-54頁。
75) 『経済白書』（昭和45年版）16-18頁。
76) この大量生産＝大量消費型好況の一般的考察については，拙著『現代資本主義の循環と恐慌』第 4 章 2 ，参照。
77) 『経済白書』（昭和46年版）5 頁。
78) 『経済白書』（昭和47年版）14頁の図 1-1，参照。
79) 同上書，15頁。
80) 『経済白書』（昭和46年版）72-74頁。
81) 私のスタグフレーション論については，拙著『現代資本主義の循環と恐慌』の第 7 章，スタグフレーション分析全体については拙稿「スタグフレーションに関する諸学説」富塚良三・吉原泰助編『恐慌・産業循環（下）』（資本論体系 9-2）有斐閣，1998年，所収，参照。

第5章　スタグフレーション下の景気循環

第1節　世界経済の変化

第1項　金・ドル交換停止（旧IMF体制の崩壊）

　第2次大戦後の国際通貨体制たるIMFは，中央銀行間の限定的な金・ドル交換を認めていたが（「金為替制」），ドルと各国通貨が固定相場で結びつけられ，中央銀行間の金兌換請求も従属的に抑制されていた（事実上の「ドル本位制」）（第1章第1節第1項2，参照）。しかしこの通貨体制には「流動性ジレンマ」が内包されており，アメリカの国際収支が悪化していくにつれて金兌換が困難化していき，1971年8月15日にアメリカは一方的に金・ドル兌換を停止してしまった。そして73年には変動相場制に移行した。国際通貨体制としてのIMF体制が事実上崩壊したことは，のちほど述べるような大きな影響を世界経済に与えた。その前に，IMF体制が果たしていた機能を確認しておこう。

　井村喜代子氏はIMF体制の特徴として，①限定的にしろ金・ドル交換を認めていたのでドルの信認と安定性が存在し，②固定相場制維持義務があったので国際均衡を優先せざるをえず，インフレ抑制的に作用し，③金・ドル交換の存在はアメリカに国際収支赤字の抑制を強制し，また世界に散布したドルのアメリカへの還流にもなっていた，④アメリカのドル散布は一定期間貿易拡大と持続的成長を促進するよう作用した，⑤国際資本移動の規制・管理を容認していた，⑥この通貨体制はアメリカの圧倒的優位性が前提であった，としている[1]。金とドルの交換を停止し変動相場制に移行したことは，こうした限定的な機能さえ取り払ってしまったことを意味した。事実その後の世界経済は急激な変化をしていった。すなわち，①ドルへの信認は低下しドル不信が強まりながらも，かろうじて軍事的・政治的理由から各国がドル下落を協調的に阻止する体制になった（サミット体制）。②固定相場制維持の義務をなくしたことは，

図 5-1　石油公示価格と工業製品輸出価格の推移（1956～69年）

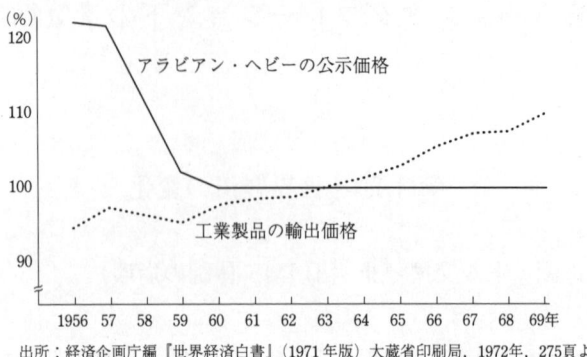

（グラフ：アラビアン・ヘビーの公示価格、工業製品の輸出価格、1956～69年）

出所：経済企画庁編『世界経済白書』（1971年版）大蔵省印刷局，1972年，275頁より。

インフレーションの歯止め装置を解体したことになる。事実，世界経済はスタグフレーションとして激しいインフレに襲われるようになった。また変動する為替相場は投機の標的となり，国際的な短期資本が浮遊するマネーゲームの世界が出現した。③世界に散布されたドルのアメリカへの還流経路が断ち切られたことによって，世界的に過剰流動性状態が生まれ，それがユーロ・カレンシー市場を中心として短期的・投機的に飛び交うようになった。これはまた国民国家の景気政策の妨げとして作用するようになった。1980年代以降は，アメリカへの資本輸出として還流したが，それはアメリカを債務国化させた。④アメリカはその後もドル散布に一層走ったが，それは低成長期に入った資本主義諸国の実体経済では吸収されず，ますます金融・投機活動にそそぎ込まれていった。⑤国際資本移動の規制・管理の撤廃は，アメリカ金融資本の世界的活動（暗躍）への道を開いた。金・ドル交換停止と変動相場制への移行は，日本経済には急激な円高と国内の過剰流動性（マネーサプライの急増）をもたらし，列島改造ブームとしての第1次バブルを引き起こす要因となった。この点は第4節第3項で説明しよう。

第2項　石油危機

図 5-1 と図 5-2 は，工業製品の輸出価格と石油の輸出価格の長期動向を示す。

1960年代の発展途上国（後進国）の資源ナショナリズムにもかかわらず，60年代までは先進国の交易条件のほうが有利でありつづけたが，70年代になるとこの傾向は逆転してきた。とくに73年秋からの石油価格の急騰（第1次石油危機），78年秋からの再急騰（第2次石油危機）は，エネルギー消費の約半分を石油に依存する先進資本主義国に大打撃を与えた。日本の当時の石油依存率は7割を超えていたから，日本経済にも深刻な影響を与えた。また，石油を輸出しない発展途上諸国（非石油輸出発展途上国）は，輸入石油の高騰と先進国の低成長による輸出の低迷によって，深刻な国際収支危機に陥った。

図5-2　石油公示価格と工業製品輸出価格の推移（1970～79年）

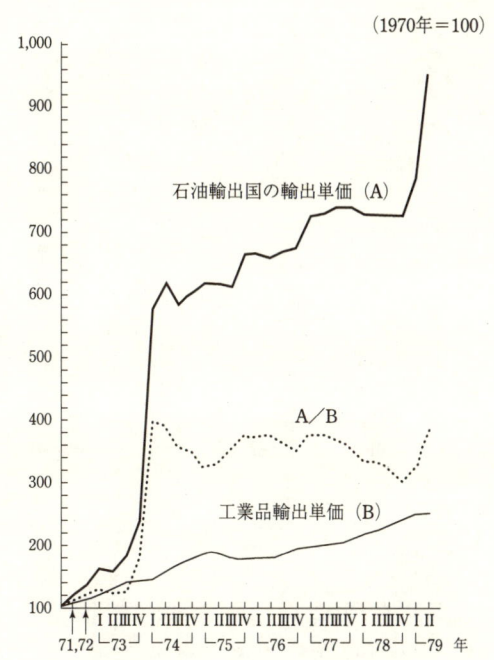

注：工業品輸出単価指数の上昇は，輸出品目の高付加価値化による部分もあり，必ずしもインフレのみがすべての原因ではない。
出所：経済企画庁編『世界経済白書』（1979年版）大蔵省印刷局，1980年，33頁より。

その日本経済への影響については第3節以降で考察しよう。

第3項　アメリカ金融資本の世界戦略の開始

　金・ドル交換停止と変動相場制への移行は，基軸通貨国たるアメリカが一方的に国際通貨の安定化努力を放棄したことにほかならない。その背後には，金融資本を中心としたアメリカのナショナル・インタレストが働いていた。アメリカは国際収支に制約されずに，自国の成長政策のために通貨・信用を増大することが可能となった。事実その後のアメリカは，財政赤字と国際収支赤字と

図 5-3 操業度(稼働率)でみた主要国の停滞期

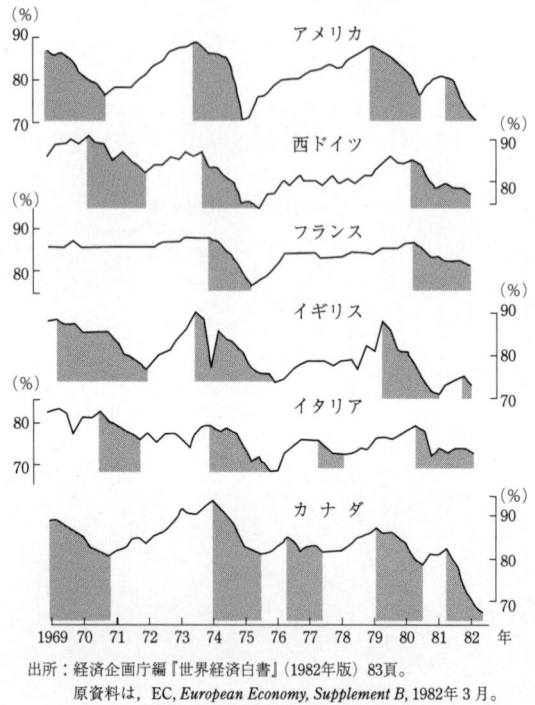

出所:経済企画庁編『世界経済白書』(1982年版) 83頁。
原資料は,EC, *European Economy, Supplement B*, 1982年3月。
アメリカ FRB 資料。OECD, *Main Economic Indicators*.

いう「双子の赤字」の道を進んでいった。また,対外投融資規制を撤廃し,内外の金融自由化を推進し,アメリカの国際金融証券市場を活性化させるとともに,国際資本取引でのアメリカの金融的覇権を強化していった。こうして,国際的資本取引の膨大化と膨大な国際的投機的取引の恒常化への道が開かれた。また,アメリカ国内では早くも1972年に,シカゴ商業取引所で通貨の先物取引とデリバティブ(金融派生商品)取引が開始された。この金融取引が,80年代後半の第2次バブル期において,世界的にアメリカ金融資本によって展開されることになる。この点については第6章において考察しよう[2]。

第2節 世界循環

第1項 各国循環の同時性と非同時性

図 5-3 は稼働率(操業度)でみた主要国の停滞期(景気後退期)を示す。2回にわたる石油危機を直接の引金として,1973年から75年,79年から82年にかけてほぼ同時に景気が後退したと判断できる。第4節以下でみるように,日本でも同時期に景気が後退した。この時期には,石油危機という世界的事件の影

響を受けて世界循環が同時化したといえる。しかし日本の円高不況（85年6月～86年11月）の時には，アメリカでは景気拡大が減速していたが，ヨーロッパでは緩やかに拡大していたから[3]，同時性はみられなかったといえる。

第2項　低成長・高失業・高インフレ時代の到来

世界的に1950・60年代は高度経済成長期であったが，とりわけ日本の成長率は高かった。ところがスタグフレーション期になると，成長率は低下し失業率が高まった。日本についてみれば，高度成長期からスタグフレーション期にかけて，鉱工業生産の成長率の単純平均は12.0％から2.9％へと極端に低下した。完全失業率の単純平均値は1.4％から1.9％に上昇した（表3-7，参照）。それにともなって恐慌（景気後退）が深化し，その期間も長くなっていった。世界全体でみれば，恐慌期の生産低下率は，60～67年間のマイナス3.8％から68～73年間のマイナス5.7％，74～79年間のマイナス14.6％へと深化した。景気後退の期間も同一期間において，8.9ヵ月，11.6ヵ月，17.4ヵ月へと長期化した[4]。卸売物価は成長期からスタグフレーション期にかけて1.1％から7.5％へ，消費者物価は4.5％から8.4％へと上昇した（表3-7）。低成長と高失業と高インフレ時代に日本経済も突入し，失業の脅威とインフレの高進に国民は苦しめられた。

第3節　スタグフレーション体質の発生と スタグフレーションの進展

第1項　資本の過剰蓄積

先進資本主義国の操業度の長期動向を要約するとつぎのようになる。イギリスでは1960年代前期から，アメリカでは66年以降，西ドイツは70年以降，日本は73年以降，操業度が長期的に低下し，生産資本形態の資本過剰が発生した[5]。同じく利潤率の長期動向は，カナダ，スウェーデンは50年代後半から，イギリスは60年から，アメリカは66年から，西ドイツは68年から，イタリアは69年から，日本は70年から長期的に低下し，資本の過剰蓄積が顕在化してきた[6]。「い

ざなぎ景気」の年率2割を超す設備投資の増加が過剰蓄積であったことを確認するために，前章で紹介した篠原三代平氏と同じく，設備投資の成長と売上高の成長を比較してみよう。設備投資が低迷した70年から77年間の民間設備投資額は1.08倍にしか増大していないのに，この間の法人全体の売上高は2.86倍に伸びている[7]。この期間は供給力過剰の時期であったこと，いいかえれば，それ以前の設備投資の急増が過剰蓄積であったことを物語っている。

第2項　労働生産性の停滞・コスト上昇圧力・貯蓄率の上昇

先進資本主義国の労働生産性の長期動向は，1968～73年間は伸び悩み，74～78年間は伸びが大幅に低下した。日本では74～78年間に伸びが大幅に低下し，欧米並の伸びとなった[8]。労働生産性が停滞している中で賃金上昇が生じたから賃金コストは上昇したし，70年代には原燃料を中心としたコスト上昇圧力が強く作用するようになった。このようにコスト上昇圧力が一方では作用した。他方ではアメリカをのぞき，貯蓄率の上昇（消費性向の低下）傾向が60年代後半からみられるようになった。需要の側面から圧縮圧力が作用する体質が発生した[9]。このような構造的変化が生じたことによって，高度成長期のケインズ的成長政策がスタグフレーションとして限界にぶつかったのである。

第3項　スタグフレーションの進展

スタグフレーションの度合いを消費者物価騰貴率と失業率との合計として，その深化過程を示せば図5-4のようになる。1960～67年間，68～73年間，74～79年間の平均値が表示されているが，段階的に高まってきた。日本も例外でなかった。図5-5は先進資本主義国の経済成長率と消費者物価騰貴率の動きを示す。主要国全体では，65～70年にかけて，成長率が低下するのに物価騰貴が加速化した。アメリカ，イギリス，イタリアはこの全体の動きと同じである。日本は68～70年にかけて，やはり経済成長率の低下と物価騰貴の加速化が検出される。日本と西ドイツは高成長を反映して，経済成長率が物価騰貴率より高い領域で推移している点が異なる。以上の分析によって，国ごとの特殊性はある

図 5-4　主要国のスタグフレーション度

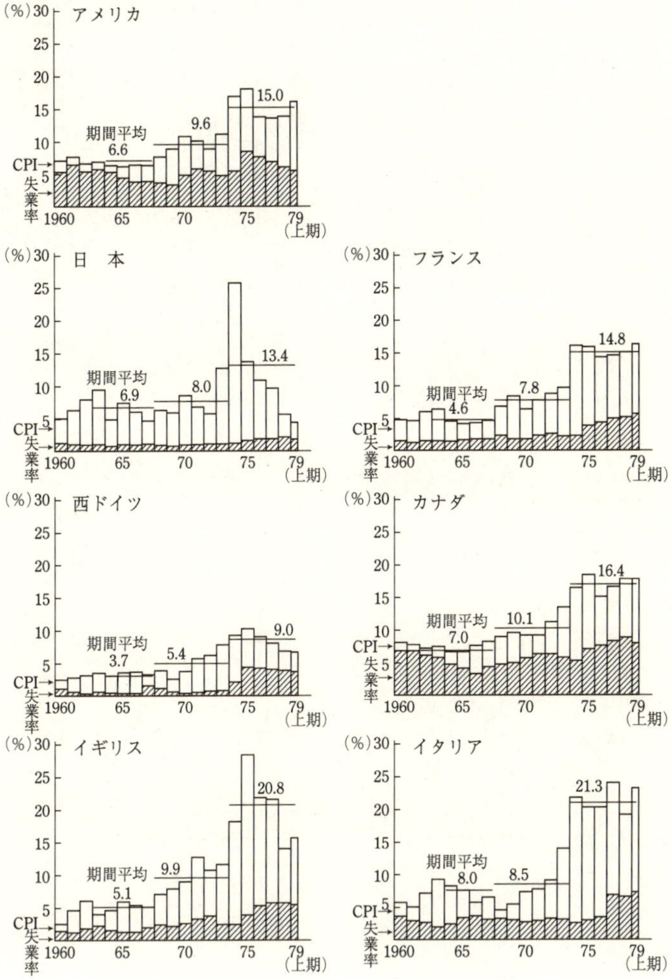
(%)
アメリカ
期間平均
6.6
9.6
15.0
CPI→
失業率
1960
65
70
75
79
(上期)
日　本
期間平均
6.9
8.0
13.4
フランス
期間平均
4.6
7.8
14.8
西ドイツ
期間平均
3.7
5.4
9.0
カナダ
期間平均
7.0
10.1
16.4
イギリス
期間平均
5.1
9.9
20.8
イタリア
期間平均
8.0
8.5
21.3

出所：経済企画庁編『世界経済白書』(1979年版) 大蔵省印刷局，184-187頁。

が，共通してスタグフレーションが深化し，経済成長率と物価騰貴率の逆相関関係が60年代後半から多くの国でみられたことを確認しておこう。

図 5-5　主要国のスタグフレーション化過程

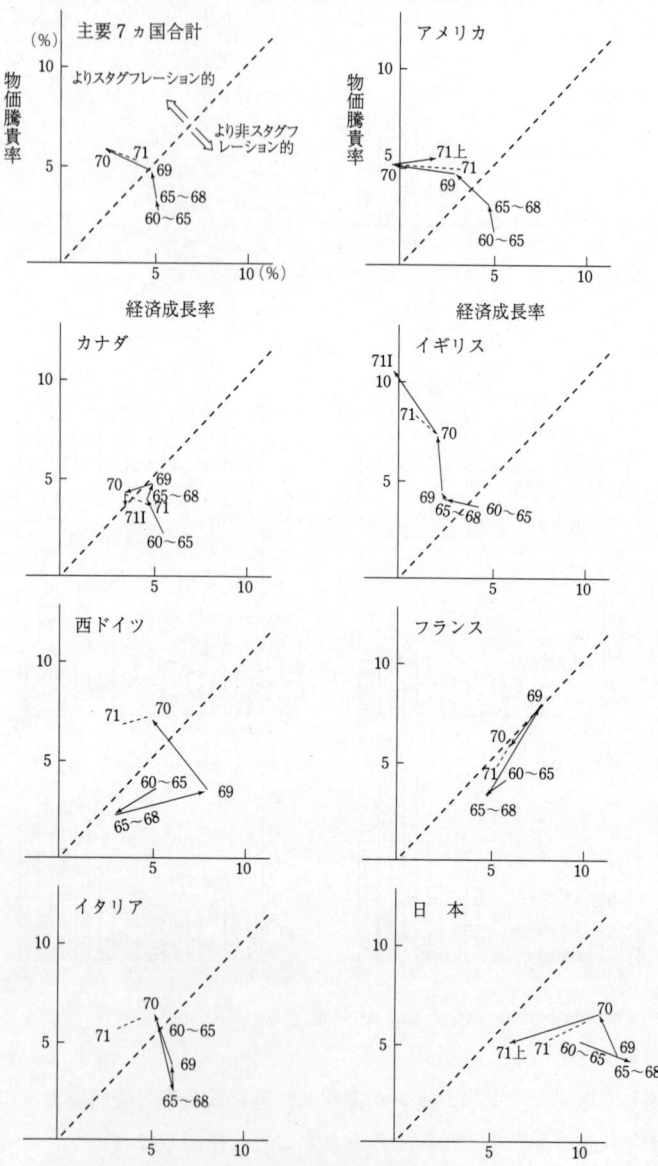

（主要7ヵ国合計／アメリカ／カナダ／イギリス／西ドイツ／フランス／イタリア／日本　物価騰貴率対経済成長率グラフ）

注：点線で示されている71年は OECD 予測値（*Economic Outlook 9*）。
出所：経済企画庁編『世界経済白書』（1971年版）118頁。
　　　原資料は，OECD, *National Accounts Economic Outlook 9*.

第4節　列島改造ブーム（第1次バブル）と
　　　　狂乱物価（第1次石油危機）

[1971年12月・谷～73年11月・山～75年3月・谷]

第1項　財政・住宅・耐久消費財主導の景気回復

　1971年春から夏にかけて鉱工業生産・出荷が上昇し，製品在庫率も低下し，景気は微弱ながら回復への動きを示した。ところがアメリカの新経済政策によって，前章でみたように株価は暴落し，輸出の停滞と生産・出荷の低下と製品在庫率の再上昇となった。72年に入ると景気回復の局面に入り，鉱工業生産は前年の11月から上昇し，機械受注は下げどまり，新規住宅戸数は増加に向かった[10]。しかし回復の主導要因は，従来の輸出の急増と在庫投資の回復から財政支出・住宅・耐久消費財の増加に変化した。すなわち輸出は71年8月以降伸び悩み，GNPに占める在庫投資の比率は71年中は低下しつづけた。設備投資は製造業では需給ギャップを反映して若干低下したが，非製造業の投資が伸びたので，全体としては若干増加した[11]。ところが住宅投資は71年第3四半期から回復し，耐久消費財（乗用車・カラーテレビ・エアコンディショナーなど）は71年に先行的に上昇し，秋には一時減少するがすぐに増加に転じた[12]。

　国際収支危機と国内不況に挟撃されたので，財政面からつぎつぎと景気浮揚策が打ちだされた。1971年度予算は前年度より18.4％増，72年度予算は21.8％増と，過去10年間の最高の増加となった。財政投融資の追加，国債の増発，公共事業費の拡大，所得税の減税が実施され，公共投資依存型の景気は71年6月頃から回復傾向に入った[13]。金融緩和は景気後退とともにはじまっていたが，71年に通貨供給量は23.7％と急増した。これは短期資金の流入を中心とした国際収支の大幅黒字と，金融機関の高水準の貸出続行によるところが大きい[14]。このような金融緩和は，企業の手元流動性の増大，土地投機，金融資産投資の増加を招き，金利の低下，地価・株価の上昇をもたらした反面，実体経済への影響は従来に比べて遅い，と『経済白書』は分析していた[15]。まさに第1次

図 5-6 操業度（稼働率）の推移（1965～75年）

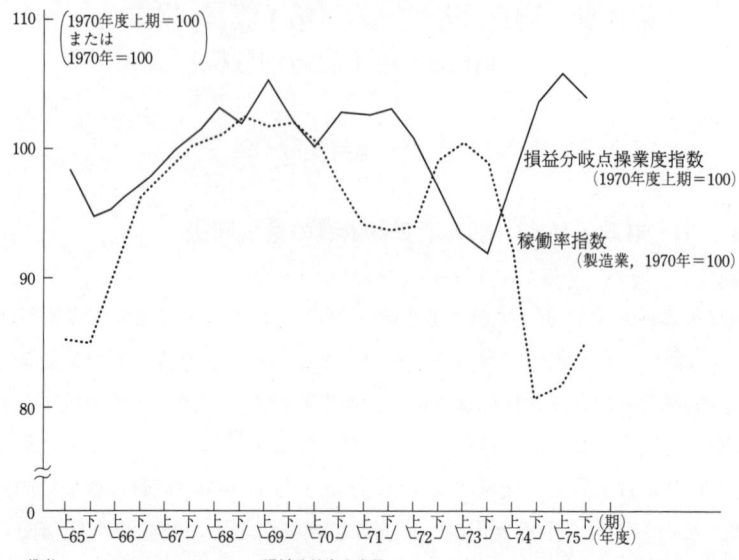

（1970年度上期＝100 または 1970年＝100）

損益分岐点操業度指数
（1970年度上期＝100）

稼働率指数
（製造業，1970年＝100）

備考： 1) 損益分岐点操業度＝$\dfrac{損益分岐点生産量}{生産能力}\times 100$
　　　（いずれも 1970年度上期＝100とする指数）
　　 2) 損益分岐点生産量＝損益分岐点売上高比率×（売上高を産出価格でデフレートした生産量），
　　　 損益分岐点売上高比率＝$\dfrac{固定費}{売上高－変動費}$
　　 3) 以上の推計については，日本銀行「主要企業経営分析」および「製造業部門別物価指数」
　　　 を使用した。なお，稼働率指数は「通産統計」による。
出所：経済企画庁『経済白書』（昭和51年版）8頁。ただし，西暦に改めた。

バブルが，景気後退期においてすでに開始されていたことを意味する。

第2項　マクロ指標の動向

　1971年第4四半期から73年第4四半期にかけての好況期に，国民総支出は16％，個人消費（民間最終消費）が20％，投資（総固定資本形成）が27％，財政支出（政府最終消費）が10％，輸出（海外所得を含む）が20％伸びた。投資と個人消費が好況をリードしたことになる。投資のうち民間住宅42％，民間設備投資32％が主役である。財政支出の伸びが低くなっているのは，73年の総需

図 5-7 売上高経常利益率の推移（1964〜75年）

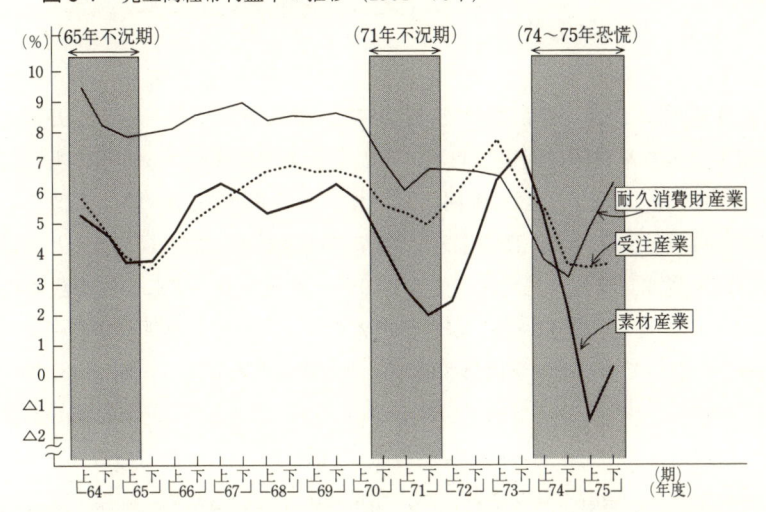

備考：1）日本銀行「主要企業経営分析」により作成。なお1975年度上・下期は経済企画庁内国調査課推計。
   2）分類は次の業種による。
     素材産業………繊維，パルプ・紙，化学，窯業・土石，鉄鋼，非鉄金属
     受注産業………一般機械，重電，造船
     耐久消費財産業…弱電，自動車，精密機械
出所：経済企画庁『経済白書』（昭和51年版）44頁。ただし，西暦に改めた。

要抑制政策の影響である。73年第4四半期から75年第1四半期にかけての不況期には，国民総支出が18％減，個人消費が16％減，投資が19％減少し，財政支出が3％増，輸出が5％増加している。投資と個人消費の落ち込みが不況の原因で，財政と輸出は景気を下支えしたことになる[16]。図5-6と図5-7はこの期間の操業度と売上高経常利益率を示す。操業度は72年上期から上昇し，73年上期をピークとして低下し，74年下期を底に上昇に転じている。売上高経常利益率は産業ごとにズレがあるが，素材産業は71年下期を底に上昇し，73年下期をピークに低下し，75年上期を底に上昇に転じている。受注産業もそれに似た動きをしているが，ピークと底が半期早かった。耐久消費財は71年の不況期をピークとして一貫して低下しているのが特徴的であり，74年下期を底に再上昇している。過去2回の景気後退と比較すると，この不況による低下がはるかに大きいことがわかる。それまでの戦後最大の恐慌といわれるゆえんである。

第5章 スタグフレーション下の景気循環 155

第3項　列島改造景気

　第1項でみたように，財政支出・住宅・耐久消費財を中心として景気は，1972年に入り本格的に回復に向かった。夏頃までは緩やかな回復であったが（第2四半期の鉱工業生産は前期比2.2％増，第3四半期2.8％増），秋からは急上昇した（第4四半期4.8％増）[17]。72年の国民総支出は実質11.5％と高いが，公的資本形成18.3％，民間住宅建設17.9％が好況をリードし，民間設備投資（10.1％）と個人消費（9.8％）が景気拡大を下支えしていた[18]。需給ギャップが縮小したので，設備投資は第3四半期から増勢となり前年同期より増加するが，増加率は「いざなぎ景気」にはるかにおよんでいない。それは第3節第1項で指摘したように，基本的に供給能力が過剰であったからである。72年は積極財政であり，金融も緩和されたが，73年に入ると引き締めに転換する。

　国際収支黒字を背景とした金融の大幅緩和と，公共投資を中心とした積極財政（田中内閣の「日本列島改造論」）は，「過剰流動性」をもたらした。また，1971年の円切り上げによる「ドル売り・円買い」によって，国内に円が入り込んだ。そのために通貨供給量は，71年は22.5％，72年は26.8％も伸びた。『経済白書』は過剰流動性の指標として，マーシャルのk（総通貨／国民総生産），手元流動性比率（手元現金・預金残高／月平均売上高），企業の資金繰り判断状況に求め，すべて71年から急上昇したことを示している[19]。通貨保有の取引動機もあったが，金利の低下と貨幣供給量の増大は過剰流動性状態を生みだし，物価と地価を上昇させる貨幣的背景となった。

　図5-8は，消費者物価・卸売物価・地価・株価の長期動向（1956年第1四半期から73年第2四半期）を示す。消費者物価は60年代から4～8％台で騰貴してきたが，卸売物価は循環的に変動しながら相対的に安定していた（卸売物価安定＝消費者物価騰貴）。それが田中内閣になると急激に卸売物価が急騰し，それにつられて消費者物価も急騰するように変化した。地価は神武景気と岩戸景気において急騰し，昭和40年不況にかけて上昇率が低下してきたが，「いざなぎ景気」から徐々に上昇率を高めてきた。73年第2四半期の上昇率は「いざなぎ景気」を上回り，72年第1四半期から73年第3四半期にかけて加速化した[20]。

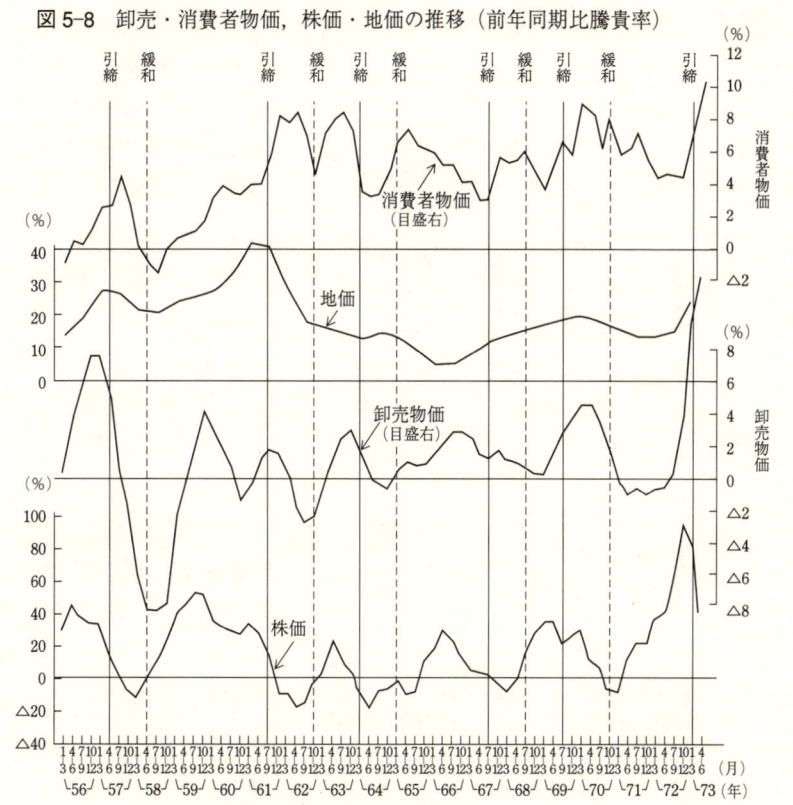

図 5-8 卸売・消費者物価,株価・地価の推移(前年同期比騰貴率)

備考：1) 日銀「卸売物価指数」,総理府統計局「消費者物価指数」,東京証券取引所「東証株価指数」,日本不動産研究所「全国市街地価格指数」により作成。
2) 地価指数は3月,9月のそれぞれ前年同期比上昇率。
3) △印はマイナスを示す。
出所：経済企画庁編『経済白書』(昭和48年版)120頁。ただし,西暦に改めた。

株価は71年第1四半期から72年第4四半期にかけて急上昇し,過去最高の上昇率となった。図 5-9 は,企業の資産投資行動が活発化する条件を示している。企業の売上げ成長期待感は69年から低下しているのに,68年から株価・地価の上昇率が利子支払前総資本収益率を上回るようになった。これは,通常の事業活動よりも資産投資のほうが期待収益が高くなったことを意味する。とくに土地については,住宅・生活環境・レジャーに対する需要の高まりが企業の地価上昇期待感を高めた,と『経済白書』は分析した[21]。しかし,『経済白書』は

第5章 スタグフレーション下の景気循環 157

図5-9 企業の資産投資行動活発化の条件

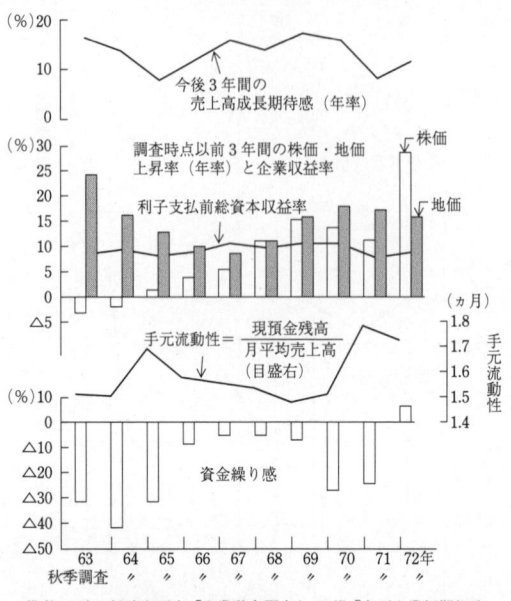

(グラフ内ラベル:)
- 今後3年間の売上高成長期待感（年率）
- 調査時点以前3年間の株価・地価上昇率（年率）と企業収益率
- 株価
- 地価
- 利子支払前総資本収益率
- 手元流動性＝現預金残高／月平均売上高（目盛右）
- 資金繰り感
- 秋季調査 63 64 65 66 67 68 69 70 71 72年

備考： 1） 経済企画庁「企業動向調査」，日銀「主要企業短期経済観測」「主要企業経営分析」，東京証券取引所「株価指数」，日本不動産研究所「全国市街地価格指数」により作成。
2） 資金繰り感とは「（楽であると答えた企業数ー苦しいと答えた企業数）÷全体の企業数」である。
3） △印はマイナスを示す。
出所：経済企画庁『経済白書』（昭和48年版）138頁。ただし，西暦に改めた。

バブルとは規定しなかった。しかし「列島改造ブーム」に煽られて，私鉄を中心として大都市周辺の山林が分譲住宅・ゴルフ場・観光施設用に買い占められていった過程は，国土の破壊であると同時にバブルと呼ぶべき現象だった。まさに田中ブルドーザー内閣がつくりだした「政治的バブル」というべきものだった。

第4項 狂乱的物価騰貴と1974～75年恐慌

過剰流動性に押され，卸売物価は1972年8月から急騰し，それに引きずられるようにして消費者物価は73年3月から急騰した。この物価騰貴は先進資本主義国においても最高であった。73年10月と74年1月に石油輸出国機構（OPEC）は原油価格を4倍強にまでつりあげたが，この第1次石油危機にさきだって物価が急上昇していた点に注意しよう。石油危機は物価上昇をハイパー化させた。卸売物価は73年第2四半期3.4％（前期比）・第3四半期5.2％上昇から，第4四半期8.7％・74年第1四半期14.6％上昇へと加速化した（73年度全体では22.6％の騰貴）。消費者物価は73年第2四半期5.3％・第3四半期2.9％上昇から，第4四半期4.5％・74年第1四半期9.9％上昇へと加速化した（73年度全体では16.1％の騰貴）[22]。石油危機によるインフレ心理と生活必需品不足予想に駆り立てられて，消費者は買い占め行動に走った。またインフレ心理を利用して便乗値上げが発生したので，物価

は狂乱的に騰貴した。それ以前からの金融引き締めは、公定歩合の引き上げ幅・窓口規制の拡大・預金準備率引き上げ回数などの面で過去の引き締めよりはるかに強かったが、政府は総需要抑制政策を一層強め、財政支出の繰り延べを実施した。この狂乱的物価騰貴によって個人消費が減退し、不況に転換していった。74年第1四半期に鉱工業生産は5.0％低下、操業度は3.3％低下し、製品在庫率は18％上昇した。この間に国際収支は、需給要因・為替調整要因・特殊要因・原油価格高騰要因・構造要因などによって赤字化していった。

 1974年第2四半期から75年第1四半期にかけて、鉱工業生産は戦後はじめてマイナス成長となると同時に、物価は2桁インフレとなった。操業度も低下しつづけ、75年第1四半期には前年同期比21.2％低下した。しかし卸売物価は74年第2四半期から、消費者物価は第4四半期から騰勢が減速し、狂乱的物価騰貴は沈静化していった[23]。狂乱物価の影響で、設備投資は74年第1四半期から75年第1四半期にかけて連続的に減少し、個人消費と政府支出は減少と増加を繰り返した。74年第3四半期から、出遅れた在庫調整が急激に進み、それがまた設備投資や消費を弱めていった[24]。操業度の急低下にみられるように企業は大幅減産をしたために、労働者は残業規制・限界雇用の解雇・新規採用の停止などの影響を受けた。賃金は65年から、不況においても前年実績を下回らない率で上昇し、狂乱物価の73・74年には大企業で20.1％と32.9％、中小企業では21.1％と33.7％と大幅に上昇した。しかし雇用不安が作用して、75年の賃上げは大企業13.1％、中小企業14.4％にとどまり、生活防衛的色彩の強い賃上げとなった。そのために物価―賃金の悪循環は収まる方向に向かった[25]。個人消費と住宅建設が低下したのは、大幅賃上げが狂乱物価で相殺され実質可処分所得が伸び悩んだことと、消費性向が低下したからである[26]。景気は75年第1四半期に底入れになった。『経済白書』はその要因として、在庫調整の一巡、自律的な金融緩和、前年度下期の財政支出の増加をあげている[27]。

図 5-10　操業度(稼働率)の推移(1974〜82年)

出所:東洋経済新報社『経済変動指標総覧』1983年より作成。

第 5 節　輸出主導型景気(減量経営)と第 2 次石油危機(長期不況)

[1975年 3 月・谷〜77年 1 月・山〜77年10月・谷]
[1977年10月・谷〜80年 2 月・山〜83年 2 月・谷]

第 1 項　回復過程

　経済企画庁の景気基準日付は,1975年 3 月から77年10月に終わる第 8 循環と,77年10月から83年 2 月までの第 9 循環に分けている。しかし77年 1 月の山における鉱工業生産は前回ピーク(74年 1 月)に達しておらず,4.3%低かった。78年 5 月になってはじめて前回のピークを越える。また操業度も74年 1 月の山や80年 2 月の山と比較して,10ポイント以上低い状態にあった[28]。したがって本書では,第 8 循環は本格的な好況のなかった小循環であり,本格的な回復・好況は77年10月からはじまったとみなす。いいかえれば,不況の底が二つあった循環と解釈する。戦後最大だったスタグフレーション下の恐慌から立ち直るには,約 4 年もかかったことを意味する。以下の考察では,両循環を一つの循環としてあつかう。

図 5-11 経常利益の推移（1975～83年度）

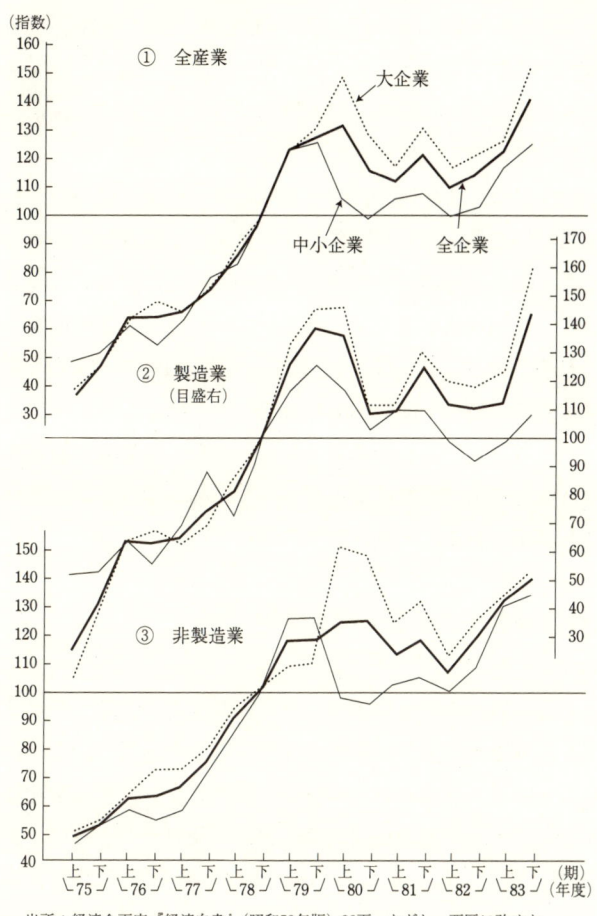

出所：経済企画庁『経済白書』（昭和59年版）28頁。ただし，西暦に改めた。

第2項 二つの循環のドッキング

　1975年第1四半期から80年第1四半期にかけて，国民総支出は31％，個人消費（民間最終消費）は22％，投資（総固定資本形成）は28％，財政支出（政府最終消費）は26％，輸出（海外所得を含む）は66％増加している。景気の回復

第5章　スタグフレーション下の景気循環　161

に輸出が大きな役割を果たしたことが確認できる。80年第1四半期から83年第1四半期にかけての不況期には，国民総支出は10%，個人消費は8%，民間設備投資は10%，公的資本形成は2%，財政支出は13%，輸出は23%増加し，唯一民間住宅が3%低下した。投資と個人消費が停滞し，輸出と財政支出が景気の落ち込みを防いでいたことになる[29]。

図5-10と図5-11は，この循環における操業度と経常利益の動向を示す。まず操業度は1973年11月から75年2月にかけて急角度で低下し，企業の減産が大幅かつ急激であったことを物語っている。その後80年の初め頃に向かってゆっくりと回復していき，1983年2月まで低下していった。低下の期間が長いことはこの不況の長期性を示しているが，低下の深さは1974〜75年恐慌より浅い。産業全体の経常利益は75年上期から80年上期まで上昇するが，中小企業は1年早く減少し，その落ち込みも大企業より大きかった。操業度も経常利益もともに第8循環は循環的変動が明瞭には現れていず，第9循環とドッキングさせて考察したほうが適切であることを示している。

第3項　減量経営下の長引く回復過程

戦後最大の恐慌は1975年第1四半期には底入れするが，75・76年は回復の加速化と減速化を繰り返すジグザグ景気が進行した。それだけ1973〜74年恐慌の落ち込みが深かったせいであるが，同時に，スタグフレーション化した日本経済の構造変化に対応する調整過程（減量経営）が長引いたことをも意味する。

1975年第2四半期には鉱工業生産が前期比3.1%増，出荷が3.6%増と急ピッチで回復したが，第3・4四半期になると次第に勢いが弱まり停滞状態になった。76年第1四半期になると輸出が急回復したので，鉱工業生産も前期比5.8%増と回復が加速化した[30]。しかし秋になると，輸出数量の鈍化や76年度予算関連法が遅れたために，回復は減速化し，77年第1四半期には鉱工業生産は前期比0.5%増と鈍化してしまった[31]。景気が本格的に回復しないのは設備投資が冷え込んでしまったからである。すなわち設備投資は73年第4四半期から連続して減少し，9四半期後の76年第1四半期になってようやく増加したが，その後は再び鈍化してしまった[32]。こうした設備投資の冷え込みの原因とし

て『経済白書』は，①不況の深さが大きかったことと，構造的不均衡による操業度の低下，②企業利潤の回復の遅れ，③技術革新の一巡と資源・エネルギー価格の高騰を指摘している。そして，過剰能力の存在のために能力増強投資の比重が低下し，合理化投資や維持補修投資の比重が上昇している，と分析している[33]。

　足取りの鈍いジグザグ回復過程は，物価上昇圧力が強く回復の実感が乏しかった。卸売物価は騰勢が弱まり，1975年度2.1％，76年度5.8％であったが，コスト上昇を価格に転化する傾向が生じていた。消費者物価は根強い騰勢にあり，75年度10.4％，76年度9.4％騰貴した[34]。こうした物価の動向に石油価格高騰の後遺症が影響していた。『経済白書』は，①石油依存度の高い産業を中心としてコスト上昇を製品価格に転嫁しようとする圧力（インフレ効果），②インフレ抑制のための総需要抑制政策（政策効果），③不確実性増大による投資・消費行動の慎重化，④高騰した原油代金支払いのための国内購買力の減少，を指摘している[35]。こうした作用は国内需要を減少させ，景気回復を遅らせる。まさにスタグフレーションとしてのジレンマ状況が形成されたといえる。

　設備投資はさきにみたように冷え込み，これが景気回復を本格化させない主因であるが，需要項目別にみておこう。在庫投資は景気後退になってもマイナスとならなかったが，景気回復の要因としては作用しなかった。たびたび意図せざる在庫が発生していた[36]。74年は大幅賃上げにかかわらず狂乱物価のため，実質可処分所得は前年比0.1％減となり，消費支出は減少した。75年になると狂乱物価はおさまったので実質可処分所得は2.6％増となり，個人消費も増加し消費性向も若干回復した。76年度の実質個人消費は3.7％増加したが，第2四半期以降伸びが鈍化していった。全体的に個人消費は景気回復を下支えしたといえる[37]。民間住宅投資は75年度は13.4％と増加し，個人消費と同様に景気回復に寄与したが，76年度は6.3％増と緩やかになった[38]。

　政府は，1975年2月から4回にわたって財政面からの景気対策をした。第3次までは既定予算の執行の促進が主たる内容であったが，第4次（75年9月）は公共事業や住宅建設などの追加事業費を計上した。しかし75年第4四半期の実質政府固定資本形成は前期比0.2％減，76年第1四半期は2.3％増，76年度全体では4.2％増にとどまった[39]。財政支出を大幅に増加させれば物価騰貴を加

速化させる心配があったからである。むしろ財政支出は，景気の下支え役を果たしていたといえる。金融政策も75年には漸次的に緩和され，企業の手元流動性は上昇していった[40]。76年も物価動向をにらみながら緩和されていった[41]。

第4項 インフレーションと「貨幣錯覚」

　この景気後退と緩やかな回復過程において，インフレーションが急激に進行した。もともとインフレーションは所得配分を変え，年金生活者などの固定的収入に依存する生活者に不利に作用するが，このインフレーションは投資や消費行動に深い影響を与えた。貨幣が正常な計算機能を果たさないことによる「貨幣錯覚」である。企業においては，インフレは表面利潤を急増させ企業の実質利潤を覆い隠す。そのために，配当や交際費支出を増大させ社外に利潤が流出し，企業の自己蓄積力を低下させる。また実質金利が低下したりマイナスになるから，効率の悪い投資を過大評価するようになる。先行きの不確実性が増大するから，投資計画が困難化する。こうした影響は消費者行動にも同じような影響を与えるし，急激な物価騰貴は将来への不安を与え，貯蓄率を高める。石油危機に先立つ二桁インフレ，狂乱的物価騰貴と戦後最大の恐慌への突入，物価高騰下の回復感なきジグザグ回復において，日本経済に実際このような「貨幣錯覚」がみられた。

第5項 減量経営と日本的労使慣行

　急激な生産低下と急激な物価騰貴に直面して企業は，大幅に生産を減少させるとともに，設備調整・在庫調整・雇用調整に走った。これまでにみてきたように設備投資は冷え込み，在庫投資は増減を繰り返し，雇用情勢は悪化した。大幅減産（減量）は原料等の流動不変資本に対する需要を減少させ，生産財を中心とした生産低下を促進した。また雇用調整による賃金抑制は個人消費を抑制し，景気回復を遅らせた。日本では終身雇用制が支配的であったから，雇用調整は中途採用の削減・停止，残業規制，配置転換，出向，臨時休業，臨時労働者再契約停止・解雇，新規学卒者の採用削減・停止，希望退職者の募集や解

雇へとおよんだ[42]。しかし日本では，欧米のようなレイ・オフによる人員整理は起こらなかった。正規社員の雇用確保を最優先させ，終身雇用制度を維持しようとする組合の協力を得やすい方法を採ったからである。また1975年1月に発足した雇用調整給付金支給制度によって，賃金コスト上昇圧力を軽減したからである[43]。

第6項　回復のとん挫

　1977年になると，景気基準日付が1月の山から10月の谷となる景気後退期と判定しているように，鉱工業生産は第1四半期1.1％増，第2四半期0.1％減，第3四半期0.2％減となり，景気回復はとん挫した。それ以降増加に向かい，第4四半期1.5％増，78年第1四半期2.9％増と本格的に回復した。操業度も76年度水準で横ばい状態がつづいた[44]。回復がとん挫したのは，①意図せざる在庫の積み上がり，②緩慢な内生的需要の伸び，③輸出・財政という外生的需要に依存したからである[45]。個人消費支出（実質）は，農家世帯は増加したが，勤労者世帯は伸び悩み，一般世帯が減少したために，77年度全体では実質3.7％しか増加しなかった[46]。住宅投資も77年度全体で3.9％増にとどまり伸び悩んだ。建設コストが落ち着き，住宅ローンの金利が低下したにもかかわらず，高所得世帯の定期収入が伸び悩んだからである[47]。民間設備投資は第2・3四半期に減少し，第4四半期1.6％増と低迷した[48]。

　国内の景気回復のとん挫にもかかわらず，貿易収支が大幅に黒字化し，資本輸出による資本収支の赤字を埋め合わせて，国際収支は大幅な黒字となった。これを背景として円が大幅に上昇した[49]。この急速な円高は輸入品価格を低下させ，卸売物価を落ち着かせた。すなわち，1977年第1四半期0.3％の下落，第2四半期0.1％の上昇から，第3四半期0.5％の下落，第4四半期0.7％の下落となった。しかし輸入品価格の下落がなかったならば卸売物価は騰貴しただろうし，また輸入品価格の低下が国内での販売価格に直結しないという弊害も現れていることに注意しておこう。消費者物価は，第1四半期9.3％，第2四半期8.7％，第3四半期7.9％，第4四半期6.2％上昇と，高水準ながら安定した動きを示している。これは卸売物価が安定した動きをしたからである[50]。企業

の経常利益の伸び率は76年から減少したが，77年第2四半期からは額も減少に転じ，設備投資が増加しはじめた第4四半期と78年第1四半期にも増加しなかった。企業倒産（銀行取引停止処分件数）は，75年第4四半期から77年第2四半期にかけて増加していった[51]。雇用情勢は減量経営の影響を受けてとくに高齢者に厳しく，77年度の有効求人倍率は0.54にまで低下した。賃金は消費者物価の高位安定化を反映してか，77年春闘賃上げ率は8.8％と前年と同率，78年は5.9％と前年を下回った[52]。

1977年度は景気回復をめざして積極的な財政金融政策がとられた。一般会計予算は前年度比17.4％増となり，とくに公共事業は21.4％と大きく伸びた。また第1・2次と補正予算が公共事業を中心として組まれたが，民間需要全体を拡大させるにはいたらなかった[53]。公定歩合は77年3月以降4回にわたり3％引き下げられ，戦後混乱期をのぞくと最低水準の3.5％にまで引き下げられた。しかしマネーサプライの増加率は10.9％と前年（14.4％）を下回ったが，これは企業の借入需要が沈静化したからである。金利低下と資金需要の沈静化によって，都市銀行は中小企業や個人への新たな貸出先開拓に走り，また相対的に有価証券運用が有利になった[54]。

第7項 民間需要拡大による好況

1978年初頭から4～5月にかけて在庫調整が最終局面に入り，鉱工業生産も前期比で第1四半期2.4％増，第2四半期1.9％増となった。5～6月頃から公共投資や堅調な個人消費に支えられて企業収益も改善し，卸売物価は78年度中下落し，消費者物価の騰貴は3～4％台に落ち着いた。第4四半期は設備投資も加わった国内需要の伸びによって，鉱工業生産は前期比で2.2％増であった。円レートは10月末を最高値として反落に転じた[55]。79年の前半は，卸売物価は石油価格の上昇によって騰貴に転じたが，消費者物価は3％前後の騰貴に落ち着き，個人消費と設備投資の拡大に支えられて鉱工業生産も前期比2％台で推移した。経常収支は2月から赤字に転じた。石油価格は1月の13.34ドル／バーレルから80年3月の31.8ドル／バーレルへと2.4倍近くも高騰した。そのために国際収支は大幅に悪化し，卸売物価は前年同期比で第3四半期10.5％，第

4四半期16.1%，80年第1四半期21.2%と急騰していった。そのために政府は，3回にわたる総合物価対策を打ちだして総需要管理政策を展開し，日銀は数回にわたって公定歩合を引き上げて金融引き締めに走った。それにもかかわらず，個人消費の堅調・輸出の拡大・設備投資の増加によって，鉱工業生産も前期比で第3四半期2.0%増，第4四半期2.6%増，80年第1四半期4.1%増と伸びていった（79年度の成長率は9.3%）[56]。

設備投資は，非製造業で1978年第1四半期から増加，製造業では第4四半期から増加した。規模別にみると，76年後半から非製造業中小企業が伸び，77年後半から非製造業大企業，78年第2四半期から製造業中小企業が伸び，78年半ば頃から微力ながら製造業大企業が増加しはじめた[57]。79年になると製造業大企業の設備投資が主役となった[58]。こうした設備投資の再増加について『経済白書』は，企業マインドの回復，企業収益の改善，資本ストックの調整，需給ギャップの回復という循環的要因を指摘しながら，その特徴として，更新投資，省エネルギー投資，ME技術導入投資，合理化・省力化投資，をあげている[59]。前にも指摘したように，日本はME技術を世界に先駆けて導入することに成功し国際競争力を高め，集中豪雨的な輸出の拡大によって「一人勝ち」状態になった。これが欧米との経済摩擦を生みだすことになった。循環的には内需依存型の好況を迎えたが，構造的には依然として輸出主導型の成長パターンを変えることができなかったといえる。

第8項　第2次石油危機と長期不況

1978年末から81年にかけての第2次石油危機（2.7倍の高騰）は，段階的に時間をかけて上昇した点で，一挙に4倍以上つりあがった第1次石油危機と異なる。また企業側では第1次の経験を踏まえて省エネ・省力化努力をしたし，国民や政府もそれなりの「学習効果」を踏んでいた。第2次の影響は第1次より軽かったといえるが，それでも石油価格の高騰は国内需要に打撃を与え，景気は不況へと転換していった。

個人消費は前期比で，1980年第1四半期1.0%増，第2四半期0.3%減，第3四半期0.2%増，第4四半期0.1%増（80年度で0.8%増），81年第1四半期0.2%

増,第2四半期0.3％増,第3四半期0.1％増,第4四半期0.7％増（81年度で1.4％増),82年第1四半期1.4％増,第2四半期2.5％増,第3四半期0.4％増,第4四半期1.4％増（82年度で4.7％増),83年第1四半期0.5％増と低迷した。住宅投資（新設住宅着工戸数）は79年度0.8％減,80年度18.3％減,81年度5.9％減と減少をつづけ,82年度にようやく1.3％の増加となった。公的資本形成は,79年度1.5％減,80年度0.7％増,81年度2.6％増,82年度1.7％増と低迷した。これは物価騰貴をおそれて公共事業が抑えられたからである。堅調だった需要は民間設備投資と輸出だった。民間設備投資は80年度5.8％増,81年度4.4％増と伸び,82年度になって1.2％増と減速した。輸出は80年度17.1％増,81年度8.8％増と景気後退を下支えしたが,82年度には3.1％減少した。したがって,80・81年度の景気後退の主役は個人消費・住宅投資・公的資本形成の低迷であったが,82年度になると民間投資の減速と輸出の減少が主役となったといえる。そのために鉱工業生産は,80年度4.6％増（80年第3四半期には前期比で0.2％減),81年度3.7％増,82年度0.6％減となった。景気がジグザグ的にかつ長期にわたって低迷したことになる。製造業の操業度指数も80年度の98.3から95.2（81年度),91.9（82年度）と連続的に低下していった。製品在庫率も前回不況（75年）に近い高水準にあった[60]。

設備投資を規模別にみると,大企業（資本金1億円以上）は製造業・非製造業ともに堅調であったが,中小企業は1980年後半から減速し停滞化した。本格的に景気が回復した78年からみると,規模別では中小企業が,産業別では非製造業が先行するパターンがみられた。加工型産業の大企業の設備投資が堅調であった理由として『経済白書』は,①エレクトロニクスを中心とした技術革新の進展,②輸出需要の堅調,③合理化・省力化の必要性,を指摘している[61]。日本の輸出の伸びは世界的な不況による貿易の停滞の中で生じたから,経済摩擦をさらに激化させた。それが,1983年からのアメリカの金融自由化要求となって反撃にあうことになる。卸売物価は,80年12.8％騰貴したが,81年になると1.3％,82年は1.0％と沈静化し,83年前半には若干低下した。消費者物価は80年は7.8％の騰貴であったが,81年には4.0％に,82年から83年前半2％台に落ち着いてきた[62]。第1次石油危機のときのような狂乱的物価騰貴は回避された。消費者物価の安定化が個人消費の回復を促した。

財政・金融政策は，財政赤字とアメリカの高金利の制約下で機動的に運営された。予算は抑制方針で編成されたが，公共事業は前倒し発注された。公定歩合は1980年8月以降4回引き下げられ，窓口指導も漸次緩和されたが，海外高金利で円安傾向がつづいたので，国内金利は高めに推移した。このように財政・金融政策は慎重に運営され，景気回復策はとられなかったといえる[63]。

第6節　ケインズ政策の失敗と新保守主義の登場

第1項　ケインズ政策の失敗

　第1章で考察したように戦後の資本主義は，国家が管理通貨制をテコとして政策的に経済過程に本格的に介入する経済となった（国家独占資本主義）。短期の景気政策としては，財政・金融政策によって早めに景気を回復させ，景気の加熱を防ぎ人為的・なし崩し的に恐慌を引き起こし，急激かつ深刻な恐慌を未然に回避しようとしてきた。長期的には1930年代の大量失業の発生を回避しようとして，完全雇用政策と福祉国家政策が実行された。その政策を有効需要の面から根拠づけたのがジョン・メイナード・ケインズであったから，この政策はケインズ政策とも呼ばれた[64]。先進各国で一斉に採用され，50・60年代の高度経済成長期にはそれなりに成功したといえる。しかし本章の第1・2・3節で考察したように，国家独占資本主義はスタグフレーション化と国際通貨危機（金・ドル交換停止と変動相場制への移行）に襲われ，2度にわたる石油危機に直面した。経済学としては，ケインズ経済学の権威が失墜したことを意味する。

1　スタグフレーション化

　恐慌が人為的・なし崩し的になったということは，恐慌が果たす暴力的調整機能（たとえば好況期の過剰蓄積を解消するための資本破壊や，物価騰貴を調整化する物価下落など）を機能不全にすることを意味する。事実1950年代からクリーピング・インフレがはじまり，財政散布というカンフル注射は次第にインフレを加速化させてしまった。また実体経済面では過剰資本（過剰能力）の

破壊を不徹底化させ，長期的な停滞経済を生みだしてしまった。まさにスタグフレーションは，この両面が同時的かつ政策的なジレンマとして現象してきたものにほかならなかった。

2 一国資本主義論の限界

ケインズ政策は管理通貨制をテコとする国内均衡（景気回復と失業の早期解決）を優先させるから，基軸通貨国アメリカは国際収支の均衡を回復させることを軽視してきた。それが国際通貨危機の根元であり，事実アメリカは自国の利益を最優先させるために「金・ドル交換停止」に走った。その結果は，第1節で考察したように世界的なインフレーションの歯止め装置を解体し，また世界中に散布されたドルが投機的に浮遊するマネーゲームの世界を生みだした。マネーゲームそのものを理論化しようとしたのは，次項で説明する新古典派経済学である。ケインズ自身は金利生活者が安楽死することを期待していたが，むしろ資本主義は金利生活者（金融資本）に支配されるような状態になってしまった。世界的なケインズ政策，世界銀行券のようなケインズ政策の世界的展開が提唱されるのは，ケインズ自身の一国資本主義論が限界にぶつかったことを意味する。

3 国家観の誤り

ケインジアンたちは，国家が所得不平等や恐慌・失業を解決し，福祉社会を実現することを信奉してきたといえる。その背後には，国家は政治的・社会的に階級関係から中立であるとする国家観が存在する。もちろん国家は第1章で指摘したように，階級国家と共同管理国家の二重性を持っている。しかし階級国家である面を無視してしまうことは非現実的である。アメリカの産軍複合体制やウォール街=財務省同盟，日本の政・官・財癒着体制をみればわかるように，産業・商業・銀行独占資本が融合・癒着した金融資本と，その政治・社会・軍事体制としての金融寡頭制支配が現代でも貫徹しているのである。この点を無視した福祉国家論，構造改革論，帝国主義消滅説などは一面的である。開発主義に衣替えした新帝国主義が「南北問題」を激化させ，それに対する発展途上国側の資源ナショナリズムを生みだした関係にある。世界に激震が走っ

た石油危機は、まさに先進資本主義側の帝国主義的貿易関係に対する抵抗にほかならなかった。こうした国際政治関係を無視したところに、ケインジアンばかりでなくマルクス派の一部の論者の誤りがあった。

第2項　新古典派の市場万能論批判

ケインズ経済学の失敗に対応して登場してきたのが新古典派経済学である。次章で検討する新保守主義（サッチャー政権、レーガン政権、中曽根政権）の経済学的基礎になっているのが新古典派理論である[65]。

1　セー法則の信奉

新古典派経済学の特徴は、市場メカニズム（価格の自動調整機構）の盲信である。すなわち景気循環・恐慌については、供給は自動的に需要を生みだすから需給の不一致は生じえないというセー法則を信奉する。したがって彼らが景気循環を説明しようとすると、資本主義経済の内部には景気を循環させる内生的要因がないことになるから、外的衝撃によって説明しようとすることになる（外生的景気循環論）[66]。自由競争が支配していた時代（資本主義の自由競争段階）においても、価格メカニズムはさまざまな不均衡を累積化させ、暴力的調整過程としての恐慌を含んだ景気循環運動によってしか均衡を維持することができなかった。まして独占が支配する時代（独占段階の資本主義）になると、独占部門では市場の変動に対して価格を調整して対応しないで、生産量を調整するように変化する（価格維持＝操業度調整）[67]。戦後の資本主義において価格が循環的に変動するのは、非独占部門や株などの資産価格の分野だけとなった。事実、新古典派の市場理論が応用された分野の一つとして、資産選択理論（ポートフォリオ・セオリー）が登場した。それは、「金・ドル交換停止」による過剰流動性とアメリカ金融資本の金融自由化要求を背景として、国際的かつ投機的な資産選択行動として展開し、世界的なバブル化と金融取引の膨大化をもたらした。これについては次章で考察するが、新古典派経済学の源流となっている19世紀後半の限界学派をニコライ・ブハーリンは「金利生活者の経済学」と規定したが、まさに新古典派の経済学は20世紀末における再版「金利生活者

の経済学」として実際は機能してきたといえる。

2 「小さな政府」論（反ケインズ革命）

市場の価格メカニズムを盲信するから，新古典派のマネタリズムは戦後のケインズ政策を全面的に否定し，国家は市場に干渉しないで企業の自由な営利活動にゆだねれば，調和と安定した発展が実現するというアダム・スミスの世界が再現される。国家の干渉すべき唯一の分野は通貨供給量を調整することに求められる。その帰結として「小さな政府」論が展開されるが，時代錯誤もはなはだしく，国家支出が削減された先進資本主義国は存在しなかった。こうした思想が，政治の世界では国家規制の緩和政策として実行された。たしかに国家機構は金融寡頭制の融合・癒着体制として機能してきたから，経済合理性を阻害する面がたくさんある。こうしたいわば官僚制の弊害は，下からの民主的改革によって除去されるべきである。しかし，ケインズ政策として実行されてきた社会福祉や失業対策や社会保障や公教育などは，むしろますます強化されていかなければならない。新保守主義の新自由主義とは，金融資本を中心とした資本の自由な活動を保証し，労働者階級を中心とした市民的原理を否定しようとするところにその本質がある。規制緩和を実践した結果が，バブルとその崩壊後の日本における長期的不況（いわゆる「失われた10年」）であった。

3 新古典派と国際機関帝国主義

IMFや世界銀行を中心とした国際機関をアメリカの金融資本グループは支配するようになってきたことが予感されるが，新古典派の規制緩和論は，国際的には発展途上国での自由な資本の活動を要求する根拠として使われている。たとえば，公害産業輸出是認論，京都での地球温暖化防止会議（1997年）での温室効果ガス排出権取引，OECDでの多国間投資協定構想，などである[68]。公害産業輸出是認論は，公害の費用を所得に還元し，所得の低い地域や国に公害産業を移したほうが全体としての費用が低くなるとする考えにもとづいている。公害排出産業の一方的な論理である。そもそも人間の価値を所得で測ろうとする乱暴な計算である。温室効果ガス排出権取引は，地球規模で排出を規制しなければならない責任を回避し，排出側の先進資本主義国が貨幣で解決しよ

うとする市場万能主義の発想である。この「抜け穴」だらけの協定でさえも，2001年3月に発足したばかりのブッシュ政権は署名を拒否する暴挙にでた。日本の基準が低いのは，国土の7割近くが緑の森林であったことを確認しておこう。多国間投資協定構想は，多国籍企業の「権利の章典」といわれるように，多国籍企業が自由に利潤の最大化を遂行できるようにすることを目的としている。こうした国際機関がアメリカの帝国主義的動向のための機関になりつつあることに注意しなければならないと同時に，それに動員されるようになった経済学者のモラル・ハザードを批判しなければならない。

注
1) 井村喜代子『現代日本経済論』有斐閣，2000年，287-289頁。
2) 以上は，同上書，294-295頁，参照。
3) 『世界経済白書』1985年版，第1章第1・2節，1986年版，第1章第2節，参照。
4) 拙著『現代資本主義の循環と恐慌』岩波書店，1981年，101頁。
5) 同上書，105頁。
6) 同上書，110-111頁。
7) 東洋経済新報社編『経済変動指標総覧』東洋経済新報社，1983年，より計算。
8) 拙著『現代資本主義の循環と恐慌』115-116頁。
9) 同上書，123-134頁。
10) 『経済白書』（昭和47年版）13-16頁。
11) 同上書，22-33頁。
12) 同上書，33-37頁。
13) 同上書，53-56頁。
14) 同上書，43頁。
15) 同上書，47頁。奥村宏氏も70年代にバブルが発生したことを重視しているが，その起点を「列島改造ブーム」の崩壊した1975年以降としている点で本書と異なる。奥村宏『無責任資本主義』東洋経済新報社，1998年，第3章，参照。
16) 東洋経済新報社編『経済変動指標総覧』より計算。
17) 『経済白書』（昭和48年版）2頁。
18) 同上書，7頁。
19) 同上書，51頁の第1-43図，参照。
20) 『経済白書』（昭和49年版）153頁。
21) 『経済白書』（昭和48年版）137-138頁。

22）『経済白書』（昭和49年版）2頁。
23）『経済白書』（昭和50年版）1-2頁。
24）同上書，4-5頁。
25）同上書，20頁。
26）同上書，36-44頁。
27）同上書，52-56頁。
28）東洋経済新報社編『経済変動指標総覧』より計算。
29）同上。
30）『経済白書』（昭和51年版）1-3頁。
31）『経済白書』（昭和52年版）2-5頁。
32）同上書，109頁。
33）同上書，114頁。
34）『経済白書』（昭和51年版）2頁，『経済白書』（昭和52年版）4頁。
35）『経済白書』（昭和51年版）23頁。
36）『経済白書』（昭和52年版）12-13頁。
37）『経済白書』（昭和51年版）31-32頁，『経済白書』（昭和52年版）26頁。
38）『経済白書』（昭和51年版）31-32頁，『経済白書』（昭和52年版）28頁。
39）『経済白書』（昭和51年版）54-55頁，『経済白書』（昭和52年版）94頁。
40）『経済白書』（昭和51年版）60-62頁。
41）『経済白書』（昭和52年版）96-100頁。
42）『経済白書』（昭和51年版）175頁。
43）同上書，178-179頁。
44）『経済白書』（昭和53年版）3頁。
45）同上書，7頁。
46）同上書，15頁。
47）同上書，17-20頁。
48）同上書，20-23頁。
49）同上書，25頁。
50）同上書，45頁，52頁。
51）同上書，55頁。
52）同上書，61-66頁。
53）同上書，67頁。
54）同上書，76-80頁。
55）『経済白書』（昭和54年版）6-8頁。
56）『経済白書』（昭和55年版）3-7頁。
57）『経済白書』（昭和54年版）50-52頁。

58) 『経済白書』(昭和55年版) 23頁。
59) 同上書, 24-41頁。
60) 『経済白書』(昭和56年版) 14-15頁,『経済白書』(昭和57年版) 4-6頁,『経済白書』(昭和58年版) 12-13頁。
61) 『経済白書』(昭和57年版) 94頁。
62) 『経済白書』(昭和58年版) 12-13頁。
63) 『経済白書』(昭和57年版) 6頁。
64) 詳しくは, 拙著『現代資本主義の循環と恐慌』第1・2・4章, 参照。
65) 新古典派とラディカル派の方法論を対比したものとして, 拙稿「経済学体系と原論」経済学教育学会『経済学教育』第16号, 1997年4月, 参照。
66) 景気循環・恐慌論の諸学説については, 拙著『景気循環論』青木書店, 1994年, 第1・2章, 参照。
67) さしあたり, 拙著『経済学原論』青木書店, 1996年, 第6章第4節第2項, 参照。
68) 都留重人「現代帝国主義の分析のために」『経済』1998年12月号, 参照。

第6章 バブルの形成と景気循環

第1節 インフレーションの軽微化と資産価格上昇への推移

　前章でみたように1982年頃から物価騰貴は軽微化した。すなわち，卸売物価は82年度1.0％上昇，83年度12.3％下落，84年度0.2％上昇，85年度2.9％下落した。消費者物価は，82年度2.4％上昇，83年度1.9％上昇，84年度2.2％上昇，85年度1.9％上昇と落ち着いた[1]。このように物価が安定化した背景についてはのちほど触れるが，それと裏腹に資産価格が騰貴しはじめた。図6-1は東証株価指数（TOPIX）の動きを示す。82年8月17日から急激に上昇している。騰落率〈(当年終値−前年終値)／前年終値〉の単純平均を高度成長期（1955〜71年），スタグフレーション期（1972〜82年），バブル期（1983〜89年）ごとに計算すると，14.8％，13.0％，25.8％となり，バブル期にはほぼ2倍の上昇率であったことになる。本書では「列島改造ブーム」期を第1次バブルとしこの時期を第2次バブル期とするが，第1次バブル期には36.6％（71年），91.9％（72年）の上昇率であり，第2次バブル期の平均上昇率よりはるかに高かった[2]。図6-2は1984〜93年間の先進資本主義国の株価の動向を示す。時期に多少のズレはあるがだいたい日本と同じ変動をし，ブラック・マンデー（87年10月19日）によって一斉に暴落したが，88年から暴騰し，90年に暴落する。90年代に入ってからは，アメリカ・フランス・イタリアが早く立ち直ったが，日本だけが低下しつづけた。

　図6-3は公示地価・消費者物価・卸売物価の対前年騰貴率の動向を，図6-4は公示地価・国内総生産・総固定資本形成の対前年変動率の動向を示す。第1次バブル期の地価暴騰とその直後の大暴落と一般商品の狂乱的物価騰貴が，いかにすさまじいものだったかがわかる。そのご地価は79年まで騰貴率を高めた。商業地は83年まで騰貴率を減速するが，84年から騰貴率を加速化し，住宅地は85年まで騰貴率を減速するが，86年から騰貴率を再加速化する。地価は91年に

図6-1 東証株価指数（TOPIX）の推移（1950～89年）

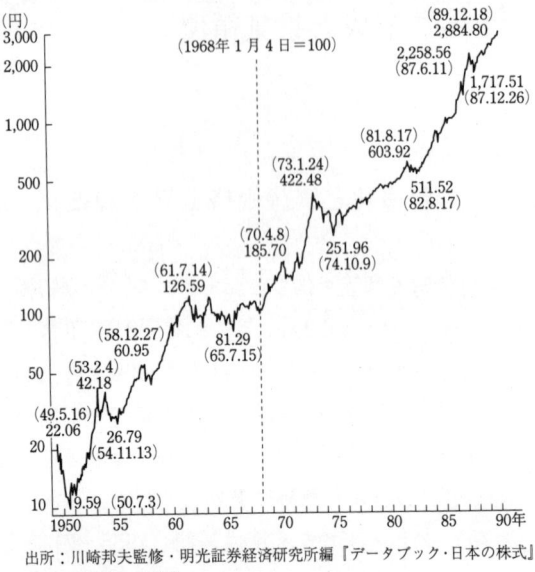

出所：川崎邦夫監修・明光証券経済研究所編『データブック・日本の株式』1990年、146頁。

なって下落に転じるが、その間の騰貴率は極めて高く、物価騰貴が軽微化したのとはまったく対照的である。かつて都留重人氏は地価と物価のギャップを測定し、56年を基準として地価は卸売物価より70年3月に13.2倍、73年3月20.2倍、86年3月25.2倍、90年3月68.2倍となったとした。第1・2次のバブル期にいかに地価が上昇したかがわかるが、図6-3はこの都留説を明瞭に裏づけている[3]。図6-4にみられるとおり、スタグフレーション期にはだいたい地価の騰貴率が国内総生産と総固定資本形成の成長率を上回っていた。1975～77年間と1983～85年間は例外的に、国民総生産の成長率が地価の騰貴率より高かった。1986～90年間は地価は暴騰し、国民総生産の成長率よりはるかに高い上昇率となった。総固定資本形成の成長率と比較しても、83年をのぞくと地価の騰貴率のほうがはるかに高い。篠原三代平氏は、国民総生産に対する株式と再生産不可能有形固定資産の比率をそれぞれ測定し、80年代後半から両比率とも急激に上昇したことを明らかにした[4]。図6-4はこの篠原説を裏づけている。

物価騰貴がなぜ軽微化したのか。第1に、石油価格が1981年をピークとして下がりはじめた。石油消費国での不況が長期化して石油需要が停滞し、また省エネ投資が進行し石油需要を低下させたからである。第2に、サッチャー政権に典型的にみられるように、徹底した労働組合との対決姿勢を打ちだし、賃金上昇を押さえ込んでしまった。日本でも労働組合は正規従業員の雇用確保を最優先させたから、賃上げ圧力が弱まった。そのうえ中曽根内閣は民営化路線の

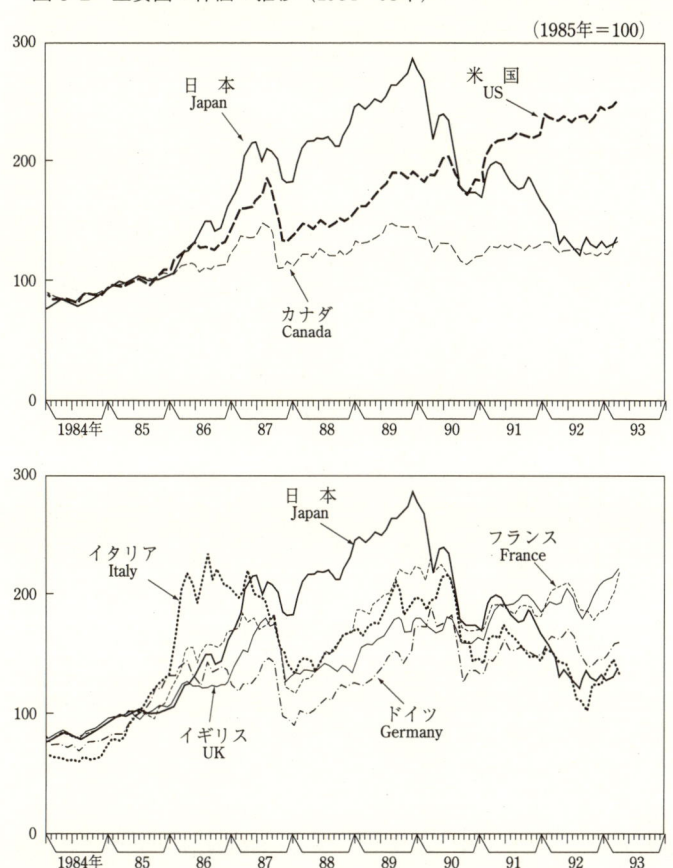

図6-2 主要国の株価の推移（1984～93年）

(1985年＝100)

出所：日本銀行国際局『日本経済を中心とした国際比較統計』(1993年版) 7頁。

もと国労を中心とした官公労に対決姿勢をとり，労働組合運動が弱体化した。このようにコスト上昇圧力が低下するとともに，ME技術導入投資や省力化投資によって労働生産性も上昇したので，企業は利潤を圧縮されず（低位安定化），製品価格に転嫁する必要がなくなった。

　このように石油価格が下落し賃上げが抑制された背後には，長期化した不況が影響していた。その意味ではこの長期不況は，新保守主義政権が意図的に長期化させた不況という性格があった。とくにレーガン政権は，高金利による金

図6-3 地価と物価の推移（騰貴率，1970〜99年）

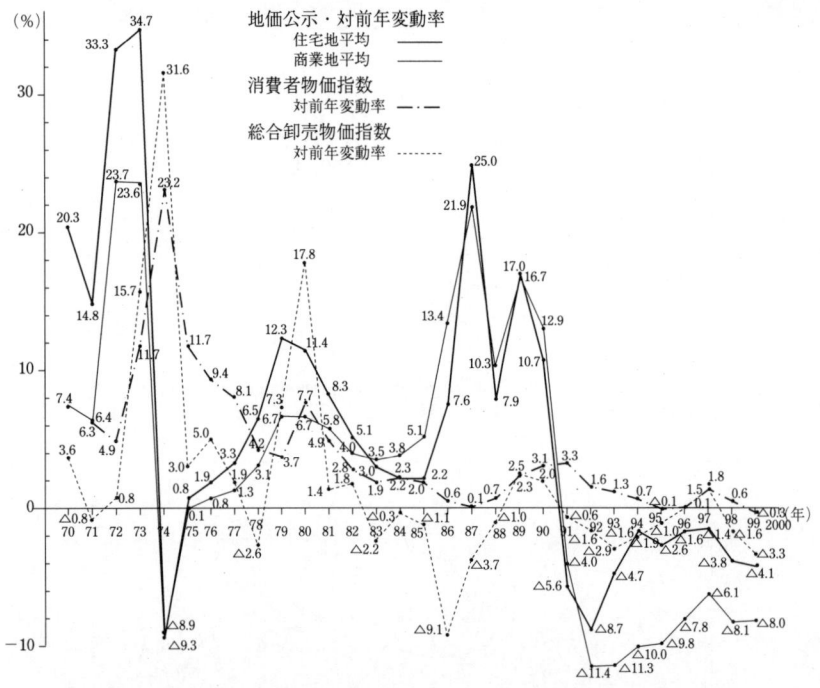

注：地価公示・対前年変動率は各指標との対応上，たとえば，2000年の変動率（1999年1月1日〜2000年1月1日）は1999年の位置に表示してある。
出所：土地価格研究会編著『土地価格の推移と分析』（平成12年版）ダイヤモンド社，2000年，1444頁。
ただし，西暦に改めた。

融引き締め政策を実行した。この政策は世界に散布したドルをアメリカへの資本輸出として還流させる役割を果たしたが，それとともに新保守主義は不況を長期化させて失業の解消を放棄し，インフレ抑制を優先化させたことを意味する。しかし「金・ドル交換停止」による過剰流動性状態はまったく解決されていなかったので，貨幣資本が資産というストック面に流れ込み，さきにみたように資産価格を暴騰させてしまった。新保守主義が推進した金融自由化・規制緩和・民営化・民間活力の応用などは，油に火をつけるようなものであった点を批判しておかなければならない。バブルの進行，その実態とメカニズムについては次節以降で考察しよう。

図 6-4 地価と生産・投資の推移（騰貴率・成長率，1970～99年）

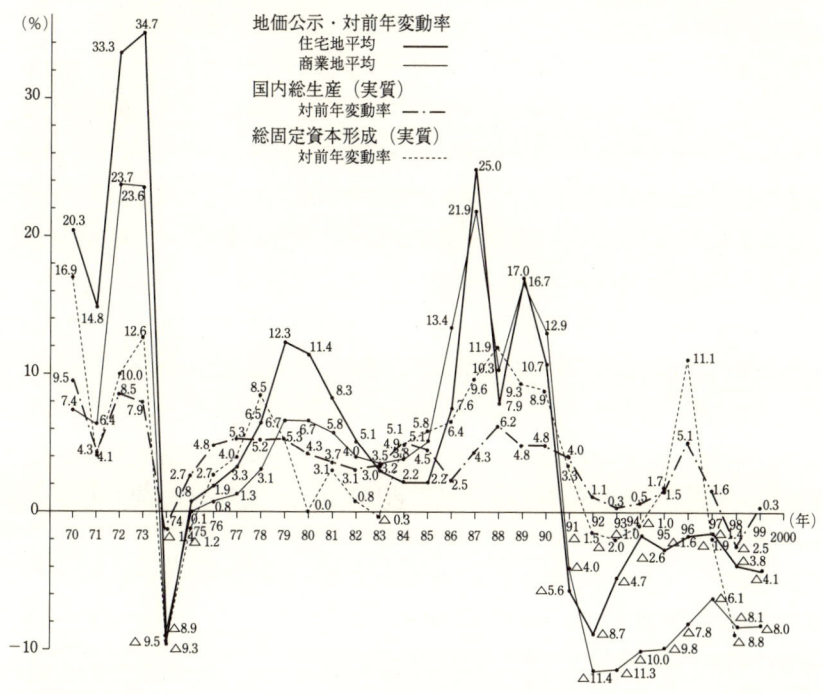

注：図 6-3 に同じ。
出所：土地価格研究会編著『土地価格の推移と分析』1443頁。ただし，西暦に改めた。

第 2 節　世界経済の金融経済化

第 1 項　国際的投機的金融活動

「金・ドル交換停止」と変動相場制移行後，ドルが依然として国際通貨として通用したので，アメリカは国際収支の大幅赤字にもかかわらずドルを世界に散布した。そのドルがユーロ・ダラーとして国際金融市場を短期的に浮遊する構造が形成された。レーガン政権による規制緩和・金融の自由化要求によって，国際的な金融自由化が進展し，短期的な資本の浮遊状態は一層激しくなった。

レーガン政権の「強いドル」政策にもかかわらず，国際通貨ドルの不安定性は進行し，変動相場制になったことによる外国為替の投機的売買が増大し，金利差を基準とした短期的な資本移動（短期的な資本の浮遊）による証券価格変動が強まり，国際的な証券取引が膨大化していった。しかもこうした国際的な資本取引は，相場の変動性，金利格差，証券価格の変動性が拡大したので投機利益を目的とした金融取引となり，実体経済から乖離した「虚」の世界を膨張させてしまった。こうして，変動性→投機活動→一層の変動性という悪循環が繰り返される虚の乱舞の世界が出現してしまった。

こうしたマネーの取引量は，ヘッジファンドやアングラ・マネーが存在するから正確には把握しにくい。1986年3月の調査によると，ニューヨーク・ロンドン・カナダ・日本の4大外為市場のネットの取引高は1日で2060億ドルで，年間に換算すると約51.6兆ドルとなり，世界全体の貿易取引（貿易外取引も含む）による実需取引合計額約4兆ドルの約13倍にもなっていた。89年4月の同じ調査によると，実需取引合計額の20倍以上に上昇した。さらに西ドイツ・スイス・シンガポール・香港などの主要外為市場を含めた21ヵ国に拡大すると，実需取引の32倍にもなる。中東・極東センター（バーレーン，シンガポール，香港）やスイス・イギリスでは70倍弱から140倍にもなる[5]。その後もひきつづきマネー取引は拡大し，98年には1日あたり1兆5000億ドルとなり，97年の1日あたり財・サービス輸出量250億ドル（年換算6兆6000億ドル）の約60倍に達した[6]。

第2項　アメリカの純債務国化

レーガン政権の「小さな政府」論にかかわらず，国防費増大が主要因となって財政が赤字化し，国債発行残高が累増した。1983年以降財政赤字だけで国内貯蓄を超過するようになり，通貨供給管理政策とかさなって，上昇傾向にあった金利をさらに上昇させた。アメリカは国際収支赤字と財政赤字の「双子の赤字」状態に陥ったのである。他方でアメリカは巨額のドルを散布しつづけたから，黒字国に累積したドルは，国内の経済停滞のために投資先がないこととアメリカの高金利に誘われて，アメリカへの対外投資となっていった。これが基

軸となって，第1項でみたような国際資本取引が急膨張した。こうした動きの基盤を整備したのが，レーガン政権の進めた金融自由化政策であった。対外投融資規制はすでに74年に撤廃されていたが，81年にはオフショア市場が開設され，ロンドンを中心として海外で行われていた国際金融業務をニューヨークに集中させ，金融業の活性化をはかった。

そのためにアメリカは，1981年を境として直接投資でネットの受入国となり，83年以降は資本流入国に転落し債務国化した。この資本流入によってドルは異常なまでに上昇した。国際収支はいっこうに改善されないから，外国資金の流入に一層依存することになる。ひとたび外国資金流入の減退や，国債等の売却による外国資金流出が生じると，資産価格とドルの暴落をもたらす危険性がある。それは世界経済を大混乱させることになるであろう[7]。

第3項　プラザ合意とその帰結

1983年11月にレーガン大統領一行が中曽根政権と会談するために訪日し，日本に金融の自由化を迫った。財務長官のリーガンは高金利・異常ドル高は「強いアメリカ」の反映であると楽観的に考えていたが，アメリカの純債務国化に直面して日本の金融・資本市場の閉鎖性に責任を転嫁させようとした。その背後には，アメリカ金融資本の金融活動の自由化という世界戦略が隠されていた。中曽根政権はアメリカの要求に屈し，一連の金融自由化処置を実行し，実需原則の撤廃（リーガン財務長官と竹下蔵相の共同新聞発表），円転換規制の撤廃（日米円ドル委員会）がなされた。前者は実体取引に関係なく自由な先物為替取引を可能とし，後者は無制限に外貨を円に転換したり，ユーロ円（外国にある円）を取り入れて国内運用に回す道を開いた。しかしこうした日本の金融自由化にもかかわらず米国の純債務国化は進んだので，レーガン政権の第2期になると新たに財務長官に就任したベーカーは5ヵ国蔵相（G5）を緊急召集し，ドルの協調的引き下げの合意を取りつけた（プラザ合意，1985年9月22日）。米国は純債務国化を避けるためにドル切り下げ・金利切り下げに迫られていたが，ドルの一斉流出と暴落を恐れて，ドルの「秩序ある引き下げ」と協調的な金利引き下げ（金利差の維持）を要求したのであった。

図6-5 円レートと公定歩合の推移

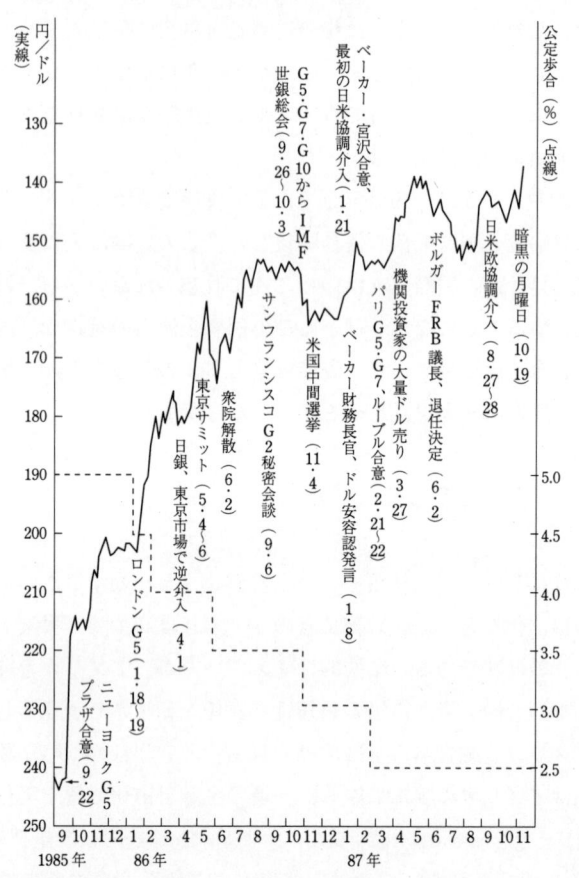

出所：宮崎義一『複合不況』中央公論社，1992年，117頁。

　プラザ合意後，急速に円高・ドル安が進行したのに（図6-5），米国の貿易収支はいっこうに改善されなかった。1987年2月に為替相場を当時の相場で安定させ，不均衡の是正に努力する合意が成立した（ルーブル合意）。プラザ合意とルーブル合意は，変動相場制の「自動調節作用」などなかったこと，米国は自力では国際収支の改善とドルの安定化を実現できず，国際的協調を強要しなければならないこと，新保守主義の標榜する規制緩和・市場万能論では解決できないことを実証した。またプラザ合意では西ドイツや日本に国内市場の開

放を約束させ，新通商政策を発表し（1985年9月），保護主義的傾向を強めた（スーパー301条，スペシャル301条）。米国は金融面では自由化を要求しながら，貿易面では保護主義を強めた。まったく矛盾した自国の利害を最優先する政策を展開したことになる。そこに新保守主義の本質が露呈しているし，米国の一方的要求に従属的に応じた中曽根内閣の責任もあったことを指摘しておこう。

このプラザ合意は日本経済にも大きな影響を与えた。第1に，急激な円高は巨額の外国為替差損をもたらした。金融自由化と日米金利差の維持によって企業の「財テク」が本格化するが，1986年になると生命保険会社等の機関投資家は対外証券投資を急増させたが，それが為替差損となった。第2に，日銀は急激な円高・ドル安を避けるために「円売り・ドル買い」の介入をしたが，それが国内のマネーサプライを急増させた。さらに日銀は公定歩合を大幅に引き下げた（図6-5，参照）。このマネーサプライの急膨張がその後のバブルの貨幣的基盤となった。第1次バブルとまったく同じ「日銀の政策的失敗」が再現されたのである[8]。この日銀の「円売り・ドル買い」介入は，一方では米国から要請された協調的介入に協力するものであったが，急激な円高による輸出の減少を恐れたからだと推測される。高度成長期からの輸出至上主義が根強くあった結果であり，また電子産業を中心とする輸出産業の利害を重視した結果でもあろう。

第3節　世界循環――同時的な生産鈍化と株価の上昇

図6-6は鉱工業生産の対前年成長率を示す。1982年を底にして83・84年と成長率が高まるが，85・86年と成長率が低下し，同時的に生産が鈍化した。しかし日本だけが86年にマイナス成長となった以外は，プラスの成長をしているから本格的な同時不況とはいえない。さきの図6-2でみたように，この期間に先進資本主義国は同時的に株価が一斉に上昇している。日本は生産低下でトップであり，株価上昇はイタリアについで高かった。

図 6-6 主要国の鉱工業生産の動向（1978～86年）

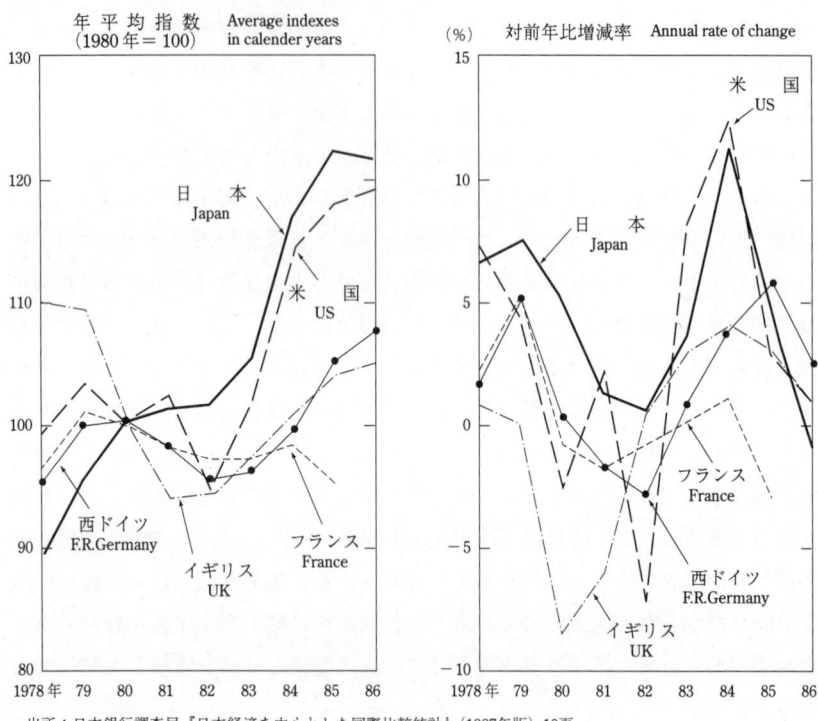

年平均指数（1980年＝100）　Average indexes in calender years

対前年比増減率　Annual rate of change

出所：日本銀行調査局『日本経済を中心とした国際比較統計』（1987年版）10頁。

第4節　バブルの再発と円高不況

[1983年2月・谷～85年6月・山～86年11月・谷]

第1項　回復要因

　景気を回復させた要因は以下のようになる[9]。①アメリカの景気後退によって1981年以降輸出は減少傾向にあったが，アメリカの景気が82年末から回復し，輸出は83年度12.4％増となった。実質経済成長率3.7％に占める輸出の寄与度は

図6-7 操業度（稼働率）・設備投資・利益率の推移

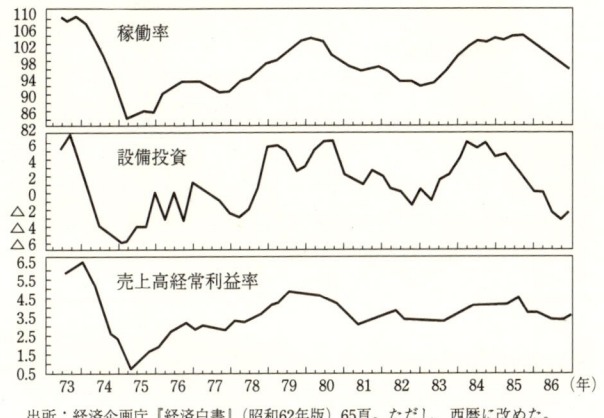

出所：経済企画庁『経済白書』（昭和62年版）65頁。ただし、西暦に改めた。

1.8％にもなる。②在庫調整は第1段階（80年第2四半期から81年第3四半期）・第2段階（82年第1四半期から83年第1四半期）と進みほぼ完了した。実質経済成長率に対する寄与度は0.3％のプラスとなった。③石油価格下落による輸入価格の低下と円安の修正による輸出価格下落の緩和によって、交易条件が改善され、国内の実質所得が増加した。④卸売物価は83年度2.3％下落し、消費者物価は59年以来最低の1.9％上昇におさまった。この物価安定は個人消費（2.9％増）と設備投資（3.8％増）に好影響を与えた。

第2項　輸出主導型景気

1983年第1四半期からピークの85年第2四半期までに、国民総生産は12％増、個人消費6％増、設備投資24％増、公的固定資本形成13％減、輸出29％増となる。輸出と設備投資が好況をリードしたことになる。85年第2四半期から86年第4四半期にかけて、国民総生産は4％増、個人消費4％増、設備投資10％増、公的固定資本形成21％増、輸出4％減となる。円高不況と呼ばれるように、プラザ合意による急激な円高による輸出の減少が不況に大きく影響した[10]。図6-7は、操業度（稼働率）・設備投資・売上高経常利益率の推移を示す。操業度は83年第1四半期から回復し85年第2四半期にピークとなり、86年第3四半期

図 6-8　経常利益の推移（1979～86年度）

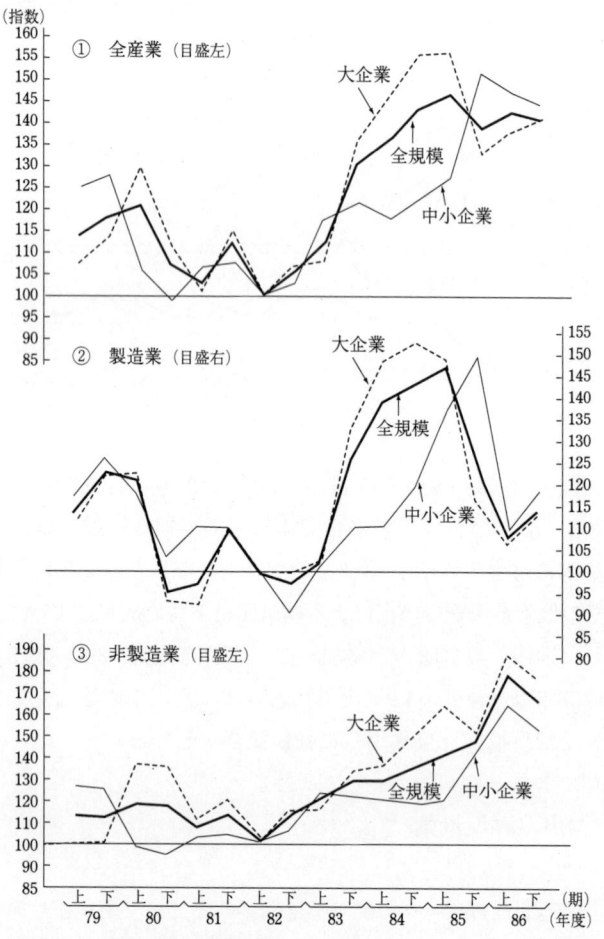

① 全産業（目盛左）

② 製造業（目盛右）

③ 非製造業（目盛左）

備考：1）　大蔵省「法人企業統計季報」により作成。
　　　2）　断層修正値。季節調整済。
　　　　　上記数値は1982年度上期＝100とする指数。
　　　3）　中小企業は資本金1000万円以上1億円未満，大企業は資本金1億円以上の企業。
出所：経済企画庁『経済白書』（昭和62年版）30頁。ただし，西暦に改めた。

まで低下している。売上高経常利益率は83年第3四半期から回復し，85年第2四半期にピークとなり，86年第4四半期に再回復している。図 6-8 は経常利益の動向を示すが，売上高経常利益率よりもっと鮮明に循環的に変動している。

全体では，82年上期を底とし85年上期まで循環的に上昇し，86年へと低下している。

第3項　好況の進展

前項でみたように好況をリードしたのは輸出と設備投資であった。まず鉱工業生産は1983年第1四半期からプラスに転じ，前期比で第1四半期0.9％，第2四半期1.6％，第3四半期2.6％，第4四半期2.9％，84年第1四半期3.2％と上昇を高め，第2四半期2.8％増，第3四半期1.6％増，第4四半期2.7％増と安定化し，85年になると第2四半期はプラスとなったが，第1・3・4四半期はマイナス成長となった[11]。83年に景気は急速に回復し，84年は高位で安定化し，85年になって失速したといえよう。プラザ合意後の急激な円高以前からマイナス成長になっていたことに注意しておこう。この間，輸出は乱高下しながら全体として伸び，83年度12.3％，84年度13.5％増加した。旺盛な技術革新投資による日本製品の国際競争力の強化と円安，東アジアの高成長などが輸出を伸ばした。ところが85年になると第1・3四半期に減少に転じた[12]。『経済白書』は輸出の横ばいの理由として，米国経済の拡大速度の鈍化にともなう世界貿易の横ばいを指摘している[13]。

設備投資は1983年第1四半期から増加し，83年度全体で3.8％だったが，84年11.0％，85年12.6％と急増し，輸出の減少をカバーして好況をリードした。86年第1四半期になると前期比で0.3％増と落ち込んだ。その内容をみると，83年からは能力増強投資が盛りあがったが，85年には更新投資・省力化投資・独立投資が盛りあがった[14]。独立投資は，ME革命，新素材，バイオテクノロジーと広範におこなわれた。とくにME革命は波及過程にあり，①エレクトロニクス機器（電子計算機，NC工作機械，産業用ロボット，ワードプロセッサ，ファクシミリ，ビデオテープレコーダ等）の心臓部，②ファクトリー・オートメーション（生産工程の大幅な自動化・省力化を可能とする），③オフィス・オートメーション（経営情報処理の即時化を可能とする），④情報処理通信（距離を隔てた複数のコンピュータ・システムの有機的結合を可能にする），に導入されていった[15]。第1節でみたように，物価は安定化したが資産価格

（株価や地価）が騰貴しはじめた。個人消費の伸びは緩慢で，83年度3.1％，84年2.6％，85年2.7％増にとどまった。

第4項　株価・地価騰貴下の円高不況

第2項でみたように，1985年第2四半期から86年第4四半期にかけて，国民総生産は4％，個人消費4％，設備投資10％，公的固定資本形成21％と増加したのに，鉱工業生産は85年後半はマイナスとなり，86年前半はゼロ成長に近かった。明らかに景気が不況に入ったのは，好況をリードしていた輸出が4％減となったからである。すでに考察したように，プラザ合意による協調的為替介入が急激に円高をもたらし，世界貿易も停滞したことによって，輸出が減少したのであった。雇用情勢は厳しくなり，好況期になっても完全失業率は改善されず，不況とともに雇用情勢は悪化した。しかし実体経済が停滞していたのに，資産価格は高騰をつづけた。むしろ，投資機会を失った貨幣資本が資産（ストック）に駆け込んだといったほうが正確であろう。

第5節　バブル高進と平成景気

［1986年11月・谷～91年2月・山～93年10月・谷］

第1項　バブル・円高石油安・債権大国化

第1節でみたように，物価が沈静化したのと対照的に資産価格（株価・地価）が暴騰した。その実態とメカニズムについては第2項以下で考察する。また第2節でみたように，米国が純債務国化するのと裏腹に日本は世界一の債権大国になった。図6-9からわかるように，貿易収支の大幅黒字がつづき，また短期的に借り入れたドルを長期的に貸し付けたことによって，海外投資が急膨張した。また円高が急激に進行し石油価格が急落したので，交易条件が急激に上昇し，それが国内需要を高めるように作用した。こうした諸点がこの平成景気の特徴であったが，景気指標全体の動向をまずみておこう。

図 6-9　経常収支と対外証券投資

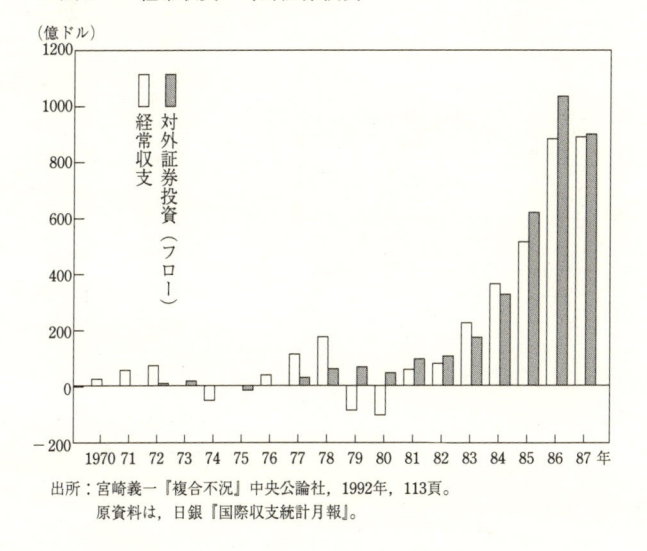

(億ドル)

出所：宮崎義一『複合不況』中央公論社，1992年，113頁。
　　　原資料は，日銀『国際収支統計月報』。

　1986年第4四半期の谷から91年第1四半期にかけて，鉱工業生産と国民総生産はともに27％増加した。需要別にみると，民間最終消費18％増，公的資本形成16％増，輸出（数量ベース）15％増となり，国民総生産の成長率を下回った。唯一民間企業設備投資のみが72％と大幅に上回っていた。この設備投資にしても87年までは停滞していたから，この平成好況は前半をバブルが先導し，後半になってバブルと設備投資がリードし，バブル崩壊後の90年の好況末期は設備投資が支えたと判断できる（90年度の設備投資は11.4％増）。91年第1四半期の山から93年第4四半期の谷にかけては，鉱工業生産はマイナス11％，国民総生産は2％増となる。鉱工業生産の低下が大きかった。需要別にみると，好況期とは逆に民間企業設備投資が15％減と大幅に低下したのに，輸出は1％増，個人消費は5％増で，公的資本形成は40％も増加した[16]。80年代初期の長期不況が36ヵ月であったが，この不況もそれにつづく32ヵ月とかなり長引いた。そのための不況対策として公共投資が増大したのである。90年代の停滞的状況をはっきりと示しはじめていたといえる。

　図6-10と図6-11は，操業度と売上高経常利益率の動向を示す。年単位のデータだが，1987年の操業度水準は85年水準に回復しておらず，また90年には前

第6章　バブルの形成と景気循環

図6-10 操業度(稼働率)の動向
(1985～93年)

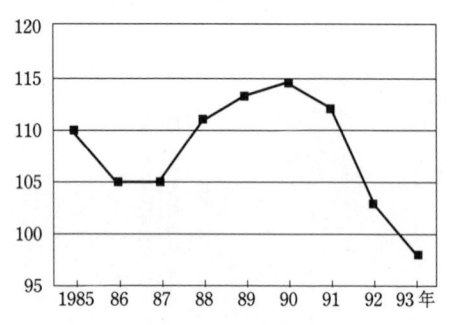

出所:日本銀行国際局『国際比較統計』(2000年版)より作成。

図6-11(1) 売上高経常利益率の動向(製造業,1983～93年)

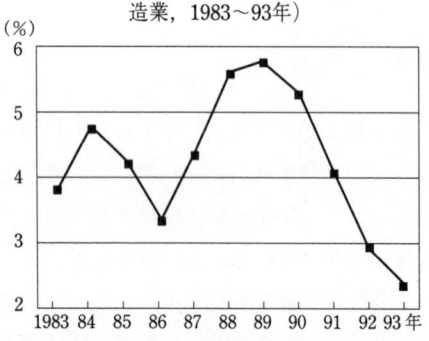

図6-11(2) 売上高経常利益率の動向(非製造業,1983～93年)

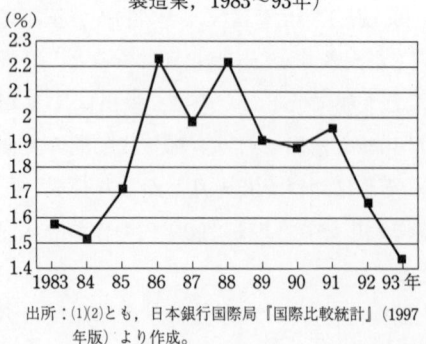

出所:(1)(2)とも,日本銀行国際局『国際比較統計』(1997年版)より作成。

年より上昇している。このことはバブルの第1局面(83年秋から87年末)においては本格的な好況になっていなかったこと,およびバブルが崩壊した90年になっても好況が進行していたことを意味する。製造業の売上高経常利益率も循環的に変動しているが,利益率は通常どおりに好況末期から低下しはじめている。両指標とも景気基準日付とほぼ一致した動きを示したといえる。非製造業の売上高利益率は製造業と違った動きをしている。すなわち,米国でのブラック・マンデーの影響を受けて日本の株も一時暴落した87年には,利益率も低下している。また,バブルが崩壊する前年の89年から低下がはじまっていた。非製造業の場合には,不動産や金融・証券等のバブルに直接関係している業種が含まれているから,バブルの影響を直接に受けていたことを意味する。以下では好況期をバブルの第1局面と第2局面に区別して考察していく。

第2項　バブルの第1局面

[1983年秋～87年のブラック・マンデー]
[第10循環の初期～第11循環の初期]

　プラザ合意後の急激な円高・ドル安と世界貿易の一時的停滞によって輸出が減少し，実体経済は円高不況となった。しかし株価・地価が騰貴しつづけたのは，第2節で考察したような世界経済の構造的変化があったからである。すなわち，金融自由化の一環として為替取引の実需原則が撤廃され，先物取引への道が開かれた。円転換規制の撤廃により，貿易黒字によって累積するドルは円の国内供給を急増させた。またアメリカは内需拡大と日米金利差維持を要求してきた。日銀は公定歩合を段階的に引き下げ，低水準で維持したので，マネーサプライが急増した。さらにユーロ・カレンシー市場から容易に短期的に借り入れることができるようになった。こうした諸要因によってマネーサプライが急増し，カネ余り状態が出現した[17]。こうしたマネーの世界の変化が生じていたので，実体経済は不況になったのに資産価格は上昇していった。

1　回復過程

　1987年に入って景気は緩やかに回復したが（鉱工業生産の対前期比1.3％増），前年秋から動きが止まっていた円高が再熱した。そのため第2四半期には回復が減速した（鉱工業生産はゼロ成長）。住宅建設は，86年度対前年比13.1％増，87年第1四半期が前期比0.6％増，第2四半期3.0％増であった。個人消費は，86年度3.0％増（対前年比），87年第1四半期1.8％増（対前期比），第2四半期0.7％増であり，国内需要は堅調だった。しかし輸出が低迷し輸入が急増したので，実質国民総生産はゼロ成長となった。経常収支黒字は原油価格の反騰もあって縮小したが，完全失業率は過去最高の3.1％になった。政府は6兆円規模の「緊急経済対策」を決定し，景気見通しを改善した。第3四半期になると景気は急速に回復した（鉱工業生産は第3四半期3.6％増，第4四半期3.5％増）。個人消費は第3四半期1.0％増，第4四半期0.4％増であり，住宅建設は第3四半期10.2％増，第4四半期12.7％増であり，ひきつづき国内需要は堅調に推移

した。公的資本形成もひきつづき堅調で，第3四半期3.1％増，第4四半期6.6％増であった。輸出も微増で，民間設備投資も増勢をみせ，87年度全体では10.1％増となった[18]。

さきにみたように，1987年全体の操業度水準は85年水準に回復していなかったが，87年後半から実体経済は本格的な回復に向かっていた。ところがマネーの世界では83年秋から株価と地価が騰貴しはじめ，円高不況にもかかわらず一貫して上昇し，86年頃からバブル的膨張に転じた。ところが実体経済が本格的回復に向かった87年の10月19日に，アメリカの株価が暴落し日本の株価も暴落した。たった1日でアメリカでは22.6％，日本では14.9％暴落し，世界全体の株主の損害額は1週間（10月14日から）で約1.4兆ドル（193.6兆円）におよび，日本の国民総生産を上回った[19]。このように，円高不況期の株価上昇と本格的景気回復過程での株価暴落は，あきらかに実体経済（現実資本の運動）とマネー経済（貨幣資本の運動）が乖離していたことを意味する。いいかえれば，この時期の株価騰貴は好況期にみられる循環的なものではなく，構造的要因によって促進されたバブルそのものであったことを意味する。このバブルの進展過程を考察していくが，その前にバブルとは何かを考察しておこう。

2 バブルの定義

バブルは資本主義の歴史とともに古くから発生してきた。常識的にいってバブルとは，経済のファンダメンタルズから乖離した資産価格の上昇である。しかし，景気循環の好況末期には投機活動が活発化しやがて崩壊してきたから，バブルは循環的にたえず発生してきたともいえる。第3章でみたように，戦後日本の景気循環において，株価の動向（山と谷）は鉱工業生産なり国民総生産の成長率循環とだいたい一致していた。しかし，「日本列島改造ブーム」期（1971～73年間）や86年から89年末にかけての異常な株価・地価の暴騰は，たんなる株などの循環的な投機ではなかった。

バブルを計量的に測ることはきわめて困難である。宮崎義一はこの両時期に，マネーの流通速度（マーシャルのkの逆数）が低下し，カネ余り状態（過剰流動性）が発生したことを明らかにしたが，資産価格投機がどの程度であればバブルといえるかを厳密に計算することを断念した。宮崎はガルブレイス（『バブ

ル物語』）にならって，バブル膨張の自動メカニズムとそれを保証する金融膨張を重視していた[20]。篠原三代平氏も，この両時期のマネーサプライの伸びが名目国民総生産の伸びよりも高く，マーシャルのkは上昇したことを指摘している。さらに篠原氏は，株式／受取所得，再生産不能有形固定資産／受取所得，を計算し，前者は，1970年の0.38から73年の0.75へ，82年の0.48から89年の2.23へと急上昇していることを明らかにしている。後者も，70年の2.38から73年の3.35へ，84年の3.23から90年の5.71へと急上昇した[21]。

宮崎と篠原氏の分析からもわかるように，この両バブル期にマネーが実体経済（国民総生産）から乖離して異常に急増したことを背景として（過剰流動性・カネ余り），株と土地（ストック）の価格が異常に膨張したことになる。さしあたりこうした現象をバブルと呼ぶことにする。宮崎が指摘したバブル膨張の自動メカニズムについては，第5項で考察しよう。

3 バブルの展開とブラック・マンデー

第2節第3項で考察したように，「実需原則の撤廃」（1984年4月1日）は先物為替取引を自由にし，「円転換規制の撤廃」（1984年6月1日）は外貨やユーロ円を円に転換して国内運用に回すことができるようにした。そのために円に転換された円転残高は，84年5月末から10月中旬にかけて約5.5倍，86年には20倍近くに膨張した。同時に円を外貨に転換した対外証券投資は急増し，86年末には対外証券投資残高は2579億ドルとなり，直接投資残高の4.4倍，対外資産残高の35％を占める巨額に達した。巨額化した日本の機関投資家の対米証券投資が，アメリカの長期金利を左右するまでになった[22]。

プラザ合意後の急激な円高に対処するために日銀は，「ドル買い・円売り」介入をした。これも国内のマネーサプライを急増させた。マネーサプライ（M_2+CD）の増加は，1982年第2四半期から86年第4四半期まで鈍化傾向をつづけ，7〜8％で推移した。しかし公定歩合は86年から87年にかけて断続的に大幅に切り下げられ，それ以降2％近くが維持された。のちに日銀の政策的誤りであったことが指摘されるようになったのである[23]。87年になると急激な上昇傾向が復活し，88年2月まで連続して10％を越えて伸びていった。この急増したマネーは，さきにみたように「マーシャルのk」を上昇させたことに

図 6-12　地価と不動産業向け貸出残高（1970～99年）

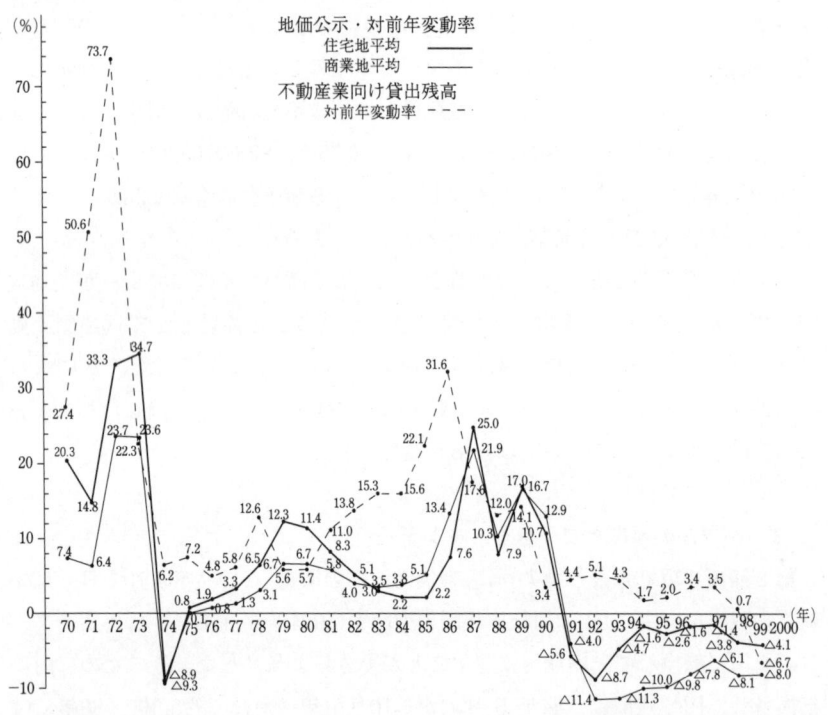

注：図6-3に同じ。
出所：土地価格研究会編著『土地価格の推移と分析』1447頁。ただし、西暦に改めた。

よって判明するように，フロー（名目国民所得）に向かわずストックの購入（株投機・土地投機）に向かった。

　プラザ合意後の金融緩和は，個人と企業の「財テク」ブームを促進させ，マネーの預金離れをもたらした。定額郵便貯金のマル優制度が廃止され，NTT株ブームが起こり，個人の株購入が急増した。宮崎義一は製造業企業の内部資金と粗設備投資の比率を計算し，高度成長期以来段階的に比率が上昇し企業の銀行離れが進行していたが，1976年以降は比率が100％を越え，企業の財テクがはじまっていたと判定した。この比率は87年と88年には120％に上昇した[24]。企業の外部資金調達ルートも変化した。86年以降，金利の低下と株高のもとでエクイティ・ファイナンス（時価発行増資，転換社債，ワラント債）が登場し

た。これは低利の資金であり，バブルの第1局面においては設備投資は停滞していたから（87年後半から設備投資は活発化する），金融資産とりわけ株式投資に運用された。また企業の資金運用も変化し，信託銀行による特定金銭信託やファンドトラストが拡大した[25]。

銀行のほうでは企業の銀行離れに直面し，土地や株を担保とした融資競争に走った。都市銀行は中小企業に貸付先を拡大したから，中小の金融機関は不動産業への貸付先を探し回った。図6-12は公示地価と不動産業貸付残高の推移を示すが，1985年22.1％増，86年31.6％増，87年17.6％増と急増し，地価は87年に25.0％増（住宅地），21.9％増（商業地）と，列島改造ブーム期につぐ上昇をした。このように銀行の行動が変化したことがバブルを促進させた。銀行はやがては地下の経済界との関係を強め，さまざまな金融・証券スキャンダルがアングラ世界で進行していった。またこの担保融資による乱脈融資が，90年代からの不良債権の温床となっていった。

バブルは必ず破裂するのがバブルの歴史であった。この20世紀末のバブルも，1987年の10月19日に第1次破裂が生じた。「ルーブル合意」による金利格差を維持した金利の同時引き下げ合意を無視して，西ドイツが金利を引き上げたので，アメリカの財務長官ベーカーは「ルーブル合意」を見直すと発言するにいたった。このベーカー発言に日本の機関投資家がショックを受け，プラザ合意後の急激な円高による為替差損の再襲来を恐れ，財務省証券30年物（推定100億ドル）をニューヨーク市場で一斉に売りにだした。そのために債券価格は急落し，その利回りは10％台に上昇したために，株から債券への資産選択行動が起こり，株価が暴落したとされる[26]。

第3項　バブルの第2局面

［1988年はじめ〜89年末］
［第11循環の好況期］

　日本の株価（日経平均）は，ブラック・マンデーの影響を受けて，2万6646円（1987年10月14日）から2万1037円（87年11月11日）へと21.1％暴落したが，そのご急速に再騰貴し88年初頭ごろにこの最高値を突破した。88年全体の騰落

率39.9％，89年29.0％と膨張し，年末には（12月29日）3万8916円に達した。図6-2よりわかるように，日本だけがブラック・マンデーの影響から早く立ち直り，株価が異常に高値で騰貴していった。地価は住宅地も商業地もともに88年には騰貴率が低下するが，89年には17％近く騰貴し，91年になって低下に転じた（図6-4，参照）。このようにバブルが膨張するなかで，総固定資本形成は87年後半から増勢に入り，88年11.9％増，89年9.3％増，90年8.9％増と高い水準をつづけた（図6-4，参照）。バブルの第2局面とともに本格的な好況を迎えたことになる。

1 本格的好況の進行

本節の第1項1でみたように，1987年の後半から急速に景気が回復した。景気をリードしたのは設備投資であった。すなわち87年度全体で民間企業設備投資（実質）は10.1％増，88年第1四半期が前期比で3.6％増，第2四半期4.6％増，第3四半期4.2％増，第4四半期3.4％増，89年第1四半期6.6％増となり，88年度全体で17.3％増，89年第2四半期に落ちて0.6％増，第3四半期6.5％増，第4四半期4.0％増，90年第1四半期2.7％増となり，89年度全体では16.5％増となる。90年第2四半期3.0％増，第3四半期2.3％増，第4四半期3.5％増，91年第1四半期2.6％増となり，90年度全体では13.6％増と推移した[27]。こうした高度成長期なみの設備投資の盛りあがりは，企業が金利安で調達した資金とエクイティ・ファイナンスによって直接調達した資金が，金融資産に加えて設備投資に回されたからである。世界経済的要因としては，ドル安と石油安によって設備投資が促進された。その中身をみると，輸出産業ばかりでなく各種製造業や第3次産業のME化設備投資と，規制緩和・民間活力活用路線による都市再開発と地域開発（リゾート法）のための建設投資だった[28]。こうした全国的な開発政策は，「列島改造バブル」のときと同じく，地価の高騰を促進した。実体経済がバブルを促進したことになる。

この期間鉱工業生産は，1988年度8.9％増，89年度4.5％増，90年度5.6％増となり，国民総生産（実質）は88年度5.9％増，89年度4.8％増，90年度5.7％増であった。この両成長率で判断すれば，この好況は高度成長期とははるかに見劣りのする並みの規模であったといえる。需要の内訳をみると，民間最終消費は

1988年度5.4％増,89年度4.1％増,90年度3.5％増となる。90年第4四半期にはマイナスになった。90年はバブル崩壊の影響を受けて個人消費がすでに冷え込みはじめた。民間住宅投資は1987年度に26.3％と急増した後は,88年度4.8％増,89年度0.7％増,90年度10.2％増となり,全体として国民総生産や個人消費の伸びに近い。公的資本形成(実質)は,88年度0.5％増,89年度1.0％増,90年度3.1％増と低迷していた。輸出(数量ベース)は,1988年度5.9％増,89年度2.6％増,90年度6.4％増と国民総生産の伸びに近かった[29]。したがってバブル第2局面での実体経済を引き上げていったのは設備投資であったことになる。さきにもみたように,操業度は90年まで上昇し,景気全体の動きに照応していた(図6-10,参照)。売上高経常利益率は,製造業では89年にすでにピークに達しており,非製造業はそれより1年早い88年にピークに達していた(図6-11,参照)。好況の後半からすでに利潤率が低下していたことは,この間の旺盛な設備投資が過剰投資(過剰蓄積)であったことを物語っている。

2 バブルの再膨張

1988年に入ると株価は再騰貴し(88年39.9％,89年29.0％),地価も騰貴しつづけた(住宅地は88年7.9％,89年17.0％,商業地は88年10.3％,89年16.7％)(図6-1,図6-4,参照)。すでにみたように,企業はエクイティ・ファイナンスによって低利の資金を調達した。その結果,企業には「過剰な資金」が形成された。売上高に対する資金調達額の割合が86年以降急上昇したが,宮崎義一は,バブルの第1局面(86〜87年)に23兆円,第2局面において71.4兆円の「過剰資金」が形成されたと推計した。この「過剰資金」の約3分の1は設備投資などの実物投資に使用されたが,残りの3分の2はバブル膨張のために使用されたと推定している[30]。89年12月29日の株価最高値で大納会を終えた株式市場は,翌年の正月明けから大暴落に入った。地価はひきつづき騰貴しつづけたが,バブルは崩壊過程に突入していった。この過程については次章で考察しよう。

第4項　バブル崩壊直後の引き延ばされた好況

　ブラック・マンデーの株価暴落にもかかわらず，実体経済は本格的な好況に向かったように，1990年にバブルが破裂し，しかも利潤率が前年（製造業）ないし前々年（非製造業）をピークとして低下していたのに，設備投資を中心とした好況がつづいた。すでにみたように設備投資は対前期比で，1990年第1四半期2.7％増，第2四半期3.0％増，第3四半期2.3％増，第4四半期3.5％増，91年第1四半期2.6％増となり，90年度全体では13.6％増と推移した。公定歩合はようやく前年から段階的に引き上げられ，ドル安メリットもなくなったのに設備投資が増勢であった。業種別にみると，非製造業は増加率を落としているが，製造業は高い増加率を維持した。規模別にみると，大企業は増加率が低下した水準で維持されたのにたいして，中小企業の増加率は急低下した。投資誘因からみると，需要動向に左右されない合理化・省力化，研究開発・新製品・新規事業進出などの「独立投資」が中心だった[31]。こうした実体経済（ファンダメンタルズ）の好調がつづいたことが，政策当局者たちがバブル崩壊の深刻性を認識するのを妨げたといえる。

第5項　バブルのメカニズム

　以上の考察をバブルのメカニズムとして要約すれば，図6-13のようになる。まず，外貨やユーロ円の円転換，日銀の「ドル買い・円売り」介入，企業自身のエクイティ・ファイナンス，日銀の低金利政策によって，マネーサプライが急増した。それが実体経済の停滞を反映して金融資産への投資となったために，株価と土地が暴騰しバブルが形成された。以下，企業部門，銀行部門，個人部門に分けてバブル膨張のメカニズムを説明しよう。

1　企業部門

　株価神話がつづくかぎり，企業は株や債券を内外で発行して低利で外部資金を調達できた（エクイティ・ファイナンス）。そのために手元流動性が過剰に

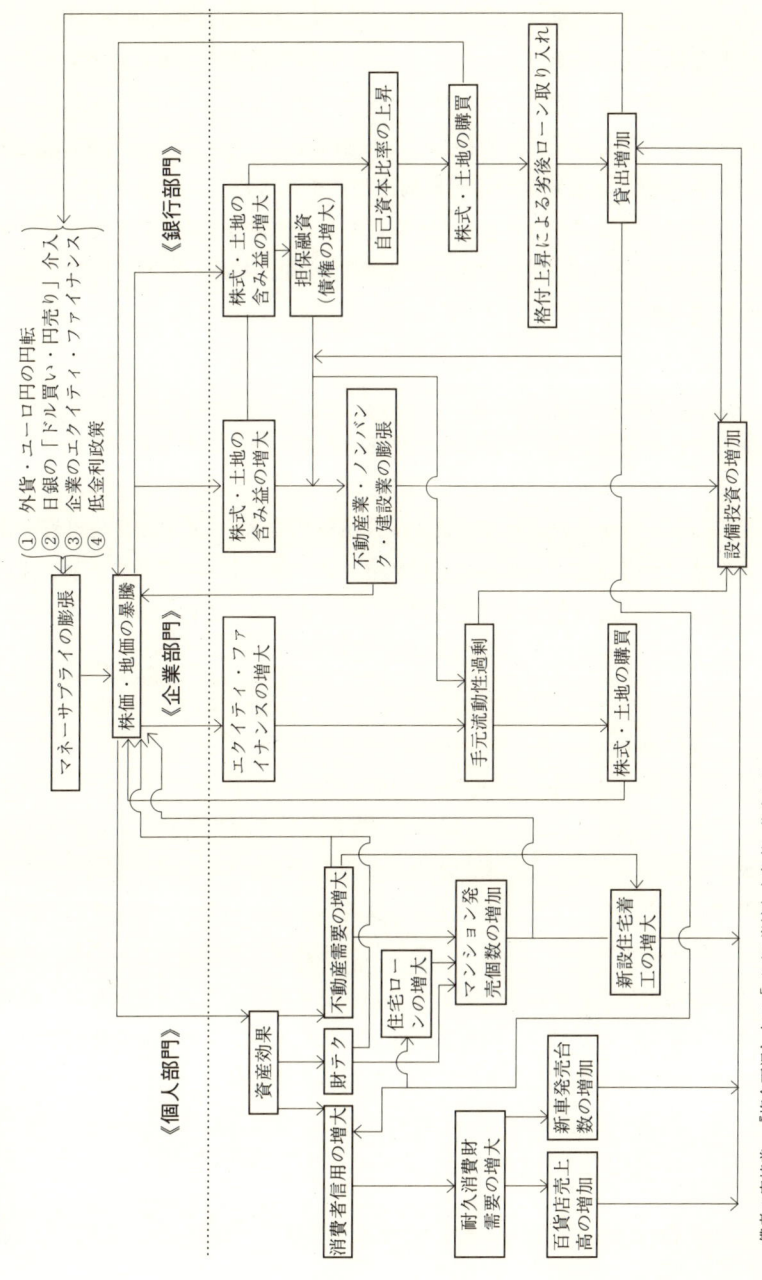

図 6-13　バブルのメカニズム

①　外貨・ユーロ円の円転
②　日銀の「ドル買い・円売り」介入
③　企業のエクイティ・ファイナンス
④　低金利政策

《銀行部門》

株式・土地の含み益の増大 → 自己資本比率の上昇 → 株式・土地の購買
担保融資（債権の増大） → 格付上昇による劣後ローン取り入れ → 貸出増加

マネーサプライの膨張 → 株価・地価の暴騰

《企業部門》

株式・土地の含み益の増大 → 不動産業・ノンバンク・建設業の膨張
エクイティ・ファイナンスの増大 → 手元流動性過剰 → 株式・土地の購買
設備投資の増加

《個人部門》

資産効果 → 財テク
不動産需要の増大 → 住宅ローンの増大 → マンション発売個数の増加 → 新設住宅着工の増大
消費者信用の増大 → 耐久消費財需要の増大 → 新車発売台数の増加 → 百貨店売上高の増加

備考：宮崎義一『複合不況』中の「バブル崩壊」を参考に作成した。

第6章　バブルの形成と景気循環　201

形成され,それが短期所有目的で株式に投資された(企業の財テク化)。それはそれで株価を一層騰貴させたし,バブルの第2局面になると過剰手元流動性の一部は設備投資に向かった。株価と地価の上昇は株式と土地の含み益を増大させたから,銀行はそれらを担保として融資を拡大した(銀行債権の急膨張)。この担保融資は一般企業の手元過剰流動性を強めたし,不動産業・ノンバンク・建設業に多く貸し付けられたから,これらの業界を中心としてさらに地価を暴騰させていった。またこれらの業界の暗躍は一般企業への需要を喚起し,設備投資を促進した。

2 銀行部門

銀行は担保融資によって貸付を累増させたが,株式と土地の含み益の増大は自己資本比率を上昇させ,経営状態の格付が上昇し,劣後ローンの取り入れを容易にした。そのため銀行では貸付増大競争が激化し,それが担保融資を強め,一般企業の手元流動性を強め,不動産業・ノンバンク・建設業の膨張を促進した。また銀行の貸出増加は,個人部門の消費者ローンや住宅ローンにも向けられた。

3 個人部門

所有資産の価格上昇によってストックの価格が上昇し,フローの消費支出が増大する(資産効果)。まず,銀行は消費者信用を増大させたから耐久消費財需要が増大し,百貨店売上高が増加した。また預金されていた資産を財テクに回しはじめたから,それは株や土地の暴騰へと還流したし,財テク目的のマンション購入にも向かった。資産効果として不動産需要が増大し,銀行の住宅ローン貸付増大に支えられてマンションの実需も増大した。また同時に,新設住宅着工も増大した。こうした耐久消費財・新車・マンション・住宅需要は,製造業の設備投資を増勢に向かわせた。設備投資の復活は,こうしたバブルのメカニズムをさらに回転させていったのである。

注
1) 『経済白書』(昭和61年版) 6-7頁。

2) 川崎邦夫監修,明光証券経済研究所編『データブック・日本の株式』東洋経済新報社,1990年,147頁より計算。
3) 都留重人『地価を考える』岩波書店,1990年,135頁。
4) 篠原三代平『戦後50年の景気循環』日本経済新聞社,1994年,124-126頁。
5) 宮崎義一『複合不況』中央公論社,1992年,9-13頁。原資料はBIS資料であり,東京銀行『東京銀行月報』1990年5月号に翻訳されている。
6) 『1999年経済諮問委員会年次報告』(大統領経済報告)(『エコノミスト』臨時増刊・1999年5月31日号,175頁)。ただし国際決済銀行(BIS)の調査による。
7) 本項は,井村喜代子『現代日本経済論』有斐閣,2000年,335-339頁,348-349頁,を参考とした。
8) 本項は,宮崎『複合不況』109-129頁,井村『現代日本経済論』342-343頁,を参考とした。
9) 『経済白書』(昭和59年版)3-6頁。
10)11)12) 『経済白書』各年版による。
13) 『経済白書』(昭和61年版)21頁。
14) 『経済白書』(昭和59年版)40頁。
15) 同上書,142-147頁。
16) 『経済白書』各年版より計算。
17) マネーサプライの急増については,宮崎『複合不況』123-127頁,参照。
18) 『経済白書』(昭和62年版)7頁,『経済白書』(昭和63年版)3-5頁。
19) 宮崎『複合不況』141頁。
20) 同上書,124-125頁,195-196頁。
21) 篠原『戦後50年の景気循環』123-125頁。
22) 宮崎『複合不況』112-115頁。
23) 同上書,126-127頁。
24) 同上書,131-132頁。
25) 斎藤精一郎『現代金融入門』(第3版)日本経済新聞社,1995年,304-306頁。
26) 宮崎『複合不況』142-146頁。
27) 『経済白書』各年版より。
28) 井村『現代日本経済論』388-394頁。
29) 『経済白書』(平成3年版)40頁。
30) 宮崎『複合不況』152-154頁。
31) 『経済白書』(平成3年版)81-83頁。

第7章 バブル崩壊後の景気循環

第1節 バブルの崩壊

　バブルは1990年に入ると破裂したが，実体経済は91年2月まで好況がつづいた。その後，93年10月を底とする長期不況に陥った。91年第1四半期の山から93年第4四半期の谷にかけて，鉱工業生産はマイナス11％，国民総生産は2％増となり，鉱工業生産の低下が大きかった。鉱工業生産の動向を四半期別にみると，91年第2四半期が対前期比で0.5％減，第3四半期0.1％増，第4四半期1.2％減，92年第1四半期3.1％減となり，91年度全体では0.6％減となる。92年第2四半期は2.3％減，第3四半期0.4％減，第4四半期2.8％減，93年第1四半期0.4％増となり，92年度全体で6.3％減となる。93年第2四半期は1.2％減，第3四半期1.0％減，第4四半期2.4％減，94年第1四半期1.5％増となり93年度全体で4.0％減となった。したがって93年末まで連続的に大幅に生産が低下したことになる。需要別にみると，好況期の過剰蓄積を反映して民間企業設備投資が15％減と大幅に低下したのに，輸出は1％増，個人消費は5％増と堅調で，公的資本形成は40％も増加した。80年代初期の長期不況が36ヵ月であったが，この不況もそれにつづく32ヵ月と長期化した[1]。そのために財政が出動したのである。景気は93年から回復に向かうが，バブルの後遺症が重圧となって本格的な好況はみられなかった。まずバブルの崩壊過程から考察しよう。

　図7-1は，バブル期をはさんだ株価の推移を示す。1990年の正月明けから株価が暴落し，債券・円も下落し「トリプル安」となった。宮崎義一によれば，こうした暴落の主要な要因は，株価指数先物と現物市場との間の裁定取引であり，裁定取引解消による現物売りの殺到であった。こうした行動に出たのは裁定取引に熟知していた外資系証券会社であり，東京市場やニューヨーク市場は「トリプル安」に転じたのに，フランクフルト市場は「トリプル高」となった。すなわち日本やアメリカから西ドイツへ資金が流出したのであり，「ベルリン

図 7-1 株価の推移（1985～2001年）

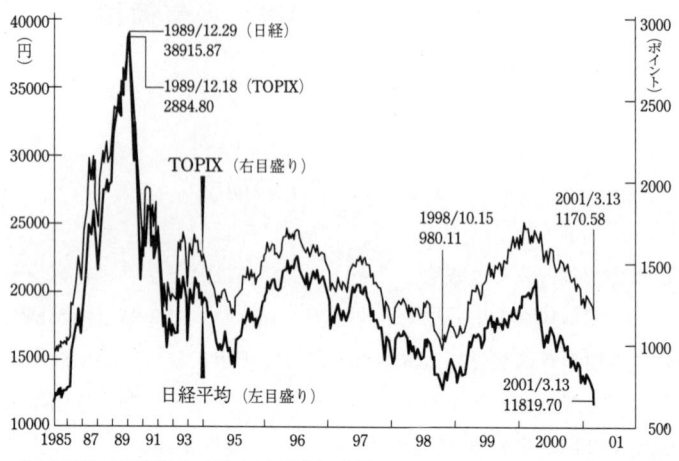

注：1994年までは毎月末。95年からは毎週末の終値。
出所：『朝日新聞』2001年3月14日付朝刊。

の壁」の撤去・東ドイツでの市民革命（共産党政権の崩壊）・ドイツ統一へと向かうダイナミックな政治過程がその背後にあった[2]。95年の6月まで五つの谷を形成しながら株価は暴落していった。急暴落した90年には，4月2日に前年末の最高値（日経平均で3万8915円87銭）から28.5％下落し2万8002円7銭になり，10月1日（日本のブラック・マンデー）には7月17日のピークから39.1％低下し2万221円86銭になった。その後一時的に回復しながら，92年7月，93年11月，95年6月へと谷が低下する形で下落していった。あとで考察するように，95年には第1次の金融危機が生じ，中小の銀行が倒産した。96年には回復するが，97年3月・97年12月・98年9月を谷としてさらに低下した。97年には第2次金融危機が発生し，北海道拓殖銀行や山一証券が倒産した。株価の下落にこうした金融危機が大きく影響したことがわかる。その後，2000年3月には96年水準に回復するが，世界的な株価低迷の影響を受けて下落し，2001年3月13日には日経平均が1万1819円70銭になり，7月30日にはさらに1万1579円27銭に，9月3日には1万409円68銭までに低下した。株価の傾向的下落が11年もつづくまったく異常なバブル崩壊過程がつづいたことになる。89年末の最高値よりじつに73.3％も暴落したことになる。

図7-2 主要国の株価の推移（1990～2000年）

(1995年=100)

注：1）目盛間隔は対数で表しているので，近接する2時点間の変化率は，傾きに相当する。
　　2）日本は日経平均株価，米国はダウ工業株30種平均，ユーロエリアはDow Jones EURO STOXX指数，イギリスはFTSE指数，ドイツはXETRA DAX指数（91年6月以前はDAX指数），フランスはCAC 40種平均指数。
出所：日本銀行国際局『国際比較統計』（2000年版）10頁。

　日本の株価の長期にわたる暴落がまったく異常であることは，図7-2によっても確認できる。日本以外の先進資本主義国は，1990年には一斉に暴落したがすぐに回復に向かい，アメリカは91年に，ドイツは93年に，イギリスは91年に，暴落前のピークを突破し，99年まで上昇しつづけた。日本のバブルがいかに異常に膨張していたかを物語っている。乱脈融資による不良債権の重圧と，それによる金融危機の深刻性を示している。不良債権の実体は正確には把握しにくいが，ソロモン・ブラザーズの推計によれば，金融機関（都銀，信託，長信銀）の貸出金残高の6％にあたる21.3兆円が不良債権となる（91年3月期）。この不良債権は株の含み益で償却されなければならないが，株の含み益そのものが，株価が日経平均で1000円下落すれば約3.6兆円の含み益の消滅となってしまう状態だった[3]。公的資金を合計約25兆円（『日本経済新聞』2000年12月18日付朝刊による）も投入して政府は銀行を支援したが，それでも不良債権の重圧から逃れ

きれなかった。2001年に成立したブッシュ政権からは強く不良債権の解決を迫られているが、民主党の要請で金融庁が集計した不良債権額は2001年3月期において150兆円にもなる。その内訳は、すでに破綻した企業への債権13兆円、破綻が懸念される債権21兆円、要注意債権117兆円である[4]。この額は金融機関（銀行、信用金庫、信用組合など）の総与信額の22％を占めている。株価が下落したり、企業収益が悪化して企業倒産が増えれば、不良債権は累増する危険性を持っている。日本のバブルの清算はこれからもつづき、依然としてバブル崩壊過程に日本経済はあるといわざるをえない。

　地価は、前章の図6-4からわかるように、不動産貸出の「総量規制」によって1991年から下落し、92年には住宅地・商業地ともに10％近くの下落となった。その後は2001年まで下落の連続であった。株価が一時的な回復を繰り返しながら段階的に下落していったのとは対照的に、地価は一直線に下落していった。この地価暴落が不動産業の倒産や総合建設会社（ゼネコン）の経営悪化を招き、銀行の不良債権を増加させるように作用した。

　こうした不良債権の累積と株価・地価の暴落傾向との悪循環はなぜ発生したのか。外資系証券業者の日本株式会社体制に対する評価の変化、日本政府の政策対応の失敗、アメリカ金融資本の対日戦略などが考えられる。後者については次節で考察することにし、前二者について述べておこう。1980年代の日本の債権大国化とバブル高進期には盛んに日本的経営の優秀さが宣伝されたが、90年代になると企業の閉鎖性（情報公開の遅れ）や政・財・官の融合・癒着体制（談合や密室決定）、政府の不良債権処理の先送り体質などが、日本企業の国際的な評価を低下させた。バブル崩壊とともに検察当局が摘発した一連の金融・証券スキャンダルは、国際評価の低下に拍車をかけた。

　また政府のバブル対策の失敗を指摘しておかなければならない。すでに触れたように、バブル期の日銀の金融緩和（低金利の放置）はバブルを促進させてしまったし（日銀の政策失敗）、89年になって公定歩合を段階的に引き上げたがバブルの歯止めにはならなかった。90年初頭からのヘッジファンドを先頭とする外資系証券業者の裁定取引の解消（現物売りの殺到）によってはじめて、株価は低下に転じたのであった。株が暴落しても、政府や日銀は実体経済（ファンダメンタルズ）が健全であるとの認識から、不良債権と株価暴落の深刻性

を軽視していた。たしかにバブルが崩壊しても実体経済の好況は91年2月までつづいたのだが，それは実体経済と投機の世界とのズレであり，投機（マネー）の世界の深刻性を早く認識すべきであった。ところが政府・日銀は銀行の不良債権を甘くみていたらしく，不良債権の実体はアメリカ（ソロモン・ブラザーズ）から日本国民に知らされるような状態であった。そればかりではなく，銀行の経営状態を改善するために超低利の金利（ゼロ金利）政策を展開した。これは，国民の利子収入を犠牲にして金融システムの健全化を図ろうとしたものだが，退職した金利生活者を中心とした個人消費を冷却化させ，不況を長引かせる要因となった。さらに，累積する財政赤字下で高齢化社会を迎えたために，財政の財源として消費税をさらに引き上げるという安易な道を選択したから，個人消費をさらに冷え込ませる結果となった。また超低金利は企業の設備投資を呼び起こすという考えが宣伝されたが，もともと設備投資は実体経済の期待利潤の高さによって決まるものであり，実際金利を下げても設備投資は盛りあがらなかった。企業は設備投資を増加するどころか，バブル崩壊の打撃から脱出することに全力をあげざるをえない状態だった。

　自民党政権は，不良債権解決のために公的資金を銀行に投入したり，財政支出を拡大（公的資金のバラ撒き）したが，いっこうに長期不況基調から脱出できないできた。それは自民党という政党の体質にも原因がある。55年体制から自民党は権力の中枢を支配してきたが（細川・羽田内閣のときに一時的に野党になった），それは政・官・財の癒着と腐敗を生みだしてきた。政権を握っているから，産業や農業や各種業界（医師会，特定郵便局長の会，日本遺族会，軍恩同盟など）や不動産・建設業や金融等の行政指導や管理を通じて，国家資金をバラ撒くことができる。その見返りとしてカネと選挙の票を集める。まさに自民党は選挙基盤を維持・拡充することを最優先させる政策を展開してきたといえる。選挙基盤が崩壊しないように銀行を支援し，農協の不良債権負担を軽減させたり，ゼネコン救済を優先させてきた。それが不良債権処理を先送りさせ，一層の株価低落を引き起こし，不良債権の累増という悪循環に陥ってしまった。こうした55年体制として形成された日本社会の制度や構造的枠組み（第1・2章）が桎梏化し，制度を運営する政権が腐敗しているところに悪循環の根元がある。

第 2 節　冷戦体制の崩壊とアメリカのヘゲモニーの回復

第 1 項　冷戦体制の崩壊

　日本全体がバブルに酔いしれていた1989年夏から91年にかけて，冷戦体制が崩壊するという世界史的事件が発生した。89年8月，ポーランドでの共産党政権の崩壊，89年11月，ベルリンの壁撤去，12月，ルーマニアの共産党政権の崩壊，90年10月，ドイツ統一，91年8月，ソ連でのクーデタと，12月，ソ連邦の解体である。こうした東欧・ソ連の「社会主義体制」の崩壊については本書では扱えないが，ソ連社会の性格とマルクスやエンゲルスが構想した本来の社会主義については第10章で論じる。こうした一連の「社会主義」体制の崩壊とかさなって，91年の初頭に湾岸戦争が勃発した。多国籍軍とはいってもその主力は米英軍であり，アメリカはハイテク技術を駆使して圧倒的な勝利を収めた。日本政府は莫大な経済支援を提供し，戦後には自衛隊を掃海活動に派遣した。この二つの事件によって，アメリカは唯一の超大国としてヘゲモニーを回復していった。アメリカの軍事的覇権の確立とともに，日米安保体制も極東の範囲が拡大し変質した。

　冷戦の終結とともに，アメリカの安全保障局（NSA）や中央情報部（CIA）は，諜報活動の比重を資本主義ライバルである日欧に移した。その一端はEUが暴露したエシュロンであり[5]，世界中の電波を傍受しているといわれる。最近のインターネットの大発展は，簡単に人工衛星を通じて情報がキャッチされることを意味する。自国政府さえ知らない経済情報を利用して，ヘッジファンドを先頭としてアメリカ金融資本が戦略的に投機活動を展開する。たとえば東アジアの通貨危機にみられるように，一国の国家予算よりも大きい額が一斉に流出するような場合には，国民経済や地域経済は壊滅的な打撃を被るまでになった。投機筋を儲けさせるために意図的に企業の格付操作がなされるという。しかも冷戦後のアメリカの世界戦略は，さきにみたように（第5章第6節第2項3），IMFや世界銀行やOECD（経済開発援助機構）やはては国連という国際機関を利用しておこなわれる兆候がみえる。東欧・ロシアは西側の経済援助を

求めたが，その条件としてIMF路線（均衡財政主義，市場の自由化要求）を受け入れたために，アメリカの資本が自由に利益追求することを可能にした。しかしアメリカン・スタンダードが世界でそのまま通用（成功）するものではなく，各国・地域の制度や伝統や商習慣にマッチしなければ経済再建に役立たないことを，この間の東欧やロシアの停滞は証明したといえる。

第2項　アメリカの世界戦略と対日要求

　冷戦体制崩壊によるアメリカの軍事的覇権の再確立後に登場したクリントン政権は，経済の再生に取り組んだ。すでにアメリカは80年代後半からリストラクチャリング（事業・経営の再構築）を進め，90年代はじめにはコンピュータ中枢技術で圧倒的な優位を確立した。1993年に登場したクリントン政権の戦略は情報通信革命であり，電気通信法の改正（96年2月）によって国内の民間セクターの相互参入・競争を促進し，国際的な独占再編成への道を開いた。
　クリントン政権は一方では市場の自由化を要求しながら，他方では日本の対米大幅黒字を日本市場の閉鎖性のせいにして，輸出の「数値目標」を守るようにと規制を強制してきた（日米構造問題協議，日米包括経済協議）。これはあきらかに矛盾した要求であり，アメリカの輸出（商品・資本）は自由化させ，日本からの輸出は自主規制させることを意味し，まったくアメリカの利害を優先したものであった。細川政権のときにはこの「数値目標」は受け入れず，ヨーロッパからもアメリカは批判された。しかし自由化要求は，日本農業の根幹をなすコメの市場開放にまで進展した。こうしたアメリカの要求と日本政府の対応，中国や韓国を中心とした農産物の輸入増は，戦後の日本農業の構造改革の緊急性と，政府・自民党の選挙基盤である日本農村の危機を招いていった[6]。
　しかもクリントン政権の背後には，アメリカの産・軍・政複合体制（金融寡頭制）の利害がある。古くからアメリカには産軍複合体制があり，ペンタゴン（国防省）と産業界は融合・癒着していた。クリントン政権になってからの新しい特徴は，ウォール・ストリート街（金融資本）の成功者が多数政権の中枢部に入り込んでおり，財務省＝ウォール・ストリート同盟が成立したことである。それは，1980年代からのアメリカ金融資本の世界戦略の展開と，国際的投

図 7-3 主要国の実質 GDP 成長率（1990〜99年）

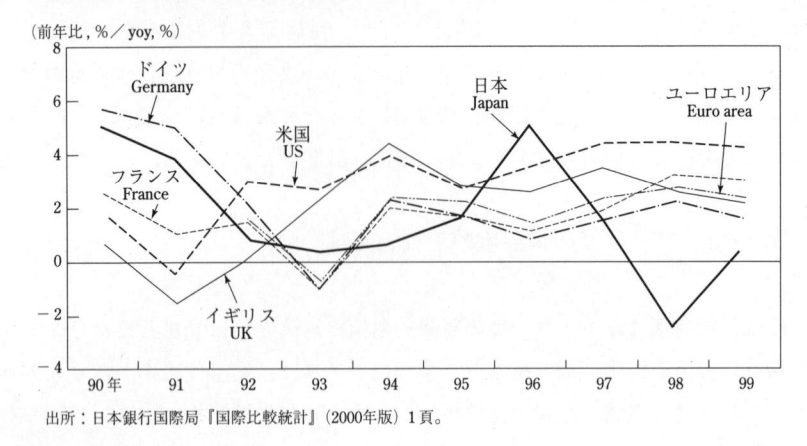

（前年比, ％／yoy, %）

出所：日本銀行国際局『国際比較統計』（2000年版）1頁。

機的金融活動の膨張がさらに一段と高まったことを示している。それとともに，単なる金融面だけでなく，産業と軍部と金融が一体となった新たな帝国主義的な世界戦略が展開されていると理解しなければならない。

第3項 アメリカの好景気と日欧の不況

図7-3は日・米・欧の実質GDPの成長率の動向を示す。アメリカは1992年に景気が回復し，それ以降は2％強から4％強の成長率の好況がつづいた（2000年秋頃から失速）。日本は91年から93年まで景気が後退したあと，94年から96年にかけて景気が回復したが，97年から再び景気が後退し，98年にはマイナス成長に陥った。イギリスはほぼアメリカと同じように景気が推移したが，ドイツやフランスやユーロエリアは日本と同じく93年まで景気が後退し，しかも93年にはマイナス成長となった。その後は1〜2％の成長率で回復しているが，アメリカ・イギリスの好況よりはるかに弱かった。したがってアメリカとイギリス（アングロ・サクソン）は，90年代に「一人勝ち」したことになる。それは，アングロ・サクソン系の金融資本が金融的に世界を制覇したこと，冷戦崩壊後アメリカの軍事的覇権の強化，その後のクリントン政権の国内経済再生・世界戦略の「勝利」によって可能となったといえる。

アメリカの好況の持続は，設備投資が拡大したことによる。コンピュータと関連機器（情報通信技術）の設備投資が主力であり，非製造業（ビジネス・サービス等）の拡大とそこでの新たな情報通信関連投資を呼び起こした。また輸出の拡大と個人消費の伸びが好況を支えてきた。しかし個人消費の伸びは個人債務の増大と異常株価高によるキャピタル・ゲインに依拠しているから，2000年からの景気後退と株の下落によって崩壊する危険性を含んでいる。アメリカはこの長期的好況の下で，財政赤字を解消したが（98年度会計），貿易収支・経常収支赤字を外国資金でまかなう体質は解消されていない[7]。日本が長期的な停滞基調に悩んでいる最大の原因は，バブルの後遺症が解消されないからである。

第3節　金融危機下の景気循環

[1993年10月・谷～1997年3月・山～1999年4月・谷]

第1項　停滞基調の景気回復

　1993年10月の底から97年3月のピークにかけて，鉱工業生産は15.5％増加した。93年第4四半期から97年第1四半期にかけて，国民総生産は10.2％の増加だった。需要別にみると，民間最終消費が9.6％増，国内総資本形成が14.6％増（そのうち民間企業設備25.5％増），政府最終消費6.5％増，輸出29.1％増となる。個人消費が低迷し財政支出が抑制され，輸出と設備投資が景気回復をリードした。しかし国民総生産は前回ピーク（91年第1四半期）を12.7％超えたにすぎず，鉱工業生産では前回ピーク（91年1月）より今回ピーク（97年1月）はわずか1.5％上昇したにすぎない。したがって弱々しい回復であり，停滞基調の景気回復であったといえる。ピークから底にかけては，鉱工業生産は9.7％減となる（1997年3月～99年4月）。97年第1四半期から99年第2四半期にかけて，国民総生産は2.3％減，となる。需要別にみると，民間最終消費が2.7％減，国内総資本形成が8.0％減（そのうち設備投資は13.3％減），政府最終消費4.1％増，輸出0.1％増となる。設備投資の減少が景気後退の最大要因であり，個人

図7-4 売上高・経常利益の動向（1989～2000年）

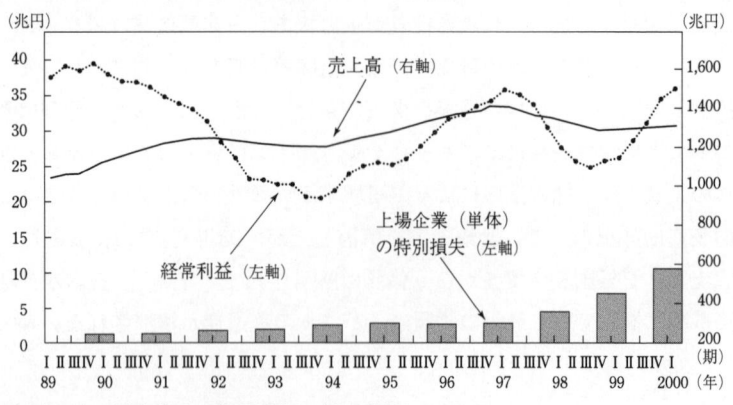

備考：1）大蔵省「法人企業統計季報」，大和総研資料により作成。
　　　2）上場企業の特別損失金額（年度ベース）については，89年度から99年度まで連続して
　　　　データの取れる873社（単体）を対象に集計。
　　　3）売上高・経常利益については，経済企画庁で季節調整をかけた後，年度ベースに換算した。
出所：経済企画庁『経済白書』（2000年版）30頁。

消費も減少している。輸出は横ばいで，財政支出が不況を下支えしたことになる[8]。不況の底から底までの鉱工業生産を比較するとわずかに4.3％の増加にすぎず，停滞基調下の景気循環であったことが確認される。

図7-4はこの循環における経常利益の循環的変動を示す。景気基準日付とほとんど同じ動きをしている。なお図の中に1998年から2000年にかけて上場企業の特別損失が増加しているが，これは事業再編のためのリストラ費用や，2000年3月期決算から導入される「連結会計」・「時価会計」・「退職金給付会計」といった新会計基準への対応と考えられる[9]。図7-5は操業度（稼働率）の循環的変動を示しているが，94年にも低下がつづいた点をのぞけば，経常利益と同様に全体の景気とほぼ一致していた。以下，景気の推移を年を追ってみていこう。

景気回復は1993年秋からはじまったが，鉱工業生産は94年から回復した。前期比で1～2％と緩やかに増加していったが，生産増加をリードしたのは生産財と輸出の増加だった[10]。95年1月17日に阪神・淡路島大地震が発生し，1月には全国での生産が減少したが，2月には回復した。1月と2月を合わせて

被災地では実質消費（全世帯）が18％減少し，百貨店売上高は神戸だけで57.1％減少した。低迷をつづけている設備投資は景気が回復しても減少をつづけたが，94年第2四半期前期比0.9％増，第3四半期0.5％減，第4四半期0.1％増，95年第1

図7-5 操業度（稼働率）の動向（1993〜99年）

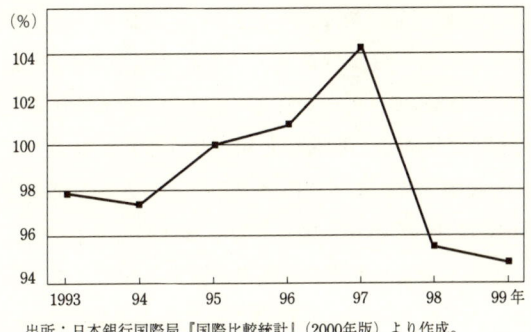

出所：日本銀行国際局『国際比較統計』（2000年版）より作成。

四半期0.1％増と回復の兆しをみせた。個人消費は，93年第4四半期に前期比0.8％増，94年第1四半期0.0％，第2四半期0.2％増，第3四半期1.1％増，第4四半期0.1％増，95年第1四半期1.1％減と低調だった[11]。この低調は実質所得の低迷による[12]。財政支出は，93年第4四半期0.0％増，94年第1四半期0.4％増，第2四半期1.6％増，第3四半期0.0％増，第4四半期0.5％増，95年第1四半期1.8％増であったから，財政支出は回復を下支えする程度だった。住宅投資は変動が激しく，93年第4四半期1.8％増，94年第1四半期3.9％減，第2四半期8.3％増，第3四半期3.8％増であり，それ以降98年第2四半期まで減少した。したがって住宅投資は，この景気の前半には回復を牽引したが，後半は回復の足を引っ張った。急激な円高にもかかわらず，輸出は94年に入って第1四半期4.1％増，第2四半期1.7％増，第3四半期1.5％増，第4四半期1.2％増，95年第1四半期1.4％増，第2四半期2.8％増と推移したから，景気の前半の回復を牽引したといえる。しかしその後の95年第3・4四半期には減少した。この期間に輸入は輸出よりも増大したので，貿易収支の黒字幅は縮小した。このようにみてくると，この景気の前半の回復を牽引したのは住宅と輸出だったと考えられる。

　1995年第1四半期に個人消費が減少し，住宅投資は94年第4四半期から1年にわたり低下したし，95年央には回復が足踏み状態になった。また95年後半から円高が逆転したのに，輸出は減少した。阪神・淡路島大地震や金融危機による社会的不安なども景気を足踏みさせた。財政支出全体は伸びなかったが，公

共投資(公的資本形成)は第2四半期3.2%増,第3四半期5.8%増,第4四半期6.9%増,96年第1四半期8.6%増となり,回復を牽引した。公定歩合も引き下げられた。設備投資は,95年第2四半期2.8%増,第3四半期0.6%増,第4四半期2.3%増,96年第1四半期1.5%増であり,回復を牽引したといえる。したがって95年央の回復の足踏み状態から,財政・金融政策にバック・アップされた設備投資によって抜け出したといえる。95年度全体の実質国民総生産の成長率は2.4%であり,個人消費もほぼ同じく2.7%の増加であった。

1996年第2四半期から在庫が減少に転じ,鉱工業生産が伸びた。それにともない国民総生産は,前期比で96年第1四半期2.6%増,第2四半期0.4%増,第3四半期0.3%増,第4四半期1.6%増,97年第1四半期1.2%増と回復していった。民間最終消費は96年央には完全な横ばいであったが,第4四半期1.3%増,97年第1四半期2.4%増と回復した。企業の収益も回復したので(図7-4,参照),設備投資も96年第2四半期2.4%増,第3四半期4.0%増,第4四半期3.3%増,97年第1四半期3.4%増と順調に伸び,96年度全体で13.8%と高率で増加した。輸出は95年後半に減少したが,96年に入り第1四半期2.3%増,第2四半期0.2%増,第3四半期4.1%増,第4四半期5.0%増,97年第1四半期2.3%増となり,96年度全体で12.0%と高い増加をした。したがって1996年度の景気の再回復は,設備投資と輸出がリードしたといえる[13]。

第2項 金融危機の発生

1 第1次金融危機(1995年)

バブルが破裂して「土地神話」と「株神話」が崩壊したつぎに,銀行が倒産し「銀行神話」が吹き飛んだ。バブル期に融資の担保とした土地と株の暴落と実体経済の不況とが複合的に作用して,債権が不良化し,大幅な債務超過となった銀行が倒産した。

まず1992年に東邦相互銀行・東洋信用金庫が破綻し,93年には釜石信用金庫・大阪府民信用組合が破綻した。95年にはいると東京協和・安全信用組合が破綻した。両信用組合ともバブル期に急成長した銀行であり,その破綻の原因はバブルそのものにあった。両信用組合の預金量はそれぞれ2000億円台だった。

そして，東京協和信用組合理事長の交遊が問題になり，大蔵省高官のスキャンダル事件にまで発展した。その後，岐阜商銀・友愛信用組合・コスモ信用組合・福井第一信用組合・山陽けんみん大和信用組合・大阪信用組合・木津信用組合・三福信用組合・阪神労働信用組合・土岐信用組合・東海信用組合・北九州信用組合とつづいた。コスモ信用組合の預金量は4000億円台であった。そして第二地銀である兵庫銀行・太平洋銀行・阪和銀行が破綻した。木津信用組合の預金量が1兆2000億円，兵庫銀行は2兆5000億円であり，倒産規模が拡大していった。比較的優良な都銀とバブルに手を出さなかった一部の地銀以外の金融機関は，巨額の不良債権を抱え込んでいたが，超低金利による巨額の業務利益によってその処理にあたっていた。95年9月期決算において，預金取扱金融機関の不良債権は，破綻・延滞債権24兆6880億円，金利減免等債権13兆3980億円，合計38兆860億円にもなっていた。債権償却特別勘定（貸倒れ引当金）は6兆9610億円であり，不良債権の18.3％にすぎなかった。96年3月期決算では不良債権総額は34兆6820億円と減少し，債権償却特別勘定は12兆5040億円と増加し，不良債権の36.1％に引き上げられた[14]。また，不良債権処理のために共同債権買取機構がつくられた。

1995年には，大和銀行ニューヨーク支店の幹部が，不正取引で1100億円の損失を発生させた（大和銀行事件）。つぎつぎと不祥事が発覚し，日本の金融機関の国際的信用が落ち，事前に相談を受けていた大蔵省が適切な対処をしなかったことが批判された。そしてジャパン・プレミアムというバブル期の逆の金利上乗せ状態に転落した。96年には住宅金融専門会社（住専）問題が起こり，年末の国会・政界を混乱させ，やがては村山内閣の辞職へとつながっていった。住専の不動産担保融資の多くが不良債権化し，その総額は8兆円を超えた。政治問題化したのは，この住専に農林系金融機関が5兆円も融資しており，農林系金融機関と住専の母体行とが責任分担をめぐり暗躍し，選挙基盤を守ろうとする圧力もあって6850億円の公的資金が導入されたからである。税金を使うことに対して国民の政府批判が噴出した。また，不良債権処理のために住宅金融債権管理機構が設立された。

バブル崩壊以前は，破綻した金融機関を他の強力な金融機関が吸収することによって処理されたが，バブル崩壊後には吸収するだけの体力のある銀行は姿

を消してしまった。そこで破綻処理専門の受け皿機関が設立されていった。東京協和・安全信用組合とコスモ信用組合は東京共同銀行に事業譲渡された。多くの金融機関は不良債権を整理回収銀行に移し，それ以外の債権は既存の金融機関に譲渡された。預金保険機構からは破綻銀行に預金支払いを保証するために資金贈与がなされ，受け皿機関には全国の金融機関や日銀が出資した（東京共同銀行には東京都も180億円出資した）[15]。

2 第2次金融危機（1997年）

1997年の不況や不良債権を背景として，経営の悪化していた金融機関に対する株式市場や短期金融市場の信任が急落し，大手の金融機関と証券会社が倒産した。

戦後日本の経済復興と高度経済成長を産業金融面から支援してきた長期信用銀行は，その歴史的使命を終えていた。そのためにバブル期には都銀以上に不動産融資に走り，バブル崩壊によってその傷口を広げてしまった。97年3月21日，アメリカの大手格付会社ムーディーズ・インベスターズ・サービスは，日本債券銀行の金融債を「投機的債権」として格下げした。日債銀の資産は信用組合や第二地銀よりもはるかに多い。大蔵省は，海外業務の失敗によるジャパン・プレミアムの上昇と，金融債を多く購入していた地方金融機関への影響を恐れた。大蔵省は，行政指導による「奉加帳方式」によって日債銀に出資することを大手都市銀行・長信銀・生命保険会社・損害保険会社へ求めていたが，どこも色よい返事をださなかった。こうした中で4月1日午前に，日債銀の系列ノンバンク三社が自己破産を申請するという激震が金融界を走った。系列ノンバンクが破産する場合には親銀行が面倒をみる「母体行主義」がとられていたが，日債銀は融資額に応じて損失を処理する方法を選択した（「プロラタ方式」）。大蔵省の行政指導によって損失処理と増資が実行されて，海外からの業務撤退やリストラによって経営は安定化をみせたが，98年12月13日に政府は債務超過額は944億円と発表して日債銀を破綻と認定し，特別公的管理下（一時国有化）においた[16]。

1997年は冒頭から総会屋事件で揺れた。大物総会屋に4大証券と第一勧銀が巨額の利益供与を行っていたことが暴露され，金融界の前近代的な腐敗が明る

みにでた。やがて金融当局の幹部と銀行・証券界の接待汚職事件摘発へとつながっていった。この年には日産生命と東邦生命が破綻し，バブル期に豊富な資金を駆使してアメリカの金利にも影響を与えていた「ザ・セイホ神話」が崩壊した。4月25日，大蔵省は日産生命に業務停止命令をだした。総資産約2兆1000億円，個人契約者だけで123万人の中堅生保が，バブル期に売りまくった高利の年金商品がバブル崩壊によって運用利回りを稼げず，「逆ザヤ」に陥った。90年代はじめに高利のデリバティブ（金融派生商品）や外貨建て投資信託が失敗し，経営不安説がささやかれていた。保証利回りが引き下げられ契約者に負担が及んだのははじめてであった。日産生命の契約を引き継いだ青葉生命保険は，保証利回りの切り下げによって「逆ザヤ」を解消し，「優良」会社になった。5月28日，中堅生命保険5社の格付が，「財務内容が不十分で，経営環境の悪化の影響を受けやすい」と下げられ，一部の生保に解約の波が押し寄せた。98年2月18日，東邦生命は営業網をGEキャピタルに全面的に譲渡し，事実上破綻した。東邦生命は，日産生命と同様にバブル期に貯蓄性商品で資産を膨らませたが，運用した不動産や株式がバブル崩壊によって巨額の損失となり，また「逆ザヤ」に陥っていた[17]。中堅生保の経営危機はその後もつづき，2000年には千代田生命が破綻した。

　1997年11月に金融危機はピークに達した。11月3日，国際証券との合併を進めていた準大手の三洋証券が，自力再建が困難と判断して会社更生法の適用を申請した。バブル期の過剰投資が裏目にでて，系列ノンバンク4社が不動産融資の失敗で経営が悪化し，97年9月期決算まで7期連続して赤字がつづいていた。三洋証券倒産は短期金融（コール）市場でははじめてのデフォルト（債務不履行）を発生させ，これをきっかけに金融機関相互の不信が極度に強まり，信用収縮が進んだ。金融機関の民間企業への「貸し渋り」へと連鎖し，実体経済の不況を強めていった。この信用収縮はその後の北海道拓殖銀行，山一証券の倒産へとつながった。倒産企業の不良債権額が公表されていたものよりも大きいので，日本の金融機関への国際的信用が低下し，「日本売り」が金融界を直撃した[18]。

　11月17日，北海道拓殖銀行と北洋銀行の頭取が緊急発表をし，拓銀が北洋に営業を譲渡すると発表した。1年後にはすべての営業を終えて拓銀は消滅した。

バブル期に拓銀は建設・不動産グループに不動産融資をつづけたが，バブル崩壊で道内のリゾートやマンション建設事業がとん挫し，巨額の不良債権が発生した。北海道銀行との合併交渉が失敗し，預金者の拓銀離れがさらに加速化し，三洋証券の破綻と山一証券の「破綻の予感」が追い打ちとなり，コール市場での信用悪化と株価の下落が悪循環していった。破綻が発表された17日に東証一部の株価は上昇したが，地元では金融恐慌の様相を呈した。預金先の変更であり，札幌の他の金融機関にも動揺した顧客が殺到し，ドミノ式に企業の倒産や経営危機が生じ，高級ホテルやリゾートホテルが破産した。そして北海道での営業権は北洋銀行が，本州での営業権は中央信託銀行に引き継がれた[19]。

　三洋証券と北海道拓殖銀行の破産による信用収縮は金融危機を一層強め，橋本首相の口から「日本初の世界恐慌は絶対に防がなければならない」との発言が飛び出すまでになった。こうした中で11月19日，株価は前日比で884円11銭安の1万5842円46銭となり，この年の最大の下げ幅となった。証券株も全面安で，山一証券の株価は100円を切った。21日夕，山一の債券の格付は，「市場の信用は失墜し，短期的な営業資金の調達力を懸念している」とコメントし，「投資不適格」に格下げられた。巨額の「飛ばし」が明るみにだされ，メイン・バンクからの支援も見込めなくなり，11月24日朝，自主廃業と営業休止を決定した。そして山一証券を母体とした約50店舗と約2000人の社員は，アメリカ大手証券のメリルリンチに引き取られた。98年3月31日をもって山一証券はすべての営業を終了した[20]。山一の破産を契機として，メリルリンチをはじめとする外資系金融資本が本格的に日本進出を表明した。バブル期の日本資本のアメリカ進出とはまったく逆の事態が発生した。これをもって日本は金融的敗戦を迎えたという声も聞こえはじめた。またこれ以後，日本の金融システム危機に対する本格的な対応策が動きだしたといってよい。

3　金融危機の影響

　1997年11月に金融システムに対する不安が高まり，その影響が金融市場の各方面でみられた。コール・レート（無担保オーバーナイト物）は，それまでは公定歩合を若干下回っていたが，一時大きく上昇した。その後，日銀からの潤沢な資金供給によって，再び公定歩合より若干低い水準に落ち着いた。ターム

物レート（1〜3ヵ月物レート）も急上昇したが，98年3月期決算が終わると低下した。ジャパン・プレミアムは11月には0.4％だったが，12月には一時1％を越えた。しかし各種の金融安定化策が打ちだされたので，98年4月以降は0.2％前後に落ち着いた。

　個人レベルでは，タンス預金や預金預け替えが増加した。そのため銀行の現金準備を増やす必要から，貸出用の資金が現金準備に回され，貸出を制約した。また企業の業績悪化と信用リスクに対する警戒感から，安全性の高い国債に対する需要が高まり，社債の利回りと国債の利回りとの格差が急拡大した。株価はすでにみたように暴落となった。

　金融機関側は自己資本比率規制（BIS規制）の制約などによって「貸し渋り」に走った。そして企業側の社債やCP（コマーシャル・ペーパー）の発行が増加した。しかし中堅・中小企業は直接市場から資金を調達するのは容易ではないから，資金繰りが苦しい企業が増加した。『経済白書』は，1992年前後から銀行の貸出態度が慎重化し，97年後半から一層慎重化したと推測している。また地方圏と大都市圏に分けてみると，バブル崩壊の影響を強く受けたとみられる大都市圏での企業側の貸出判断状況がより悪化した，と判断している[21]。

第3項　金融危機下の不況

　1996年央の回復の足踏み状態から，97年にかけて景気は本格的回復に向かったが，第1項でみたように，97年第1四半期から99年第2四半期にかけて，国民総生産は2.3％減，民間最終消費が2.7％減，国内総資本形成が8.0％減（そのうち設備投資は13.3％減），政府最終消費4.1％増，輸出0.1％増となる。設備投資の減少が景気後退の最大要因であり，個人消費も減少している。輸出は横ばいで，財政支出が不況を下支えした。97年はじめに橋本内閣は消費税を引き上げ，特別減税は終了し，国民の負担増が起こった。消費税引き上げの実施前の駆け込み消費が終わると，個人消費は97年第2四半期に4.6％も減少してしまった。個人消費は第3四半期には一時回復するが，第4四半期に再び減少し，98年はほとんど増加せず，99年第1・2四半期に少し増加するが，第3・4四半期に再び減少してしまった。住宅投資は97年から減少傾向に入り，増加したの

は98年第2四半期と99年第1・2四半期にすぎない。輸出は増減を繰り返しながら、97年第1四半期から99年第2四半期にかけて0.1%増と低迷した[22]。

1997年第2四半期の国民総生産は個人消費の減少の影響を受けて2.0%減となるが、第3四半期には個人消費と設備投資が減少しなかったので国民総生産は0.9%増であった。ところが97年夏から秋にかけて、大手企業の倒産、株価の暴落、アジアの通貨・経済危機、大手金融機関の破綻による金融危機などがかさなって、家計や企業の景況感が悪化した。もともと家計は、産業・就業構造の変化や高齢化にともなう負担増のために、中長期的な不確実性が増大していた。そこに一連の破綻が生じたために先行き不透明感が強まり、リスク回避行動が生じ、消費性向は大幅に低下した。金融危機による銀行の「貸し渋り」は企業マインドを悪化させ、設備投資が大幅に連続して低下していった。こうした需要の減少をカバーするほどの輸出の増加は起こらなかったから、国民総生産は97年第4四半期から連続して低下した。このようにこの不況は需要減による生産減となったが、バブルの調整の遅れ（不良債権、過剰設備、過剰雇用）と深まった金融危機下の「貸し渋り」が複合的に作用したといえる[23]。

第4節　バブル崩壊のメカニズム

第1節と第3節で考察してきたバブルの崩壊と停滞基調の景気循環をまとめると、図7-6のようになる。部門別に説明してゆこう。

1　企業部門

株価が暴落し乱高下しながら低下していったので、バブル期とは逆に、エクイティ・ファイナンスの発行が困難となった。株価が低下しているから株に転換されなかったり、転換行使がされなかったエクイティ・ファイナンスが急増した。社債として償還しなければならないからそのための資金調達が必要となり、企業は手元流動性を取り崩さざるをえなくなる。また保有している株や土地を売らざるをえないから、株価・地価が一層低下する。株価・地価の低下は含み損の増大となり、不動産業・ノンバンク・建設業の経営が直接悪化したり倒産が増加し、設備投資が抑制される。不況の長期化は企業の収益悪化と返済

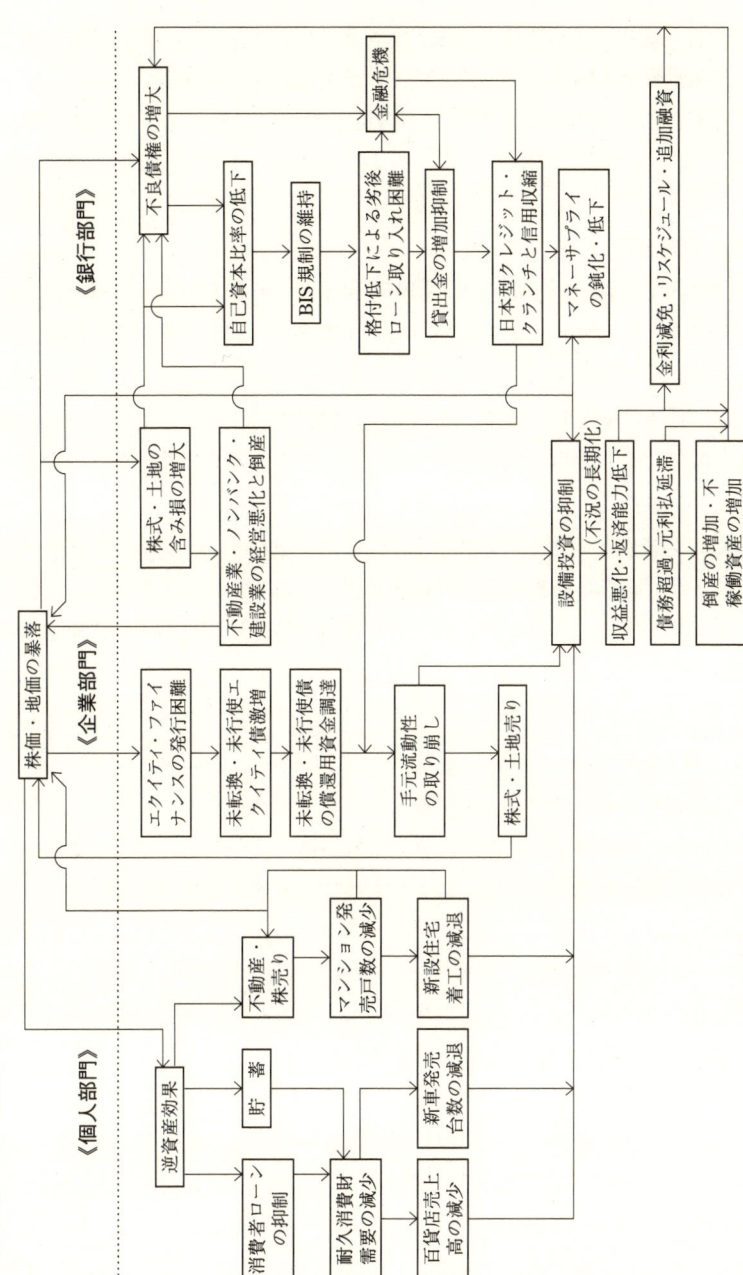

図 7-6 バブル崩壊のメカニズム

《銀行部門》
- 不良債権の増大
- 株式・土地の含み損の増大
- 自己資本比率の低下
- BIS規制の維持
- 格付低下による劣後ローン取り入れ困難
- 貸出金の増加抑制
- 日本型クレジット・クランチと信用収縮
- マネーサプライの鈍化・低下
- 金融危機
- 金利減免・リスケジュール・追加融資

《企業部門》
- 不動産業・建設業の経営悪化と倒産
- エクイティ・ファイナンスの発行困難
- 未転換・未行使ワラント債激増
- 未転換・未行使債の償還用資金調達
- 手元流動性の取り崩し
- 株式・土地売り
- 設備投資の抑制（不況の長期化）
- 収益悪化・返済能力低下
- 債務超過・元利払延滞
- 倒産の増加・不稼働資産の増加

《個人部門》
- 株価・地価の暴落
- 逆資産効果
- 貯蓄
- 消費者ローンの抑制
- 耐久消費財需要の減少
- 不動産・株売り
- マンション発売戸数の減少
- 新設住宅着工の減退
- 新車発売台数の減少
- 百貨店売上高の減少

備考：宮崎義一『複合不況』240-241頁，『経済白書』(平成8年版) 170頁を参考に作成した。

能力を低下させ,債務超過が発生し元利支払いが延滞化し,やがては倒産が増加し不稼働資産も増加する。銀行側では金利減免・リスケジュール・追加融資をするが,こうした企業の返済能力の低下や消滅は銀行の不良債権を累増させる。

2 銀行部門

銀行部門でも株式・土地の含み損が発生するから,自己資本比率が低下する。また,担保とした株・土地の価格が低下するから,回収困難となる不良債権が増大する。その償却用に引当金を増大しなければならないから,やはり自己資本比率が低下する。自己資本比率の低下は格付を低下させ,劣後ローンの取り入れを困難にし,貸出を抑制せざるをえなくなる。不良債権が最初に発生しているから金融危機であり,金融危機そのものが貸出抑制として作用する。そのためにクレジット・クランチが起こり,信用が収縮する。マネーサプライが鈍化・低下し,企業の設備投資に抑制的に作用するし,株価・地価を一層低下させる。企業部門での返済能力の低下や消滅は,さらに銀行の不良債権を累増させた。

3 個人部門

バブル期とは逆に,資産価格が低下するから逆資産効果が作用し,消費者ローンの抑制,耐久消費財需要の減少,百貨店販売高の減少,新車発売台数の減退が生じ,景気の足を引っ張ることによって企業の設備投資を抑制する。資産の目減りによって将来生活の不安が増大するから,消費を抑制して貯蓄に走る。また,不動産や株を手放す行動をとる。株の放出は株価低下を激しくするし,不動産の売りはマンション発売戸数を減少させるし,新設住宅着工を減退させる。これもまた企業の設備投資に抑制的に作用する。

こうしたバブル崩壊の経済的因果関係に加えて,日本的な制度や慣行がバブル崩壊過程を激しくし,欧米と対照的な株価の長期低落傾向を生みだしてきた。朝日新聞社の経済部は金融動乱の背後にある共通した要素として,以下の3点を指摘している。第1は,金融機関や金融行政の「隠蔽」体質である。債務超

過状態を企業はもとより，大蔵省も知っていながら隠しつづけた。「総会屋への利益供与」，不良債権の情報不開示，不良債権の開示基準の変更，などがその典型である。第2は，金融機関と大蔵省・日銀との「馴れ合い」体質であり，金融行政指導に右ならえ方式でしたがう金融機関側（「護送船団方式」）や大蔵・日銀幹部への接待汚職がその典型である。第3は，不良債権の処理が遅れに遅れているように，問題の解決・処理を「先送り」する体質である。こうした戦後日本の経済を復興させ，経済大国化に有利に作用してきた日本的慣行や体質がいまでは国際的信用を落とす根源に転換してしまった。日本経済がそして日本社会が再生するためには，こうした体質を構造的に変革しなければならない。

第5節　現局面の景気（1999年以降）

　不況に陥っていた1998年の鉱工業生産は7.1％減少したが，99年には0.8％増加した。2000年第1四半期6.2％増（前年同期比），第2四半期7.0％，第3四半期5.4％，第4四半期4.4％増と景気は回復に向かった。ところがアメリカの景気が後退した影響を受けて，2001年1月には1.9％増に落ち込み（前年同月比），2月にはマイナス2.1％となり，景気は後退しはじめた。国内総生産は，1999年第2四半期1.5％増（前年同期比），第3四半期0.1％減，第4四半期1.5％減，2000年第1四半期2.4％増，第2四半期0.2％増，第3四半期0.6％減，第4四半期0.8％増，と一進一退を繰り返している[24]。ほぼゼロ成長といってよい。

　操業度（稼働率）は1999年は0.7％低下，2000年は3.3％増加したが，3月をピークにして乱高下を繰り返し，9月から2001年1月にかけて連続して低下してきた。操業度でみると，景気は2000年秋から後退していることになる。売上高営業利益率（全産業）は，99年第2四半期から2000年第1四半期にかけて回復したが，第2・3四半期に低下し，第4四半期に回復した。利益率でみると回復は低迷していたことになる[25]。内閣府が発表した8月の月例経済報告（2001年8月10日）は，世界経済は減速し，日本の景気はさらに悪化していると判断した。鉱工業生産は，2001年第1四半期に前期比3.7％減，第2四半期4.0％減であり，製品在庫は第2四半期2.4％増で3期連続で増加している。需

要別にみると,個人消費(総合)は2001年5月0.9％減,6月1.6％減,設備投資は2001年第1四半期2.5％増(全規模全産業)・第2四半期8.6％減(大中堅企業),新設住宅着工総戸数は前期比で第1四半期5.5％減・第2四半期1.6％減,輸出は第1四半期2.0％減・第2四半期6.2％減,となる。企業収益は2001年上期に7.5％減(前年同期比),6月の業況判断は悪化して－27％ポイントとなった。完全失業者は6月には1万人増加し330万人となり,完全失業率は最高水準の4.9％となった[26]。7月にはついに完全失業率は5％台に上昇した[27]。

2004年2月現在,日本経済は戦後第14循環に入っている。景気基準日付によれば,第13循環は,1999年1月の谷,2000年12月の山,2002年1月の谷を経験した。この第13循環のマクロの景気指標みると,国内総支出が谷(1999年Ⅰ)から山(2000年Ⅳ)にかけて12.6％増加した。主要な需要項目別にみると,民間最終消費7.4％,民間設備投資－2.0％,政府最終消費6.6％,輸出9.6％,となる。設備投資の冷え込みが続き,政府支出や輸出という外的な要因によって景気が回復したと判断できる。山から谷(2002年Ⅰ)にかけて国内総支出は－9.1％,民間最終消費－3.5％,民間設備投資4.0％,政府最終消費5.0％,輸出－10.2％となる。アメリカの景気後退(バブルの破裂とIT産業不況)による輸出不振が原因となっている(以上は,内閣府・経済社会総合研究所の国民経済計算統計から計算)。

本書では1990年代の長期的不況基調状態を20世紀末大不況と呼んだが,バブル崩壊を伴ったこの長期停滞は21世紀に入っても続いていると考えざるをえないから,平成大不況とでも呼ぶべきであろう。この点を若干の資料によって確認しておこう。景気の山における鉱工業生産を見ると,1991年2月104.0,1997年3月118.6,2000年12月105.0,となる(1995年＝100)。1997年3月は前回ピークの1991年2月を若干(14.0％)超えたが,2001年12月ピークはほぼ同一水準(1.0％上昇)に回復したにすぎない。基本的にはゼロ成長だったと判断できる。2003年11月の鉱工業生産指数は98.7であり,2004年2月現在は2001年12月ピークを超えてはいないから,この13年間若干のマイナス成長であったともいえる。機械設備の稼働(操業)状態をみるともっと深刻である。1991年2月ピークの稼働率指数は114.8,1997年3月ピーク106.1,2000年12月ピーク100.0,となる。1997年3月ピークは前回ピークより7.6％ポイント低下し,

2000年12月ピークはさらに5.7%ポイント低下している（前々回より12.9ポイント低下）。景気の弱々しい回復は繰り返されてきたが，前回ピークを大きく上回るような回復ではないし，操業状態はますます悪化しているといえる。このように長期停滞は続いているのであり，まさに平成大不況と呼ぶのがふさわしい（以上は，経済産業省の鉱工業生産・稼働率統計より計算）。

　バブルの崩壊過程も21世紀に入って続いている。株価（日経平均）でみると，1989年12月29日の最高値3万8915円87銭から段階的に低下し，2001年9月には1万円を切り，2004年2月現在は1万円から1.1万円付近を乱高下している。日経平均が1万円を超えたのは1984年1月であるから，現在の株価はバブルが本格的に進行し始めた頃の水準に低迷しているといえる。地価は1990年をピークとして毎年低下してきた。全国市街地でみると，2002年9月には全用途平均で37.0%低下，商業地55.8%，住宅地22.1%，工業地21.5%，それぞれ低下している。2002年9月の水準を1985年3月水準と比較すると，商業地が大幅に低下（指数で108.1から77.6へ），住宅地と工業地はほぼ同一水準（住宅地は83.5から89.5，工業地は80.8から87.6へ）である。全用途平均では若干低い。したがって地価についてもその水準はバブル開始時期の水準にまで落ち込んできたと判断できる。

　2004年2月現在，機械受注高が増加して設備投資が増勢を見せはじめ，景気動向指数DIも回復してきたことによって，内閣は景気足踏み判断から回復判断に転換した。しかし景気全体は前回ピークを上回っているのではないし，まして平成大不況から脱出できるような要因はみられないといわざるをえない（以上は，インデックス株式会社『2003 日本経済統計年鑑』より計算）。

注
1）　『経済白書』各年版より計算。
2）　宮崎義一『複合不況』中央公論社，1992年，200-203頁，207-210頁。
3）　同上書，232頁。
4）　『日本経済新聞社』2001年4月18日付朝刊。同じく2001年8月3日付朝刊によると，不良債権（破綻先・延滞・3ヵ月以上延滞・貸出条件緩和）が43.4兆円，「要注意先」109.6兆円となり，合計で153.0兆円となる。
5）　エシュロンについては，『世界』2000年10月号，でその活動の一部が報告さ

れている。

6) 本項は，井村喜代子『現代日本経済論』有斐閣，2000年，428-431頁，446-449頁，を参考とした。
7) 同上書，431-439頁。
8) 東洋経済新報社編『経済統計年鑑　2000』（週間『東洋経済』臨時増刊号，2000年7月），東洋経済新報社編『東洋経済月報』より計算。
9) 『経済白書』（平成12年版）29頁。
10) 『経済白書』（平成7年版），45-47頁。
11) 東洋経済新報社編『経済統計年鑑　2000』18頁。
12) 『経済白書』（平成7年版）13-16頁。
13) 以上のデータは，東洋経済新報社編『経済統計年鑑　2000』18頁より計算したものである。
14) 『経済白書』（平成8年版）475頁。
15) 以上は，吉田和男『金融津波』PHP研究所，1998年，14-18頁，22-23頁，による。
16) 朝日新聞社経済部『金融動乱』朝日新聞社，1999年，第Ⅰ章，参照。
17) 同上書，第Ⅲ章，参照。
18) 同上書，第Ⅳ章，参照。
19) 同上書，第Ⅴ章，参照。
20) 同上書，第Ⅵ章，参照。
21) 以上は，『経済白書』（平成10年版）116-128頁，356-357頁。
22) 以上のデータは，東洋経済新報社編『経済統計年鑑　2000』18頁より計算したものである。
23) 『経済白書』（平成10年版）5-7頁。
24) 日本銀行調査統計局『金融経済統計月報』平成13年4月号，7頁より。
25) 総務省統計局『日本統計月報』平成13年4月号，42頁（計算），106頁より。
26) 「月例経済報告」（2001年8月10日）(http://www5.cao.go.jp/keizai3/2001/0810getsurei/main.html，より引用)。
27) 完全失業率データは「不完全な失業データ」であり，求職活動を断念している求職者，パート労働者，フリーター，高技能者の不熟練就業などの潜在的失業者を除外している。完全失業率の高まり以上に，失業問題は深刻化していることになる。

第8章　日本資本主義の構造変化と構造危機

　1955年前後に戦後体制が確立し（第1・2章），高度経済成長期（第4章）・スタグフレーション期（第5章）・バブルの高進と崩壊期（第6・7章）と，日本資本主義は景気循環を繰り返しながらダイナミックに発展してきた。その過程を世界経済の中でみれば，経済復興・経済大国化・債権大国化・バブルの後遺症と金融的敗戦（「失われた10年」）として特徴づけられるだろう。戦後56年が過ぎたが，この間にも世界と日本社会は急激に変貌してきた。本章では，第1・2章で考察した戦後体制（資本体制と社会体制）がどのように変化したかを総括的に考察しよう。

第1節　資本体制の変化

第1項　戦後体制の変化

1　冷戦体制の終焉とアメリカの単独ヘゲモニーの復活

　戦後の資本主義世界は，アメリカの圧倒的に強い軍事力と経済力によってアメリカ中心に再建された。しかしこの体制に対抗するソ連ブロックが東欧・東アジアを巻き込んで形成され，核兵器を中心とした軍事拡張競争が進展し，冷戦体制に突入した。世界の政治・軍事・経済はこの冷戦体制の枠組みに大きく規制されてきた。ところが1989～91年にかけて東欧の共産党政権はあいついで倒され，91年には盟主たるソ連邦が解体され，冷戦体制は崩壊した。アメリカが巨大な軍事力を背景とした唯一のヘゲモニー国家となった。90年代のアメリカの世界戦略は，経済的にも超大国として復活することであり，長期の好況がつづくことによってその課題はある程度は実現された。日本は完全に経済的に遅れ（敗北），2001年3月に成立したブッシュ政権から日本の不良債権問題の解決を要求されるまでになっている。しかし経済的には，70年代に形成された

米・欧・日の3局構造がつづいている。統一されたEUのユーロがドルに対抗する国際通貨になる可能性もあるし，NATO軍にかわるEU軍の創設が検討されている。情報通信技術とりわけインターネットにおいては，アメリカン・スタンダードの押しつけに対する抵抗をEUは開始している。こうした面では自民党政権はまったく対米従属的であった。ブッシュ政権の「京都議定書」署名拒否やNMD（米本土弾道ミサイル防衛）計画・TMD（戦域ミサイル防衛）システム構想は，ナショナル・インタレストにもとづくアメリカのヘゲモニーを一層進展させるものである。この動きの背後には，石油産業や軍需産業の利害がある。しかし，21世紀には中国やインドの力が強まり，日本を含んだ東アジアが米・欧と拮抗する第三の極を形成する可能性もみていかなければならない。

2　IMF = GATT体制の変質

戦後の世界経済の枠組みはIMF = GATT体制であったが，それが実質的に変質してきた。戦後の国際通貨体制としてのIMF体制は，第5章第1節第1項で考察したように，「金・ドル」交換停止・変動相場制へと変質した。そのために世界に散布されたドルは，投機的・短期的に世界を浮遊する過剰流動性となり，国際通貨危機と国際金融危機の土壌となった。国際機関としてのIMFは現存しているが，東欧・ロシアの市場経済化やロシアと東アジアの通貨危機に際しての介入（援助）などをみると，アメリカ的市場経済のルール（アメリカン・スタンダード）を押しつける役割を果たしてきたし，アメリカ多国籍企業の世界戦略の先兵のような役割を果たしはじめたことに注意しておかなければならない。GATT体制は，1930年代のブロック経済圏化と世界貿易の大幅縮小の反省を踏まえて，自由貿易を標榜して創設された。しかし国際競争力が低下していくにつれて，アメリカは保護貿易傾向を強めてきた。第7章第2節第2項で考察したように，農産物等の競争力の強い自国製品については自由化を要求し，競争力の弱い自動車や半導体には輸出量の自主規制を求めるといったように，アメリカは完全に自国の利益を最優先した主張に変わってきた。

GATTはウルグアイ・ラウンド最終合意文書（1995年1月）によってWTO（世界貿易機関）に改組された。WTOはモノの貿易だけでなく，サービスや

知的所有権をも含めた世界貿易を統括する機能を持つ。また，合意した協定の監視，世界貿易の枠組みづくりや国際紛争処理機能などを持っており，GATTよりも機能が強化された。各国の利害関係はこの国際協定・機関を舞台にして21世紀には展開していくことになる。

3 南北問題の未解決

南北の成長率を比較すると（1950～77年），開発途上国は全体でも1人あたりでも先進資本主義国に劣らないが，1人あたりの国民所得の水準は先進資本主義国が5140ドルなのに開発途上国では460ドルにすぎなかった（75年）。世界の輸出額全体に占める比率は，78年では先進資本主義国が66.7％，発展途上国が23.6％，「旧社会主義国」が9.5％であった。98年になって先進資本主義国が62.1％，NIES 8.1％，ASEAN 3.1％，石油輸出国2.8％，非産油途上国23.8％となるから[1]，格差は改善されていないと判断してよい[2]。先進資本主義国の比率が若干低下しているのは，東アジアの工業化があったからである。

4 最近の科学技術革新

戦後，原子力，エレクトロニクス，エーロノスティック，オートメーション，新合成物質が新しい科学技術として登場した。これらの技術革新は在来の重化学工業の革新と新産業の出現を促進した。新産業としては，たとえば電子産業で開発されたトランジスタ・ダイオードや集積回路は，いわゆるハイ・テク産業の基礎となった。この技術は電子産業の革新をもたらしただけでなく，ほとんどあらゆる生産・交通・通信・生活面でのコンピュータ化やオートメーション化をもたらした。この情報通信革命（IT）は，従来の大量生産・大量消費の生活様式を根本的に変える可能性を持っているし，インターネットによって市場が瞬間的にかつ24時間成立するグローバル市場を形成するにいたった。インターネット世界は，ハッカー問題，プライバシー保護や知的所有権問題，新しい詐欺事件やトラブルを発生させた。また国際ルールをめぐる国際的対立も登場している。IT革命は必然的に進行していくであろうが，それを多国籍企業の世界戦略に利用されるのでなく，世界的規模での市民的原理にもとづいて利用されるシステムの構築が迫られているといえる[3]。また情報へのアクセスの

格差・不平等性を解決しなければならない。こうした科学技術革新によって生みだされた新製品（物質）は，さまざまな有害物質をも排出してきたのであり，その環境破壊・生命破壊作用を阻止しなければならない。また生命科学の面での遺伝子組み替えなどは，人間の尊厳を守るような倫理規定がつくられなければならない。

5 一層進展した体制

第1章で考察した戦後体制のうちで，高度成長以後も進んでいるものを列挙しておこう。産業構造の第3次産業化は，ME革命やIT革命によって一層進展した。また国際的投機活動化（カジノ資本主義化）は金融活動を肥大化させた。労働力の国際的移動は戦後は外国人労働者の「出稼ぎ」が中心となり，21世紀の日本でも人口の高齢化・若年労働者の減少によってますます外国人労働者を受け入れなければならなくなるだろう。しかしインターネット市場の拡大は，情報通信の面では労働力の物理的な移動を必要としなくなってくるだろう。国境を越えた資本の移動はますます激しくなっていくが，それと裏腹に，リージョナリズム化と地域コミュニティー化が対抗的に登場している。これからはインターナショナリズムとナショナリズム，情報とカネとモノ，中央集権化と分権化の調和のとれた発展が要求されてくるだろう。資本の国際化は必然的に進行するから，ますます多国籍企業は世界的に展開していくだろう。しかも20世紀末からの特徴はすでにみたように，多国籍企業化した金融資本の金融活動が実体経済を動かすようになったことである。カネの世界（虚の世界）がモノの世界（実の世界）を振り回すような社会経済体制は，あきらかに転倒した世界であり，資本物神の極地といわざるをえない。新しい世界システムが求められているのであり，少なくとも早急に，多国籍化した金融資本（銀行・証券・保険）の国際的投機活動を規制する制度をつくる必要がある。

第2項 国家政策の失敗

第5章第6節第1項で考察したように，戦後の先進資本主義国の経済政策や福祉国家政策の中心にあったケインズ政策は，物価の加速化と不況の長期化

(失業増大)のジレンマに陥った(スタグフレーション化)。反ケインズ革命として登場したマネタリズムなどの新自由主義経済学は,物価の沈静化(ディスインフレ)には成功したが,その規制緩和・民営化・市場万能路線は世界的なバブルの展開とその破裂をもたらした真犯人であり,ますます世界経済と日本経済を危機に陥れてしまった。

第6章第2節第3項で考察したように,日本政府は一方的にアメリカの要求を受け入れ(金融の自由化とプラザ合意),バブル膨張期には低金利政策という政策的失敗を犯した。また日本の銀行の「薄利多売主義」を無視して,やすやすとBIS規制を受け入れてしまった。こうした一連の対米従属的な路線を進めた政治家たちの責任は重い。こうした政策上の判断ミスばかりでなく,金融・証券スキャンダルによって暴露されたように,政治そのものが国民から遊離し,官僚と財界との癒着体質を形成してきた。高度成長期には行政指導として産業界・金融界の飛躍を助けた政・官が,バブルの膨張を監督するどころか促進することに手を貸したといわざるをえない。

第3項 企業集団の再編成

第1章第3節で考察したように,日本の独占的大企業は高度成長期の初期にすでに強固な企業集団として復活した。宮崎義一の研究によれば,国家資本系(43社),長期信用銀行系(21社),巨大産業系(21社),三菱系(30社),住友系(30社),三井系(23社),第一銀行系(15社),富士安田系(18社),三和銀行系(9社),大和銀行系(5社),日本勧業銀行系(6社),その他の系列(5社),外国資本系(8社)であった。系列外企業も存在し,①株式集中型(19社),②自己金融型(56社),分散調達型(18社)の計93社あるが,合計327社の28%にすぎず,圧倒的に多くの独占的巨大企業は企業集団に属していた。しかしバブルの崩壊によって,金融機関には大きな再編成が起こった。都市銀行間では,東京三菱銀行,三井・住友銀行連合,みずほフィナンシャルグループ(富士銀行・日本興業銀行・第一勧業銀行),UFJホールディングス(東海銀行・三和銀行・東洋信託銀行,あさひ銀行は途中から離脱)の4大超メガバンクが形成される。バブルの崩壊と不良債権の重圧のもとで外資系銀行に対抗

するための選択であった。金融再編を促進した具体的要因としては，①金融ビッグバンその他による自由化や制度変更，②早期是正処置や公的資金注入をテコとした通貨当局の指導・圧力，③ペイオフ接近による預金流出の危機感，④金融のIT化のためのシステム投資の必要性，がある[4]。みずほフィナンシャルグループは，それぞれの銀行の傘下にある証券会社や信託銀行を統合する方針をとっている。各企業集団の有力銀行同士が合併したので，企業集団は流動化と再編成に進まざるをえないだろう。こうした合併・吸収によるメガバンクの出現は90年代のはじめにアメリカではじまっていたが，これを促進した要因は銀行業務の多様化とグローバル・ネットワーク化の必要性であった[5]。

遅れ気味であった地域金融機関の再編も進みはじめた。1999年6月と9月に金融監督庁は，地銀・第二地銀の不良債権額が自己査定を約3兆円超え，償却引当金は約1兆円不足していると発表した。金融再生委員会も6月に自己資本比率を4％から8％に引き上げ，大手地銀や合併・提携をめざす銀行に公的資金を注入する方針をだした。これらを背景として金融監督庁の指導のもとに，早期是正処置が発動し，4行が破綻し1行は再生をめざすことになった。金融再生委員会は公的資金を4900億円注入し，合併やシステム統合を進めた。金融二法の方針によって信用組合27行，信用金庫7行が破綻した[6]。

すでに産業界では企業集団相互の業務提携や合併が進行してきたし，外国資本と業務提携する企業も増えてきた。また破産した金融機関や証券・保険企業の業務が外国資本に譲渡され，事実上吸収されていった。日本の企業集団の一つの特徴は，集団内部の企業の株式相互持ち合いであった。ところが株価の長期的低下によって，相互持ち合いの負担が大きくなってきた。こうした相互持ち合いの高コスト化は，既存企業集団のゆるみと再編成を促していくだろう。以下主要産業別に概観しておこう[7]。①自動車・部品：自動車産業は300万台の過剰能力があるといわれるが，日産自動車はルノーの経営傘下に実質的に入り（1999年6月），徹底したリストラが進められている。マツダはフォードの傘下に入り，トヨタは日野自動車とダイハツを子会社化した。また部品の外注化（モジュール化）や系列部品会社の選別によって，部品産業も再編成がはじまりだした。②電気機械：情報通信機器を中心として販売・生産を増加してきたが，デジタル機器で有利なソニーや松下電器が拡大傾向にあるのにたいして，

日立・東芝・三菱は不振であった。リストラや再編が進行し，英・米・独工場の撤退（汎用メモリー），国内工場の閉鎖・生産停止が相次いだ。電気機械産業では広範な資本関係をともなう業務提携が進んでいる。高度成長期の系列ワン・セット主義は消滅したともいえるほどである。提携・合併の目的は直接には投資負担の軽減であるが，最終的には不採算部門の売却である。また事業部門の社内分社化や分社化などの組織改革の最終目標は，労働条件の差別化・総額人件費の削減・不採算部門の切り離しと売却にある。③一般機械：専業メーカーは国際競争力があるが，総合メーカーは需要収縮の影響をもろに受けている。海外企業は合併・吸収によって強化されているので，一般機械産業は事業再構築が不可避である。④鉄鋼：内需不振によって業績は悪いが，合併による過剰設備の共同廃棄は実現しなかった。「長厚重大」製品から「短薄軽小」製品への転換によって，鉄鋼会社は経営の多角化・製品の多様化に努めてきたが，成功しなかった。ようやく，合弁会社（ステンレス事業）や相互生産（H型鋼）が開始されたが，2001年になってNKKと川崎製鉄所の大型業務提携が進んだ。⑤化学：アジアや中東地域で大規模プラントが建設されたために，石油化学の国際競争力は低下してきた。90年代半ばから汎用樹脂の事業統合・再編が進み，企業数は3〜5割減少した。また同一企業集団内部で合併が進展し，三菱化学（三菱化成と三菱油化の合併）や三井化学（三井石油化学と三井東圧化学の合併）が誕生した。99年にはエチレン・製油所共同運営（三菱化学と鹿島石油）や合弁（昭和電工とモンテル）が進んだ。⑥石油：政府の護送船団的保護の下で石油産業は，カルテル的体質と過当競争的体質があったので，コスト高だった。さらに規制緩和によって採算が悪化してきた。外資系企業の再編が民族系企業の再編とリストラを促進してきた。99年に企業集団を異にする日本石油と三菱石油が合併（日石三菱），日石三菱とコスモ石油の業務提携（原油調達から精製・物流まで）が成立した。⑦通信：情報通信産業は成長産業であり，異業種や外資を含む参入が活発であるが，データ通信の面で通信産業界の枠を越えた合弁や提携が進んでいる（マイクロソフトとNTTドコモの合弁会社設立案，ソニーのプレーステーション2による配信計画など）。⑧卸・小売り：景気の影響を受けて低迷しており，経営基盤の弱い個人商店・地方の百貨店・スーパーの淘汰が進んでいる。こうしたなかでスケールメリットをめざして，サ

ークルケイとサンクスの資本業務提携のような例もあった。最近は，幅広い商品を統括した異業種間の提携・合併が増加してきた。⑨建設：バブル崩壊の影響を直接に受けて建設業は極度に悪化してきた。最近では，大手ゼネコン間で，共同研究開発・施工技術や資材の共同利用などで提携が広がりつつある。

第4項　間接金融方式の変質

　高度成長期には系列を中心とした銀行借入（間接金融方式）によって産業資金が調達されたが，高度成長が終わる1970年代頃から企業の内部資金が潤沢になった。それが設備投資額を上回るようになり，企業は財テクに資金を回した。バブル期には株価の上昇によってエクイティ・ファイナンスによる資金調達（直接金融方式）が活発となったが，銀行借入の比重はあまり低下しなかったといえる。しかし借り入れた資金を企業は財テクに回したのであり，高度成長期のような産業金融としての性格はなくなった。バブルの崩壊と金融危機による銀行の「貸し渋り」（信用収縮）が発生し，大企業は社債やCP（コマーシャル・ペーパー）の発行によって資金を調達したが，そうした力の弱い中小企業は再び銀行貸付に依存しなければならなくなっている。

第2節　社会体制の変化

第1項　労働運動の低迷

　戦後の労働運動の流れと現状を概観しておこう。戦争直後に労働運動は高揚し，1946年6月には1万2000組合，368万人の組合員数，39.5％の組織率にまで急成長した。全国的組織として，日本労働組合総同盟（総同盟）と全日本産業別労働組合会議（産別会議）が結成された。2・1ゼネストは中止されたが労働運動は前進し，1947年3月10日には全国労働組合連絡協議会（全労連）が結成され，組織労働者の84％を網羅する全国的労働戦線の統一が実現した。しかしドッジ・ラインが実施され，戦後の戦闘的労働運動の基幹的部分は大きな打撃を受けた。産別会議の組合員数は激減し，全体の組織率も低下していった。

民主化同盟が母体となって50年7月に日本労働組合総評議会（総評）が結成された。52・53年にはあいついで大争議（電産，炭労，全自動車・日産，三鉱連，全駐労）が発生し，総資本対総労働の対決の様相を帯びるようになった。総評指導部は55年から産業別賃上げ闘争（春闘）へ転換し，資本と政府側は日本生産性本部を設立した。資本と政府が労働攻勢を押さえ，経済再建期をおえて高度成長期になると，労働組合の組織形態はますます企業の生産性向上に協力し，その利益の一部にあずかろうとする企業別組合になっていった。

日米の安保改定交渉の時期に，教員の勤務評定（勤評）と警察官職務執行法の改正をめぐる国民的規模の闘争が起こった。こうした中で1959年3月28日，安保条約改定阻止国民会議が結成された。新安保条約は強行採決されるが，国民のあいだに民主主義の危機感が生まれ，反安保闘争は未曾有の国民運動となった。安保闘争を目撃した政府と財界は，民主主義の定着と憲法改正の不可能性を認識し，新しい体制安定化政策を展開する。それが「国民所得倍増計画」であり，物質的豊かさを求める国民の経済的要求を満たしていこうとする経済主義であった。企業別組合主義としての労働運動そのものに，こうした経済主義を積極的に受け入れる下地が形成されていた。さらに経済・輸出至上主義イデオロギーに影響され，企業別組合主義が支配的となり，企業への従業員の忠誠心が形成されていった。また1955年にはじまる春闘方式が，資本主義体制内での賃上げ運動，企業の生産性向上への協力とその成果の獲得という企業別組合運動を促進した。

バブルに熱狂していた1989年に，連合（日本労働組合総連合会），全労連（全国労働組合総連合），全労協（全国労働組合連絡協議会）が相次いで結成され今日にいたっている。そのほかの団体として，旧総評・社会党ブロックの国民運動・大衆運動の受け皿として「平和フォーラム」（フォーラム平和・人権・環境），旧同盟・民社党系ブロックの「友愛連絡会」などがある。図8-1は連合・全労連・全労協参加組合を示す。連合は71組合，748万3000組合員数，全労連は20組合，106万1000組合員数，全労協は5組合26万9000人組合員数，となる。労働組合も労働組合員も減少傾向にある。労働組合の数は，94年の3万2581から99年の3万610に減少し，労働組合員数は，94年の1269万9000人から99年の1182万5000人に減少した（千人未満は四捨五入）。推定組織率は，94年

図 8-1 連合・全労連・全労協参加組合

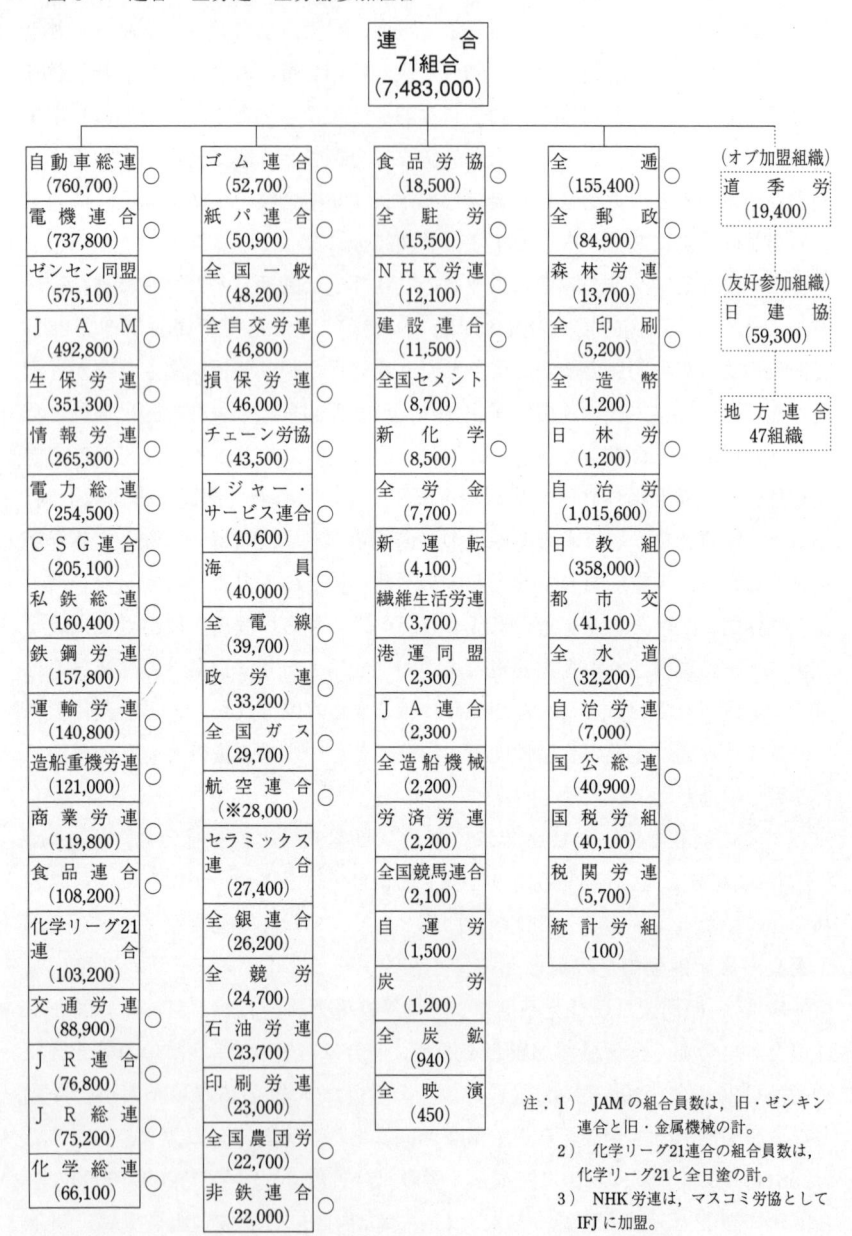

連合
71組合
(7,483,000)

自動車総連 (760,700)	ゴム連合 (52,700)	食品労協 (18,500)	全逓 (155,400)	(オブ加盟組織) 道季労 (19,400)
電機連合 (737,800)	紙パ連合 (50,900)	全駐労 (15,500)	全郵政 (84,900)	
ゼンセン同盟 (575,100)	全国一般 (48,200)	NHK労連 (12,100)	森林労連 (13,700)	(友好参加組織) 日建協 (59,300)
JAM (492,800)	全自交労連 (46,800)	建設連合 (11,500)	全印刷 (5,200)	
生保労連 (351,300)	損保労連 (46,000)	全国セメント (8,700)	全造幣 (1,200)	地方連合 47組織
情報労連 (265,300)	チェーン労協 (43,500)	新化学 (8,500)	日林労 (1,200)	
電力総連 (254,500)	レジャー・サービス連合 (40,600)	全労金 (7,700)	自治労 (1,015,600)	
CSG連合 (205,100)	海員 (40,000)	新運転 (4,100)	日教組 (358,000)	
私鉄総連 (160,400)	全電線 (39,700)	繊維生活労連 (3,700)	都市交 (41,100)	
鉄鋼労連 (157,800)	政労連 (33,200)	港運同盟 (2,300)	全水道 (32,200)	
運輸労連 (140,800)	全国ガス (29,700)	JA連合 (2,300)	自治労連 (7,000)	
造船重機労連 (121,000)	航空連合 (※28,000)	全造船機械 (2,200)	国公総連 (40,900)	
商業労連 (119,800)	セラミックス連合 (27,400)	労済労連 (2,200)	国税労組 (40,100)	
食品連合 (108,200)	全銀連合 (26,200)	全国競馬連合 (2,100)	税関労連 (5,700)	
化学リーグ21連合 (103,200)	全競労 (24,700)	自運労 (1,500)	統計労組 (100)	
交通労連 (88,900)	石油労連 (23,700)	炭労 (1,200)		
JR連合 (76,800)	印刷労連 (23,000)	全炭鉱 (940)		
JR総連 (75,200)	全国農団労 (22,700)	全映演 (450)		
化学総連 (66,100)	非鉄連合 (22,000)			

注:1) JAMの組合員数は,旧・ゼンキン連合と旧・金属機械の計。
2) 化学リーグ21連合の組合員数は,化学リーグ21と全日塗の計。
3) NHK労連は,マスコミ労協としてIFJに加盟。

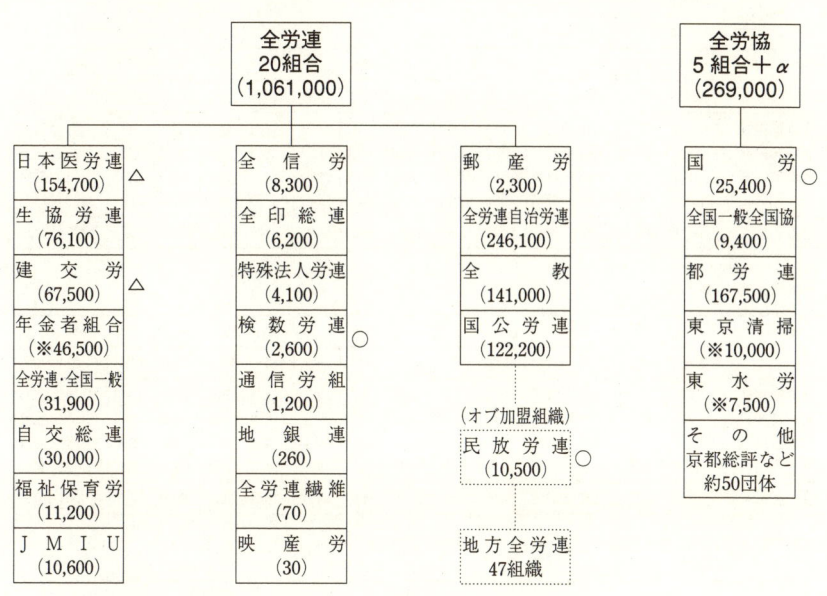

```
                全労連                                    全労協
               20組合                                   5組合＋α
             (1,061,000)                                (269,000)

   日本医労連        全 信 労         郵 産 労              国  労
   (154,700) △     (8,300)        (2,300)             (25,400) ○
   生協労連         全 印 総 連      全労連自治労連         全国一般全国協
   (76,100)       (6,200)        (246,100)            (9,400)
   建 交 労        特殊法人労連      全    教             都 労 連
   (67,500) △    (4,100)         (141,000)           (167,500)
   年金者組合       検 数 労 連      国 公 労 連           東京清掃
   (※46,500)     (2,600) ○      (122,200)           (※10,000)
   全労連・全国一般   通 信 労 組                          東 水 労
   (31,900)       (1,200)                            (※7,500)
   自 交 総 連      地 銀 連        (オブ加盟組織)          その 他
   (30,000)       (260)          民放労連            京都総評など
   福祉保育労       全労連繊維       (10,500) ○         約50団体
   (11,200)       (70)
   J M I U       映 産 労         地方全労連
   (10,600)       (30)           47組織
```

注：1）建交労の組合員数は，旧・建設一般，旧・運輸一般，旧・全動労の計。
　　2）検数労連は，全国港湾（協議会）で一括ITFに加盟。

補注：協議会・共闘組織に，単産（産業別組合等）の構成組合が独自に加盟している例が多数みられるので，以下に列記する。
　　1）「化学リーグ21」（化学エネルギー鉱山労協，化学連合）は，『化学リーグ21連合（連合）』の構成組合。
　　　「化労研」（同上）は，『CSG連合（連合）』の構成組合（ただし一部加盟。登録組合員数には重複なし）。
　　2）「全運輸」・「全税関」（交通共闘）は，『国公労連（全労連）』の構成組合。
　　3）「全日通」（全国港湾オブ）は，『運輸労連（連合）』の構成組合。
　　4）「住都労」・「水資労」（建設労連）は，『特殊法人労連（全労連）』の構成組合。
　　　「全建労」・「全港建」（同上）は，『国公労連（全労連）』の構成組合。
　　　「全開発」（同上）は，『国公総連（連合）』の構成組合。
　　5）「全放労」（マスコミ労協，UNI-LCJapan）は，『NHK労連（連合）』の構成組合（マスコミ労協は重複。UNI-LCJapanの登録人員は重複なし）。
　　6）「読売4労組（読売，大阪読売，読売西部，読売中部）」（マスコミ労協）は『新聞労連（無所属）』の構成組合。
　　7）「NTT労組」（全国医療，UNI-LCJapan, PT-LINC）・「KDD労組」（UNI-LCJapan, PT-LINC）は，『情報労連（連合）』の構成組合（登録組合員数には重複なし）。
　　8）「全林野」（連合・国営企業部会，公労協，IFBWW-JAC）は，『森林労連（連合）』の構成組合。
　　9）「建職組」（連合官公部門，公務員連絡会，全官公，国公関連）は，『建設連合（連合）』の構成組合。
　　10）「日高教（一ツ橋）」（公務労組連絡会）は，『全教（全労連）』の構成組合（組合員数は重複）。
　　11）「全たばこ」（全大蔵労連）は『食品連合』（連合）の構成組合。
　　　「全財務」・「大蔵職組」（同上）は『国公総連（連合）』の構成組合。
　　12）「日航客乗」（ITF-JCC）は，『航空連（無所属）』の構成組合。
　　＊　なお，全労協及び公務員共闘加盟の「都労連」は，傘下組合員の多くが『自治労』『日教組』『都市交』『全水道』（以上いずれも連合）に重複加盟している。

出所：労働行政研究所『全国主要労働組合一覧』（2000年版），16-17頁。

表 8-1　階級構造の推移（1950〜90年）

(1) 実数（万人）

	1950			1960			1970			1980			1990		
	女性	男性	合計	女性	男性	合計	女性	男性	合計	女性	男性	合計	女性	男性	合計
資本家階級	8.9	67.8	76.7	25.7	168.4	194.1	48.9	278.1	327.0	79.3	377.8	457.0	104.7	436.6	541.3
新中間階級	41.5	357.4	398.9	65.4	425.4	490.9	108.6	618.9	727.5	186.7	718.4	905.1	262.5	912.1	1174.6
労働者階級	319.2	677.4	996.6	643.6	1146.8	1790.4	961.0	1509.6	2470.6	1122.9	1712.3	2835.2	1503.0	1840.4	3343.4
旧中間階級	1003.3	1073.6	2076.9	974.6	918.5	1893.1	919.8	764.3	1684.2	725.3	653.8	1379.1	557.7	526.6	1084.3
合計	1372.9	2176.2	3549.1	1709.4	2659.1	4368.5	2038.3	3171.0	5209.3	2114.2	3462.2	5576.5	2427.9	3715.7	6143.5

(2) 比率（%）

	1950			1960			1970			1980			1990		
	女性	男性	合計	女性	男性	合計	女性	男性	合計	女性	男性	合計	女性	男性	合計
資本家階級	0.65	3.12	2.16	1.50	6.33	4.44	2.40	8.77	6.28	3.75	10.91	8.20	4.31	11.75	8.81
新中間階級	3.02	16.42	11.24	3.83	16.00	11.24	5.33	19.52	13.97	8.83	20.75	16.23	10.81	24.55	19.12
労働者階級	23.25	31.13	28.08	37.65	43.13	40.99	47.15	47.61	47.43	53.11	49.46	50.84	61.91	49.53	54.42
旧中間階級	73.08	49.33	58.52	57.02	34.54	43.34	45.13	24.10	32.33	34.31	18.88	24.73	22.97	14.17	17.65
合計	100.00	100.00	100.00	100.00	100.00	100.00	100.00	100.00	100.00	100.00	100.00	100.00	100.00	100.00	100.00

(3) 性別構成比（%）

	1950			1960			1970			1980			1990		
	女性	男性	合計	女性	男性	合計	女性	男性	合計	女性	男性	合計	女性	男性	合計
資本家階級	11.60	88.40	100.00	13.23	86.77	100.00	14.95	85.05	100.00	17.34	82.66	100.00	19.33	80.67	100.00
新中間階級	10.40	89.60	100.00	13.33	86.67	100.00	14.93	85.07	100.00	20.63	79.37	100.00	22.35	77.65	100.00
労働者階級	32.03	67.97	100.00	35.95	64.05	100.00	38.90	61.10	100.00	39.61	60.39	100.00	44.95	55.05	100.00
旧中間階級	48.31	51.69	100.00	51.48	48.52	100.00	54.62	45.38	100.00	52.59	47.41	100.00	51.44	48.56	100.00
合計	38.68	61.32	100.00	39.13	60.87	100.00	39.13	60.87	100.00	37.91	62.09	100.00	39.52	60.48	100.00

出所：橋本健二『現代日本の階級構造』東信堂，1999年，108-109頁。

の24.1%から99年の22.2%に低下している[8]。

第2項　階級構成の推移

表8-1は1950〜90年の階級構造の変化を示す[9]。階級別構成は，労働者階級が28.1%（50年）から54.4%（90年）に増大，資本家階級も2.2%から8.8%に増大，新中間層も11.2%から19.1%に増大したのに，旧中間層は50年の58.5%から90年には17.7%へと急激に減少している。日本資本主義はこの間，旧中間層

表 8-2 世代間移動の年次比較（1955～95年）

1955年 (単位：人)

父親＼本人	資本家階級	新中間階級	労働者階級	旧中間階級	合計
資本家階級	39 (19.8%)	39 (19.8%)	39 (19.8%)	80 (40.6%)	197 (10.6%)
新中間階級	12 (6.9%)	78 (45.1%)	23 (13.3%)	60 (34.7%)	173 (9.3%)
労働者階級	6 (4.2%)	16 (11.2%)	78 (54.5%)	43 (30.1%)	143 (7.7%)
旧中間階級	46 (3.4%)	186 (13.7%)	215 (15.9%)	907 (67.0%)	1354 (72.5%)
合計	103 (5.5%)	319 (17.1%)	355 (19.0%)	1090 (58.4%)	1867 (100.0%)

1965年

父親＼本人	資本家階級	新中間階級	労働者階級	旧中間階級	合計
資本家階級	64 (36.2%)	51 (28.8%)	26 (14.7%)	36 (20.3%)	177 (9.8%)
新中間階級	18 (9.2%)	102 (52.3%)	51 (26.2%)	24 (12.3%)	195 (10.8%)
労働者階級	6 (2.6%)	48 (21.1%)	138 (60.8%)	35 (15.4%)	227 (12.5%)
旧中間階級	65 (5.4%)	222 (18.3%)	386 (31.9%)	537 (44.4%)	1210 (66.9%)
合計	153 (8.5%)	423 (23.4%)	601 (33.2%)	632 (34.9%)	1809 (100.0%)

1975年

父親＼本人	資本家階級	新中間階級	労働者階級	旧中間階級	合計
資本家階級	29 (22.0%)	43 (32.6%)	25 (18.9%)	35 (26.5%)	132 (5.7%)
新中間階級	23 (7.1%)	159 (49.2%)	89 (27.6%)	52 (16.1%)	323 (14.0%)
労働者階級	11 (3.6%)	69 (22.4%)	184 (59.7%)	44 (14.3%)	308 (13.3%)
旧中間階級	84 (5.4%)	323 (20.9%)	525 (34.0%)	613 (39.7%)	1545 (66.9%)
合計	147 (6.4%)	594 (25.7%)	823 (35.7%)	744 (32.2%)	2308 (100.0%)

1985年

父親＼本人	資本家階級	新中間階級	労働者階級	旧中間階級	合計
資本家階級	46 (25.4%)	59 (32.6%)	34 (18.8%)	42 (23.2%)	181 (9.1%)
新中間階級	20 (6.2%)	193 (59.8%)	79 (24.5%)	31 (9.6%)	323 (16.2%)
労働者階級	9 (2.4%)	122 (32.0%)	202 (53.0%)	48 (12.6%)	381 (19.1%)
旧中間階級	47 (4.2%)	270 (24.3%)	412 (37.2%)	380 (34.3%)	1109 (55.6%)
合計	122 (6.1%)	644 (32.3%)	727 (36.5%)	501 (25.1%)	1994 (100.0%)

1995年

父親＼本人	資本家階級	新中間階級	労働者階級	旧中間階級	合計
資本家階級	68 (38.6%)	48 (27.3%)	36 (20.5%)	24 (13.6%)	176 (9.0%)
新中間階級	33 (9.1%)	191 (52.8%)	102 (28.2%)	36 (9.9%)	362 (18.6%)
労働者階級	25 (5.7%)	147 (33.6%)	229 (52.4%)	36 (8.2%)	437 (22.4%)
旧中間階級	88 (9.0%)	245 (25.1%)	338 (34.7%)	304 (31.2%)	975 (50.0%)
合計	214 (11.0%)	631 (32.4%)	705 (36.2%)	400 (20.5%)	1950 (100.0%)

出所：表8-1に同じ，133頁。
　　原資料は，SSMデータ各年度による。

図 8-2 成長率・失業率・有効求人倍率の推移（1968～99年）

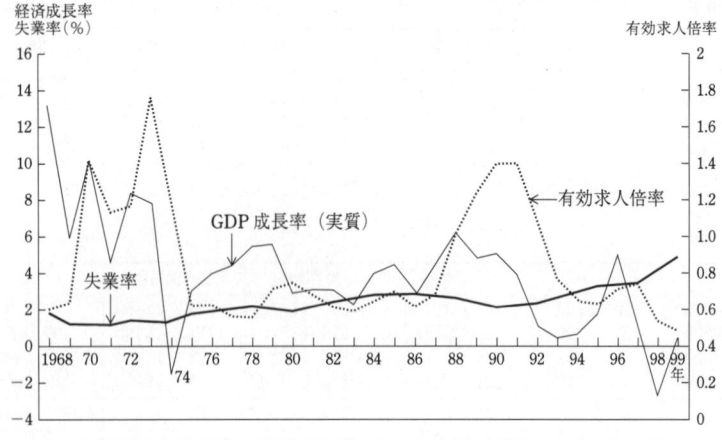

出所：大原社会問題研究所『日本労働年鑑』（第70集，2000年版）旬報社，2000年，巻頭の図7。

の急低下と労働者と新中間層（サラリーマン層）の増大化として，超近代的な資本主義に変換したといえる。

表8-2は，SSMデータによる世代間移動表を年次比較したものである。父親が労働者階級の場合，子供が労働者階級になる比率は54.5％（55年），60.8％（65年），59.8％（75年），53.0％（85年），52.4％（95年）となり，ほぼ50％台で推移している。新中間階級の場合は，45.1％（55年），52.3％（65年），49.2％（75年），59.8％（85年），52.8％（95年）となり，50％前後で推移してきた。戦後日本の階級構成の変化は以下のように要約できる。

戦後日本における階級構造の変動の基本的趨勢は，旧中間階級，特に農民層が分解して，労働者階級と新中間階級，とくに労働者階級が増加するという，階級構造のたえざる資本主義化であった。しかしその中で階級所属は，所得や社会意識を決定する重要な要因であり続けてきた。また世代間移動の構造を見ると，階級によって多少の違いはあるものの，親の所属階級が子供の所属階級を決定する傾向は明らかであり，しかも移動に対する制約は近年，むしろ高まりつつある[10]。

最近の労働者の状態を概観しておこう。図8-2は経済成長率・失業率・有効求人倍率の推移を示す。完全失業率は1960年代には1％台であったが，71年か

図 8-3　雇用者数の対前年増減数（1975～99年）

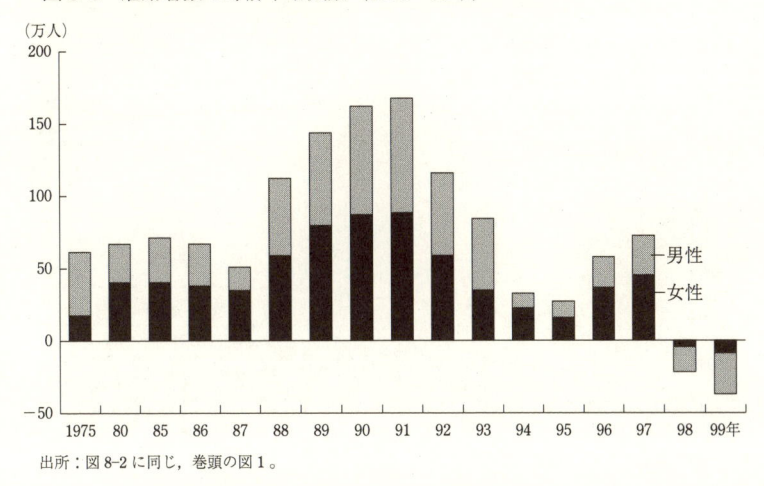

ら80年にかけて上昇傾向にあり，一時低下したが91年から上昇し，98年以降は4％台になり，2001年7月には5％台となった。有効求人倍率は73年まで1.0以上であったが，それ以降87年まで1.0以下をつづけ，88～92年間は1.0以上になったが，93年以降は低下傾向にある。日本経済は本格的な失業時代に突入したことになる。今後，国際的な企業の再編成によるリストラと，不良債権の強制的償却による倒産増によって，ますます失業問題が深刻化してくるだろう。

図 8-3 は雇用者数の対前年増減数を示す。第 1 次石油危機から87年までほぼ平均して増加してきたが，バブル景気下の88年から急増した。バブル崩壊後の92年から95年にかけて増加幅は減少し，96・97年と増勢に転じたが，98年からは減少になっている。図 8-4 は70年代以降の産業別雇用者数の推移を示す。サービス業は2倍以上，卸売・小売業がほぼ2倍に増加している。製造業はバブル期に増加したが，その後は減少傾向にある。建設業は90年代半ばまで増加したが，その後は若干低下してきた。サービス経済化の影響がはっきりとでている。図 8-5 は職業別雇用者数の推移を示す。90年代になっていずれの職業も伸びが緩やかになった。産業のリストラを反映して，技能工・製造・建設作業者と事務従事者は最近になって減少に転じたが，とくに前者の減少は顕著である。他方で，専門的・技術的職業従事者と保安職業・サービス職業従事者は増加をつ

図 8-4 産業別雇用者数の推移（1970〜99年）

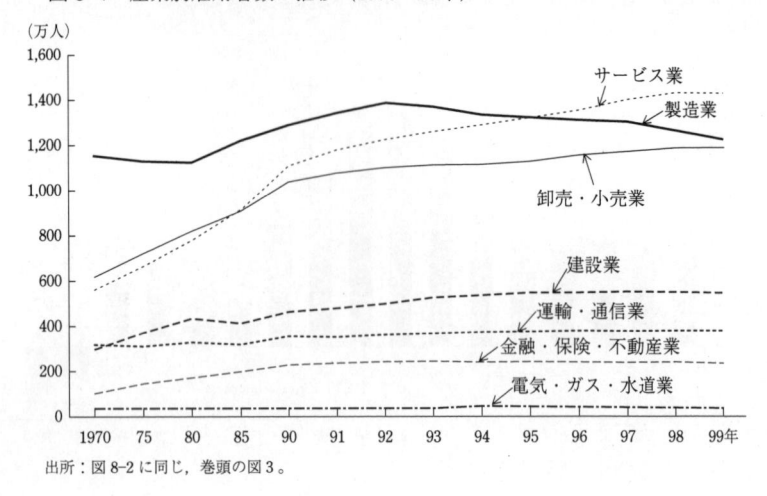

（凡例：サービス業、製造業、卸売・小売業、建設業、運輸・通信業、金融・保険・不動産業、電気・ガス・水道業）

出所：図 8-2 に同じ，巻頭の図 3。

図 8-5 職業別雇用者数の推移（1970〜99年）

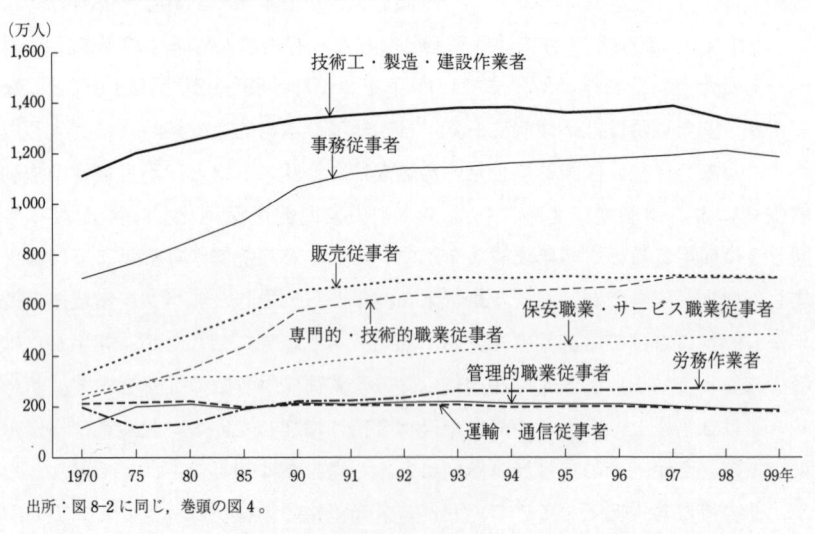

（凡例：技術工・製造・建設作業者、事務従事者、販売従事者、専門的・技術的職業従事者、保安職業・サービス職業従事者、管理的職業従事者、労務作業者、運輸・通信従事者）

出所：図 8-2 に同じ，巻頭の図 4。

づけている。図 8-6 は派遣労働者数の推移を示す。一般派遣事業の登録者数の増加はすさまじく，88年から98年にかけて約75万人と4倍近くになった。しかし特定派遣事業の常用雇用者数はほとんど変わらず，一般派遣事業の常用雇用

図 8-6 派遣労働者数の推移（1988～98年）

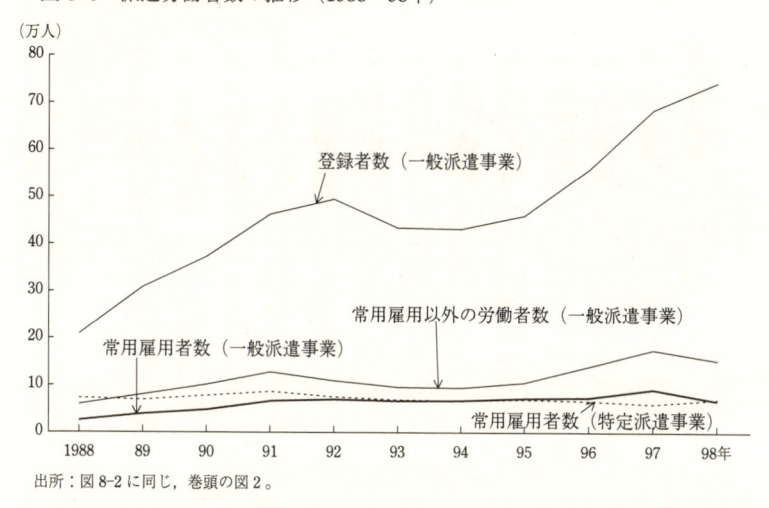

登録者数（一般派遣事業）

常用雇用者数（一般派遣事業）

常用雇用以外の労働者数（一般派遣事業）

常用雇用者数（特定派遣事業）

出所：図 8-2 に同じ，巻頭の図 2。

図 8-7 正規・非正規従業員の比率の推移：男性（1986～98年）

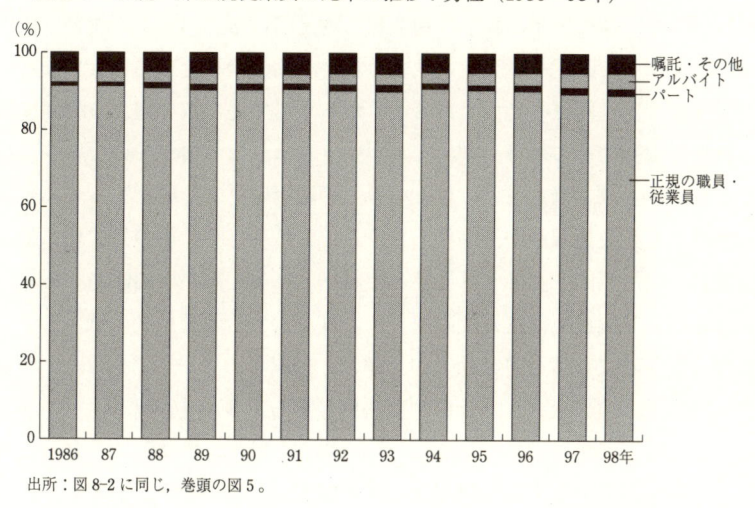

嘱託・その他
アルバイト
パート
正規の職員・従業員

出所：図 8-2 に同じ，巻頭の図 5。

以外の労働者は約 2 倍になった。パートでの一般的派遣業が増加していることになる。図 8-7 と図 8-8 は正規・非正規従業員の比率の推移を示す。男性では，正規の従業員は減少傾向にあるがまだ約 9 割を占めている。嘱託・その他は若

第 8 章　日本資本主義の構造変化と構造危機　245

図 8-8　正規・非正規従業員の比率の推移：女性（1986〜98年）

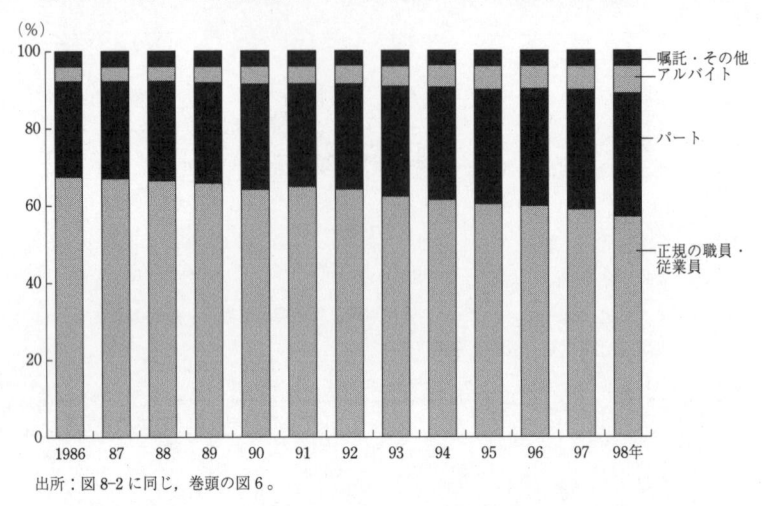

凡例：嘱託・その他／アルバイト／パート／正規の職員・従業員

出所：図8-2に同じ，巻頭の図6。

干減少傾向で，逆にアルバイトは約2倍に増えている。パート労働者は男性従業員の1％ほどで，比率に大きな変化はない。女性の場合は男性と異なる。正規の従業員は男性同様多数派であるが，かろうじて過半数を超える程度に低下してきた。嘱託・その他は一定，アルバイトもそれほど増えていないが，パートが2割から3割に増加した。以上の最近の雇用者動向を要約すると，今後産業を中心として失業問題が深刻化してくるであろうし，仕事の外注化による派遣労働者の増加傾向，バイト（男性）とパート（女性）の増加傾向である。

経済企画庁『国民生活選好度調査』によると，生活の満足度は低下した。すなわち，満足していると答えた人の比率は，1984年のピーク（64.2％）から99年には4割強に低下した。「世の中は次第に暮らしよい方向に向かっている」と考える人は，90年ピーク（46.2％）から99年は2割に急減した。老後に明るい見通しをもっている人は，84年ピーク（35.8％）から99年は2割以下に低下した[11]。いいかえれば，99年時点で国民の6割弱は生活に不満があり，8割が暗い暮らしを見通しており，8割以上が老後に不安を持っていることになる。国民の生活意識は悪化していることになる。

20世紀末大不況によって実質所得が低迷し，個人消費が冷え込んでいるだけ

でなく，このように国民の生活意識も悪化してきた。さらに，生活意識の悪化や将来にたいする不安の増大だけでなく，現実の生活の破綻が増加してきた。すなわち，98年中の自殺者は3万2863人と急増し，99年3万3048人，2000年3万1957人と3年連続して3万人を超えている。また経済的理由で高校を退学した生徒が増加し，また学費滞納率も上昇した。住宅金融公庫ローンの借り手の保証人になっている「公庫住宅融資保証協会」の代位弁済件数が急増した。さらに住宅・都市整備公団の割賦販売制度による分譲マンションの購入者のうち，滞納者にたいする訴訟件数が増加した。ホームレスの数は2万451人と増加した[12]。

第3項　階級帰属と階層帰属意識の変化

第2章第1節第3項で考察したように，「中」階層意識は標準的な耐久消費財を確保できるようになった結果であり，「新中間階級」意識ではなかった。高度経済成長の終わった1975年において，階級帰属意識は，労働者階級が71.0％，中産階級が24.1％，資本家階級が4.9％であった。最近の調査では「中」階層意識も若干変化している。総理府が実施している「国民生活に関する世論調査」によると，「中の中」の比率は58年の37％から73年の61.3％に上昇し，79年まで60％台で推移した。それ以降は50％台に低下し，95年が57.4％，97年が56.3％とやや低下してきた[13]。

第4項　生活環境の悪化

第2章第2節第1項で指摘したように，戦争直後に山里の森林は伐採されつくそうとした。その後，国土緑化運動によって植林が奨励されたが，植林運動が一段落した1960年において，日本の総土地面積に占める林野の率は69％にもおよぶ。国土開発（工業化，商業化）によって林野率は若干低下し，90年には67％になった。この7割近い国土を占める樹木や草が，自然災害の予防と環境保全に果たしている役割は絶大である。ところが日本の森林は荒廃しつつある。詳しくは第10章第4節第1項3で考察するが，変化した面を述べておこう。

造林面積から伐採面積を差し引くと（間伐面積をのぞく），バブル崩壊直後の90年にはマイナス3万6333ヘクタールとなり過剰伐採に逆転した。しかも伐採されている山林は圧倒的に天然林が多い。造林された人工林が増えていることになるが，この人工林が荒廃化している。林業コストの上昇と木材価格の低下に挟撃されて，林業経営が悪化した。せっかく植林された山林が，間伐期を迎えても間伐しても採算が合わないことになった。山林は手入れをされず放置され，いわば人工林が自然林化するようになった。いまや日本の森林は，戦後に植林した人工林を中心として荒廃している。

このように森林が放置され荒廃化しているばかりでなく，林野率が若干低下してきた。森林が転用されているのであり，農用地への転用が一番多く，つづいて公共用地であるが，第3位はゴルフ場・レジャー施設等，第4位が住宅・別荘用地になっている。田中内閣の「日本列島改造計画」，中曽根内閣の「リゾート開発計画」が反映されているのであり，緑を減らす宅地開発やゴルフ場開発とはいったい地域住民になんの恩恵を与えたといえるのだろうか。それは地域住民と地域コミュニティーの破壊にほかならない。

森林が荒廃しつつあるだけでなく，農業全体が衰退しつつある。耕地の拡張面積をかい廃面積が上回るようになった。田畑の人為かい廃の多くは，休耕田に典型的にみられるように放置され，まさに「草木深し」の状態で荒地化している。

第5項　政治・教育の変化

1　55年体制と自民党政治の失敗

第2章第3節第1項3で考察したように，戦後政治は55年体制として確立した。保守と革新の対抗関係を明確にしたが，長期自民党支配をも可能にした。その結果，「政・官・財」の同盟関係が成立し，政治腐敗が隠蔽化される体質が形成された。自民党は支持基盤を財界・業種・職能団体から町会・農村の部落会まで系列化し，自民党支配の安定性・排他性・連続性を生みだした。社会党には労働組合依存の体質が形成され，その後の長期的低迷の原因となった。

1960年にかけて安保闘争が高揚した。政府と財界は，新しい体制安定化政策

を展開した。それが池田内閣の「国民所得倍増計画」であり,物質的豊かさを求める国民の経済的要求を満たしていこうとする経済主義であった。その意図するものは憲法の資本主義体制内化であり,定着してきた市民社会的原理の資本主義的原理への塗り替えであった。

　自民党単独政権は,1990年代半ばに非自民党連立政権(細川内閣と羽田内閣)と社会党委員長を首班とする連立政権(村山内閣)が成立するまで,40年近くも日本の政治を支配してきた。自民党政権は,さまざまな政策によって,日米安保体制の下での経済的繁栄の政治的基盤となった。しかし80年代のアメリカの対日要求の激化とともに,経済政策は対米従属的になった。安全保障の応分負担の要求は,90年代になって極東の範囲の拡大解釈や,自衛隊のアメリカ軍支援のガイド・ライン設定となった。90年代にバブルが崩壊したにもかかわらず,「隠蔽・馴れ合い・先送り」体質が一層強まり,そして「政・官・財」の癒着体制は抜本的な構造改革ができないままに,一方的な金融的敗北を喫した。

2　現場からの教育改革と教育の国家管理化との激突

　第2章第3節第2項で考察したように,戦前の教育勅語中心の教育から民主主義教育へと変革された。それを明文化したのが教育基本法と学校教育法である。戦後教育の歴史は,国家管理の枠内に教育を押し込めようとする文部省と,現場の教育から出発しようとする日教組との激突であった。文部省の政策は,60年代になると高等教育機関である大学へもおよんできた。大学管理を目的とした「国立大学運営法案」(大管法)(1963年)は,国立大学協会を中心とした反対によって廃案となったが,「大学紛争」を口実にした「大学の運営に関する臨時処置法」(69年)は強行採決された。その後,国立大側は国立大学協会(国大協)による自主規制路線へと変質し,私立大学は私立大学連盟を中心とした文部省との協調路線に転換し,文部省と真っ正面から対決するような大学の自治からは大幅に後退してしまった。

　全共闘運動が四分五裂化するとともに,学生運動全体が低迷化していった。高度成長期に育った若者たちの意識が保守化したのが最大の原因であり,功利的な個人主義や「マイ・ホーム」主義が中心となっていった。また偏差値教育による受験勉強が若者の社会的関心と熱意を奪いとっていったともいえる。そ

して日本社会全体（大人の世界）が，制度疲労，家庭崩壊，腐敗と堕落，バブルとスキャンダルを繰り返し，目標の喪失と無気力化を反映して，子供たち自身の目標喪失と暴走化がはじまった。まさに教育は内部から崩壊する危機に直面しているといえる。

第3節　経済危機

今日の日本経済は，「土地の値段は決して下がらない」という「土地神話」，「不況になっても消費需要だけは減少することがない」という「消費神話」，「日本の企業経営は集団主義，全従業員が終身雇用を前提にして仲間意識で結ばれているから，大規模な従業員解雇などあり得ない」という「完全雇用神話」の三つの神話が崩壊した。さらに，過剰設備，過剰債務（金融機関からみれば不良債権），過剰雇用の三つの過剰を抱え込んでしまっている[14]。三つの神話の崩壊はお互いに促進し合っているし，三つの過剰は悪循環している。その様相はまさに典型的な恐慌状態である。その実態については第1項以下で考察するが，ここでは三つの過剰が相関関係にあることを認識しておこう。図8-9は，生産設備判断と雇用判断の相関関係を示す。設備判断は（過剰－不足）／企業数（％）であり，雇用判断も（過剰－不足）／企業数（％）で測られている。設備の過剰感の高い産業では雇用の過剰感も高いことがわかる。図8-10は，業種別の過剰設備率と債務償還年数の変化を示す。過剰設備率差は1997年第2四半期と99年第1四半期との差，債務償還年数も1997年第2四半期と99年第2四半期との差で測られている。過剰設備率差と債務償還年数差には弱い相関関係がみられる。三つの過剰をまとめると図8-11のようになる。相対的に非製造業よりも製造業の設備と雇用の過剰が深刻であり，債務の重さと設備・雇用の過剰度合いはおおむね対応している。建設と不動産業は過剰感の割には債務償還年数が大きく，両産業の債務の重圧を示唆している[15]。

第1項　バブルの崩壊と20世紀末大不況

すでに考察してきたように，1990年代は株価が暴落を繰り返しながら傾向的

図 8-9　設備過剰判断と雇用過剰判断の相関関係

(設備判断，％ポイント)

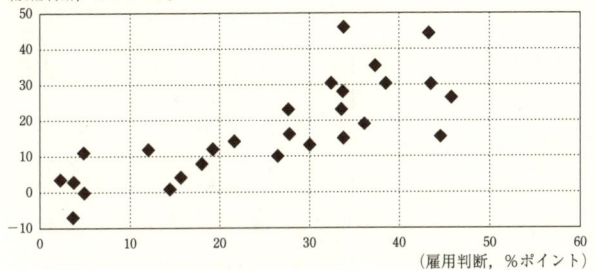

備考：1)　日本銀行「全国企業短期経済観測」(1999年12月調査)により作成。
　　　2)　設備判断は，生産・営業用設備判断(「過剰」−「不足」，％ポイント)
　　　　　雇用判断は，雇用人員判断(「過剰」−「不足」，％ポイント)
　　　　　各点は製造業17業種および非製造業10業種の合計27業種(同調査にとって最も細かな産業分類)。
出所：経済企画庁調査局『日本経済の現況』(平成12年版)，219頁。

図 8-10　設備過剰率と債務償還年数の相関関係

(債務償還年数差，年)

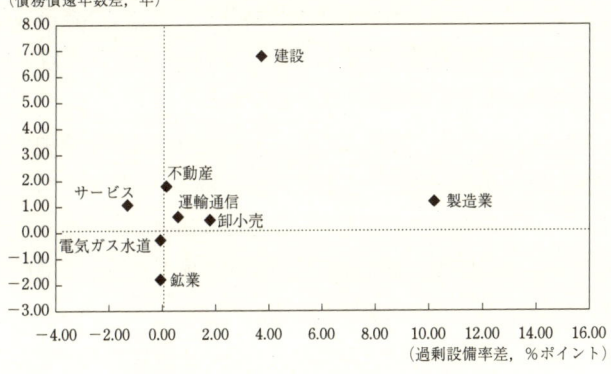

備考：1)　債務償還年数は大蔵省「法人企業統計季報」により作成。
　　　2)　過剰設備率は1997年第2四半期→99年第1四半期の差，債務償還年数は季節性を考慮して97年第2四半期の差とした。
出所：図8-9に同じ，220頁。

第8章　日本資本主義の構造変化と構造危機　251

図8-11 設備・雇用・債務過剰の相関関係

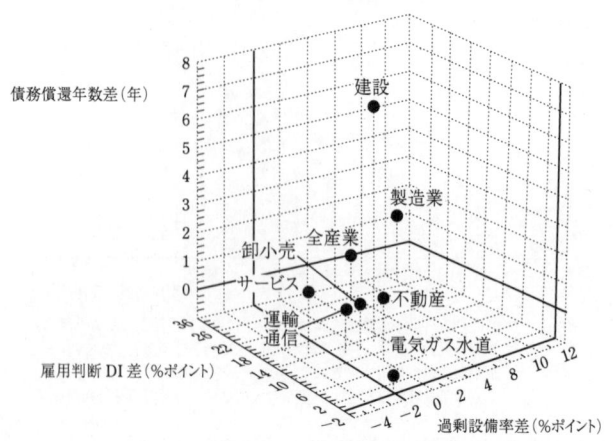

備考：産業ごとの，過剰設備率（過剰設備額／資本ストック額），雇用判断DI，債務償還年数〈（社債＋長期借入金）／（経常利益×0.5＋減価償却費）〉につき，1997年第2四半期と99年第1四半期（債務償還年数差は第2四半期）の差をプロットした。
出所：図8-9に同じ，223頁。

に低下し，いまだにバブルの崩壊過程がつづいている。実体経済は弱い循環をしながら長期不況の様相を呈してきた。それはまさにバブル崩壊による20世紀末大不況と表現できる。その実態をまとめておこう。

バブルは1990年にはいると破裂したが，実体経済は91年2月まで好況がつづいた。その後，93年10月を底とする長期不況に陥った。景気は93年10月から回復に向かうが，バブルの後遺症が重圧となって本格的な好況はみられなかった。鉱工業生産は94年から回復した。前期比で1～2％と緩やかに増加していったが，生産増加をリードしたのは生産財と輸出の増加だった。95年央には回復が足踏み状態になった。阪神・淡路島大地震や金融危機による社会的不安なども景気の足踏みを促進した。96年度の景気の再回復は，設備投資と輸出がリードした。しかし鉱工業生産のピークは前回ピークを若干上回ったにすぎず，本格的な好況ではなかったと判断せざるをえない。

第7章の図7-1は，バブル期をはさんだ株価の推移を示している。1990年の正月明けから株価が暴落し，債券・円も下落し「トリプル安」となり，95年の

6月まで五つの谷を形成しながら株価は暴落していった。95年には第1次の金融危機が生じ，中小の銀行が倒産した。株価は96年に回復するが，97年3月・97年12月・98年9月を谷としてさらに低下した。97年には第2次金融危機が発生し，株価の下落に大きく影響した。その後，2000年3月には96年水準に回復するが，世界的な株価の低迷の影響を受けて下落し，2001年9月3日には日経平均が1万409円68銭の最安値にまで低下した。株価の傾向的下落が11年もつづくまったく異常なまでのバブル崩壊過程がつづいたことになる。89年末の最高値よりじつに73.3％も暴落した。

　日本の株価の長期にわたる暴落がまったく異常であることは，第7章の図7-2によっても確認できた。日本以外の先進資本主義国は，1990年には一斉に暴落したがすぐに回復に向かった。この異常さは，乱脈融資による不良債権の重圧とそれによる金融危機の深刻性を反映している。不良債権の実態は正確には把握しにくいが，村山内閣期に公表された不良債権額は40兆円，橋本内閣期に公表された額は76兆円であり，当時外国銀行は100兆円と見込んでいた。この間，公的資金を合計約25兆円も投入して政府は銀行を支援したが，それでも不良債権の重圧から逃れきれなかった。民主党の要請で金融庁が集計した不良債権額は，2001年3月期において150兆円にもなった。倒産した銀行や企業の債務は公表された額を大幅に上回っていたから，政府が公表する額よりも不良債権額はもっと大きいのかもしれない。今後株価がさらに下落したり，企業収益が悪化して企業倒産が増えれば，不良債権は累増する危険性を持っている。日本のバブルの清算はこれからもつづき，依然としてバブル崩壊過程に日本経済はある。2001年になって森内閣は緊急経済対策として，バブル期に貸した不良債権を2002年までに，バブル崩壊後に発生した不良債権を2003年までに直接償却させる方針を打ちだした。償却に耐えきれなくなる金融機関がでてくるだろうし，建設業や不動産業を中心として倒産と失業が続出してくるであろう。それは人為的に恐慌状態を引き起こすようなものであるが，それだけの大犠牲を払わなければ回復しないほど深刻な経済危機に陥っていることを物語っている。

　地価は，第6章の図6-4からわかるように1991年から下落し，2001年まで下落の連続であった。この地価暴落が不動産業の倒産や総合建設会社（ゼネコン）の経営悪化を招き，銀行の不良債権を増加させた。第7章第4節で明らかにし

たようなメカニズムによって（図7-6），不良債権の累積と株価・地価の暴落傾向との悪循環に陥った。

第7章第2節第3項で考察したように，アメリカは1992年に景気が回復し，それ以降は2％強から4％強の成長率の好況がつづいた（2000年秋頃から失速）。イギリスはほぼアメリカと同じように景気が推移したが，ドイツやフランスやユーロエリアは日本と同じく93年まで景気が後退し，しかも93年にはマイナス成長となった。その後は1～2％の成長率で回復しているが，アメリカ・イギリスの好況よりははるかに弱かった。日本経済は例外的に株価が長期低下傾向にあり，実体経済も鉱工業生産が91年ピークを97年に若干上回っただけであり，その後は再度低下し，2001年8月現在，91年ピーク・97年ピークをはるかに下回った状態にある。まさに日本とヨーロッパ（イギリスを除く）は20世紀末大不況に陥っていることになる。

第2項　現実資本の過剰と不良債権（債務）危機

まず産業全体の設備過剰状態を概観しよう。図8-12は経済企画庁が推計した過剰設備額を示す。需給ギャップから試算した過剰額は，1991年第4四半期から94年第1四半期まで増加し，97年第1四半期まで減少したが，過剰設備は解消されなかった。その後，過剰設備額は再増加した。図8-13は設備の除却率（純除却額／資本ストック）と生産・営業用設備の過剰感（過剰－不足，％ポイント）を示す。除却率は70年代後半から上昇していたが，91年第1四半期を境として低下してきた。図8-14は資本設備のビンテージ（設備の平均的な経過年数）を示す。製造業全体では91年を境として短縮化から長期化に逆転した。素材産業では83年以降一貫して長期化している。90年代の設備過剰状況を総括すると，需要の落ち込みに合わせて新規投資が抑制される一方で，過剰設備が将来の需要拡張を期待して温存された。そのために設備の老朽化が進展したことになる[16]。

設備の過剰状態を最近の操業度の水準によっても確認しておこう。前回の好況の年だった97年と2001年1月の操業度水準（95年＝100）を比較すると，製造業全体で13.1ポイントも低下しており，鉄鋼と石油・石炭製品を除くすべての

図 8-12 過剰設備の推計（1986〜98年）

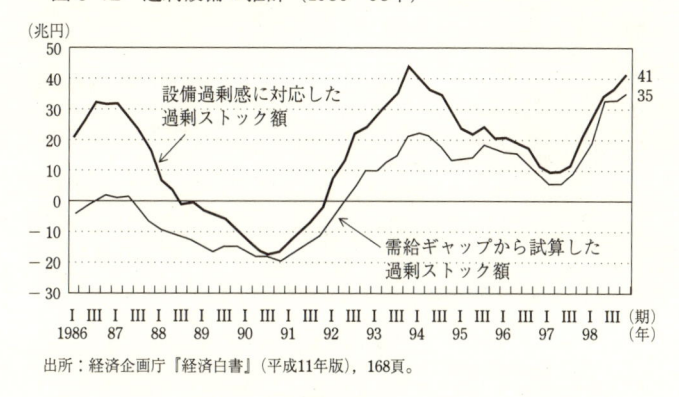

設備過剰感に対応した過剰ストック額

需給ギャップから試算した過剰ストック額

出所：経済企画庁『経済白書』（平成11年版），168頁。

図 8-13 設備除去率の推移（1976〜99年）

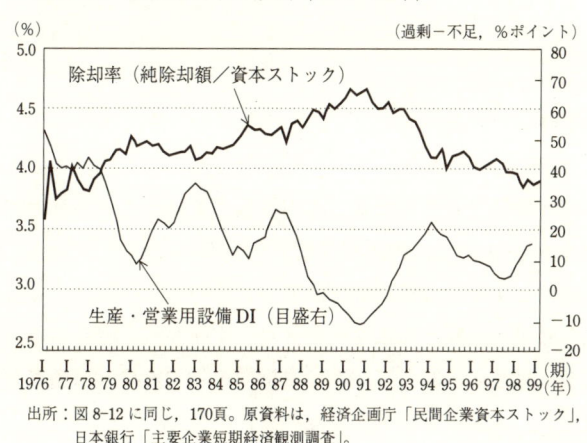

除却率（純除却額／資本ストック）

生産・営業用設備DI（目盛右）

出所：図 8-12 に同じ，170頁。原資料は，経済企画庁「民間企業資本ストック」，日本銀行「主要企業短期経済観測調査」。

産業が低下している。もともと鉄鋼と石油・石炭製品は構造的過剰を抱えており，97年の操業度水準自体が低かった。前回不況の99年と2001年1月を比較すると，金属製品，一般機械，電気機械，輸送機械，精密機械，化学，パルプ・紙・紙加工品は低下した状態である。大部分の産業が前回の不況の99年平均よりも低い状態であることが確認できる[17]。

このように実体経済は設備過剰で設備投資が減少しているのに加えて，第1・

第8章 日本資本主義の構造変化と構造危機 255

図 8-14 資本設備のビンテージ（1983〜97年）

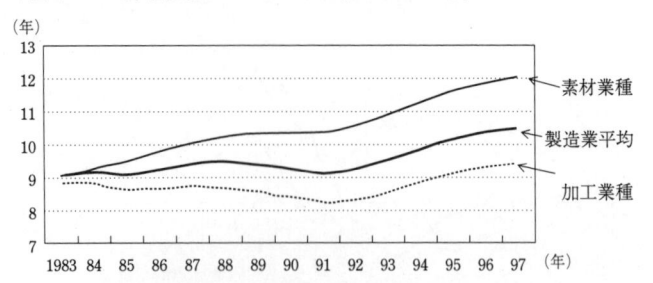

備考：1) 設備の平均年齢は，1970年時点での平均経過年数をベンチマークとし，[（前期の平均年齢＋1）×（前期末の資本ストック−今期の除却額）＋今期の設備投資額×0.5]÷今期の資本ストックにより算出。
　　　2) 素材業種は繊維工業，パルプ・紙，化学工業，石油・石炭，窯業・土石，鉄鋼業，非鉄金属。加工業種は食料品，一般機械，電気機械，輸送機械，精密機械，金属製品，出版・印刷，その他の製造業（75年以前は一部素材業種を含む）。
出所：図 8-12 に同じ，171頁。原資料は，経済企画庁「民間企業資本ストック」「昭和45年国富調査」。

2次の金融危機とその後の「信用収縮」や銀行の「貸し渋り」がつづいている。第7章第3節第2項で考察したように，1995年に第1次の金融危機が襲来し，バブル期に融資の担保とした土地と株の暴落と実体経済の不況とが複合的に作用して，債権が不良化し，大幅な債務超過となった銀行が倒産した。そして，破綻処理を専門とする受け皿機関が設立されていった。97年に金融危機が再来し，日本発の恐慌の危険性にまで発展した。すなわち，97年の不況や不良債権を背景として，経営の悪化していた金融機関に対する株式市場や短期金融市場の信任が急落し，大手の金融機関と証券会社が倒産した。

　1997年11月に金融システムに対する不安が高まり，コール・レート（無担保オーバーナイト物と1〜3ヵ月物レート）やジャパン・プレミアムが一時急上昇した。個人レベルではタンス預金や預金預け替えが増加し，銀行の貸出を制約した。また企業の業績悪化と信用リスクに対する警戒感から，安全性の高い国債に対する需要が高まり，社債の利回りと国債の利回りとの格差が急拡大した。超低金利（ゼロ金利）がつづいたので，2001年になっても国債購入が増加し，「国債バブル」の危険性が聞こえるようになった。企業の資金需要が低迷しているために銀行が国債を購入している。2001年度末で預金・譲渡性預金残

高は521兆円と1年間で1.8％増加したのに対して，貸出残高は458兆円と1.2％減少した。全国銀行の国債保有残高は2月末で69兆8000億円となり，国債保有残高の2割近くに拡大した[18]。

　こうした銀行の不良債権の裏側にある企業の債務状態を考察しておこう。図8-15は，実質自己資本比率と債務超過企業割合を示す。自己資本比率は，〈時価換算後の資産－簿価での負債〉を時価換算後の資産で割って計算されている。1989年を境として低下しているが，非製造業が悪化している。大企業非製造業はバブル期から低かった。大企業の製造業は比較的安定している。債務超過企業の割合も88～89年を境として急増した。とりわけ非製造業が急増し，97年には20％ラインに近づいていた。図8-16は，業種別の売上高債務残高比率と売上高営業利益率の関係を示す。不動産業の債務残高比率は平均して150～200％を推移しており，上位20％は概して300～400％を推移した。建設業の平均は20～30％，上位20％はバブル期に40～50％だったものが崩壊後は70％台に高まった。製造業の平均は概して30～40％であり，バブル崩壊後の上位20％は60～90％に高まった。高債務企業（上位20％）の売上高営業利益率をみると，軒並みにバブル崩壊直後に大幅に低下している。不動産業や建設業は，販売用不動産を処理したキャピタル・ロスが営業利益を減少させたと推測される。不動産業が96・97年と若干回復したのに，建設業では一貫して低下している。製造業の高債務企業はバブル期も平均より低く，崩壊後はより大きく低下した。したがって，製造業でバブル期に多額の債務を負って過剰な設備を抱えた企業は，非効率な企業が多かったと推測される[19]。企業は過去の債務を負っているだけでなく，確定給付型の企業年金として将来支払うべき負債をもっている。積立不足（将来企業が支払うべき年金の現在価値が積み立てられた資産を上回る額）の規模は，すべての企業が公表しているのではないから不明であるが，経済企画庁はアメリカ会計基準を採用している日本企業24社を分析し，4割強の不足があると計算した。この比率を厚生年金基金と適格年金を設立している企業全体に単純適用すれば，55兆円の不足になると推測している[20]。

　金融危機の深化過程については第7章第3節第2項で考察した。ここでは政府のとった金融危機管理対策を取り上げよう[21]。東京協和と安全の二信組の受け皿として「東京共同銀行」（95年3月）がつくられ，日本銀行にも出資さ

図 8-15 実質自己資本比率と債務超過企業割合（1984～97年度）

① 時価推計した企業の自己資本比率

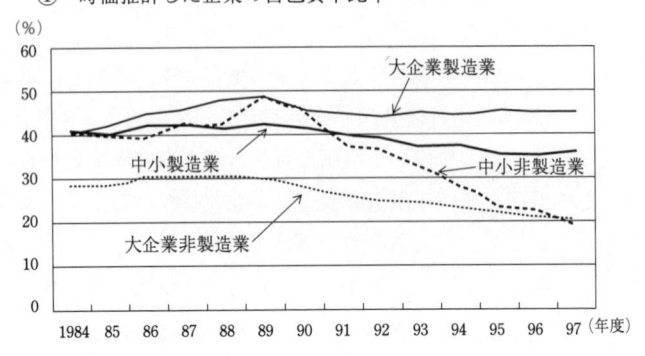

② 債務超過企業割合

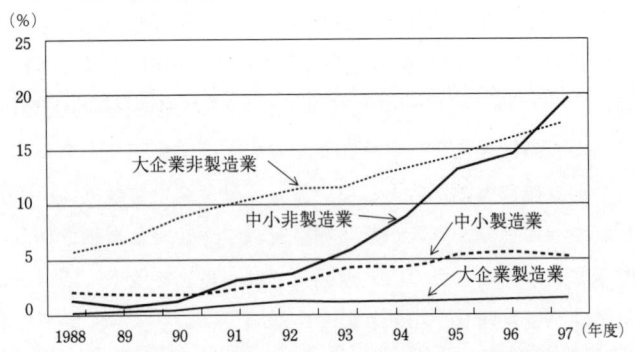

備考：1) 大蔵省「法人企業統計」，経済企画庁「国民経済計算」，日本経済新聞社「日経平均株価」，日本不動産研究所「市街地価格指数」，中小企業庁「中小企業の経営指標」，日本経済研究所「企業財務データ」により作成。
2) 大企業は資本金1億円以上，中小企業は同1億円未満。
3) 大企業非製造業は，電力業，運輸通信業を除く。
4) 資産のうち，投資有価証券の株式，土地につき，時価評価した。
5) 自己資本比率＝{資産（時価換算後）－負債（簿価）}÷資産（時価換算後）
6) 市街地価格指数（全国）は，1984年末時点を100として指数化。
7) 債務超過企業割合については，時価推計した自己資本比率をもとに，そのばらつきが正規分布に従うと仮定して推計した。ただし，標準偏差は簿価ベースのものを用いた。

出所：図 8-12 に同じ，330頁。

図 8-16 売上高債務残高比率と売上高営業利益率（1985～97年度）

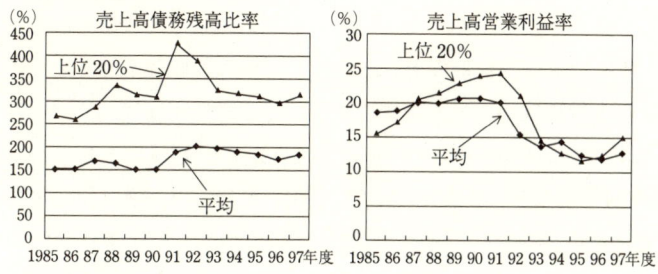

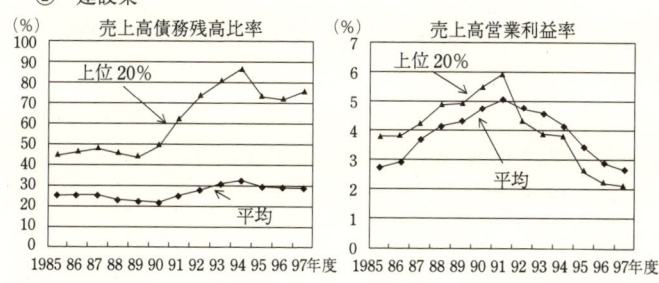

① 不動産業

② 建設業

③ 製造業

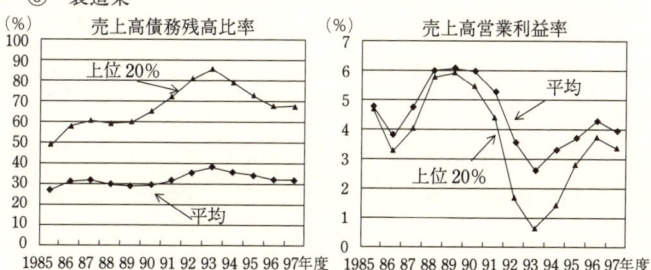

備考： 1) 日本経済研究所「企業財務データ」により作成。
2) 対象は上場企業。
3) 上位20％は，1991年度時点で売上高債務残高比率が上位20％であった企業の平均値を示す。
4) 債務残高＝借入金残高＋社債残高

出所：図 8-12 に同じ，180-頁。

せた(200億円)。その後も信組の破綻が続出したので,同行は信用組合一般の受け皿機関として「整理回収銀行」に改組・拡充された。破綻した信組の事業はこの銀行に譲渡された。98年には一般の金融機関の受け皿銀行となり,99年4月には「住宅金融債権管理機構」と合併し「整理回収機構」となった。この機構は健全な金融機関からも不良債権を買い取る総合不良債権回収会社となった。96年7月には,破綻した住宅金融専門会社7社の債権を継承し回収する「住宅金融債権管理機構」が設立された。95年6月,大蔵省は預金額1000万円以上の預金は払い戻さないペイオフを5年間凍結し,97年末に保護の対象を,預金保険制度に加盟する金融機関が扱う金融商品全体に拡大した。

1997年に第2次の金融危機が襲来した。しかし橋本内閣は行政改革を重視し,不良債権の深刻性に気づかなかった。ようやく98年初頭の国会演説で「日本発の金融・経済恐慌」は起こさないとの決意を表明した。金融機関の自己資本充実のために優先株を引き受け,そのために合計30兆円の公的資金を投入するとした。また金融機関の融資態度の萎縮を防ぐために,総額約25兆円の資金を用意することを表明した。それを受けて2月に「金融機能安定化緊急措置法」の制定と「預金保険法」の改正が行われ,総額30兆円の公的資金投入を中心とする金融安定化策が策定された。99年3月には21銀行に1兆8156億円の公的資金が投入された。しかし日本長期信用銀行が破綻し,資本増強という形式から大手銀行の破綻処理をいかに行うかという方向に向かった。98年10月に「金融機能再生緊急措置法」と「金融早期健全化緊急措置法」を中心とした9法が成立した。優良と思われる銀行には公的資金投入で経営の安定化を支援し,経営不振銀行は混乱なく破綻処理をしようとするものであり,公的資金60兆円が用意され,再生・破綻処理の実施機関として金融再生委員会がおかれることになった(12月発足)。さっそく長銀は10月に,日本債券信用銀行も12月に国有化された。また,税効果会計(不良債権処理の際に支払いすぎた税金が戻ってくることを前提にあらかじめ自己資本に算入しておくこと)が前倒しで実施され,その自己資本増強効果は大手16行で6.4兆円(資本勘定の29.3%)となった。

日銀は,無担保コール翌日物レートを実質ゼロに誘導することと,国債大量発行による長期金利の上昇を抑えることを目的として,ゼロ金利政策をとった。日銀からの大量の資金供給によって,ターム物金利が99年2月以降沈静化し,

ジャパン・プレミアムも3月以降ほぼ解消した。

　こうした政府の金融危機対策の過程で，金融機関の破綻を処理するための基本理念・法整備・組織が議論された。「早期是正措置」の導入，日銀法の改正（98年4月実施），金融庁の創設（98年6月），財政と金融の分離の実現をへて，金融行政は従来の裁量型行政（護送船団方式）から市場規律に対応したルール型行政に転換していった。

　しかしこうした行政は基本的に銀行側の自主的判断にまかせたために，2001年になってさらに深刻化した不良債権問題を生みだし，森内閣は急遽「緊急経済対策」を出さざるをえなくなった。

第3項　財政危機

　国と地方自治体の借入金残高は，2000年度末において645兆円になると推計される（国が485兆円，地方が187兆円）。この数字は国内総生産の約1.3倍であり，戦争突入時の比率にほぼ近い。2000年度だけでも国債発行額は約33兆円であり，一般会計の国債依存度は38.4%にもなっている。政府は65年以来国債を発行しつづけてきたが，その残高は364兆円になることが見込まれ，国内総生産の約73%にもなる。これらの借入金には特殊法人の「隠れ借金」は含まれていない。日本国家が抱えるこの大借金は，国民が負担しなければならない。本当に返済できるのだろうか。かりに借金が700兆円とし，2%の経済成長と税負担率25〜30%と仮定すると，年間増収は2.5兆円から3兆円となるから，おおざっぱに計算しても借金を返済するには200年以上かかると推計される。増税で返すとしたら，1人あたり約600万円になる。高齢者や子供を含めた世帯あたりではその何倍にもなる。行政改革で仮に10年間で返済しようとしたなら，利子支払いを度外視しても年間70兆円にもなり，国家予算80兆円強のほとんどが借金返済に回されることになる[22]。日本の国家機能は完全に衰退してしまうだろう。こうした大借金をつくりだしてまで政権を維持しようとしてきた自民党政権の責任は重い。また家計の金融資産は1200兆円あるといわれるが（1995年末），金融負債を差し引くと純金融資産は800兆円に減少し，政府を通じる借金が700兆円であるから純資産は100兆円しか残らない。個人の借金と政

府の借金との合計は1100兆円であるから，かりに4人家族とすれば3666万円以下の金融資産の家計はすべて借金していることになる[23]。長期債務残高645兆円は国内総生産の129.3％，財政赤字は国内総生産の9.4％であるが，EU がマーストリヒト条約で通貨統合への参加条件として設定した財政ポジション60％と3％に比較してもはるかに高い[24]。以上のように，国家財政は破綻しているといわざるをえない。

図8-17は国債残高の累増を示す。1965年度予算の補正時に戦後最初の建設国債が発行され，75年度予算の補正から特例債（経常的支出をまかなうための借金）が発行され，それ以降国債発行は急増した。国内総生産に占める国債発行残高の比率も81年度に30％を，85年度には40％を，97年度には50％を，99年度には60％を越え，2000年度には約73％にまで高まった[25]。ケインズ政策がスタグフレーションとして機能不全に陥ったことは第5章第6節第1項で明らかにしたが，バブル崩壊後も膨大な財政支出にもかかわらず景気回復に失敗した。政府は毎年のように緊急経済対策を実施し，その総額は120兆円近くになる。第1次金融危機の94・95年に合計30兆円，第2次金融危機の97・98年には合計約40兆円の経済対策が実施されたが，本格的な好況を生みだすことはなかった。橋本内閣は最初は財政構造改革に取り組んだが，97年以降の急激な景気後退とアジア経済危機に直面して景気刺激策に転換し，財政構造改革は凍結された。すなわち，97年度末に2兆円減税，98年4月に16兆円規模の総合経済対策，11月に24兆円規模の緊急経済対策，99年度補正予算による5198億円の緊急雇用対策，99年11月の18兆円規模の経済新生対策，とつづけられたが成功しなかった。大規模な財政出動にもかかわらず景気回復に成功しなかったのは，政策の基礎にある構造そのものを改革しないからであり，またケインズ政策が失敗した反省がなかったからである。

第4項　政治危機と特殊法人危機

バブルとその崩壊過程は自民党政権の失政でもあった。まず政府のバブル対策の失敗を指摘しておかなければならない。すでに述べたように，日本政府は一方的にアメリカの要求を受け入れ（金融の自由化とプラザ合意），また日本

図8-17 国債残高の累増（1965～97年度）

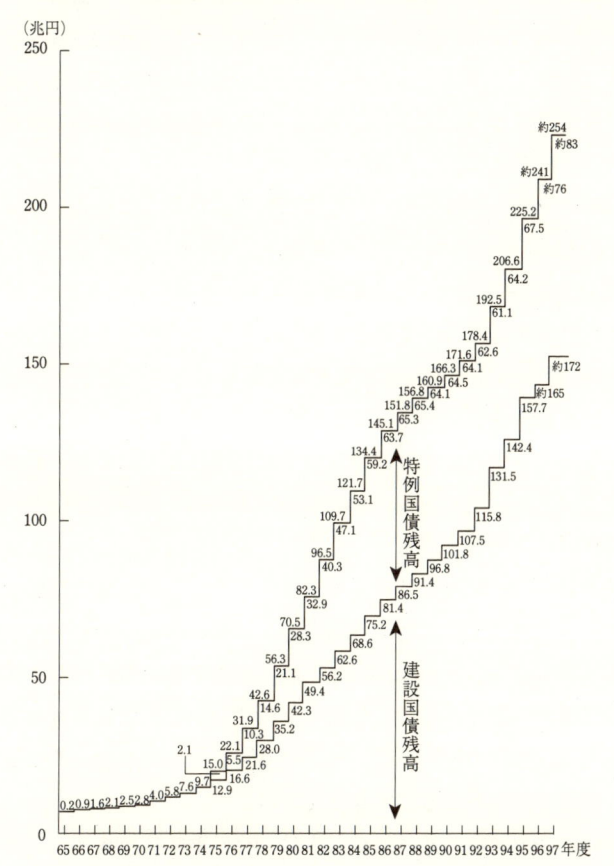

（兆円）

注：国債残高は年度末実績（1996年度以降は見込み）。96年度は前倒債を除く。
出所：吉田和男『破綻する日本財政』大蔵財務協会，1987年，15頁。ただし，西暦に改めた。

の銀行の「薄利多売主義」を無視して，やすやすとBIS規制を受け入れてしまった。バブル期の日銀の金融緩和（低金利の放置）はバブルを促進させてしまったし（日銀の政策失敗），89年になって公定歩合を段階的に引き上げたがバブルの歯止めにはならなかった。株が暴落しても政府や日銀は実体経済（ファンダメンタルズ）が健全であるとの認識から，不良債権と株価暴落の深刻性を軽視していた。そればかりではなく，銀行の経営状態を改善するために超低

利の金利（ゼロ金利）政策を展開した。これは退職した金利生活者を中心とした個人消費を冷却化させ，不況を長引かせる要因となった。消費税を引き上げたから，個人消費を一層冷え込ませた。超低金利は設備投資を盛りあげなかった。企業は設備投資を増加するどころか，バブル崩壊の打撃から脱出することに全力をあげざるをえなかった。

　自民党政権は，不良債権解決のために公的資金を銀行に投入したり，財政支出を拡大（約120兆円の公的資金のバラ撒き）したが，いっこうに長期不況基調から脱出できないできた。それは自民党という政党の体質にも原因がある。55年体制から自民党は権力の中枢を支配してきたが（細川・羽田内閣の時に野党になった），それは政・官・財の癒着と腐敗を生みだしてきた。政権を握っているから，国家資金をバラ撒くことができる。その見返りとしてカネと選挙の票を集める。まさに自民党は選挙基盤を維持・拡充することを最優先させる政策を展開してきた。選挙基盤が崩壊しないように，銀行を支援し，農協の不良債権負担を軽減させたり，ゼネコン救済を優先させてきた。それが不良債権処理を先送りさせ，一層の株価低落を引き起こし，不良債権の累増という悪循環に陥ってしまった。こうした55年体制として形成された日本社会の制度や構造的枠組み（第1・2章，参照）が桎梏化し，制度を運営する政権が腐敗しているところに悪循環の根元がある。こうした政策的失敗と腐敗体質が国民の政治離れを加速化し，今日の政治不信（政治危機）を生みだした。構造改革が自民党内部から提起されるところまできてしまった[26]。

　政府が財政赤字を累増していったときに，行政府の実権を握る官界は財政と一体化しながら，特殊法人という巨大な利権集団をつくりあげてきた。第3項の財政赤字の中には特殊法人の抱えている巨大な債務の多くは入っていない。複雑な財政の仕組みや特別会計制度の陰に隠れているから実態ははっきりしないが，総額255兆円の借金を抱えていると推計されている[27]。正確な数字だとすれば，明らかになっている645兆円に加えると合計900兆円の債務を抱えていることになる。これは国民全体の純金融資産800兆円を超える額になる。本項ではこの闇の中にある巨大利権集団の債務状況を紹介しておこう。

　図8-18は財政投融資の実態を示す。国民が貯金した郵便貯金255兆円，積み立てた国民年金・厚生年金140兆，簡易保険積立金112兆円が大蔵省の資金運用

部資金や簡保資金となる。両資金に加えて金融市場から調達した政府保証債22兆円の大半が回りまわって，「財投機関」と呼ばれる公庫（145兆円）・公団（110兆円）・地方公共団体（83兆円）・特別会計等（73兆円）・特殊会社等（3兆円）に貸し付けられる（総額414兆円）[28]。公庫と公団に貸し付けられた255兆円が特殊法人の抱える債務ということ

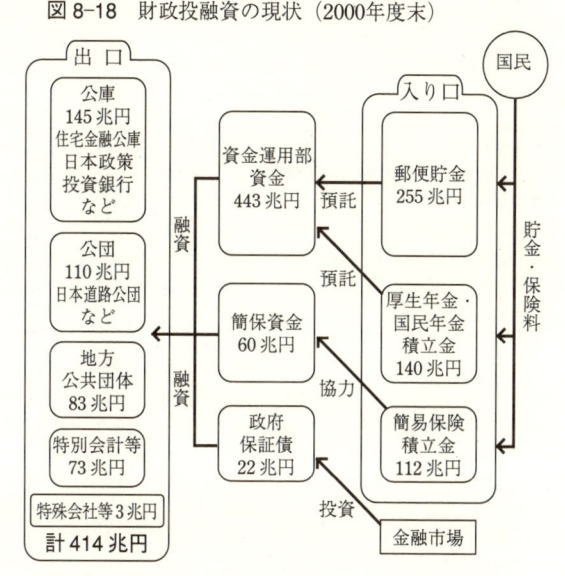

図 8-18　財政投融資の現状（2000年度末）

出所：『週刊ダイヤモンド』2001年4月28日・5月5日合併号，70頁。

になる。まともな決算報告書すらなかったのが実態であったから，そこにどれだけの不良債権が隠されているかは知りようもないのである。こうした国家予算の3倍にもなる貸付を受けている特殊法人が，はたして健全な経営をしているのだろうか。

表 8-3 は，主要33特殊法人の財務状態を示す[29]。総資本の大きい順に並んでいるが，事業系の自己資本比率（自己資本÷総資本×100）は確実性を，キャッシュフロー比率〈(当期利益＋減価償却費＋引当金繰入額－引当金戻入額－資産見返勘定戻入額)÷借入金残高×100〉は借入金の自己返済能力を示し，収益収支比率〈(経常収益－補助金等)÷経常費用×100〉が収益性を示す指標である。金融系の延滞・貸倒比率〈(延滞債権＋貸倒償却)÷貸付金残高×100〉は不良債権の危険性を示し，利ザヤ率〈(貸付金利息÷貸付金残高－支払利息÷借入金残高)×100〉は収益性を示す。各法人の自己資本比率はバラツキが大きく，債務超過になっている法人（年金資金運用基金，日本私立学校振興・共済事業団，本州四国連絡橋公団）から90％を越える法人（宇宙開発事業団，

第8章　日本資本主義の構造変化と構造危機　265

表 8-3　主要33特殊法人の財務分析（2000年度末）

事業系　　（単位：億円）

法人名	①自己資本比率(%)	自己資本	総資本	②キャッシュフロー比率(%)	キャッシュフロー	借入金残高	③経常収支比率(%)	経常収益	補助金	経常費用
日本道路公団	4.82	18,034	374,223	3.956	9,850	248,995	91.65	23,180	1,941	23,173
年金資金運用基金（旧年金福祉事業団）	▲1.38	▲4,909	355,877	1.191	4,276	358,959	124.95	18,573	654	14,341
簡易保険福祉事業団	0.87	2,288	263,001	1.560	510	32,732	102.28	7,920	280	7,469
都市基盤整備公団	2.75	4,615	167,911	0.217	314	145,162	88.14	13,546	1,372	13,813
中小企業総合事業団	24.88	28,492	114,529	326.330	5,950	1,823	94.91	88,274	210	92,783
日本鉄道建設公団	36.94	32,640	88,361	1.472	487	33,138	102.51	11,550	658	10,624
運輸施設整備事業団	12.14	9,843	81,049	0.490	346	70,772	79.09	10,272	2,002	10,456
首都高速道路公団	8.30	5,473	65,974	1.537	715	46,540	99.89	2,658	0	2,661
阪神高速道路公団	9.31	4,390	47,136	0.429	152	35,532	100.00	1,899	0	1,899
水資源開発公団	0.93	432	46,254	0.419	60	14,440	102.72	1,550	0	1,509
日本私立学校振興・共済事業団	▲31.95	▲14,410	45,108	17.617	1,186	6,737	66.14	38,983	3,417	53,775
本州四国連絡橋公団	▲5.93	▲2,376	40,092	▲1.908	▲732	38,392	54.03	1,004	0	1,858
石油公団	34.29	12,718	37,093	0.250	57	22,820	11.13	2,991	2,638	3,169
社会福祉・医療事業団	8.61	2,550	29,631	0.227	56	24,922	82.02	2,017	367	2,012
緑資源公団	35.40	6,496	18,352	0.043	2	6,491	81.63	160	25	164
新東京国際空港公団	31.28	2,711	8,668	0.162	8	5,254	103.68	1,427	0	1,377
地域振興整備公団	16.70	1,356	8,124	−	0	5,764	105.42	461	11	427
農畜産業振興事業団	59.55	4,069	6,833	−	15	0	89.74	3,881	395	3,884
労働福祉事業団	83.05	4,639	5,586	3.557	11	327	85.57	3,101	302	3,271
宇宙開発事業団	95.88	5,099	5,318	−	▲1,005	0	4.82	228	145	1,708
環境事業団	3.11	142	4,593	0.304	12	4,164	86.50	419	56	419
科学技術振興事業団	94.41	1,755	1,859	−	▲678	0	15.28	293	144	976
国際協力事業団	76.17	1,249	1,640	−	▲17	0	5.38	1,765	1,670	1,779
金属鉱業事業団	35.26	268	760	5.737	24	427	42.47	96	52	103

金融系　　（単位：億円）

法人名	①自己資本比率(%)	自己資本	総資本	②延滞・貸倒比率(%)	延滞債権+貸倒償却	貸付金残高	③利ザヤ率(%)	貸付金利息	支払利息	借入金残高
住宅金融公庫	0.59	4,508	766,193	0.56	4,173	745,413	▲0.50	27,775	31,824	752,665
公営企業金融公庫	0.07	166	240,662	0.00	0	229,734	0.59	9,965	8,113	216,731
国際協力銀行	32.20	73,541	228,385	2.12	4,563	215,212	0.03	7,802	5,370	149,279
日本政策投資銀行	9.17	18,029	196,570	0.48	924	190,727	0.05	7,321	6,410	169,117
商工組合中央金庫	4.35	6,050	139,102	4.05	4,520	111,693	0.78	2,399	1,457	106,241
国民生活金融公庫	2.28	2,566	112,756	2.98	3,204	107,540	0.26	3,239	2,877	104,707
中小企業金融公庫	4.80	3,711	77,372	4.08	3,109	76,272	▲0.10	2,181	2,150	72,615
農林漁業金融公庫	7.19	3,072	42,701	2.76	1,126	40,810	▲1.36	1,447	1,859	37,930
沖縄振興開発金融公庫	3.22	601	18,695	2.27	401	17,720	▲0.09	635	625	17,001

出所：『週刊ダイヤモンド』2001年4月28日・5月5日合併号、51頁。

科学技術振興事業団）もある。事業系全体で7.02％，金融系で6.16％となる。キャッシュフロー比率は中小企業総合事業団が326.330％とダントツに高い以外は，軒並みに低い。事業系全体では1.958％となり，借入金に対して内部蓄積が極端に低いことになる。経常収支比率は100％以下なら損失であり，100％を越えるほど収益性が高いことになる。子会社や関連会社を含んでいないからかならずしも正確ではないが，全体では86.70％と損失が発生している。1兆7402億円の損失が発生したことになる。延滞・貸倒比率は中小企業金融公庫（4.08％）と商工組合中央金庫（4.05％）がダントツに高いが，景気対策や民間金融機関の貸し渋りに対応するために融資を拡大してきたからである。全体では1.27％となる。利ザヤ率は，金融系特殊法人は政策目的の貸付をしているから，9法人中4法人が逆ザヤである。全体でも0.11％の逆ザヤとなる。

　特殊法人にはじめて本格的な行政改革のメスを入れたのは佐藤内閣であった（1967年）。それから14回も整理統合化案がだされ，113あった特殊法人は78法人に減った。しかし組織が一つに統合化されても事業機能が独立していたり，名称を変えただけでかえって業務を拡大したり，統合・改組によって資本金や人数をかえって増やしてきたので，行革によってスリムになったのではない[30]。しかも特殊法人は官僚の「天下り先」であり，官僚OBは特殊法人や公益法人のトップを転々と渡り歩いてきた。官僚と特殊法人が癒着することになるし，政・官癒着体制によって政治と特殊法人とが癒着することになる。

第5項　企業の国際的再編成と雇用危機

　高度成長期に強固な企業集団として復活した日本の独占資本は，大競争時代に巻き込まれ国際的再編成の過程にある（第1節第3項）。まず金融機関では，不良債権の重圧のもとで外資系銀行に対抗するために4大超メガバンクが出現した。地方の金融機関も，金融監督庁や金融再生委員会の指導で再編成が進行している。産業界では企業集団を越えた業務提携や合併が進行してきたし，外国資本と業務提携する企業も増えてきた。また破産した金融機関や証券・保険企業の業務が外国資本に譲渡され，事実上吸収されていった。提携・合併の目的は直接には投資負担の軽減であるが，最終的には不採算部門の売却である。

また事業部門の社内分社化や分社化などの組織改革の最終目標は，労働条件の差別化・人件費総額の削減・不採算部門の切り離しと売却にある。過剰設備と過剰債務を大規模に抱えているから（第3節第2項），今後ますます企業の再編成が進み，それにともなって失業者が大量にでてくることが予想される。

　最近の労働者の状態については，第2節第2・3項で考察した。完全失業率は98年以降は4％台になり，2001年7月には5％台に上昇した。有効求人倍率は93年に0.76となり，低下傾向にある。98年からは雇用者の絶対的減少になった。このように日本経済は本格的な失業時代に突入した。今後，国際的な企業の再編成によるリストラと，不良債権の強制的償却による倒産増によって，ますます失業問題が深刻化してくるだろう。

　雇用の動向を産業別にみると（第2節第2項），サービス業と卸売・小売業が増加し，製造業は減少傾向にある。建設業は90年代後半から若干低下してきた。サービス経済化の影響がはっきりとでている。職業別にみると，産業のリストラを反映して技能工・製造・建設作業者と事務従事者は減少したが，専門的・技術的職業従事者と保安職業・サービス職業従事者は増加している。また，仕事の外注化により派遣労働者が増加傾向にあり，バイト（男性）とパート（女性）も増加傾向にある。

第4節　社会危機

第1項　金融寡頭制の腐敗

　バブルが崩壊するとともに，証券・銀行・経済スキャンダルが検察当局の捜査によって暴露された。それは高度経済成長をリードしてきた政・官・財の複合体制の腐敗にほかならず，しかも暴力団系統の闇の世界と結びついていた。日本の金融寡頭制は内部から崩壊しはじめている。もともと政・官・財の関係は「三すくみ」の関係といわれる。政治家は任命権を持っているから官僚に強いが，財界からカネをもらうから弱い。官僚は行政指導によって利益を与えるから財界には強い。同じ理由によって，財界は政治家に強いが官僚に弱い。だからこそ癒着体質が安定的に支配してきたともいえる。以下，それぞれの癒着

関係をみていこう。

1　経済と政治の癒着

　1991年7月29日「パンドラの箱」が開かれた。『日本経済新聞』が証券大手4社の損失リストを朝刊一面にスクープしたのである。この損失リストによってまず，財界相互の癒着関係にメスを入れておこう[31]。リストされた企業は六つのグループに類別される[32]。①日立，トヨタ，松下を含む「優良企業」グループ。証券会社にとっては手放したくない優良顧客である。②中堅鉄鋼商社の阪和工業やツムラなどの「財テク企業」グループである。財テクの実態は，証券会社が利回りを保証する「ニギリ」だったことが判明する。③公立学校共済や年金福祉事業団などの公的資金グループである。証券会社にとっては高齢化社会で膨らむ年金資金が大事なお客となり，年金資金団体のほうは将来の年金支払いに備えて年金資源を拡大しておく必要があった。しかしその運用が未熟であることが露呈されたのである。④地方の中小金融機関や県信用農業協同組合連合会（県信連）などのグループ。地方金融機関は利ザヤの縮小に悩んでいたし，県信連は農協の稼ぎ頭であった。県信連が損をすれば農協の経営が危うくなる。損失補填の裏には，住専処理であきらかになったように，農協を選挙基盤とする自民党政権の政治的配慮がうかがえる。⑤グループ企業への粉飾まがいの損失補填である。山一証券の山一総合ファイナンスへの補填がその典型である。⑥最後は政界関係の補填であった。

　金融機関の不動産関連企業への融資実態が暴露されたのが，住宅金融専門会社（住専）7社の破綻事件である[33]。バブルが崩壊した直後の1990年3月，大蔵省は不動産向け融資の「総量規制」通達をようやくだしたが，住専への融資は枠外においた。住専は本来の住宅ローンとはまったく関係のない不動産会社への融資にのめり込んでいったが，融資先に困っていた農協系金融機関（県信連）は住専への新規融資を拡大した。それを契機に，住専の母体行（都銀や信託銀行などの一流金融機関）は，不良債権を住専に押しつけ自らの融資を引き揚げてしまった。住専向け融資が銀行から農協系にシフトしたのである。この住専の役員は一流金融機関・大蔵省・証券会社OBによって占められていたことによっても，財界内部と官・財の癒着関係がわかる。しかし地価は下がりつ

づけたから,不動産会社への融資は不良債券化した。95年3月末で住専7社の負債残高は12兆9000億円に達したが,そのうち農協系金融機関の融資は42％の約5兆5000億円にもなっていた。責任と負担のなすりあいが政治問題化し,結局農協側の負担は5300億円にしかならず,95年12月20日未明に村山内閣は6850億円の公的資金投入を発表せざるをえなかった[34]。一流金融機関は住専に不良債権を押しつけて引き揚げてしまったのであり,大蔵省は住専の経営状態を知っていながらなんらの抜本策をださなかった。農林水産省も「共犯者」であることに変わりない。借金を返さない不動産会社は闇の世界とつながっていたし,住専や融資先の不動産会社から自民党代議士への政治献金がなされていた。この住専事件は,財界内部の癒着と無責任体制,政・財間の癒着体制,政・官・財複合体制と闇の世界とのつながりを如実に示したといえる。最後のつながりについては,4で考察しよう。

内橋克人氏は,こうした現代日本の政・官・財癒着体制をマフィア型資本主義として警告している[35]。その特徴は,①ボス的政治家が大きな影響力を発揮し,②企業・財界は,政治献金や企業・家族ぐるみの選挙を通じて,特定の政治家や政権政党の集金・集票機構となり,③マスコミへの介入,④産業フロンティアへの財界の介入が起こり,産業フロンティアの開拓がうまくいかず,市場閉塞に見舞われ,⑤投票行動がマフィア型資本主義を培養する,ところにある。まさに政・官・財複合体の癒着と腐敗は,資本主義のマフィア化の危険性を生みだすまでになったことを認識しなければならない。

2 政治と官庁の癒着

官僚出身の代議士は多いし,なかには自民党長期政権のもとで総理大臣になった人も数人いる。代議士は出身官庁の利害を代表する族議員となり,官庁の利害と既得権益を守ろうとする。すでに指摘したように,行政改革は早くから計画されてきたが,既得権益を守ろうとする官僚によって骨抜きにされてきた。そればかりでなく,特殊法人が関連会社をつくりつづけ,今日の特殊法人の巨大な債務状態を生みだした[36]。それがまた官僚の天下り先として機能してきた。民主主義に立脚した政治主導の行政改革が必要とされている。歴代の自民党内閣の下では,徹底した行政改革はできなかったのである。それは行政の実

務を官僚が握っているからであり，官僚に反旗を翻されたなら，この国の政治は機能不全となってしまうからである。政治が本当に国民そして市民に顔を向けたものにならない以上，真の行政改革は実現しない。

3 官庁と経済の癒着

　官庁は行政指導によって財界の利害を誘導してきた。それが高度成長期にはアメリカに追いつき追いこすための指導として成功した。80年代にはそれが日本的システムの強さとして世界的にも宣伝された。しかしバブルの崩壊によって，こうした行政指導（護送船団方式）は破綻した。財界は行政指導によって救済されるだろうという甘えを持ち，官庁は経済危機の深刻性を認識できないままに抜本的解決策をださなかった。そればかりでなく行政指導は一種の「馴れ合い」を生みだし，官僚は財界からの接待攻勢で堕落し[37]，公正な指導を阻害してきた。官僚は経済危機の深刻性を認識できないまま，官僚特有の自己保身に走り，問題解決を先送りしてきたのである。破綻する企業は，市場のルールによって淘汰させるという180度の方向転換をし，自らの行政指導の過ちの責任を回避しているのである。市場原理主義（規制緩和）と行政指導との間を，政治の波にもまれながら揺れつづけてきたのが実態である。

4 政・官・財複合体と闇の世界の癒着

　こうした政・官・財の複合体は，バブル期に闇の世界（暴力団）との結びつきを強めていった。中曽根内閣から竹下内閣に政権が継承されるときに暴力団が介在したことは有名となったが（「ほめ殺し」），まさにマフィア型資本主義の危険性が現実化したのである。銀行が地上げなどのために暴力団を利用し，腐れ縁を深め，深みにはまったのである。暴力団のほうは，はじめは処女のごとく少額の融資を申しでてキチンと返済する。実績をつくって営業の第一線の幹部と親しくなり，弱みを握り，一気に大口融資を引きだして踏み倒す。不正融資を知った仲間（舎弟企業）の経済ヤクザが，スキャンダルだといいたてて融資を求めつづける。銀行側はスキャンダルの表面化を恐れて，ノン・バンクを経由した迂回融資などによって「正規の取引」にする。したがって，不正融資は闇から闇へと巧妙に実行されてきた[38]。一流といわれる銀行がこうした

ことをしてきたのである。

5 無責任体制

さきに金融危機を追跡したときに（第7章第3節第2項），金融機関や金融行政の「隠蔽体質」，大蔵省と金融機関との「馴れ合い体質」，金融行政当局の「先送り体質」が，バブルの清算をかくも遅らせてきた日本的癒着体質であることを指摘した。この癒着体質は，いいかえれば誰も責任をとらない無責任体制にほかならない。無責任資本主義というタイトルの書物を著した奥村宏氏は，無責任体制の根源は戦後徹底した戦争責任が問われなかったことにあるという。丸山真男は，戦前の天皇制国家を「無責任の体系」とし，政治家や軍人は天皇に，天皇は皇祖皇宗に責任を転嫁する構造であったという。しかし55年体制の無責任構造は政・官・財のヨコにもたれあったものだと奥村氏はいう[39)]。この政・官・財複合体制（戦後日本の金融寡頭制）は，第1・2章で考察したように，冷戦体制の下でのアメリカにキャッチ・アップしていくことを目標とした経済至上主義・輸出至上主義に支えられて，高度経済成長を実現させた。しかし高度成長の世界的終焉，バブル崩壊と冷戦体制の終わりとともに，この複合体制が崩れはじめ，その無責任体質のなすり合いとなってしまった。まさに日本の金融寡頭制支配が国民の批判を浴びているのである。

第2項 国民統合イデオロギーの喪失

1 経済至上主義イデオロギーの破綻

第2章第3節第1項で考察したように，未曾有の国民的大衆闘争となった安保闘争に動揺した政府と財界は，新しい体制安定化政策を展開する。それが「国民所得倍増計画」であり，国民の経済的要求を満たしていこうとする経済主義であった。その意図は，憲法の資本主義体制内化であり，定着してきた市民社会的原理の資本主義的原理への塗り替えだった。労働組合を中心とした国民大衆は，物質的生活の向上を求める功利主義を受け入れていった。体制側の意図は成功したのである。その結果，第2章第1節第3項で考察したような階級・階層意識が形成された。階級帰属意識としては労働者である層が，「中」

階層意識を持つようになった。まさに政治・社会・教育問題から経済問題に国民の関心を転換させ，市民社会原理を資本主義原理が包摂（体制内化）した。

しかし国民の実質所得は，スタグフレーション期の物価高騰やバブル崩壊にともなう長期不況と失業の圧力によって，伸び悩んだ。第2節第2項でみたように住宅・消費者・教育ローンの負担は増大し，生活破綻している人が増え，暮らし向きが悪化したと実感し，老後の不安を持つ人が多数派になってしまった。バブル期の熱狂がさめ逆資産効果も働き，消費が冷え込んでしまったし，超低金利状態にもかかわらず将来不安は国民を貯蓄に走らせている。功利主義の経済的基盤が破壊されたのである。こうした実質所得という量的問題と同時に，金融寡頭制の腐敗と堕落を目撃して，国民は先行きの目標を失った閉塞感にとらわれている。

2　輸出至上主義イデオロギーの破綻

国民的課題の名のもとに政府と巨大企業集団は，輸出産業の保護・育成政策を最優先した。戦後の経済復興過程において，基幹産業を優先した融資（傾斜生産方式）や重要産業の大企業を優先した融資（集中生産方式）がおこなわれた（第1章第5節第2項3）。国内の重要産業の近代化と確立が優先されたのである。高度成長期になると政府の政策は，輸出競争力の劣る先端産業は手厚く保護し，輸出競争力がついた産業から貿易自由化要求に応じていった。そして，輸出競争力を強化し経済大国化していこうとする輸出至上主義が登場した。アメリカの生産力水準に追いつき追いこすようになると（60年代後半から），日本は経済大国となる。貿易黒字で稼いだドル資金の資本輸出がその後急増し，やがて世界一の債権国になる（80年代）。

こうした輸出至上主義の成功は，団塊の世代を中心とした国民全体の勤労の成果にほかならなかった。累積する黒字を内需拡大に回さず外国に投資したために，環境破壊や福祉と教育の軽視を生みだし，国民生活の向上には還元されなかった。また輸出を伸ばすための独占資本の古典的な手法であるダンピング輸出は，内外価格差を生みだし，国民生活を圧迫した。

バブル後半期にME化設備投資がひきつづき強行されたが，アメリカの対日反撃，バブルの崩壊と国内需要の低迷（設備投資と消費の冷え込み）によっ

て過剰資本化し，21世紀にまで持ち越されているのが現状である。90年代にも弱い景気回復は起こり，そのある局面では輸出拡大が景気をリードしたが，本格的な輸出主導の好況は実現しなかった。情報通信技術ではアメリカに遅れ，東アジアの新興工業地域からの追いあげにあい，輸出を飛躍的に増大することが困難になってきたのである。世界的な低成長期にそのようなことはもともと期待できないが，設備投資の長期的低迷は日本の輸出産業の体力を弱めてきたからでもある。それは設備のビンテージ（経過年数）が拡大してきたことによってもわかる。このように日本資本主義は，自ら輸出至上主義に決別して内需拡大そして国民生活向上へ転換したのではなく，輸出至上主義が不可能になったのである。それとともに，経済・輸出至上主義イデオロギーによって国民統合を実現することが不可能となった。

　こうした経済・輸出至上主義に貢献する人材の要請が文部省の文教政策であった。国家は国民統合機能を果たさなければならないが，まさに文部省は教育行政によってこの機能を果たす機関である。高度経済成長と日本株式会社主義と輸出至上主義に役立つ人間を養成することが目標となった。そのために，市民社会の責任ある一員としての自立した個人の形成と，その連帯と協同の重要性を教えるものではなく，会社や国家に貢献できる健全かつ従順な人材，国際競争力を担える知識と技術を持った人材の養成が重視された。市民として自立した個人の形成，自立をサポートする制度やルールをつくりだすことができなかったために，今日の無責任社会をつくりだしたのである。すなわち，企業や集団への忠誠心が重んじられ，企業や集団のためなら不正なことにも邁進するような人間を排出させた。経済官僚のスキャンダルが糾弾されているが，文部官僚の教育管理と教育政策の失敗も真剣に批判されなければならない。それを回避しては今日の教育危機は解決されないであろう。

　こうした政・官・財の腐敗は，政権を長期的に担ってきた自由民主党に対する批判と政治不信を強めた。日本の株価が例外的に長期的低下傾向にあるのは，日本の政治に対する国際的な不信の表明でもある。自民党政治は国際的にも批判されはじめた。一時下野した自民党は橋本・小渕・森内閣と政権に復帰したが，国民の無党派化が進行し，強い自民党批判と政党政治に対する不信が醸成されてきた。自民党に変わる政権の受け皿勢力が形成されていないこともあっ

て，日本の政治は未曾有の危機に陥っているといえる。小泉内閣成立の背景には，自民党と官庁との癒着体制を「構造改革」することに対する国民の「期待」があることをみておく必要がある。

第 3 項　企業内統合の揺らぎ

　戦後の金融資本の支配形態は財閥から企業集団に変貌した。そして，会社や企業集団に忠誠を誓う経営者たちが組織全体の利害関係を代表するようになった（第 1 章第 4 節第 2 項）。それと対応するように労働組合も，企業内組合運動が支配的潮流となった。企業内の従業員も，終身雇用制と年功序列制の影響もあって，会社至上主義を受け入れた。こうした企業内部の会社主義は，企業全体の体制としての「日本株式会社」主義を生みだした。しかし高成長の終焉とバブルの崩壊以後の激しいリストラ運動は，こうした会社至上主義を動揺させている。

　長期不況によって，日本的雇用慣行は企業にとって重荷になってきたのである。終身雇用制は非正規社員の解雇はできても，正規社員の解雇は困難である。また年功序列賃金体系によって正規社員の賃金は相対的に高い。その結果，「高コスト構造」が発生した[40]。企業が抱えている「過剰雇用者」は523万人と見積もられ，それを加えると完全失業率は12％を超えるとされる[41]。資本は冷徹にも日本的雇用慣行を放棄しようとしている。年功賃金制にかわって年俸制などの能力給が導入され（大企業の25.6％），主要50社のうち 8 割の企業が能力主義を反映させると答えている[42]。終身雇用制は大企業では守られているが，新規採用の削減や希望退職で正規社員が減り，非正規社員の比率が増大してきた（第 2 節第 2 項）。

　このように，労働者を「企業内」に統合してきた会社至上主義を，資本自らが放棄しようとしているのである。しかし正規社員にまで解雇が進み，パート労働者や派遣労働者で満ちあふれているような企業はどのようなものだろうか。そこには労働組合も団体交渉もない資本の専制支配が貫徹するだろうし，労働意欲の低下と労働条件の悪化が進展するだろう。バブル崩壊と長期不況がはじまった1990年代になって，雇用情勢は一層厳しくなった。それを反映して若年

層の失業率も急上昇したが[43]，それとともに若者たちの意識が変化しはじめた。企業に就職しても早期に職場を変える学生が増加してきたし，はじめから企業に正規に雇用されることを拒否して，稼ぎたいときに稼ごうとするいわゆるフリーターが増加してきた。こうした若者たちは，会社至上主義とか日本株式会社主義の将来を見限り，自由な時間をやりたい仕事に振り向けることによって生き甲斐を求めている。はじめから会社至上主義を拒否する若者たちが増大している点を注視しておこう。

第4項　社会福祉政策の危機

第3節第3項で考察した財政危機は，高齢化社会の到来によってさらに深刻となる。社会保障制度の充実と給付額の増加によって，社会保障負担率は上昇傾向にあり，1955年の3.3％から99年の14.3％（見込み）に上昇してきた[44]。生産年齢人口（20〜64歳）と高齢者（65歳以上）の比率は，95年で4対1であるが，2000年には7対2，2010年5対2，2020年には2対1になる。この高齢化は急激な出生率の低下と長寿化による。高齢化によって年金や医療などの社会保障給付費は急増してきた。福祉元年の1973年から94年の21年間に，社会保障給付費は6.3兆円から60.5兆円と約10倍になり，国民所得比は6.5％から16.2％に上昇した。95年の一般会計から年金会計への繰り入れは4兆円であったが，高齢化に比例してこの費用が拡大するとすれば，2010年には6兆円，2020年には7.5兆円必要となる。医療費も同様比例的に拡大するとすれば，2010年に13.7兆円，2020年に16.3兆円になる。厚生省の推計では，95年の社会保障給付費の国民所得比は17.5％であるが，2025年には37％にもなり，国民の負担率は上昇する[45]。

年金の原資にも問題が生じている。公的年金（厚生年金と国民年金）の積立額は144兆円であるが，そのうちの27兆円を運用してきた年金福祉事業団は事業（グリーンピア）には失敗するし，株価低迷による逆ザヤによって99年までに時価ベースで1.4兆円もの累積損失を被ってしまった[46]。

第5節 人間危機

第1項 教育の荒廃

　日本資本主義社会そのものの今日の構造的破綻よって，文部省が推進した経済・会社・輸出至上主義に役立つ人材の養成という文教政策が行き詰まってきた。今日政府自らが認めるように，いじめ，登校拒否，学級崩壊などに象徴される教育の荒廃症候群は，日本社会全体の目標喪失と閉塞感，政・官・財が一体となった腐敗と堕落の子供たちの世代への反映にほかならない。教育の荒廃をもたらした責任は，自由民主党政権下の文部省の文教政策にもあることは否定できない。それなのに文部官僚も経済官僚と同じく，自らは責任をとろうとしないのである。そればかりではなく，教育の荒廃や少年犯罪の増加・凶悪化の解決方向として，教育基本法の見直しと称して戦前の教育勅語もどきものの復活，道徳教育の強化，能力主義・エリート主義の復活（飛び級制度の導入）などが語られはじめた。全国共通のテスト（大学受験センター試験）を実施し，偏差値教育による受験戦争に子供たちを押し込んだのは文部省にほかならない。大学を頂点とした教育機関を偏差値によって輪切りにした進路指導が，教育機関の中身ではなく受験の難易度で大学を評価する本末転倒した姿になってしまった。受験戦争に勝った子供も負けた子供も大学に来たときには疲れ果てて，受験勉強時代に失っていた遊びやレジャー等に時間を回すのである。また長期不況の下でも教育費負担は一層大きくなったから，学生は少しでも親の教育費負担を軽減しようとしてアルバイトに時間を割かなければならない。経済的理由以外のアルバイトで稼いだ収入は，サークル活動やレジャーに支出する。まともに勉学に時間を回す余裕が多くの学生にはないのが実態である。しかも受験教育費は高まるから，親の経済力格差によって学歴の格差が生まれる傾向にある。近年「一流大学」への入学者は，圧倒的に高所得者層の子弟になってきた。こうした傾向は階層間の流動性が低下してきたことによっても確認される。昔からいわれるように教育は「国家百年の計」である。経済のグローバル化の進展とともに地球的規模での市民社会（地球市民）が確実に予想される。そこ

に参加し貢献できる人材の養成をめざすべきである。いいかえれば，資本に貢献する人材から市民社会に貢献する人材，国家に奉仕する人材から世界に奉仕する人材の養成への変革である。そしてなによりも大切なことは，成長過程にある若者たちの自立した個としての人間に成長していく過程をサポートするという，教育の原点に復帰することである。

第2項　アイデンティティ・クライシス

こうした教育の荒廃は，家庭と社会の「崩壊」による人間の精神危機の一環とみなければならない。根源は大人の世界にあるのであって，そこをしっかりと認識しておかないと解決の方向性もみつけだせないだろう。今日の精神危機は，20世紀末の資本主義がもたらした労働と生活の疎外現象であり，資本の物神性を極度に深化させたものとみなければならない。国際的な投機活動の横暴もこの物神性の極地の世界にある。

日本社会の無責任体制は伝統的な集団主義（同調社会）に根源があるが，同時に戦後アメリカから輸入されたアメリカ型個人主義イデオロギーもこの無責任体制を倍加させた関係にある。日本社会はこの両面を使い分けてきたといえるが，今日ではその折衷性と曖昧さが無責任体制を悪化させるように機能してきたのである。アメリカは伝統的社会のないままに資本主義社会がヨーロッパから輸入されたから，個人主義は「人間の進歩の最後の段階」であり，「生活信条」であり，「社会連帯の根源」となった。経済生活においては，レッセ・フェールと賃金制度と生産と消費の商品化によって個々人の社会的存在がみえにくくなっている。個人主義とアメリカ国家と資本主義が一体となったものとして受け止められる。政治生活においては個人がアトム化され，すべての責任を個人に還元してしまう「犠牲者への非難」と「スケープ・ゴート主義」が横行する。社会生活においては，公共活動や社会活動からプライバシーの世界への逃避がおこる。哲学的には，知識の源泉は個々人の精神と感性の中にあるとする理神論が開花する。こうして個人主義はアメリカ資本主義の強固なイデオロギーとなった。

もともと個体（individuality）概念は近代的私的所有の成立によって生まれた

が，資本制的所有に転化することによって個体概念が物神化され，個人の意志とは無関係に競争と価値法則の支配にさらされるようになった。伝統的社会のないアメリカではこの個人主義が，大企業や国家と深く結びつくようになった。資本主義の初期においては，個人主義は汗を流して獲得した財産に根ざしていて，自由で平等な人間尊重の基礎であった。しかし資本主義の確立と独占化は，個々人の自立と自己規律を依存性や受動性に変質させ，自己啓発は標準化・絶望・無能者化に変質してしまった。

　このように変質した近代的個人主義イデオロギーの特徴は，第1に，賃金労働者の均一化であり，第2に，個性が地位・仕事・役割にとってかわられ，第3に，個性が消費財の所有によって表現されそれに満足し，第4に，個人が政治的には投票者に，経済的には納税者に還元されてしまう。その結果個人は，労働力商品の所有者，仕事や地位の保持者，欲望の担い手，投票者という四つの性格ないし役割を持つようになる。個々人の意識は分断化され，個々人は一つの役割に特定化され，相互に隔離される[47]。

　こうした個人主義イデオロギーに戦後の日本社会も汚染されたといえる。ジェームズ・オコーナー教授が1980年代前半において警告した人間危機が，21世紀になった日本に蔓延してきたのである。しかしアメリカは個人主義を徹底化し経営者の社会的責任を追及したから，バブル崩壊から比較的早く立ち直り，90年代の「一人勝ち」状態をつくりだした。ところが日本社会は，一方で現存する伝統的な集団主義を都合にあわせて使い分けてきたことによって，無責任体制（隠蔽，先送り，馴れ合い）に陥ってしまった。

　教育の荒廃は，こうした現代資本主義が進めた個人主義の変質（労働と生活の疎外化）と深く結びついている。社会学で研究されているアイデンティティ・クライシスの教育現場での発現なのである。アイデンティティ・クライシス状況下では人間の一部の才能だけが異常に発達し，ほかの才能が衰退する。そのために自己自身の存在意義を確認することができず，したがって自己も他者をも認識しコントロールすることができなくなる。凶悪な犯罪に走る少年たちの心理状況はその典型であろう。アイデンティティ・クライシス症候群から解放されるためには，社会的個体を獲得していかなければならない。そのためには人間の才能と活動（自然的人間，人文的人間，社会的人間）をバランスよ

く全面的に成長させなければならないだろう。いいかえれば，理性と感性，自然と社会を主体的に形成し改造する人間の主体的実践過程とその存在原理（構造）を総体的に把握しなければならない。こうした際に，自然に科学技術をもって対処する生産活動と，その際の人間同士の生産関係，こうした経済構造（土台）を基礎としながら，人間がつくりだす社会制度（政治や教育）と思想（上部構造）の相互規制関係の総体として人間活動を捉えようとするマルクスやエンゲルスの世界観（弁証法的唯物論・唯物史観）の有効性は大きい。人間の主体的実践過程がこのような構造になっていることを反映して，人間自身も自然的人間，社会的人間，文化的・精神的人間として総体的に把握しなければならない。まさに近代の諸科学が自然科学・社会科学・人文科学に分化してきたのは，このような人間存在の原理に由来しているといえる。どの一つが欠落しても人間把握としては不十分である。人間の総体把握の必要性については，第10章第4節第3項で再論する。こうした社会哲学なり社会倫理の復権と再構築なしには，進行する精神危機にメスを入れることができないことを指摘しておこう。

第6節　大量消費文明（生活様式）の危機

　高度の生産諸力と文明を発展させてきた人類は，この地球と生命全体を滅ぼしてしまいかねない危険性をも生みだしてしまった。すなわち，第2次世界大戦中に開発された核兵器はいまや世界各国に拡散し，それが実際に戦争で使われたりあるいは偶発的に爆発したなら，この地球は消滅してしまう。さらに今日の資本主義社会と過渡期社会（旧ソ連や中国などの国々）が生みだした工業生産力とその消費様式は，オゾン層の破壊や地球温暖化現象などのさまざまな環境破壊を引き起こしてしまった。21世紀の人類は，生命そのものが全滅ないしそれに近い打撃を受けかねないほどの危機（生命危機）に直面しているのである。この点については第10章第4節第1項で再論する。
　高度成長期以降日本の森林と農地は荒廃してきた。それは，伝統的な日本農村の自然（その圧倒的部分は森林と農地である）との共生関係を破壊する危険性を生みだしている。都市生活者は過密化によって自然を奪われ，農村生活者

は山林と農地の荒廃によって自然の中で生きることを放棄せざるをえない状態にある。まさに自然の中の人間，人間の中の自然という，自然と主体としての人間との共生関係が現代の日本においては破壊されているのである。またこうした農業・林業の衰退（採算悪化）は，その採算悪化をくい止めようとすれば，無機農業化を進めていかざるをえない。これはまた都市住民の健康に悪影響を与える。まさに緑の危機であり，生活の危機である。こうした自然破壊と生命危機を生みだすほどに工業の生産量が高まったが，日本国民の生活がどれだけ向上したのだろうか。生産力の飛躍的発展にもかかわらず，第2節第2項でみたように，日本国民の生活破綻や不満や将来不安を激化させたのである。これが経済至上主義のもとで疾走してきた国家の実態なのである。豊かな生産力を，それをつくりだした圧倒的多数の勤労大衆に還元するような社会システムをつくりださなければならない。

注
1) 宮崎犀一・奥村宏・森田桐郎編『近代国際経済要覧』東京大学出版会，1981年，145頁，日本銀行国際局『国際比較統計　2000』124頁，より計算。
2) しかも21世紀になっても「奴隷売買」が存在している。ユニセフの報告によると，西部・中部アフリカ地域では少なく見積もっても年間20万人の子供たちが人身売買されているという。子供たちを待ち受けるのは，「農場，漁場での労働や売春などだが，多くの場合，劣悪な環境での厳しい労働で，教育さえ受けることもできない」。人身売買の背景には農村部の貧困があるという。『朝日新聞』2001年4月19日付朝刊。
3) 経済理論学会編『グローバリゼーションの政治経済学』（年報第38集，青木書店，2001年9月）の共通論題で，IT革命の本質や問題性がグローバリゼーションとの関連で討議されている。
4) 現代日本経済研究会編『日本経済の現状』（2000年版）学文社，2000年，74頁。
5) 同上書，75-76頁。
6) 同上書，78-79頁。
7) 同上書，47-62頁，による。
8) 労務行政研究所『全国主要労働組合一覧』（平成12年版）2000年，187頁。
9) 階級区分の基準は第2章の表2-1とは若干異なる。男子事務職は新中間階級，女子事務職員は労働者階級に区分している。橋本健二『現代日本の階級構造』東信堂，1999年，106-107頁。

10) 同上書，はしがき，4頁。
11) 大原社会問題研究所『日本労働年鑑』第70集（2000年版）旬報社，2000年，93頁。
12) 同上書，92頁，『朝日新聞』2001年8月10日付朝刊。遺書を残した自殺者の動機は，2000年のデータでは「健康問題」が41.1%・「経済・生活問題」は30.2%，となる。
13) 佐々木秀一「経済格差の拡大と中流意識の変化」『知的資産創造』Vol.8, No.3（2000年3月）27-28頁。佐々木氏は，「第2次大戦後の高度経済成長の成果により，基礎材の平等化が達成されるにつれて，中流階級の輪郭ははっきりしなくなってきた。つまり，かつてのような自他ともに認識される時代を担う階層および理念は消失している」と結論づけている（35頁）。
14) 『経済白書』（平成11年版）の前文。
15) 経済企画庁調査局『日本経済の現況』（平成12年版）2000年，223頁。
16) 『経済白書』（平成11年版）174頁。
17) 総務省統計局『日本統計月報』平成13年4月号，42頁。
18) 『日本経済新聞』2001年5月5日付朝刊。
19) 『経済白書』（平成11年版）178-179頁，185-186頁。
20) 現代日本経済研究会編『日本経済の現状』（2000年版）66頁。
21) 金子勝『日本再生論』日本放送出版協会，2000年，138-139頁，および現代日本経済研究会編『日本経済の現状』（2000年版）153頁（樋口均氏執筆）。
22) 金子『日本再生論』140-141頁。
23) 吉田和男『破綻する日本財政』大蔵財務協会，1997年，20-21頁の説明を参考にして計算した。
24) 現代日本経済研究会編『日本経済の現状』（2000年版）153頁（樋口均氏執筆）。
25) 同上書，152頁。
26) 2001年4月に，自民党の解党的出直し（派閥政治の打破）と構造改革を掲げた小泉内閣が成立した。新聞社の調査した支持率は細川連立内閣成立時を上回る戦後最高であった。しかし人気が先行しており，どのような構造改革を実行するのかはまったく不透明である。自民党内部の権力の移動であり，自民党の内部改革は不可能で，かけ声だけで改革の中身がない，隠されていた改憲志向がはっきりしてきたなど，はやくも野党側から批判されている。自由民主党と日本社会をどのように改革していくのか，その政治手法が市民原理にもとづく下からの民主主義によって実現しようとするものなのか，注視していかなければならない。
27) 『週刊ダイヤモンド』2001年4月28日・5月5日合併号，26頁。
28) 同上書の70頁による。

29) 78ある特殊法人のうちの33の主要法人だけで借入金の合計は272兆9677億円となるから、財政投融資以外の借入があると推測される。
30) 『週刊ダイヤモンド』2001年4月28日・5月5日合併号、54-55頁。
31) 日本経済新聞社編『宴の悪魔』日本経済新聞社、1991年、の巻末に損失補塡先のリストが掲載されている。
32) 同上書、35-50頁、による。
33) 有森隆『銀行の犯罪』ネスコ／文藝春秋社、1996年、第1章による。
34) データは、佐藤章『金融破綻』岩波書店、1998年、304頁、315頁、322頁。
35) 内橋克人『破綻か再生か』文藝春秋社、1994年、230-232頁。
36) 朝日新聞社が入手した特別会計の財務諸表によると、特別会計全体の赤字額は、1998年度が19特別会計で6兆7153億円、99年度20特別会計で12兆5149億円、2000年度22特別会計で14兆4688億円と悪化してきた。とくに2000年度は37の特別会計のうち22の特別会計（6割）で赤字になった。累積赤字額は29兆円に達するが、この額をいわば公的部門の「不良債権」と推計してよいだろう。『朝日新聞』2001年5月26日付朝刊。
37) 官僚スキャンダルは、1998年春から日銀幹部のスキャンダルにまで発展し、営業局現職課長の収賄逮捕、過剰接待疑惑による幹部98人の内部処分、内部担当理事の自殺にまでなった。日銀スキャンダルについては、石井正幸『日銀崩壊』毎日新聞社、1998年、参照。
38) 有森隆『銀行の犯罪』1-2頁。この書物は、住専問題をめぐる金融機関・闇経済・不動産会社・大蔵省の責任を追及している。金融スキャンダルを追求した勇気ある「告発」を若干紹介しておこう。朝日新聞経済部編『金融動乱』朝日新聞社、1999年は、総会屋と金融機関との不正な融資関係を明らかにしている（第2章）。山下章則『大銀行の犯罪』ザ・マサダ、1996年は、著者自身が証券取引法違反事件に関連して逮捕されているから、銀行の内部告発であるが、イトマン事件を詳しく報告している。日本経済新聞社編『宴の悪魔』は証券スキャンダルの深層を紹介しており、右翼・暴力団の東急電鉄株買い占め事件とその背後での証券会社の資金提供が描かれている（50-60頁）。
39) 奥村宏『無責任資本主義』東洋経済新報社、1998年、第1章、参照。
40) 現代日本経済研究会編『日本経済の現状』（2000年版）24頁。
41) 水野和男「供給過剰の実体」『論争東洋経済』1999年7月号、68頁。製造業の過剰雇用者は資本ストック・ベースの過剰設備から推計され、非製造業の過剰雇用者は労働生産性を国際水準にまで引き上げた場合に発生する数が計算されている。この数値は、経済財政諮問会議の答申「今後の経済財政運営及び経済社会の構造改革に関する基本方針」（2001年6月21日）が提起している新規雇用創出530万人とほぼ一致している。いいかえれば、諮問会議もこの数の失業者がでる

ことを暗黙に前提としていると考えられる。
42) 現代日本経済研究会編『日本経済の現状』(2000年版) 29-30頁。
43) 高校生の就職率は、1992年には33%であったのが2000年には19%（男子21％、女子17％）にまで低下したという。森岡孝二・杉浦克己・八木紀一郎編『21世紀の経済社会を構想する』桜井書店、2001年、161頁（伊藤正純氏執筆）。
44) 総理府社会保障制度審議会事務局編『社会保障統計年報』法研、2000年、157頁。
45) 吉田和男『破綻する日本財政』135-147頁。
46) 『週刊ダイヤモンド』2001年4月28日・5月5日合併号、39頁。
47) 以上は、James O'Connor, *Accumulation Crisis*, Basil Blackwell Inc., 1984, pp. 13-21. オコナー教授のこの書物全体を紹介した拙稿「現代資本主義の経済・社会・イデオロギー危機」『東京経大学会誌』第149号（1987年1月）、参照。

第9章 日本社会の構造改革
―新しい社会を求めて―

第1節 21世紀の経済学者の課題

第1項 ケインズ経済学の失敗

　ケインズ経済学はスタグフレーション化によって，それにかわって登場した新古典派経済学はバブルとその崩壊によって，ともに失敗した（第5章第6節）。第1章で考察したように，戦後の資本主義は国家が管理通貨制をテコとして政策的に経済過程に介入する経済となった（国家独占資本主義）。短期の景気政策としては財政・金融政策によって早めに景気を回復させ，景気の加熱を防ぎ人為的・なし崩し的に恐慌を引き起こし，急激かつ深刻な恐慌を未然に回避しようとしてきた。長期的には1930年代の大量失業の再発生を回避しようとして，完全雇用政策と福祉国家政策が実行された。こうしたケインズ政策は，1950・60年代の高度経済成長期にはそれなりに成功した。しかし第5章の第1・2・3節で考察したように，国家独占資本主義は70年代に入ってスタグフレーション化と国際通貨危機（金・ドル交換停止と変動相場制への移行）に襲われ，2度にわたる石油危機に直面した。

　ケインズ政策による景気調整は恐慌を人為的・なし崩し的にし，恐慌が果たす暴力的調整機能（たとえば好況期の過剰蓄積を解消するための資本破壊や，物価騰貴を調整化する物価下落など）を機能不全にした。1950年代からクリーピング・インフレがはじまり，財政散布というカンフル注射は次第にインフレを加速化させた。また実体経済面では過剰資本（過剰能力）の破壊を不徹底化させ，長期的な停滞経済を生みだした。まさにスタグフレーションは，この両面が同時的かつ政策的なジレンマとして現象してきたものにほかならなかった。
　またケインズ政策は，管理通貨制をテコとする財政政策によって国内均衡（景

気回復と失業の早期解決）を優先させるから，基軸通貨国アメリカは国際収支の均衡を軽視しつづけた。それが国際通貨危機の根源であり，アメリカは自国の利益を最優先させるために「金・ドル交換停止」に走った。その結果，第5章第1節第1項で考察したように，世界的なインフレーションの歯止め装置を解体し，また世界中に散布されたドルが投機的に浮遊するマネーゲームの世界が生みだされた。さらにケインジアンたちは国家の福祉政策によって，所得不平等や恐慌・失業を解決しようとしてきた。そこには，国家は政治的・社会的に階級関係から中立であるとする国家観が存在する。国家は第1章で指摘したように，階級国家と共同管理国家の二重性を持っているが，階級国家である面を無視するのは非現実的である。この点を軽視した福祉国家論，構造改革論，帝国主義消滅説などは一面的である。

第2項 新古典派の市場万能論批判

　ケインズ経済学の失敗に対応して登場してきたのが新古典派経済学である。新古典派経済学の特徴は，市場メカニズム（価格の自動調整機構）の盲信である。すなわち，一般商品・労働力・貨幣資本の需給関係は，価格（市場価格・賃金・利子）によって自動的に均衡化すると説明する。自由競争が支配していた時代においても（資本主義の自由競争段階），価格メカニズムはさまざまな不均衡を累積化させ，暴力的調整過程としての恐慌を含んだ景気循環運動によってしか均衡を維持することができなかった。まして独占が支配する時代になると（独占段階の資本主義），独占部門では市場の変動に対して価格を調整して対応しないで，生産量を調整するように変化する（価格維持＝操業度調整）。戦後の資本主義において価格が循環的に変動するのは，非独占部門や株などの資産価格の分野となった。事実，新古典派の市場理論が応用された分野の一つとして，資産選択理論（ポートフォリオ・セオリー）が登場した。それは，「金・ドル交換停止」による過剰流動性とアメリカ金融資本の金融自由化要求を背景として，国際的な資産選択行動として展開し，世界的なバブル化と金融取引の膨大化に貢献した。新古典派経済学は市場の価格メカニズムを盲信するから，マネタリズムは戦後のケインズ政策を全面的に否定し，企業の自由な営

利活動にゆだねれば調和と安定した発展が実現するというアダム・スミスの世界が再現される。国家の干渉すべき唯一の分野は，通貨供給量を調整することに求められる。その帰結として「小さな政府」論が展開されるが，時代錯誤もはなはだしく，国家支出が削減された先進資本主義国はどこにも存在しない。しかしこうした思想は，政治の世界では国家規制の緩和政策として実行された。たしかに国家機構は金融寡頭制の融合・癒着体制として機能してきたから，経済合理性を阻害する面がたくさんある。これはケインズ政策が無視した官僚制の弊害による。しかし，ケインズ政策として実行されてきた社会福祉や失業対策や社会保障や公教育などは，今後市民型原理によって強化されていかなければならない。新保守主義の新自由主義とは，金融資本を中心とした資本の自由な活動を保証し，労働者階級を中心とした市民的原理を否定しようとするところにその本質がある。規制緩和を実践した結果が，バブルとその崩壊後の日本における長期不況（「失われた10年」）であった。

　さらに新古典派経済学は，第5章第6節第2項3で指摘したように，政治的に利用されてきた。IMFや世界銀行を中心とした国際機関を，アメリカの金融資本グループは積極的に利用してきた。それに動員されるようになった経済学者のモラル・ハザードを批判しなければならない。

第3項　マルクス派の反省

　資本主義批判に立脚するマルクス派はどうだろうか。その現代資本主義論は1960年代に構造改革路線の提起と論争によって活発化したが，それが理論的に総括されないままに政治闘争化してしまった。経済理論学会内部ではひきつづき現代資本主義論（国家独占資本主義論）として深化されていったが，『資本論』等の解釈学と現状分析との両極分解化傾向に妨げられて，本格的な日本資本主義論への具体化という面では成果に乏しかったといわざるをえない。こうした欠陥は私自身の反省でもある。前章で総括的に考察したように，日本社会は21世紀になり未曾有の危機的状態にある。マルクス派の優れた戦前からの日本資本主義論とマルクスやエンゲルスそのものの優れた方法こそ，21世紀日本資本主義分析に生かされなければならない。そのために私自身の自己反省とし

て，以下の諸点を述べておこう。

1　生活者の視点

　今日，銀行の経営者を中心として政・官・財のモラル・ハザードが批判されているが，一部の経済学者も例外ではない。債権大国化したときには日本的経営を過度に美化し，バブルに熱狂したときには市場主義と規制緩和を説教したエコノミストたちはたくさんいた。両極端であるはずのものが，巧みに使い分けられてきたのである。そうしたエコノミストたちを登場させたマス・メディアの責任も大きい。マルクス派のほとんどはマス・メディアから排除されてきたが，それのみに責任を転嫁することはとうていできない。マルクス派自身が，日本経済の分析と政策（オルターナティブ）を提起することに遅れてきたのである。日本社会の生活の中からの理論化がなされてこなかったのである。

　私たちは，前章で総括的に考察したような，日本社会の危機の真っ只中で生きている。それを直視し正面から対決しなければ，政治経済学者として失格であろう。まず私たちはこの日本社会に生活する者として，生活者の視点に立たなければならない。商品・貨幣・資本の論理とその横暴性は日常生活の隅々にまで浸透している。一日の生活の中に多国籍企業や独占的大企業の製品が入り込み，生活必需品化している。またさまざまな公共事業（特殊法人）の介在を通じて，国家（政府と地方自治体）の機能に媒介されて生きている。こうした身の回りの日常生活の中から問題を発見し，また解決する政策なり手段を考えていかなければならない。こうした面では，近代経済学者のほうが早くから取り組んできたことを率直に認めなければならない。たとえば，医療の経済学とか税金の経済学とか社会保障の経済学等々である。それが政治経済学となっているかは疑問であるが，こうした日々の生活問題を経済分析の手法を使って取り組んできた姿勢から学ばなければならない。いくら『資本論』を辻説法しても，誰も聞いてはくれないのである。大学での経済学教育もしかりである。まだ本格的に社会経験をしていない若者たちの生活実感から出発した経済問題を取り上げ，そこから経済の本質関係へと説きおこすような講義が要請されている。

2　市民社会の視点

　第2章第3節第1項で考察したように，戦後の日本社会には日本国憲法の主権在民主義が定着した。その民主主義思想は市民革命の成果がすべて取り込まれており，徹底的に市民社会の民主主義思想である。それが高度経済成長の過程で，市民主義が資本主義化し，市民社会は資本主義社会として編成ないし包摂されていった。しかし市民社会は包摂され資本主義化したとはいえ，日本社会の中に生きつづけているのである。資本の人格化としての資本家（経営者）といえども，その地域社会での生活者としては一人ひとりの市民である。地域社会においてはさまざまな階級や階層や両性が，市民としての共同生活をしている。国家が本来的に果たすべき共同管理業務としての防災機関（消防庁・警察庁など），共同生活機関（病院・保健所・施設など），共同利用機関（道路・港湾・運輸機関など），さまざまな教育研究機関を，国民はすべて平等に利用しているのである。そこにはなんらの差別もあってはならない。こうした地域に根ざした市民原理が本格的に機能しているならば，今日の政・官・財の癒着と腐敗は防げたかもしれない。市民としての日本国民のモラルが失われたからこそ，無責任体制とモラル・ハザードが生まれたのである。たしかに地域主義だけではアメリカの「草の根保守主義」や，日本の「地域ぐるみの選挙」に終わる危険性がある。しかしこうしたものの中には，市民原理が貫徹していない。たとえば日本の「地域ぐるみ選挙」の実態は，農地にしがみつこうとする農民の保守的愛着精神を巧みに利用した金権選挙なのである。投票がカネによって動かされているのである。国家の財政資金のバラ撒き政策がこうした金権政治を生みだしたのである。市民原理を貫徹させる要は，納税者である国民一人ひとりが主権者であることを自覚し，行動しなければならない。政・官・財の腐敗を引き起こした一方の責任者である自由民主党の政治家を選んできたのは，国民全体の選挙行動の結果なのである。本来の社会主義とは市民原理の最も徹底したものでなければならない。この点については第10章第4節第5項で述べる。

3　労働の復権

　第6章第2節第1項で考察したように，世界経済はマネーゲームの世界とな

り,「カジノ資本主義」化した。IT革命によるインターネットの発展は,経済のグローバリゼーションを一層進めるとともに,このマネーゲームをさらに進展させている。それにともない情報格差や詐欺・犯罪行為が新たに登場している。こうしたマネー取引に若い優秀な人材が投入されているのである。富と人材の浪費としかいいようがない。マネーという尻尾が犬の頭と胴体を動かしているようなものである。もともとマネーは実体経済たる商品世界の必要から生まれたものにほかならないのに,資本が支配するようになって,利子を生みだす貨幣として擬制資本化した。マネーはマルクスの時代においても実体経済(現実資本の運動)から乖離した独自の運動をした。外国為替にしても,本来は貿易差額の決済のために利用されたのであるが,今日では貿易取引額の数十倍のマネー取引が世界的に投機目的でなされているのである。こうした投機(虚の世界)が実体経済活動(実の世界)を引き回し攪乱させる経済体制は,21世紀に生き延びる権利があるだろうか。労働をしないで博打に夢中になっている社会は,社会として死亡宣言されるべき社会である。しかもそうした投機活動の世界は,国民大衆や世界市民とはまったく関係のない世界であり,機関投資家やヘッジファンドを駆使するプロの投資家によってなされているのである。そのために弱い国民経済は投機の嵐によって甚大な被害を受けてきた。そればかりでなく,国民大衆が汗水流して積み立てた資金(貯蓄と年金)が投機用資金として利用されているのである。こうした国際的な投機活動は規制・制限すべきであり,税金で捕捉すべきである。

　そしてなによりも労働の尊さを復権しなければならない。もともとサービス活動が肥大化していき,生産手段の生産が衰えていけば,将来の潜在的生産力は衰退していく。マイナス成長は一面では先進国の「過剰富裕化」にストップをかける効果はあるが,発展途上国の貧困の解決にはならない。生態系を維持した「維持可能な成長」が望ましいのである。自然・生活環境を破壊してまで急激な成長をする必要はまったくない。そして「維持可能な成長」のなかで,労働の尊さが再認識されなければならない。そうした主体的生産活動(労働)こそ,人間の持っている潜在的能力を全面的に開発し,個体としての人間を全面的かつバランスよく成長させる本源的動力である。前章の第5節第2項で考察したアイデンティティ・クライスとしての人間危機(精神危機)も,こうし

た労働の意義が見失われたり喪失しているところに根源がある。労働の復権こそ社会主義の主要目標の一つである点については，次章の第4節でいろいろな角度から考察する。

第2節　現代資本主義の変貌

第1項　信用の暴走性と年金基金

　国際的な投機的金融活動については，第6章第2節第1項で考察したし，前節でも述べた。その取引額は世界全体の貿易取引（貿易外取引も含む）による実需取引合計額の数十倍に達している。ニューヨーク・ロンドン・カナダ・日本の4大外為市場の取引高は世界貿易の約13倍（1986年3月），89年4月には，20倍以上に上昇した。さらに21ヵ国に拡大すると，実需取引の32倍にもなる。その後もマネー取引は拡大し，98年には前年の実需取引の約60倍に達した。

　しかもこうした投機活動に巨額化した年金基金が使われている。伊東光晴氏の報告によると，アメリカの勤労者の年金基金は96年1月で3.5兆億ドルと推計される。世界全体の年金基金の57％程度がアメリカに，10％がイギリスに，24％が日本にあるといわれる。この年金基金の運用は分散化しており，多数の機関が相互に競争しあっている。運用の多くは指数取引であり，当時は年率で10％台の利益をあげていたという[1]。日本の年金積立額は96年において217兆円であり，年金支出総額の6年分に相当する。この莫大な基金がゼネコン型投融資に使われてきた[2]。しかも前章の第3節第4項でみたように，公的年金基金（国民年金・厚生年金）144兆円のうちの27兆円を運用する旧・年金福祉事業団はバブル崩壊によって逆ザヤに陥り，1.4兆円の累積損失を抱えていた。このように投機活動が失敗するならば，勤労者の老後生活を保障すべき基金が損失を被ることになるのである。けっしてピーター・ドラッカーがいうような，年金資本主義化が「従業員資本主義」とか「年金基金社会主義」をもたらしているのではない[3]。膨大化する年金基金は投機活動に運用され，資本の物神性を強化するために使用されているのが現実である。

第2項　情報通信革命とグローバリゼーション

　クリントン政権が推し進めた情報通信革命は，国内では情報通信産業の相互参入・競争を促進し，ハイテク産業を中心とした設備投資を盛りあげた。国際的には，投機的金融活動を一層増大させたり，国際的な企業再編成を促進し，インターネットを利用した世界同時市場をつくりだし，経済のグローバリゼーション時代を出現させた。最後の点は90年代に入ってからの新しい特徴といえる。

　最近のグローバリゼーションを推進している主体は，金融を中心としたアメリカの多国籍企業である。その手段となっているものは，IT革命によって発展したインターネット通信技術である。世界的な情報通信のネットワークによって，24時間中瞬時に市場（取引）が成立するようになった。従来の貿易や金融活動とは質的に異なった世界市場が形成されつつある。またアメリカ企業では部品の外注化（モジュール化）が進展し，世界的に張りめぐらされたネットワークを通じて部品を効率的に調達している。こうしたグローバリゼーション化を進めていくには世界共通のスタンダードが必要になってくるが，現実のグローバル・スタンダードはアメリカン・スタンダードにほかならなかった。いいかえれば，アメリカン・スタンダードとしてのIT技術と国際会計基準（IAS）と金融の自由化が三位一体となって進行しているのが，グローバリゼーション化の実態である。それはアメリカの世界戦略と固く結びついて展開されているのであって[4]，けっして「世界的な市民社会」へと向かっているのではない。

　アメリカン・スタンダードがグローバル・スタンダードとして実行されるから，さまざまな矛盾や軋轢が生じてくる。アメリカとEUの間では共通のルールをめぐって対立があり，EUは独自のルールをつくろうとしている。日本政府はなんらの独自性も発揮していない。またモジュール化が普遍的に通用するのだろうか。それはインターネットがオープン・ネットワーク型なのかピラミッド型なのかという論争にもなる。はたしてアメリカ的なモジュール化による生産が，日本的土壌に定着するのだろうか。そこには制度や慣行の違いがでてこざるをえないのではないか。

こうしたIT革命に促進されたグローバル化は「必然的に」進行していくだろうが，それを放置し，だだ受動的に受け入れるというものであってはならない。グローバル化そのものは多国籍化した資本の論理によって推進されているから，けっして国民経済や地域経済の開発を目的としているのではないからである。アジアの通貨・経済危機のときのように国際的な投機集団の横暴を放置していたなら，国民・地域の経済はもとより社会そのものが資本の自由勝手な搾取と収奪にさらされることになってしまう。IT革命を地域市民の生活と福祉や保健活動に生かしたり，市民として個人が自立し連帯するように，情報へのアクセスとか情報そのものの公開を実現することを考えていかなければならない。いいかえれば，アメリカ多国籍企業によって進められているグローバリゼーションに対抗する軸とか運動を，統合化した地域レベルや国民レベルやローカルな地域レベル，そして個々の市民レベルでつくっていかなければならない[5]。

第3節　日本社会の構造改革

　前章で考察したように，21世紀を迎えた日本社会は深刻な構造的危機に陥っている。まず危機の深刻性を直視しなければならない。それとともに，戦後56年にわたり汗水流して働いてきた勤労大衆の成果を，21世紀の世代に渡さなければならない。重症患者を救うには大手術が必要なのとおなじく，日本社会を救うには革命的な構造改革をしなければならない。そのためには改革の必要性と手順を明確にして，国民が主体的に参加するような改革でなければならない。それは，資本主義内部の改革にとどまる必要はまったくない。自由なる個人の連合体（コミュニズム）への方向に向かうことを恐れてはならない。また構造改革が革命的であればあるほど，余病が発生することを自覚し，なるべく犠牲は最小限にするように余病対策を講じておかなければならない[6]。

第1項　当面する経済危機の打開策

　第8章第3節で指摘したように日本経済は，「土地神話」，「消費神話」，「完

全雇用神話」の三つの神話が崩壊した。また，過剰設備，過剰債務，過剰雇用の三つの過剰を抱え込んでいる。三つの神話崩壊はお互いに促進し合っているし，三つの過剰は悪循環している。その様相はまさに典型的な恐慌状態であり，長期化している点ではバブル崩壊による20世紀末大不況というべきであった。この間，株価が一時的な回復を繰り返しながら段階的に下落していったのとは対照的に，地価は一直線に下落していった。まったく異常なまでのバブル崩壊過程がつづいた。

　政府は2001年になって，消費者物価が2年連続して低下したので歴史的なデフレ状態にあると診断した。消費者物価が2年も連続して低下したのは戦後はじめてであるが，デフレ（不況）というような軽い過剰状態ではない。戦後の不況期においてみられた三つの神話が同時に崩壊しているのである。また三つの過剰は相互累積的に長期化しているのである。とうてい「デフレ」状態というような軽微なものではなく，恐慌状態であり，20世紀末大不況と呼ぶべきほどの長期性を帯びている。まず設備過剰対策から考えていこう。

1　設備過剰対策

　最近の設備過剰状態については，第8章第3節第2項で産業別・業種別・全体にわたって考察した。ここでは角度を変えて，設備過剰状態の深刻性を確認しておこう。戦後の日本経済では，投資ブーム期（供給力不足局面）には設備投資の伸び率が売上高の伸び率を上回り，投資停滞期（供給力過剰局面）には逆に設備投資の伸び率が売上高の伸び率を下回る関係があった（第4章第4節第2項）。このように設備投資が中期的に循環していた。ところが景気が本格的に後退した1991年と99年の水準を比較すると，民間設備投資が23.0％減少，総固定資本形成が1.7％減少，民間最終消費が11.8％増加している[7]。民間最終消費と売上高は同じような動きをしているとみてよいから，あきらかに設備過剰の調整過程が10年近くつづいてきたことになる。

　まず過剰設備を早急に廃棄するような産業指導が必要である。全部の過剰設備を廃棄する必要はないが，将来需要が回復する見通しのある産業の過剰設備廃棄を促進するよう減価償却特別処置などを実施するとよいだろう。不況カルテルによって過剰設備を温存させるような業界の甘えは許すべきでない。また

新産業のフロンティアはもともと過剰設備はないのだから，フロンティアを開拓し，そこへの参入と投資を誘導するような新産業立地政策のようなものを計画すべきであろう。従来型の公共事業のバラ撒き投資ではなく，新産業を開拓する企業や起業家に援助を与えるのである。

　低下する株価や地価に政府が介入すべきではなく，それこそ市場にまかせておいたほうがよい。株価対策（PKO）はあきらかに不良債権を抱えた銀行救済策であり，そのような支援は国民生活とは無縁のものである。地価が下がることは，国民の住宅難を解決するのに好都合なのである。規制緩和路線とは逆に，大手建設会社や不動産会社が抱えている土地を国有化するようなことを考えるべきである。株価対策としては，国際的な投機集団の活動を規制するルールを世界的につくり，その投機益に税をかけるべきである（トービン税のようなもの）。そして証券スキャンダルとして発覚したような不正取引を厳しく監視し，マーケットに情報を公正に開示する制度をつくるべきである。

2　債務危機対策

　金融庁が集計した不良債権額は，2001年3月期において150兆円にもなった。今後株価がさらに下落したり，企業収益が悪化して企業倒産がさらに増えれば，不良債権は累増するだろう。日本のバブルの清算はこれからもつづき，依然としてバブル崩壊過程に日本経済はある。2001年になって森内閣は緊急経済対策として，バブル期に原因のある不良債権を2002年までに，バブル崩壊後に発生した不良債権を2003年までに直接償却させる方針を打ちだした。償却に耐えきれなくなる金融機関がでてくるだろうし，建設業や不動産業を中心として倒産と失業が続出してくるであろう。それは人為的に恐慌状態を引き起こすようなものである。倒産は資本主義の宿命であるから資本の論理に任せればよいが，失業対策は絶対しなければならない[8]。

　金融危機の深化過程において政府はどのような金融危機管理対策をとったのか。債務危機対策を考える際に参考となるので，第8章第3節第2項での考察をまとめておこう。二信組の受け皿として「東京共同銀行」（95年3月）がつくられ，同行は信用組合一般の受け皿機関として「整理回収銀行」に改組・拡充され，98年には一般の金融機関の受け皿銀行となり，99年4月には「住宅金

融債権管理機構」と合併し「整理回収機構」となった。預金者保護のために95年6月，大蔵省は預金額1000万円以上の預金は払い戻さないペイオフを5年間凍結し，97年末に保護の対象を預金保険制度に加盟する金融機関が扱う金融商品全体に拡大した。98年2月に「金融機能安定化緊急措置法」の制定と「預金保険法」の改正が行われ，総額30兆円の公的資金投入を中心とする金融安定化策が策定された。98年10月に「金融機能再生緊急措置法」と「金融早期健全化緊急措置法」を中心とした9法が成立した。公的資金60兆円が用意され，再生・破綻処理の実施機関として金融再生委員会がおかれることになった（12月発足）。こうした過程で，「早期是正措置」の導入，日銀法の改正（98年4月実施），金融庁の創設（98年6月），財政と金融の分離の実現を経て，金融行政は従来の裁量型行政（護送船団方式）から市場規律に対応したルール型行政に転換した。しかしこうした行政は基本的に銀行側の自主的判断にまかせたために，2001年になってさらに深刻化した不良債権問題を生みだし，森内閣は急遽「緊急経済対策」をださざるをえなくなった。こうみてくると政府は，金融危機管理に積極的に取り組んできたが，不良債権認識が甘く，後手ごての対策に終始してきたといわざるをえない。ようやく「緊急経済対策」によって，不良債権償却にタイム・リミットが設定された。

　しかし「緊急経済対策」においては，銀行の経営者の責任追及は先送りとなった。バブル崩壊の前期には，日銀は超低金利政策を実施して銀行の経常利益を急増させ，後期には「信用収縮」を防ぐために資金供給を潤沢にした（ゼロ金利政策）。ともに国民の貯金の金利はゼロ水準にまで下げられたのである。その政策は銀行を中心とした大企業の利益を最優先させたものであり，年金生活者を中心とする庶民の利子収入を極端に低下させ，消費の冷え込みに拍車をかけたのである。設備投資回復政策を考えることも当面は重要であるが，総需要に占める個人消費の圧倒的比重を考えると，消費需要を喚起するような抜本的な政策も必要である。そのためにも雇用対策は真剣に立てられなければならないし，利子収入を拡大するのも一つの方策であろう。

　不良債権処理のために世界各国が実施した政策は，「公的資金」の投入だった。しかしアメリカではブラック・マンデー後に，つぶすべき銀行（貯蓄＝貸付組合）は倒産させ，経営者に刑事罰を科したのである。日本においても優

良・不良銀行の基準を公正に審査し,経営者の民事・刑事上の責任を追及することを条件として,「公的資金」を投入すべきである。また「公的資金」の見返りとして入ってくる銀行の優先株を,どのように利用ないし処分するのかも考えておく必要がある。銀行国有化へ向かうのか,それとも規制緩和路線をつづけるのかは真剣に討議されるべきである。

3 財政危機対策

第8章第3節第3項で明らかになったように,国と地方自治体の借入金残高は,2000年度末において645兆円になると推計される。この数字は国内総生産の約1.3倍である。政府は1965年以来国債を発行しつづけてきたが,その残高は364兆円になると見込まれ,国内総生産の約73％にもなる。これらの借入金には特殊法人の「隠れ借金」は含まれていない。日本国家が抱えるこの大借金は,国民が負担しなければならない。

このように国家は大借金をしているのであり,国家財政は破綻しているといわざるをえない。財政赤字対策として,金子勝氏たちは債務管理型国家構想を提起している。一種の「債務凍結」である。国の金融資産（NTT株やJR株など）と金融負債（国債など）を一つの会計として独立させて「凍結」し,金利の低いときに国債を借り換え,株価の高いときに金融資産を売却して財政を再建しようとする構想である。年金とそれに関連する財政投融資関係を分離することも含まれ,徹底した地方分権化と情報開示の下で実施しようとする構想である[9]。こうした構想は,財政構造改革法や民主党が提起しているプライマリー・バランス論（基礎収支の均衡）を含めて,真剣に検討されるべきであろう。

4 雇用危機対策

第8章第3節第5項で指摘したように,産業の提携・合併の目的は直接には投資負担の軽減であるが,最終的には不採算部門の売却であった。そして事業部門の社内分社化や分社化などの組織改革の最終目標は,労働条件の差別化・人件費総額の削減・不採算部門の切り離しと売却にあった。したがって,失業者が大量にでてくることが予想される。さらに銀行の不良債権を強制的に償却していけば,建設・不動産を中心として倒産・人員整理が必死であるから,さ

らに失業が急増する恐れがある。21世紀に日本経済は大量失業時代を迎える恐れがあり，雇用対策を緊急に確立する必要がある[10]。

いままでの雇用対策は，公共事業関連の失業防止のために公共投資（財政支出）を増大するものだった。しかし財政危機のもとでは，こうしたバラ撒き政策は不可能である。新産業フロンティアと起業家精神とを開拓し，そこで過剰労働力を吸収しなければならない。そのためにも，職業再訓練などの雇用流動化のための制度を整備・拡充しなければならない。

そもそも過剰労働力というのは，現行の労働時間を基準として推計されているのである。たとえば労働力が20％過剰ならば，労働時間を20％短縮させるならば失業は生じない。資本のやるリストラとは，解雇をしながら就業者には労働強化（労働時間の延長）を迫る。労働時間の短縮化は世界的な歴史的傾向であり，勤労者たちが自由にできる時間を増加させるのが社会進歩の重要な指標の一つである。したがって資本の論理によって過剰雇用問題を解決させるのではなく，労働の論理によって解決するように労働組合や革新政党は運動すべきであろう。

第2項　市民制革新政権の樹立―金融寡頭制支配の打倒

第8章第4節第1項で考察した政・官・財の癒着と腐敗は，日本資本主義の金融寡頭制支配の動揺にほかならず，革新政権の樹立によって日本社会を建て直すことが緊急に求められている。

「失われた10年」といわれるように自民党政権の政策的失敗が連続した。政策的失敗はバブル期にまでさかのぼる（第6章第2節第3項）。バブルが崩壊しても，政府や日銀は不良債権と株価暴落の深刻性を軽視していた。不良債権解決のために公的資金を銀行に投入したり（約25兆円），財政支出を拡大（120兆円の公的資金のバラ撒き）したが，いっこうに長期不況から脱出できない。政策が成功しなかったのは，国家資金のバラ撒きの見返りとしてカネと選挙の票を集めてきたからである。自民党の選挙基盤を維持・拡充することを最優先させる政策だったからである。日本社会の制度や構造的枠組みが桎梏化しているうえに，制度を運営する政権が腐敗しているのである（第8章第3節第4項）。

政・官・財の腐敗については第8章第4節第1項で考察した。しかもこの複合体制は，暴力団系統の闇の世界と結びついていた。日本の金融寡頭制は内部から崩壊しはじめている。暴力団組織は市民社会の原理と真っ向から対立する。日本資本主義のリーダー（支配者）たちがマフィアの世界と結びつくということは，資本主義そのものが市民社会の原理を否定することにほかならない。このような資本主義体制は，社会として存続してゆく資格はないというべきである。

　こうした政・官・財の癒着と腐敗を生みだした自民党政治は行き詰まってきた。すでに細川連立内閣と羽田連立内閣の時代に自民党は下野し，政権に復帰してからも自社さ・自自公・自保公の連立政権をつくらざるをえなかった。自民党単独政権の時代は終わったのである。

　樹立すべき政権は連立内閣にならざるをえないだろう。それは政・官・財癒着体制とは対決する軸足に立たなければならない。そうでなかったならば自民党支配を補完する役割しか果たさないであろう。その軸足は日本国憲法の精神と原理におかなければならない。すなわち，平和主義，主権在民，基本的人権の尊重，思想・信条の自由，三権の分立である。憲法の原理を徹底化した市民制社会については，第10章第4節第5項で述べる。戦後の政治過程は，この憲法が理想とする市民社会を資本主義体制内に取り込んできた過程にほかならない（第2章第3節第1項）。この逆を進めること，すなわち日本社会の資本主義的性格を一つひとつ剥ぎ取り，市民社会を実現していくことである。そのためには革命的な構造変革が必要になるだろう。

　しかしこうした新しい政権は，保守か革新か，資本主義か社会主義か，といった対立軸で構想しないほうがよい。保守と革新の境界線は曖昧になってきたし，資本主義から社会主義へと展望する革命路線は古くなってきたのではないか。ソ連邦の歴史が示しているように，社会主義というイデオロギーが問題なのではなく，その実態が重要なのである。新しい革新政権は多様な思想と信条を吸引したものでなければ樹立できない。その中身が日本国憲法の精神に近づくものなのか否か，その樹立過程と運営が透明で国民大衆が理解し支援することのできるものなのか否かが大切なのである。そうした意味では永久改革の連続であり，そのプロセスこそ問われなければならない。

そしてこの革新政権は，徹底した自由な市民の連合体をめざすべきである。既存の財界組織や労働組合組織に立脚してきたのが戦後日本の政治であったが，資本対賃労働という対立軸は存続していくが，資本の横暴を包囲する自由市民の包囲網の形成こそ求めていかなければならない。資本対賃労働という対立軸を乗り越えた，上位の次元に軸足を求めなければならない。そのスローガンは，自由な市民の連合体運動である。したがって既成の諸政党自身が自己改革を遂げなければならない。国民に市民に開かれた政党にならなければならない。そしてなによりも大切なことは，国民が自立した自由な市民（一人の人間）としての自己を確立し，他者と連帯し協同することである。こうした市民が多数派になり，市民が政治に参加し監視する直接民主主義を確立する過程が，市民制革新政権樹立の過程にならなければならない。

第3項　生活環境の回復

第8章第6節で指摘したように，核兵器の拡散，オゾン層の破壊，地球温暖化という地球規模での環境破壊が進展し，生命の危機を生みだした。また緑豊かな日本においても，高度成長期にさまざまな公害が発生し，経済成長・輸出至上主義のもとで森林や農地が荒廃してきた。都市住民は過密化によって自然を奪われ，農村住民は伝統的な自然との共生が破壊されようとしているのである。こうした「失われた自然」を回復するためには，自然を奪っていった愚かな人間の歴史を逆転させなければならない。すなわち，核兵器の全面廃止，環境破壊物質の発生源での禁止である。政策的には，経済成長・輸出至上主義から生活最優先への転換である。そして日本の林業と農業の再建である。そのためにはGNP至上主義に決別して，人間生活の尊厳を基準とした富の尺度を考えだす必要がある。カネには換算できない別の価値概念が必要とされるのである。そして自然と共生できる社会システムに転換しなければならない。

第4項　国民教育の確立

第8章第5節第1項で要約したように，今日の教育危機は，日本社会全体

（大人の世界）が，制度疲労，家庭崩壊，腐敗と堕落，バブルとスキャンダルを繰り返し，目標を喪失し無気力化してきたことの反映である。こうした教育の危機に対して政府文部省筋は，教育基本法の見直しと称して戦前の教育勅語もどきものの復活，道徳教育の強化，能力主義・エリート主義の復活（飛び級制度の導入）などを考えている。精神や道徳（倫理）を強調するのならば，第8章第5節第2項で考察したような現代社会の深層で進んでいる人間危機とその社会的原因とに眼を向けなければならない。教育危機の根源は現代社会の危機にある。したがって教育危機の解決は，日本資本主義社会の構造改革の有機的一環として進められなければならない。

　教育改革の出発点は，「個人の尊厳を重んじ，真理と平和を希求する人間の育成」と「普遍的にしてしかも個性豊かな文化の創造」を宣言している教育基本法の精神に戻るところにある。資本に貢献する人材から市民社会に貢献する人材，国家に奉仕する人材から世界に奉仕する人材の養成へと転換しなければならない。そして，成長過程にある若者たちの自立した個としての人間に成長していく過程をサポートするという教育の原点に復帰しなければならない。

　改革プロセスとしては，戦後民主主義教育を国家管理化してきた政府・文部省の政策や制度を原点に戻していくことである。すなわち，政治的中立の名の下に制定された教育二法（1954年6月），教育委員会の公選制を廃止した「地方教育行政の組織及び運営に関する法律」（1956年）を廃止し，教育を地域住民自治に戻す必要がある。そのためには，世界的にも数少ない文部省のような中央集権的教育指導・管理機構は解体したほうがよい。地域と家庭と学校の三者が相互に連携しあう教育体制をつくりあげ，若者たちの成長をサポートできる環境をつくりあげることである。それは，中央統制の教育から，地域自治から出発した国民教育（市民教育）に転換することでもある。その基礎の上で中央政府の教育政策が実現されていくようにならなければならない。

第5項　生存権としての社会保障

　第8章第4節第4項で考察したように，社会保障負担率は1955年の3.3％から99年の14.3％（見込み）に上昇した。社会保障給付費の国民所得比は，福祉

元年の1973年6.5％から94年の16.2％に上昇した。厚生省の推計では，2025年には37％になると予想される。

このように社会保障費の国民負担は増加するが，その負担増を解決する方向で二つの路線が鋭く対立している。新自由主義（新保守主義）は，戦後進められてきた福祉政策を徹底的に見直し，市場原理による「市場福祉」（福祉事業の民営化）を主張する。福祉政策を進める立場からは，歴史的に勝ちとられてきた民主主義的権利としての生存権に立脚して，福祉国家の建設が主張される。前者の立場は，小渕内閣期に経済戦略会議が答申した「日本経済再生への戦略」で明確になっている。この答申によると，雇用・年金に対する先行き不安は，日本型雇用・賃金システムや手厚い社会保障システムが，制度としての持続可能性の障害となっていることに起因するという。日本型システムは過度に平等・公平を重んじ，それが公的部門の肥大化・非効率化や資源配分の歪みをもたらしている。そして，公的部門を抜本的に改革し，市場原理によって生産要素の有効活用と最適配分を実現させる新システムの構築が必要だとする。しかし福祉国家派は，こうした主張は日本の現状に対するまったくの無知だと批判する。すなわち，日本の社会保障システムの不備は国際的に常識化している。日本では所得格差が拡大している。そのうえ，市場原理主義が主張する世界は徹底した競争社会であり，必然的に敗者がでてくる。それには「敗者復活の道」を用意すればいいというが，こうした主張は，敗者（弱き者）を支援するというよりも，こうした敗者を生みだす市場原理や競争社会（現代資本主義）を補強しようとするものだと批判する[11]。

新自由主義派と福祉国家派とは，公的年金制度をめぐっても鋭く対立する。第1は，国民年金（基礎年金）の財源（現在は，3分の1が国庫負担，3分の2が保険料）を全額国庫負担（税方式）にするか，現行の保険方式を維持するかである。税方式はけっして「少数派」ではないが，政府自民党はそうはしないであろう。経済戦略会議答申は中間的であり，基礎年金の全額税方式と2階部分の厚生年金（共済年金）の民営化（保険方式）を提案している。第2は，財源の調達方法であり，消費税でまかなうか一般財源の枠内で調達するかをめぐってである。自民党などは前者であり，連合・全労連・中央社会保障推進協議会などは後者を主張している。第3の争点は，2階部分の厚生年金を民営化

するか否かである。経済戦略会議の答申はすべて民営化する案であり，この考えは世界銀行が主張したものであり，それにたいしてILO（国際労働機関）は「危険な策略」として反論した経緯がある[12]。

本書の主張はいうまでもなく新自由主義批判であり，日本国憲法が保障している生存権を徹底化していくことである。

第6項　主体的労働の復活

第8章第5節第2項で考察したように，今日の精神危機は，20世紀末の資本主義がもたらした労働と生活の疎外の精神面での現象にほかならない。労働と生活の疎外は近代の個人主義イデオロギーを変質させた。その特徴はすでにみたように，第1に，賃金労働者の均一化であり，第2に，個性が地位・仕事・役割にとってかわられ，第3に，個性が消費財の所有によって表現されそれに満足し，第4に，個人が政治的には投票者に，経済的には納税者に還元されてしまう。その結果個人は，労働力商品の所有者，仕事や地位の保持者，欲望の担い手，投票者という四つの性格ないし役割をもつようになる。個々人の意識は分断化され，個々人は一つの役割に特定化され，相互に隔離される。

こうした精神危機の中心にアイデンティティ・クライシスがある。アイデンティティ・クライシス症候群から解放されるためには，社会的個体を獲得しなければならない。人間の才能と活動（自然的人間，人文的人間，社会的人間）をバランスよく，全面的に成長させる必要がある。自然と社会を主体的に形成し改造する人間，その主体的実践過程とその存在原理（構造）を総体的に把握する必要がある。人間の主体的実践過程とそこでの主体性の獲得こそ，労働にほかならない。

ところが「カジノ資本主義」では，マネー取引に若い優秀な人材が投入され浪費されている。労働しないで博打に夢中になっているようなもので，社会として死亡宣告されるべき姿である。なによりも労働の尊さが復権しなければならない。主体的生産活動（労働）こそ，人間の持っている潜在的能力を全面的に開発し，個体としての人間を全面的かつバランスよく成長させる本源的動力である。労働の復権こそ社会主義の主要目標の一つである点については，次章

の第4節でいろいろな角度から考察する。

第7項　労働者自主管理権（労働者こそ生産の主人公）

　第8章第4節第3項で考察したように，高成長の終焉とバブルの崩壊以後の激しいリストラ運動は，会社至上主義を動揺させている。会社至上主義を支えてきた終身雇用制を，資本は冷徹にも放棄しようとしている。しかし正規社員にまで解雇が進み，パート労働者や派遣労働者で満ちあふれているような企業は，どのようなものとなるのだろうか。そこには労働組合も団交もない資本の独裁と，労働意欲の低下と労働条件の劣悪化が進展する。また若年層の失業率も急上昇したが，若者たちの意識が変化しはじめ，会社至上主義を拒否する若者たちが増大しているのである。

　職場が資本の専制支配の場とならないように，そして地域運動やさまざまな社会運動と生産活動とが連帯するためにも，労働者は生産現場の主人公とならなければならない。労働こそ人間の主体性を回復する過程であった。労働者が生産を自主管理し，狭い企業内組合運動から脱皮しなければならない。労働者の自主管理はともすれば企業エゴになりやすいが，地域の公害運動や市民運動と連帯し，ともに労働し生活する市民としての主体性を獲得する方向に進まなければ，労働者解放の展望はでてこないであろう。

第8項　ナショナリズムとインターナショナリズムの統合

　第8章第4節第2項で考察したように，戦後日本の国民大衆を統合化してきた経済至上主義・会社至上主義・輸出至上主義は深刻な動揺にさらされている。そのような国民統合原理が崩壊することは，それを信じ込んできた国民への背信行為である。しかしそのような幻想から解き放される絶好のチャンスでもある。しかし国民大衆の中には幻想の自覚化とともに，無気力感と不満と社会不信が蔓延する危険性がある。こうした国民大衆の社会不満を巧みに煽り政治に動員していったのが，かのヒットラーのナチズムであった。20世紀の人類の失敗を繰り返してはならない。国民の中に強いリーダーを求める風潮がでてきて

いることに注意しよう。国家が動揺しているときは，超国家的な揺り戻しが起こるからである。

20世紀末から経済のグローバリゼーションと資本の国際的再編が著しく進展してきたが，それに対抗するように地域運動・地方自治体運動・市民運動・社会運動も展開されてきた。しかし資本のグローバルな運動に対抗する主体は労働者階級である。労働者階級の国際的連帯（インターナショナリズム）によって対抗しなければならない。またさまざまなボランティア運動も国際的に実践されてきたし，地域運動や平和運動や公害反対運動の国際的交流も地道ながら進めてこられた。またヨーロッパでは社会民主主義を標榜する政党が政権の多くを獲得している。資本が進めるグローバリゼーションに対抗するさまざまな国際的運動が自主的に参加する，世界的なセンターをつくる必要がある。21世紀のインターナショナリズムである。

しかしインターナショナリズムはナショナリズムを排除してはならない。詳しくは第10章第4節第2項で考察するが，民族は階級よりも上位の超歴史的要素であり，ナショナリズムを尊重し，ともに共生し共有するようなインターナショナリズムでなければならない。ナショナリストが共鳴を受けるのは，こうした国民の心の深奥にある民族感情に訴えるものがあるからにほかならない。自由で独立した個人の連合体をめざそうとする者は，ナショナリズムを軽視してはならない。階級闘争を優先させたボリシェビキ派と祖国防衛闘争を優先させたドイツ社会民主党の主流派との歴史的論争は，21世紀の現代に再登場してきたといえる。どちらかの路線を普遍化させることは一面的であり，そこに20世紀の社会主義・共産主義運動の限界があったように思われる。路線は，歴史的・具体的条件に適合して選択しなければならない。ともあれ，インターナショナリズムとナショナリズムは，弁証法的に統合されなければならない。インターナショナリズムとナショナリズムの統合，国際社会に貢献できる日本社会の建設，これが21世紀の日本国民統合の思想とならなければならない。

注
1) 伊東光晴「現代経済と金融危機」『現代経済と金融危機』（経済理論学会年報第36集）青木書店，1999年，193-196頁。

2）　相野谷・小川・垣内・河合・真田編『2000年　日本の福祉―論点と課題』大月書店, 1999年, 137頁。
3）　ピーター・ドラッカー著, 上田・佐々木・田代訳『ポスト資本主義社会』ダイヤモンド社, 1993年, 第3章, 参照。
4）　ダンカン・キャンベル「通信防諜包囲網・エシュロンの実態」『世界』2000年10月号, 参照。2000年の夏に, 欧州議会はECHELONN（エシュロン）と呼ばれる世界規模の国際通信監視システムの調査を開始した。この論文は, 欧州議会でこの問題を最初に提起し報告したジャーナリストの日本取材を通したリポートである。エシュロンは, アメリカの安全保障局（NSA）とイギリス政府通信本部（GCHQ）が中心となってカナダ・オーストラリア・ニュージーランドの5ヵ国が1950年から開始しており, 冷戦崩壊後は経済活動情報が40％にもなっているという。日本には, 米軍三沢空軍基地内に防諜施設がおかれている。国際的入札競争で利用され, 日本やドイツやフランスの企業がターゲットにされているという。2001年9月5日に欧州議会はエシュロンに関する調査報告書を承認した。
5）　IT革命が推し進めるグローバリゼーションの主体, その本質と矛盾, 対抗軸と運動などをめぐって対極的な討議が2000年度の経済理論学会でなされた（経済理論学会編『グローバリゼーションの政治経済学』青木書店, 2001年9月, 参照）。なお, グローバリゼーションをめぐっては, 国際経済学会, 土地制度史学会, アメリカ学会でも論じられた。
6）　経済財政諮問会議は「今後の経済財政運営および経済社会の構造改革に関する基本方針」（「骨太の方針」）を答申した（2001年6月21日）。答申の中身については検討しないが, ①「構造改革と経済の活性化」（第1章）のテーマについては第1項, ②「社会資本の整備」（第2章）・「社会保障制度の改革」（第3章）のテーマについては第3・5項, ③「個性ある地方の競争」（第4章）のテーマについては第5項と第10章第4節第4項3, 「経済財政の長期見通し」（第5章）のテーマについては第1項3, において私の基本的考え方を述べている。ここでは「骨太」の答申の基本的な問題点を指摘しておくにとどめる。

　①日本社会が陥っている構造危機の認識や構造的原因の分析がまったくない。「構造改革」の基本的理念は, 規制緩和・民活・市場原理主義路線であり, 本書が批判してきた新保守主義にほかならない。仮に「構造改革」が成功したとしても, それは日本の金融寡頭制（政・官・財の複合体制）の腐敗・堕落の手術であり, 資本主義体制内での「保守革命」にとどまるであろう。②「構造改革」すべき危機の全体が把握されていない。経済・財政の危機だけであって, 第8章第4節以降で考察した社会危機（第4節）, 人間危機（第5節）, 生活危機（第6節）は取り上げられていない。③「構造改革」を進める主体は, 政権党を中心とした政・官であり, いわば「上からの改革」・「中央指令的改革」にすぎない。国民に

は「自助や自立」が要求され，改革の主体としての国民や地域住民は不在である。市民社会形成に向かった「下からの改革」とはほど遠い。④答申は「経済社会の構造改革」を一応は掲げているが，どのような経済社会をめざしているのかはまったく判然としない。「新しい社会」の構造なり原理を明確にすることなしに，国民に「改革の痛み」を強制するだけに終わる危険性がある。第10章第4節で「新しい社会」について私見を展開する。なお，金子勝・山口義行・沼尾汲子・伊春志の諸氏は，「小泉構造改革」を批判して，①「間違った手術は死を招く」，②「破壊から創造への新たな金融システムの構築」，③「地方圏の真の自立」，④「グローバル戦略なき日本と東アジア」と題して，それぞれの対抗案を提起した（『世界』2001年8月号）。「小泉構造改革」は2001年秋から具体案が示されるだろうが，本格的な論争が展開される必要がある。

7) 日本銀行国際局『国際比較統計 2000』より計算。

8) 不良債権処理による離職者数について，さまざまな調査機関が試算している。たとえば内閣府は，離職者39～60万人，再就職者をのぞいた失業者13～19万人としている。この試算は，①主要行の不良債権額を12.7兆円とし，②倒産時点での企業の債務・従業員比率の利用，③人員削減率は，清算型倒産100％，再建型倒産38.5％，債権放棄21.5％と仮定し，④主要行以外の金融機関からの借入を考慮してなされている。杉原茂氏は離職者を10～20万人と推計しているが，2000年度下期と同じペースで新規に不良債権が発生すると仮定して，処理対象を全国の銀行の不良債権にまで広げると，6倍になる可能性があると指摘している。まさに不良債権額と今後の景気動向に左右されることになる。『日本経済新聞』2001年7月26日付朝刊（「経済教室」）を参照。

9) 神野直彦・金子勝編『財政崩壊を食い止める——債務管理型国家の構想』岩波書店，2000年。金子勝『日本再生論』日本放送出版協会，2000年，144-148頁に要約されている。

10) 奥田・日経連会長は雇用対策を提言した。不良債権処理によって大量に失業が出ることは避けられず，その対策として公的資金を投入して公的雇用の創出を提案している。その内容は，①不良債権の最終処理の影響を検証し，時間軸を調整した対策，②2～3年で不良債権処理を進めると新規雇用創出は間に合わない，③経営者はなるべく失業のない再建計画を立案し，④失業給付を拡大し，時限的に支給期間再延長も考える，⑤職業能力の再開発の充実，⑥勤務地のミスマッチを軽減し，転居にともなう費用や家族負担への助成を検討する，⑦失業対策的な公共事業はいけない，⑧時限的に公的な雇用をつくる施設も否定すべきでない，⑨若年層雇用の拡大が必要で，公的雇用では不足している警察官・教員・看護婦・税務署員などの必要分野で検討する，⑩健全企業の便乗解雇は許さない，である（『朝日新聞』2001年5月18日付朝刊）。日経連という財界団体の会長が総合

的雇用対策を提言したことは歓迎すべきである。しかも，公共事業のバラ撒きではなく，国民生活に必要不可欠な分野の公的雇用を提案している点は評価すべきである。労働団体や政党も積極的な雇用政策を提起すべきである。

11) 相野谷・小川・垣内・河合・真田編『2000年 日本の福祉―論点と課題』76-78頁。
12) 同上書，134-136頁。

第10章　21世紀の社会主義像
―スターリン主義の克服をめざして―

　第8章において21世紀を迎えた日本資本主義の構造危機を，①経済危機，②社会危機，③人間危機，④生活様式の危機，として総括的に考察した。第9章では構造危機に対して構造改革が必要不可欠あるとして，①に対しては，当面する政策として設備過剰・債務危機・財政危機・雇用危機対策を講ずるべきこと，②に対しては，金融寡頭制支配にかわる市民制革新政権を樹立し，インターナショナリズムとナショナリズムを統合し，労働権と生存権の確立を国民的統合の原理とすべきこと，③に対しては，国民（市民）教育を確立し，現代的な労働と生活の疎外をもたらしている市場と資本の横暴を押え込む新しいシステムが必要であること，④に対しては，自然と共生する生活様式への転換が必要であるとした。しかしこうした構造改革は資本主義体制の枠内にとどまる必要はまったくないし，むしろ資本主義を越えた新しい社会へと進まざるをえないであろう。本章ではこうした新しい社会の長期的展望として，目標とすべき社会主義像を提起したい。しかし21世紀社会主義を語る前に，20世紀の「社会主義」は本来の社会主義であったのかを検討しておかなければならない。過去（20世紀）の分析なしに未来（21世紀）は語れないからである。

第1節　ソ連邦の歴史

　帝国主義戦争を内乱に転化せよと訴えたレーニンが指導するロシア社会民主党は，1917年11月7日にロシア革命という政治革命を成功させ，ソヴィエト社会主義共和国同盟（ソ連邦）が誕生した。世界ではじめての社会主義を目標とする国家が形成されたのである。その社会主義建設の出発点を野々村一雄は，5月革命を目前として1917年にレーニンが発表した4月テーゼにみいだしている[1]。4月テーゼは，労働者・農民・兵士の同盟からなるプロレタリア独裁の

主張と，国民経済の5項目の管理を提起した。土地・銀行・大工業・輸送手段の国有化と，生産・分配の労働者管理である。このテーゼが革命後に実施されるが，内戦状態下での非常に国家の統制が強い戦時共産主義であった。そのために帝国主義列強の干渉をはねのけて革命政権が内戦に勝つと，新経済政策（ネップ）に転換した。それは戦時共産主義期の経済統制（全工業の国有化，穀物売買の国家独占，一般労働義務制度）を大幅に緩和し，食糧の一部の自由売買，中小企業の国有化の解除，商業の部分的な自由化を実施した[2]。しかしレーニン自身は24年に亡くなるまで，国名にある社会主義はあくまで目標であり，ソ連の現実はその目標からはるかに離れていると考えていた。

　レーニンの死後ロシア共産党は，スターリン派とトロツキー派が社会主義建設路線をめぐって激突した。27年にトロツキー派が政治的に敗北し，スターリン派は一国社会主義論のもとで5ヵ年計画を実施していった。第1次5ヵ年計画は，あまりに目標を高く設定したために目標を達成することはできなかったが，生産量は大幅に増加した。しかも生産手段（生産財）が最も増大した。しかしこの第1次計画のデメリットも多かった。野々村はそのデメリットとして，①消費財の不足，②製品の質の悪化，③供給のボトル・ネック，④農業の犠牲，を列挙している。しかし最大の欠陥は，進んだ工業水準にあるアメリカ資本主義に追いつこうとする生産力至上主義に陥ったことである。

　スターリン派は1933年から第2次5ヵ年計画を実施するが，その特徴は第1次と比較すると，食糧や繊維などの軽工業も重視され，農業の集団化（コルホーズ，ソホーズ）が推進された。それとともに憲法が改正され，スターリンは共産主義の第1段階としての社会主義が実現したと宣言する[3]。しかしスターリン死後のスターリン批判後，この時期にスターリン独裁が形成され，大量の粛清を含む政治的抑圧が進行したことがあきらかになった。

　第3次5ヵ年計画は1938年にはじまるが，すでに世界は第2次世界大戦へと動いており，翌年にはヒットラーのドイツはポーランドに侵攻する。そのためソ連経済は再び戦時経済に転換し，巨大な軍事支出が国家財政を圧迫した。この転換によってソ連はナチスを撃退するが，従来の5ヵ年計画が抱えていたさまざまな欠陥が未解決のままに第2次大戦後に持ち越されていく。この間にも農業の集団化が進み，工業と農業にわたる中央集権的な指令経済が形成された。

農業集団化の功罪について野々村はつぎのように総括している。プラスの面として，①ソホーズ，コルホーズ，機械トラクター・ステーションからなる農業システムの建設，②都市人口に供給する穀物集荷システムの建設であり，マイナスの面として，①農業生産の衰退と停滞，②農民の地位の低下，③農村を離れようとする農民の大量逮捕と国内パスポート制度の形成である[4]。

　こうした5ヵ年計画は，急速な重化学工業の建設には成功したが，その代価はあまりにも大きかった。第1に，政治的にはロシア共産党の一党しか存在しないから共産党独裁が支配した。しかもロシア共産党内部で個人崇拝が支配すれば個人独裁に変質してしまうし，実際スターリン独裁が支配した。個人独裁がなくても共産党高級幹部が官僚化すれば，官僚支配体制（ノーメンクラツーラ）が形成される。第2に，一国社会主義論は国際的な解放運動への支援よりも国内建設を優先させるから，世界の革命運動に必ずしも貢献しなかった。むしろ社会主義祖国擁護と称してほかの国々や地域に帝国主義的に侵略さえした（ハンガリー，チェコスロバキア，アフガニスタン等へのソ連軍の侵攻）。第3に，急速な重化学工業建設に対する国民の不満や反対を暴力的に抹殺する体制が形成されてしまった。こうした歴史は，次項で検討するようにソ連社会をどう規定するかにかかわらず，直視しなければならない。

第2節　ソ連社会の性格

　ソ連社会の性格をめぐっては，レオン・トロツキーの告発以来古くから論争があった[5]。ソ連・東欧の社会体制が崩壊して10年たった現時点で論争を整理すると，三つの潮流に要約できるだろう。第1の見解は，ソ連社会は中央集権型の計画経済であり，まがりなりにも社会主義の一つのバリエーションだったとする[6]。この見解に対する対極的な第2の見解は，国家資本主義であり社会主義ではなかったと主張する[7]。第3の見解は，資本主義でも社会主義でもない新しい階級が支配する階級社会とか国家主義と規定する[8]。この論争は社会主義をどう定義するかに依存するが，次項でみるようにマルクスが言及した社会主義・共産主義とは縁遠いといわざるをえない。かといって資本主義と断定しきれない面をもっていたと考えるから，私は第3の見解に近いことを最初に

明言しておこう。ソ連社会を資本主義の原理的規定と比較してみよう[9]。

1 所有形態

生産手段は，資本主義では個人や会社が私的に所有しているが，ソ連では国有や集団所有のような私的所有とは明らかに異なる所有になっていた。従来はこの所有形態を社会的所有と規定し，資本主義とソ連社会とを区別する根本的な指標だと考えられてきたといえる。しかしソ連社会の諸問題はとうてい所有形態の変化だけでは解決できなかったし，農業の集団化をもって社会主義になったと宣言したスターリンの誤りは明白であろう。社会的所有になったと主張する人々は，生産手段は国有化され，国家は全人民のものだから，生産手段は全人民の所有となっていると説明する（全人民所有制）。はたして国家が全人民の掌握するものとなっているだろうか。しかし国有や集団所有は明らかに私的所有とは異なるから，つぎのような生産（供給）上の違いが生じてくる。

2 生産の計画性（不足の経済）

資本主義では社会的分業が私的所有にもとづいているから，生産者は私的に個々バラバラに勝手に生産しあっていて，社会全体の計画性は存在しない（生産の無政府性）。計画経済では，社会全体の必要度を生産する前に知ることが原理的には可能であるから，それに応じて計画的に生産が決定される。したがって計画経済では過剰に生産されることは原理的にはありえない。むしろ，過少に生産されることによる供給上のボトル・ネックが，5ヵ年計画においても深刻な問題であった（不足の経済）。

3 擬制的・計画的商品

資本主義では労働生産物が商品となるが，このことは人々の生産関係が商品・貨幣関係として物象化されていることを意味する。労働者が生産した商品（剰余価値）は資本家が取得し，剰余価値は逆に労働者を支配する資本に転化する。これは労働そのものが疎外されていることを意味する。ソ連社会では労働疎外は克服されていたか。労働生産物はどうなっていたか。スターリンたちはソ連経済の周辺に商品経済が残存すると考えたが，商品は長期間にわたって

全面的に存在してきたといわざるをえない。問題は，ソ連経済での商品は資本主義の商品と同じか否かという点にある。すなわち，ソ連の企業内の個々の労働はどれだけ社会的性格を獲得していたのか。中央での計画が正確であれば，原理的には個々の労働は事前に社会的性格を獲得していたことになる（もちろん個々の労働が等しく人間労働として平等であるかは疑わしい）。中央での計画が官僚制によって疎外されていたり，極端な分権化によって企業が利潤動機で生産するならば，それは資本主義の商品と変わらない。したがって，ソ連経済の商品を資本主義の商品から区別する距離は，官僚制の克服の度合いや企業の利潤動機性の制限の度合いに規制されると結論される。

4　労働力商品廃絶のバリエーション

資本主義では労働生産物ばかりか労働力が商品化している。ソ連では中央から任命される企業長（工場長）が賃金決定や解雇権を持っていた。労働者は生活のために，労働力を企業長に代表される国家に「提供」することを義務づけられているようなものである。労働市場は形成されていないから労働力が商品化していたとはいえないが，それは「労働の強制化」なり「労働の義務化」といったほうが妥当であろう。ポーランドの自主連帯労組ではどうだったのか。運動そのものは労働者の権利獲得のための闘いであるが，労働者が労組を組織して集団的に賃金等の要求を獲得しようとするのは資本主義の労組と同じであり，労働力商品化から解放はされていなかったと考えなければならない。ユーゴスラビアの労働者自主管理の企業ではどうだったのか。たしかに工場の労働者評議会が生産・賃金・解雇などを集団的に決定するから，労働力商品化を克服する方向にあったといえる。しかしユーゴの場合，完全に企業の自主採算性であるから，資本主義的な利潤追求との違いがなくなってしまう。国民経済全体の計画性が失われるおそれがあったといえる。

5　金利生活者と地主の廃絶

資本主義では，本来的に価値のない所有権などが，一定の収入（果実）をもたらすことによって擬制資本となる。その結果，資産を所有するがゆえに金利（利子）で生活できる人々が存在する（金利生活者）。しかしソ連社会では金利

生活者は存在しなかった。また資本主義では土地が私的に所有されるから，土地所有者は地代を獲得し，土地が商品化する。ソ連では土地は国有化ないし集団所有化されたから，地主は消滅した。ブルジョア急進主義でさえ，「金利生活者の安楽死」とか「土地の国有化」を主張してきた。このように私的所有にもとづく収入が禁止ないし廃止されていた点では，ソ連社会は資本主義よりは前進していたといえる。

6 国家と民主主義

資本主義の政治制度は，近代的政党による議会制民主主義（間接民主主義）である。労働者階級や市民の利害を代表する政党も合法的に存在するから，労働者階級や市民はある程度は国家に影響を与えることができるようになっている。しかし階級支配としては依然として「ブルジョア独裁」であって，第1章で考察したような金融寡頭制が日本でも支配している。ソ連社会は，一部の社会科学者たちが「国家主義」と呼ぶように，国家に絶大な権限が集中していた。第1節で指摘したように，党や国家が官僚化すれば，共産党幹部＝政府幹部＝高級官僚が労働者大衆を支配・管理する体制に転化してしまう危険性があった。こうしたソ連社会の政治制度は，マルクスやエンゲルスの社会主義とはおよそ縁がない。

7 軍国主義と平和

古典的な帝国主義の時代には，資本は剰余価値の生産と収奪をめざして国外に膨張していく。その最終的な結末は第1次・第2次世界戦争であり，ロシア革命と中国革命を生みだした。現代でも多国籍企業化した資本の海外戦略に結びついて世界の軍事戦略が展開されている。さらに，産軍複合体制という経済的利害によって軍備拡張・兵器輸出競争が推進されている。したがって資本主義体制下では，戦争の脅威はなくならない。

社会主義国を標榜してきた国は平和勢力なのか。現実はそうではなかった。ハンガリー，チェコスロバキア，アフガニスタンへのソ連軍の侵攻，ベトナムへの中国軍の侵攻，カンボジアへのベトナム軍の侵攻があったことを直視しなければならない。

ソ連の軍事侵略の動機は何か。スターリン主義は社会主義祖国の防衛とか，革命の輸出とか名目づけた。しかし反革命の防止とか革命の輸出を判断する基準は，世界史的視点に立って全人類を解放するという世界革命の視点しかありえない。往々にして革命・反革命の旗印の下に，大国のナショナリズム（民族主義）といった国益（ナショナル・インタレスト）が優先されてきた。歴史的に存在してきたのは社会主義インターナショナリズムではなく，「民族的社会主義」とか「一国社会主義」とでも呼ぶべきものだった。

　以上を要約すると，ソ連社会はマルクスたちの社会主義とは違っていた。しかし，資本の論理が貫徹していたとはいえず，私的所有が消滅したことによる計画性の獲得，金利生活者や地主の消滅，種々の社会保障制度の確立などを考えると，国家資本主義と規定することも妥当ではない。本節の冒頭で指摘したように，資本主義でもなく社会主義でもない，マルクスも予想できなかったような階級社会と規定しておこう。

第3節　マルクスの社会主義・共産主義

　大谷禎之介氏は，カール・マルクスの『ヘーゲル国法論批判』（1843年）から『ゴータ綱領批判』（1875年）までの文献を考証し，資本主義社会が体内に宿している新たな社会（共産主義の第1段階としての社会主義とその後の共産主義社会）を7項目に総括している[10]。それらを紹介しておこう。

1　自由な個人のアソシエーション[11]

　大谷氏の説明を引用していこう（マルクスの原典と頁は省略するから直接大谷論文をみてほしい）。

　　第1に強調されなければならないのは，……労働する人間諸個人が「人間として生産する」ような社会システムだ，ということである。このことは，……，「自由な社会化された労働する諸個人」の，したがって「普遍的に発展した諸個人」のアソシエーションであるということ，また「各個人の自由な発展がすべての個人の自由発展の条件となっている」ような，「各個人の自由な発展を根本原理とする」ようなアソシエーションだということ，こ

のことによく言い表されている。/……「疎外された労働」から，……，ふたたび自らの主体を取り戻して，自然及び社会にたいして個性的かつ類的な態様でかかわることによって形成するアソシエーションである。そしてこうした諸個人のアソシエーションがすなわち社会である。そこには，彼らから自立して主体となっているいかなる国家も，いかなる「社会」も存在しない。/……，共産主義社会は「諸個人の独自で自由な発展がけっしてから文句でない唯一の社会」なのであり，この「諸個人の独自で自由な発展」は，「万人の自由な発展の必然的な連帯」および「諸個人の普遍的な活動の仕方」のうちにある「諸個人の関連」を条件としているのである[12]。

2 社会的労働と共同的生産

諸個人の労働はどう変化するか。

　アソシエーションである新社会では，アソシエイトした自由な諸個人の労働は，他の諸個人から独立に営まれる私的労働ではありえず，直接に社会的な労働である。労働が直接に社会的であるから，その成果である生産物も私的に取得されることはなく，直接に社会的な生産物である。/……ここには商品も商品交換も，したがってまた貨幣も存在しない。/……，人格の物象化と物神崇拝，そして物象の人格化が貫徹するところでは，労働する諸個人はけっして，自然にたいしても，ほかの諸個人にたいしても，また自分自身にたいしても主体として関わることができない[13]。

そして大谷氏は，労働の私的性格，したがってその前提となっている商品生産が廃棄されることが自由な諸個人のアソシエーションの本質的な前提であるとする。したがって「市場社会主義」は「市場」を残すことであり，到達すべき新たな社会システムとしては形容矛盾だとする[14]。しかし過渡期としての市場の残存は大谷氏も容認している。

3 生産過程の意識的計画的な統御

　諸個人の労働は直接社会的労働になるから，生産は社会の総欲求に直接対応した意識的計画的なものとなる。この過程を大谷氏は，生産手段と労働力の配分計画・配分の実施・生産・分配と消費の4過程に区分されるが，その核心は

主体がアソシエイトした自由な個人であることにあるとしてつぎのようにいう。

　ここで肝心であるのは，この「計画」の核心が，「社会化された人間，アソシエイトした生産者たちが，<u>自分たちと自然との物質代謝を</u>，盲目的な力としてのそれによって支配されることをやめて，<u>合理的に規制し自分たちの共同統御のもとに置く</u>」というところにある，ということである。主体は，あくまでも，アソシエイトしている自由な諸個人である[15]。(アンダーラインは引用文のまま)

「中央指令型の計画経済」を「社会主義的計画経済」とみなし，そのような計画の不可能性の主張者にたいして，大谷氏はつぎのように反論し，この計画過程のフィードバックの必要性を指摘している。

　さきに，生産の意識的計画的統御の四つの契機をあげたが，現実の計画的生産では，さまざまなレベルでの相対的に自立的なもろもろのアソシエーションがこの四つの契機のいずれにおいても相互にフィードバックしあいながら，たえず最適な計画および生産を目指す，ということになるであろう。そのための情報科学とMEとを応用した技術は，部分的にはさまざまのかたちで，とりわけ近年，資本主義的生産内部の経験として質量ともに飛躍的に蓄積されつつあることは明らかであろう[16]。

　さらに生産過程の意識的・計画的統御は，それ自体が自己目的ではないし，「必然性の世界」である，と注意する[17]。最後に，マルクスはこの生産過程の意識的・計画的統御の具体的過程について言及することにはきわめて禁欲的であったという。

4　社会的生産

　大谷氏は社会的生産の意味を探り，環境との共生・保全問題を論じている。まず，社会的生産という用語は多義的に使われていて，①何らかの仕方で相互に労働すること，②アソシエーションにおける共同的生産，③資本主義的生産のもとでの多数の諸個人の共同的な労働による大規模生産であるという[18]。機械制大工業はこの社会的労働と科学技術の意識的応用によって生産力を飛躍的に高めたが，労働過程のいかなる変革もこの二つの面（自然科学の意識的応用とそれによる自然の科学的統御）を廃棄することはない。そして環境破壊は

資本主義社会システムの根本的な矛盾の露呈であるとして,つぎのようにいう。

　社会主義が前提とする生産諸力の発展とは,……,人類としての協働的諸個人が全自然にたいしてどの程度まで普遍的な仕方で関わることができているか,それをどこまで自らの対象となしえているか,ということを言い表すものである。生産諸力が高まると同時に人間にとっての環境が破壊されていく,という現在の事態は,現在の社会システムの根本的矛盾を露呈している[19]。

そして,マルクスは生産力の発展を賛美し環境破壊を認識していなかったようにいう議論は無知ないしデマゴギーであり,

　生産諸力の発展は,資本主義的生産のもとでは環境破壊をもたらすことによって,類としての労働諸個人に,この発展の資本主義的形態の廃棄を,つまり資本主義の社会システムの廃棄をせまるのだ,というのである。労働諸個人の類的諸力としての生産諸力の発展は,環境保全の能力の発展をも含まなければならないのであって,その意味では,生産諸力が発展しすぎたどころか,人類が現在持っている生産諸力でさえも,資本主義的生産関係の制限のために,まだまだきわめて低いものだと言わなければならない[20]。

5　社会的所有

　生産手段の個人的・分散的な私的所有に対立するのが資本主義的私的所有であるが,そこでの社会的生産（結合された多数の労働）は潜在的に労働者が生産手段を社会的に占有している[21]。共産主義社会における本来の社会的所有とは以下のようなものである。

　……,共産主義社会における社会的所有とは,……,資本主義社会の内部にすでに潜在的に存在していたものが,資本主義的私的所有の廃棄によってその姿を現したものだ,ということであり,その内実は,主体であるアソシエイトした多くの労働する諸個人が,多くの労働者しか扱えないような大量の生産手段,労働の客体的諸条件にたいして,自己に属するものとして関わることなのである[22]。

　したがって社会的所有とは,個人から区別した社会（たとえば国家・自治体・労働者自主管理の企業）の所有ではなく,生産手段の国有化とは社会的所有への過渡的方策にすぎないことになる[23]。

6　個体的所有

　マルクスは，私的所有を否定した資本主義的私的所有は，それ自身の自己否定として「労働者の個人的所有」を再建すると述べた。この個人的所有の再建とは何か。そして社会的所有といかなる関係にあるか。

　……,「個人的所有の再建」とは，……，人間的諸個人の個性的・類的発展のための前提の創出という意味をもつものなのである。／この「個人的所有の再建」こそが，すぐ前に見た，「私的所有の止揚」による，この形態のもとですでに発生していた社会的所有の顕在化を実現するのである。この両者の関連は，逆に理解されてはならない。すなわち，いわゆる「生産手段の社会化」が「個人的所有の再建」を実現するのだ，と理解されてはならない。そうではなくて，自由な諸個人のアソシエーションが彼らの所有すなわち個人的所有を打ち立てる（……）ことによって，はじめて生産手段の社会的所有が直接的なものとなるのである[24]。

　そして，「個人的所有の再建」こそ，資本主義的私的所有の廃棄ののちの最も基本的な所有問題であることが再度指摘される[25]。

7　協同組合的な社会

　マルクスの『国際労働者協会創立宣言』,『資本論』第3部第5章（編），『暫定一般評議会への指示』での協同組合についての言及を考証して，大谷氏はマルクスの協同組合の位置づけはつぎのようであったとする。

　マルクスが，協同組合工場を「偉大な社会的実験」と呼び，「新しい生産様式」と呼んだのは，まさにそれが，資本主義的生産様式の内部で，「自由で平等な生産者のアソシエーション」が可能であることを示す実例だからであった。そのかぎりではそれは「自由で平等な生産者のアソシエーション」の原型なのである。それ以上でもそれ以下でもなかった[26]。

　いいかえれば，現在眼にしている農業協同組合や消費生活協同組合といった具体的形態を想定しているのではない。また，「アソシエイトした協同組合組織」や「諸アソシエーション」が編成する有機的な組織体としてマルクスは新しい社会を表象しているのであって，それは「中央指令型の計画経済」とは似ても似つかぬものであることになる[27]。

第4節　新しい社会主義像

　以上，ロシア革命と過渡期社会の変質過程（第1節），ロシア社会の性格（第2節），マルクスそのものの社会主義・共産主義像（第3節）を検討してきた。本節では21世紀に入った歴史としての現代において，目標とすべき現実的な社会主義像とそれに向かっての道を考察しよう[28]。その際，つぎのような諸視点を明確にしておく。第1に，考察の出発点を戦後の日本資本主義におこう。すでに本書のはじめから考察してきた日本資本主義の構造と循環と発展過程にそくして，その中に潜在的・部分的に形成されてきた運動や思想や組織を念頭において構想しよう。第2に，前節で明確になったマルクスの「新しい社会」（社会主義・共産主義）像を踏まえることは大切であるが，19世紀に認識したマルクスの言及に安住することはできない。これからの社会主義は，マルクスそのものの未展開部分の創造的展開，マルクスが本格的に扱っていなかった問題の発掘，そしてマルクス自身の予想の限界や誤りを正面から取り上げる姿勢が必要である。第3に，マルクス主義が正面から扱うことを避けてきた問題（「マルクス主義のアキレス腱」），たとえば，民族・国家・ナショナリズム論などを構築することなしには，21世紀社会主義は説得力に欠けることになるであろう。本節では，こうした「マルクス主義のアキレス腱」に果敢に挑戦した高島善哉の業績を意識的に紹介する[29]。第4に，21世紀のグローバル化した世界資本主義の抱えるさまざまな矛盾を考えると，自然と人間と社会を主体としての人間を核として総体的に把握することが要請されているといえる。こうした壮大な人類史的な視点で歴史を見る見方こそ，私は，マルクスやエンゲルスの世界観である弁証法的唯物論（唯物史観）にほかならないと考える。私は唯物史観の復権とその創造的な発展を訴えたい。

第1項　緑の社会主義

1　人類・生命のグローバルな危機
　宇宙飛行士の証言によれば，この地球は緑豊かな惑星である。宇宙のどこか

に生命が存在しているかもしれないが,最高の高等動物である人類がつくりあげた高度の生産諸力と文明をもつ惑星は地球のほかにはその存在が確認されていない。この宇宙船地球号とそこに住む生命を絶対的に破壊してしまってはならない。ところが愚かなことに,高度の生産諸力と文明を発展させてきた人類は,この地球と生命全体を滅ぼしてしまいかねない危険性をも生みだしてしまった。すなわち,第2次世界戦争中に開発された核兵器はいまや世界各国に拡散し,それが実際に戦争で使われたりあるいは偶発的に爆発したならこの地球は消滅してしまうほどになっている。さらに今日の資本主義社会と過渡期社会(旧ソ連や中国などの国々)が生みだした工業生産力とその消費様式は,オゾン層の破壊や地球温暖化現象などのさまざまな環境破壊を引き起こし,生命そのものが全滅ないしそれに近い打撃を受けかねないほどの危機(生命危機)をもたらしてしまった。

2 マルクスとエンゲルスにおける自然と人間(唯物史観と生態史観)

こうした環境破壊は生態系のバランスを破壊するほどに自然を変えすぎた結果であり,「自然からの報復」に直面しているのにほかならない。生産力と生産関係の対応(矛盾と対立)を重視したマルクスやエンゲルスには,自然の意識的計画的統御という考えがあった。若干引用してみると,

> 歴史の教訓は,これとは別な農業の考察によってえられるものであるが,それは,ブルジョア的システムは,合理的な農業の妨げになるということである。言い換えれば,この農業はブルジョア的システムとは両立せず(……),それは小さな自作農の手か,または,<u>アソシエイトした生産者たちの統御</u>(……)かを必要とするということである[30]。

合理的農業は当然自然力の合理的使用とその保全を前提にしているが,そうした合理的農業は社会主義での意識的統御によって可能となる。また,自然と人間との物質代謝過程について,

> ……,社会化された人間(……),アソシエイトした生産者たち(……)が,自分たちと自然とのこの物質代謝を,盲目的な力としてのそれによって支配されることをやめて,合理的に規制し自分たちの共同的統御のもとに置くということ,つまり,力の最小の消費によって,自分たちの人間性に最も

ふさわしく最も適合した諸条件のもとでこの物質代謝を行うということである[31]。

生態系破壊の根元は，資本の利潤原理による「盲目的・無政府性的」生産にある。マルクスはこうした生産を社会主義下の「合理的・共同統御」によって解決すべきだと考えていたといえる。しかし文献考証をした大谷禎之介氏も注意しているように，生産過程の意識的計画的統御それ自体は前提ないし手段であって，自然と社会への人間の主体的かかわり全体こそが社会主義では問題にされなければならないということである[32]。

エンゲルスは自然と人間との共生関係について次のように洞察していた。

とはいえ，われわれは，自然にたいするわれわれ人間の勝利をあまり喜んでばかりもいられない。このような勝利のつど自然はわれわれに報復する。／われわれはけっして，他民族を支配する征服者のように，自然の外にたつ者のように，自然を支配するのではない。／そうではなく，われわれは肉と血と脳とをもって自然に属し，自然のまん中に立っているのだ。そして，自然にたいするわれわれの全支配は，すべてほかの生物にまさって自然の諸法則を認識し，正しく応用することができる点にある[33]。

エンゲルスは「自然の中の人間，人間の中の自然」として，自然と人間との相互関係として，したがって共生関係として理解していたといえる[34]。

3　日本の緑の危機と緑の革命の必要性

自然と人間との共生関係は，戦後の日本ではどうだったのだろうか。「国破れて山河あり，城春にして草木深し」（杜甫）という詩があるが，序章で考察したように，敗戦によってその山河も破壊された。戦時中からの過剰伐採によって山林が荒廃し，それによる自然災害が急増したのであった。1944～48年間の過伐面積107万6000町歩は山林面積2056万9000町歩の5.2％におよび，伐採運搬に便利な里山はほとんど伐採しつくされんとし，林相は悪化してしまった。その後，国土緑化運動が起こり，緑の羽募金や愛鳥週間が設定されて山林の意義が再認識され，植林が活発におこなわれた。その結果，植林面積は伐採面積を上回るようになった。植林運動が一段落した60年において，日本の総土地面積に占める林野の率は69％にもおよぶ。その後の国土開発（工業化，商業化）に

よって林野率は若干低下し，90年には67％になる[35]。この7割近い土地を占める樹木や草が，自然災害の予防と環境保全に果たしている役割を認識しなければならない。ところが第2章第2節で考察したように，日本の高度経済成長は林業を犠牲にしてさまざまな公害を生みだしてしまった。80年の造林面積から伐採面積を差し引くと（間伐面積をのぞく）7万2983ヘクタール（町歩）であったのに，バブル崩壊直後の90年にはマイナス3万6333ヘクタールとなり過剰伐採に逆転してしまっている[36]。しかも伐採されている山林は圧倒的に天然林が多い。造林された人工林が増えていることになるが，つぎに指摘するように単に面積という量的な問題だけではない。

輸出産業を中心とした最新鋭の重化学工業を建設していった日本の高度経済成長は，林業に大打撃を与えた。復興期には住宅不足を解消するための木材需要が旺盛であったが，高度成長期になり輸出が本格的に伸びるようになると，輸出の見返りとして農林水産物が輸入されるようになった。政府は農産物については農業保護政策を実施し農産物の自由化を遅らせたが（自由化は1980年代に本格化する），木材については外材を自由化したので，安い外材の圧力を受けるようになった。他方で高度成長期に製造業などの賃金が上昇したのを反映し，林業労働もコストが高くなっていった。このようにコスト上昇と木材価格の低下に挟撃されて，林業経営が悪化した。そのために，国有林の経営は赤字が継続し，林業経営をかねる木材業者は倒産し，農家所有の山林は労働力が投下されなくなってきた。せっかく国土緑化運動によって植林された山林が，間伐期を迎えても間伐しても採算が合わないことになった。山林は手入れをせず放置され，いわば人工林が自然林化するようになった。林相はモヤシのような杉や檜が乱立するように変化し，藤の蔦が山林全体に覆い被さるようになった。モヤシのように成長した樹木は台風が襲来すれば倒木となり，大雪となれば雪折れになる。集中豪雨があれば山が崩れる。いまや日本の森林は，戦後に植林した人工林を中心として荒廃しているのである。

このようにせっかく戦後植林した森林が放置され荒廃化しているばかりでなく，さきに指摘したように林野率が若干低下してきていることにも示されているように，林業としての森林が他業種に転用されるようになった。表10-1は，1975年4月～80年3月，1980年4月～90年3月間の森林の転用用途別面積を示

表10-1 森林の転用用途別面積　　　　　　　　　　　　　　　　（単位：10ha）

区　　分	計	工　場・事務所用地	住宅用地・別荘地	ゴルフ場・レジャー施設等	農用地	公共用地	その他
1) 1975.4～1980.3	12,221	644	1,108	1,514	6,048	1,702	1,206
2) 1980.4～1990.3	23,175	1,777	1,908	3,610	8,668	3,757	3,454
北海道	6,849	145	37	175	5,019	563	911
東北	4,279	339	303	348	1,704	929	656
北陸	1,085	110	40	287	209	250	190
関東・東山	3,473	375	488	1,274	391	373	572
東海	1,845	226	291	426	249	471	184
近畿	1,385	99	250	370	180	257	231
中国	1,527	255	158	229	227	393	265
四国	451	33	34	100	94	107	82
九州	2,090	193	299	366	514	362	356
沖縄	192	2	10	36	81	54	9

注：1)は，5年間の計である。2)は，10年間である。
出所：農林水産省統計情報部『農林水産統計』（平成12年版）農林統計協会，2000年，339頁。

す。この期間全体を通じて，農用地への転用が一番多く，つづいて公共用地であるが，第3位はゴルフ場・レジャー施設等，第4位が住宅・別荘用地になっていることに注目しよう。政府が進めた田中内閣期の「日本列島改造計画」，中曽根内閣の「リゾート開発計画」が反映されているのであり，緑を減らす宅地開発やゴルフ場開発とはいったい地域住民に何の恩恵を与えたといえるのだろうか。

　農業は，戦後の農地改革によって自作農化した農村を選挙基盤とする自由民主党政権のもとで，手厚く保護されてきた。高度成長の前期には稲作が奨励され，食管制度によって高く買い上げられたコメが安く消費者に供給された。しかし1970年代後半の日本の集中豪雨型輸出が引き起こした日米経済摩擦の結果，アメリカの農産物自由化要求を80年代になると受け入れざるをえなくなった。そのために山間地農業を中心として稲作農家が危機に陥るような状態になった。もともと農業は，高度成長期から農業収入だけでは採算が合わなくなり，兼業農家化していた。政府の農政も稲作奨励から減反・休耕地化奨励政策へと猫の目のように変わっていった。その結果，耕地の拡張面積とかい廃面積の関係が

表 10-2　耕地の拡張・かい廃面積

(1)　田　　　　　　　　　　　　　　　　　　　　　　　　　　　　（単位：ha）

年次	拡張					かい廃			
	計	開墾	干拓・埋立て	復旧	田畑転換	計	自然災害	人為かい廃	田畑転換
1975	15,400	4,800	3,730	1,220	5,630	54,100	370	48,800	4,900
1980	827	150	205	275	197	27,000	370	20,300	6,290
1985	1,080	91	2	411	578	20,300	209	14,900	5,210
1990	225	13	3	193	16	22,200	904	18,000	3,350
1995	1,250	42	8	1,040	168	20,400	1,080	17,300	2,040
1997	202	48	—	68	86	23,100	103	19,800	3,150
1998	232	3	0	102	127	22,500	47	19,000	3,460
1999	1,990	6	—	1,900	91	21,900	2,420	16,200	3,270

(2)　畑　　　　　　　　　　　　　　　　　　　　　　　　　　　　（単位：ha）

年次	拡張					かい廃			
	計	開墾	干拓・埋立て	復旧	田畑転換	計	自然災害	人為かい廃	田畑転換
1975	41,400	36,200	131	143	4,900	45,400	87	39,700	5,630
1980	37,500	30,700	361	120	6,290	24,500	106	24,200	197
1985	23,700	18,200	226	43	5,210	21,700	43	21,100	578
1990	14,900	11,000	457	30	3,350	28,200	143	28,000	16
1995	6,650	4,530	34	47	2,040	32,100	33	31,900	168
1997	6,150	3,000	0	6	3,150	28,000	18	27,900	86
1998	5,930	2,440	12	16	3,460	27,500	6	27,400	127
1999	5,540	2,210	0	65	3,270	24,500	112	24,300	91

出所：表10-1の資料，115頁。

逆転していった（表10-2）。田についてみれば，75年にすでに拡張面積1万5400ヘクタールを大幅に上回る5万4100ヘクタールがかい廃されている。かい廃の中でも人為かい廃たる休耕田化が圧倒的に多い。この傾向は一貫してつづいている。畑は，80年と85年には拡張面積が上回っているが，90年以降はかい廃面積が大幅に上回るようになってきた。農業全体が衰退化してきたのである。田畑の人為かい廃の多くは，休耕田に典型的にみられるように放置され，まさに「草木深し」の状態で荒地化している。

　以上みてきたような森林と農地の荒廃は，伝統的な日本農村の自然（その圧

倒的部分は森林と農地である）との共生関係が破壊される危険性を生みだしているといえる。都市生活者は過密化によって自然を奪われ，農村生活者は，山林と農地の荒廃によって，自然の中で生きることを放棄せざるをえない状態にある。まさに自然の中の人間，人間の中の自然という自然と主体としての人間との共生関係が，現代の日本においては破壊されているのである。またこうした農業・林業の衰退（採算悪化）は，その採算悪化をくい止めようとすれば，無機農業化を進めていかざるをえない。これはまた都市住民の健康に悪影響を与える。まさに緑の危機であり，生活の危機であることを認識しよう。

　もちろんこうした危機を深く認識し，さまざまな抵抗運動が進められた。たとえば，農業の共同経営化，有機農業の実験，消費者と直接結びついた産地直送生産，脱サラリーマンたちによる農業・林業経営，森林作業のボランティア運動，間伐材の多目的利用方法の開発，山林所有・経営の共有化，地域産木材を利用しての家造り，など多種多様に展開されている。しかしいまだに分散化した部分的な抵抗運動でしかない。経済至上主義のもとでの緑の危機から，自然との共生を目標とした緑の革命が必要なのである。核戦争や核の偶発的爆発が人類を破滅させる危険を生みだしていると同時に，緑の危機は内部的に人類の危機を生みだしている。

第2項　多民族・多文化共存の社会主義

1　マルクス主義における民族問題の軽視

　マルクスとエンゲルスはもちろん民族問題（民族の相違・対立・闘争）を認識していたが，スターリン主義は社会主義段階になれば民族問題は解決されるとした。しかし2度にわたる世界戦争（帝国主義戦争）においても民族矛盾が絡み合っていたし，ソ連解体後には民族紛争（戦争）が多発してきたのが20世紀の歴史であった。また「既存・現存の社会主義国」間に軍事的介入があり，一国社会主義は民族的制約をもった「民族社会主義」であった。ソ連は社会主義ではなくプロレタリアート支配が貫徹していたのではないから，民族問題は解決（消滅）しなかったともいえるだろうが，とにかく民族的国家間の対立がこの体制においても存在していることには変わりない。

富塚文太郎氏は，マルクスやエンゲルスの民族の相違・対立・闘争が消滅するであろうとの宣言は，民族問題の過小評価であり楽観論であり，その後のマルクス主義者を民族的矛盾に対して鈍感・無防備にしたと批判する[37]。さらに富塚氏は，ヒルファディング，ローザ・ルクセンブルク，レーニンの民族対立の解決方法を検討する。諸国間の対立・闘争を，ヒルファディングは金融資本の対立に，ローザは資本主義（剰余価値の実現）に，レーニンは植民地の再分割闘争に求める相違はあるが，三人とも共通して体制問題に還元してしまっているという[38]。民族的矛盾の独自性を認めたのはスターリンであった。すなわち，

　　わずかに，被抑圧民族出身のスターリンが民族的矛盾の独自性を認め，そのような見方が世界の被抑圧民族のマルクス主義者によって取り入れられることになった。ところがそのスターリンは，自らが権力を握るとともに，マルクス・レーニン主義にもとづく「世界革命」の大義名分の下に，世界のあらゆる国民・民族がソ連と一体化し，スターリンとソ連共産党指導部の指導に従うことを要求したのだった[39]。

　スターリン主義は，社会主義の大義名分の下に民族的利益（ソ連という形をとったスラブ主義）を追求したといえる。スターリン主義は決してスターリン個人の問題に還元すべきではなく，民族は相互に共存しなければならないのに，現実には，他民族支配に変質してしまったソ連の歴史が研究されなければならないことを指摘しておこう。それとともにスターリンの民族論そのものを検討する必要性に直面する。

2　高島善哉のスターリン民族論批判

　ヒルファディング，ローザ，レーニンが民族問題を体制ないし階級に還元してしまっていたのにたいして，高島善哉は早くから階級と体制と民族のそれぞれの独自性と相互関係を重視していた。「民族は母体であり階級は主体である」が高島社会科学の基本テーゼであった。スターリンは民族概念を四つのメルクマールで規定した。すなわち，①言語の共通性，②地域の共通性，③経済生活の共通性，経済的結合，④心理状態の共通性，であり，

　　民族とは，言語，地域，経済生活，および文化の共通性のうちにあらわれ

る心理状態, の共通性を基礎として生じたところの, 歴史的に構成された, 人々の堅固な共同体である[40]。

高島は, このスターリンの民族概念には相互関係をつかむ論理がなく, 人種が欠落していると批判する[41]。さらに, マルクスやエンゲルスの民族の死滅性を根本から否定している[42]。スターリンの民族概念には, 自然的なものと歴史社会的なものとの「媒介の論理」が欠落しており, 両者を媒介する論理として,「歴史における主体と客体の関係をさし示す論理」であり,「歴史における自然と社会の関係をさし示す論理」としての「生産力の論理」が提唱される[43]。次項では, 民族における自然的なエレメントをつかむために提唱されている「風土概念」を紹介しておこう。

3 　高島善哉の風土概念

そもそも風土とは, 自然地理学にとっては自然環境であり, 人文地理学にとっては人間とのかかわりにおける自然環境（景観）であるが, 社会科学は「歴史的社会的風土」でなければならないと高島はいう。すなわち,

> 人間は自然との関わり合いにおいて生きており, したがって人間は歴史的社会的生活のどの場面においても, 自然との関わり合いを完全に断ち切ることはできないということである。人々がそのようなものとして自己を感じたとき, そこに風土という概念が生まれなければならないのである[44]。

この風土と民族の関係は,

> 風土は民族の体質または気質であると私はいった。また, 風土は民族の個体性がその個体性を発現するための磁場でもあるといった。……／……民族形成の歴史を過去へ遡れば遡るほど, 風土と民族の間には事実上差別がなく, 両者は事実上一つのものとして合体している[45]。

この風土は, 自然の中の人間と人間の中の自然としての人間が, 自然に主体的に働きかける舞台にほかならない。民族はたしかに近代においては国家として登場してくるが, もっと人種とか人間の主体的実践次元におりて考察されるべきであろう。国家については次節で考察するが, 21世紀初頭における人種問題やジェンダー問題を考えるとき, 高島の提起したように, 人間の存在原理なり人間の主体的実践の次元にまで降りて掘り下げなければならない。そうした

人種・民族の社会科学的考察に裏づけられた民族問題（民族的矛盾）の解明があってはじめて，民族支配の歴史から，他民族そして他文化が共存し助け合う歴史へと転換できるだろう。

4　多民族・多文化共存のインターナショナリズム

スターリンの民族論にたいする高島善哉の批判はさきに紹介した。ここでは高島のナショナリズム論を紹介しよう。その結論を先に示せば，民族は消滅するものではなく，真のインターナショナリズムはナショナリズムに基礎をおいたナショナル——インターナショナリズムでなければならないという固い信念である。まずマルクスには国民的階級の思想があるとして，『共産党宣言』から引用する。

> さらに，共産主義者は，祖国を，国民性を，廃止しようとしているといって非難されている。／労働者は祖国を持たない。持っていないものをとりあげることはできない。プロレタリアートは，まずもって政治的支配を獲得して，国民的な階級の地位にのぼり，みずからを国民としなければならないという点で，ブルジョアジーのいう意味とはまったく違うが，それ自身やはり国民である[46]。

プロレタリア階級は国民的階級となるが，この考えはスターリンにおいて社会主義的民族概念になるが，スターリンは共産主義段階になれば世界共通語が形成され民族も消滅するとした。民族消滅論ではレーニンも同じである。しかし高島はレーニンには思想の深さと方法態度の弾力性があったと評価する。すなわち，

> ……この問題に関するレーニンの思想の深さは，一言でいえば，彼が民族の非合理性についてなみなみならぬ洞察を持っていたということであり，ナショナリズムというものについてその進歩性と反動性をかぎわけることのできる鋭い感覚を彼が持っていたということである[47]。

その例として，レーニンの『民族自決権について』，「大ロシア人の民族的誇りについて」，「ピチリム・ソローキンの貴重な告白」が解釈され，帝国主義戦争を内乱へ転化させることに成功したレーニンは，ナショナルなものと諸階級との関係を的確に捉えていたことを証明しているという。

前衛党は勇気をもって敗戦を耐えしのばなければならないといいきったレーニンは，けっして敗戦主義者ではなかった。レーニンはいつでも祖国の敗戦を願うような公式的な敗戦主義者，没感情的なコスモポリタンではなかった。その点でレーニンは，ローザ・ルクセンブルクとはちがっていた。といって，レーニンは祖国のためにという口実で帝国主義戦争に賛成するようなことはしなかった。その点で彼はカウツキーとも大いにちがっていた。これは，レーニンがナショナルなものとそれを指導する諸階級との関係を的確に捉えることのできる方法態度を持っていたためだといわなければならない。もしこれをレーニンの民族理論と名づけることができるとすれば，それは主体としての階級と母体としての民族についてのレーニン独自の深い思想から発したものだといわなければなるまい[48]。

高島はマルクスにも返る。第3節1で紹介したように，マルクスの共産主義社会は「自由な個人のアソシエーション」（自由人の自由な連合体）であり，個体的のものと一般的なものとが有機的に結合する社会である[49]。民族の場合も同じである。

　民族もまた一つの個体的存在である。それは一方では人間の自然的物質的な側面ときり離しがたく結びついており，他方では人間の歴史的社会的存在様式と不可分に結びついている。そういうものとして民族は一つの生きた個体なのである。人類が一つになるということは，人間がこのような自然的―社会的，物質的―文化的な存在としての個体性を廃棄することではなく，かえってますますその個体性を十分に発揮しうるように歴史と社会が作られていくことを意味するのではなかろうか[50]。

ここに高島の民族概念があり，また，民族の不滅性の根拠がある。そして最後に，ナショナルなインターナショナリズムが提唱される。要約すれば，

　①ナショナリズムが保守反動的であるのか，それとも前望的革新的でありうるのかという問題は，歴史的理論的な判断をまってはじめていえる事柄であって，……／②ナショナリズムはブルジョアジーのものであり，これにたいして，インタナショナリズムはプロレタリアートのものだとする見解もまた一面的であって，十分科学的根拠を持ったものだということができない。……／③ナショナリズムとインタナショナリズムはそれ自体は反動的である

とか，あるいは革新的であるとかきめつけるわけにはいかない。反動性とか革新性を決定するものは，客体の側にあるのではなくして主体の側にある。……／④だがナショナリズムにしろ，あるいはインタナショナリズムにしろ，それは人間存在の非合理的な側面と相即的に捉えられなければならないものを持っている。……私たちは民族というものの複合性（自然的なものと歴史的社会的なものとの複合体だということ）について深い洞察を持たなければならないのである。それは主体としての階級とは存在の位層を異にしている。この意味で私は，主体としての階級にたいして母体としての民族という発想をとらなければならなかった。／主体としての階級と母体としての民族は，理論的に媒介され結合されなければならない[51]。

21世紀の社会主義は，ナショナルなインターナショナリズム，民族の個性と類的存在の有機的結合，そして他民族・他文化共存の社会主義をめざさなければならない。

第3項　連帯と愛の社会主義

1　アソシエーション（自由人の連合体）とは何か

自由人の連合体とは，人間の個体性と普遍性とが有機的に結合した社会である。マルクスの言及についての大谷禎之介氏の要約についてはすでに第3節で紹介したので，本項ではそれをさらに要約してみよう。

(1)　自由人という意味は，「協同労働で人間として生産する・自由で社会化された労働をする・普遍的に発展した諸個人」である。

(2)　諸個人とアソシエーション（連合体）との関係は相互扶助的であり，「諸個人の独自で自由な発展は万人の自由な発展と連帯を条件とし，万人の自由な発展と連帯は諸個人の自由な発展を根本原理（条件）とする」相互的・有機的結合関係である。

(3)　そこでの労働は，「疎外された労働を克服し，自らの主体を取り戻し，自然と社会にたいして主体的にかかわり，諸個人の潜在的能力を創造的に全面開花させる」労働である。

2 人間総体の把握

しかし人間は非合理的な動物でもある。理性と感性,自然と社会を主体的に形成し改造する人間の主体的実践過程とその存在原理(構造)を総体的に把握しなければならない。こうした際に,自然に科学技術をもって対処する生産活動と,その際の人間同士の生産関係,こうした経済構造(土台)を基礎としながら人間がつくりだす社会制度(政治や教育)と思想(上部構造)の相互規制関係の総体として人間活動を捉えようとするマルクスやエンゲルスの世界観(弁証法的唯物論・唯物史観)の有効性は大きいと,私は考える。人間の主体的実践過程がこのような構造になっていることを反映して,人間自身も自然的人間,社会的人間,文化的・精神的人間として総体的に把握しなければならない。まさに近代の諸科学が自然科学・社会科学・人文科学に分化してきたのは,このような人間存在の原理に由来しているといえよう。どの一つが欠落しても人間把握としては不十分であり,今日の「自己喪失の危機」(idenntity crisis) はまさに人間活動がバランスをとって全面的に発展することが阻害されている状態にほかならない。以下,こうした人間把握をはやくから提起してきた高島善哉の人間観を検討してみよう。

高島は,マルクス主義者の未来社会観はあまりにも楽観的であると警告する。

マルクス主義者は,資本主義体制にはもはや信頼をおかないけれども,それを越えた未来の社会体制には絶対の信頼をおいている。そしてこのような信頼の根拠も科学的に証明され,基礎づけられている。しかし彼らのみた未来の理想社会はどのように描かれたであろうか。そこでは人間はもはや人間としてなんらの矛盾を持たない,生と死を超越した,一つのユートピア的存在として描かれなかったであろうか。もしそうだとすれば,私にはどうしても合点のいかない最も根本的な疑問が残らざるをえないのである[52]。

あまりにも楽観的でありユートピア的であったがゆえに,スターリン独裁を許してしまった20世紀の歴史を私たちも直視せざるをえない。人間が,民族の大義名分の下で人間を裁いたのがヒットラーのユダヤ人虐殺であり,階級の大義名分の下で人間を裁いたのがスターリンの大量粛清であった。人間は神ではないのであるから,人を裁くことには慎重でなければならない。人間存在の全面性(総体性)こそ解明されなければならないのである。

高島は人間観として，①感性的人間観，②理性的人間観，③実践的人間観，④実用的人間観，⑤ロマン的人間観，⑥実存的人間観，を取り上げている[53]。感性的人間観は，17・18世紀のイギリスとフランスで実を結んだ市民社会の社会科学の人間観であり，人間解放を求めるものであった。理性的人間観はドイツ的伝統であり，感性や経験の背後にある内面的原理を追い求める。実践的人間観こそマルクスの人間観であり，感性的唯物論や機械的唯物論とは一線を画した弁証法的唯物論（主体的唯物論）の世界である。実用的人間観はアメリカ市民社会で育ったプラグマチズムである。ロマン的人間観と実存的人間観は，ともに人間の本質を非合理的なものとみる。ともに保守性や反動性をもっていることを否定できないが，マルクス主義にとってこうした人間の非合理性の問題をどのように扱うべきかということを高島は提起している。

　高島の思索はここで終わっているが，少なくともこうした人間観とその背後にある思想との交流と切磋琢磨が必要とされている。一つの思想なり世界観で性急に統一しようとしたなら，20世紀の独裁政治体制を再現させることになってしまう。少なくとも，他文化・多思想の共存し交流しあえる社会をめざさなければならない。

3　ジェンダー，真の両性の愛を求めて

　これからの社会主義は，民族問題に正面から取り組まなければならないことは2で主張した。ここでは，いわゆるジェンダー問題（両性問題）が論じられなければならないことを主張しよう。従来マルクス主義では，女性解放は階級の解放とともに実現していくと考えるのが通説であったといえるが，こうした階級（体制）還元論では民族問題と同様に両性問題は解決しない。今日の女性解放は女性だけの解放次元ではなく，両性の本来的な平等と相互補完的・相互扶助的関係原理が打ち立てられなければならないところにきていると私は考える。いうまでもなく男女関係は超体制的な，人類の生誕以来の関係であり，そうした意味においてけっして階級の消滅とともに解決できる性格のものではない。それは人間の根本的活動の次元に属する問題である。エンゲルスはいう。

　　唯物論的見解によれば，歴史を究極において規定する要因は，直接の生命の生産と再生産とである。しかし，これは，それ自体さらに二種類のものか

らなっている。一方では生活質料の生産，すなわち衣食住の諸対象とそれに必要な道具との生産，他方では，人間そのものの生産，種の繁殖がそれである[54]。

今日，先進資本主義国を中心として，女性の社会進出・労働力化が顕著に進展してきた。それは，封建的な家族制度の中での家事・育児労働に縛りつけておかれた状態からの解放であることは間違いない。こうした傾向は女性の解放に向かっての必然的過程である。しかし女性の労働力化であることから理解できるように，女性の社会進出は資本の原理をとおしてしか実現していない。育児労働や家事労働は女性固有の労働ではないが，誰かが担わなければならない人類存続のための本源的な労働なのである。女性の社会的活動を支えるためには，こうした労働を社会全体の負担によって遂行する社会体制が確立しなければならない。まさに現代日本においても，こうした労働を，外食産業とか保育産業としての資本の論理によって解決しようとする道と，社会福祉政策の一環として解決していく道とが対立しているといえる。これからの社会主義は断じて後者の道でなければならない。

しかし現状では女性の社会進出は，深刻な家庭問題を引き起こしている。少子化と高齢者社会の到来であり，家庭そのものの崩壊症候群である。教育の荒廃の一因もここに由来する。はては男女のいわゆる「不倫」問題である。家族の構成員として一夫一婦制を理想とすべきなのか，それとも男女の愛情関係は一夫一婦制によってかえって疎外されたものになってしまっているのか。物質的生活が向上するにつれて，こうした男女の精神的肉体的な結合関係の問題は非常に重要なものとなる。

このように男女関係は，それ固有の矛盾と対立と協調があるのである。ある意味では人類存続のための永遠のテーマかもしれない。しかし少なくとも私は，精神的結合と肉体的結合とを有機的に統一した方向こそ，真の愛する関係であると考える。愛のない男女関係は動物以下である。愛を論ずる気持ちはないが，さきに考察したようにそれは，多様なる人間観に深い理解と洞察力を持って論じられなければならないことを指摘しておこう。男女の関係は，諸個人の自由とアソシエーションとの関係になぞらえていえば，両性のそれぞれの固有の自由な発展が相互に助け合い，その相互に共通した人類としての自由な発展をつ

くりだし,この共通した発展が両性の固有の発展を促進していくようなものが望ましいであろう。

第4項 コミュニティーと国家

1 国家は消滅しない

階級が消滅すれば国家の階級抑圧機能は不要になる。どのような機能が残るか。大谷禎之介氏は,社会主義にいたる過渡期にいっさいの差別・抑圧の社会的根拠は消滅したとしても,この段階では差別・抑圧の意識と行動が残るかぎり国家が存続するが,こうした意識と行動が次第に消滅していくことによって国家の役割の必要性もなくなるとする。国家に残される機能は「アソシエイトした生産者たちが,自分たちと自然との物質代謝を合理的に規制し,自分たちの合理的統御のもとに置く」ことだけになるとし,「国家としての国家」は社会主義段階に消滅するという[55]。階級国家が消滅することについては同意できるが,国家の機能が人と自然との物質代謝に限定できるだろうか。本節で考察してきたように,民族や人種や性の抑圧や差別の社会的根拠と意識・行動は簡単には消滅しない。それらは階級関係には還元できない人間の非合理性に由来している側面もある。また,アソシエイトした諸個人の社会そのものの中で,公権力としての国家の機能が必要となってくるのではなかろうか。

マルクス自身,国家の階級抑圧機能とともに,社会としての「共同管理事務」機能が残ることを指摘している。すなわち,自然災害や事故への予備と対策,一般的管理事務,学校・保健・衛生等の協同消費のための機能,労働不能者への援助機能などである[56]。民族が社会主義になっても存続するから,国民国家も消滅しないであろう。そうであれば主権国家としての国家の機能は残ることになる。階級抑圧国家は消滅するが,差別・抑圧を抑止し予防する国家,民族の個体性を維持・創造する国家,自由な諸個人をアソシエートする国家は消滅しない。

2 マルクスのコミューン原則

社会主義になっても国家一般は消滅しない。社会主義にいたる過渡期の労働

者国家について，マルクスは『フランスにおける内乱』において言及している。まず権力を獲得した労働者階級は，できあいの国家機構をそのまま自分自身の目的のために行使はできない[57]。そしてコミューン原則について以下のように述べている。

　コミューンは，市の各区での普通選挙によって選出された市会議員で構成されていた。彼らは，［選挙人にたいして］責任を負い，即座に解任することができた。コミューン議員の大多数は，当然に，労働者か，労働者階級の公認の代表者かであった。コミューンは，議会ふうの機関ではなくて，同時に執行し立法する行動的機関でなければならなかった。警察は，これまでのように中央政府の道具ではなくなり，その政治的属性をただちに剥ぎとられて，責任を負う，いつでも解任できるコミューンの道具に変えられた。行政府の他のあらゆる部門の吏員も同様であった。コミューンの議員をはじめとして，公務は労働者なみの賃金で果たさなければならなかった。国家の高官たちの既得権や交際費は，高官たちそのものといっしょに姿を消した。公職は，中央政府の手先たちの私有財産ではなくなった。市政ばかりでなく，これまで国家が行使していた発言権のすべてが，コミューンの手中におかれた[58]。

ここで述べられているのは，議員はもとより警察や行政府の公務員はすべて，コミューンによって解任されるということである（コミューンの解任権）。教会は国家から分離され，基本財産は没収される。すべての教育施設は人民に無料で提供され，教育を受ける権利と学問の自由が確立する。また，治安判事や裁判官も，選挙され，責任を負い，解任できるものとなるべきだった[59]。コミューンの全国的組織の見取り図は，地方の部落を最小単位としたコミューン政治形態から，農村コミューン，地区会議，全国代表機関からなり，それらに派遣される代議員を解任する権利を各コミューンはもつことになる。農村地区での常備軍は国民民兵となる。しかし国民の統一は維持される。すなわち，

　……中央政府には少数の，だが重要な機能が残るであろうが，それらの機能は，故意に誤りつたえられたように，廃止されるのではなく，コミューンの吏員たち，したがって厳格に責任を負う吏員たちの手で果たされるはずであった。国民の統一は破壊されるのではなく，反対に，コミューン制度によって組織されるはずであった[60]。

表10-3 農村・都市・国家の経済表

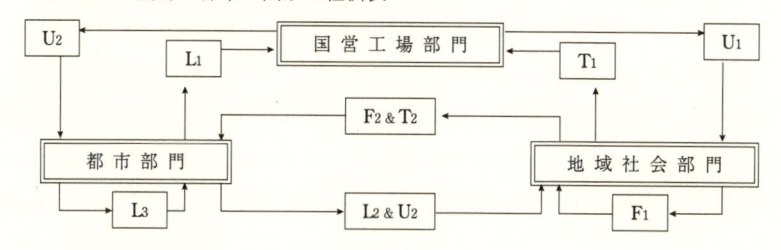

```
  U2 ─────→ L1 ────→ 国営工場部門 ←──── T1 ←──── U1
   ↑                      ↑                        ↑
   │                  F2 & T2                      │
   │                      ↓                        │
  都 市 部 門                          地 域 社 会 部 門
   │                                                ↑
   ↓                                                │
   L3 ──────────→ L2 & U2 ──────────→ F1 ──────────┘
```

U＝量的な中間財
F＝質的な最終消費財
L＝労働用役
T＝土地用役

出所：関根友彦『経済学の方向転換』東信堂，1995年，176頁。

国民国家がなくなるのではなく，コミューン組織としての国民国家になると述べていることに注意しよう。そしてコミューンの本質は，

> それは，本質的に労働者階級の政府であり，横領者階級にたいする生産者階級の闘争の所産であり，労働の経済的解放をなしとげるための，ついに発見された政治形態であった[61]。

このように，マルクスの規定したコミューン原則とは，労働者階級の経済的解放のための政治形態であり，リコール権を持った直接民主主義であり，またコミューン国家は国民国家を廃止するのではなく新しくつくり替えることであることを確認しておこう。

3 農村・都市・国家

マルクスの熱烈に擁護したパリ・コミューン国家は，農村の部落を細胞とするコミューン組織であった。この農村と国家にくわえて都市の相互関係はいかにあるべきかを考えてみよう。関根友彦氏は，労働疎外とエントロピー問題を超克できるような，「中央集権的な計画よりも独立な地域社会の自由な経済目的の追求が優越するような，強度に分権化した社会主義国家の青写真」を提起している。興味深いので本項で紹介しておこう。

その青写真は表10-3のようになっている[62]。この社会は使用価値生産の社

会であり相互原理（ポランニーの互酬）が支配する。すなわち，

小社会の枠内で使用価値を生産するものは，その生産物が自分の隣人によっていかに消費されるかをつぶさに見聞することができるのであって，ここに市場ベースの経済生活と共同体ベースの経済生活との根本的な差異がはっきりと現れる。後者では抽象的な群衆のために使用価値の生産が行われるのではなく，生産者が自分と生活をともにする具体的な隣人のためにそれがなされるのであるから，生産物の使用価値面に無関心だというような無責任な生産はなされえないし，生産者が自分自身の生活環境を破壊するような危険な技術を採用することも考えられない。このように共同体ベースの経済生活が，労働の自発性と技術の適正を保証するのならば，そこではすでに人間疎外とエントロピー問題という現代社会の二重の病弊から我々が解放されていることを認めざるをえない[63]。

関根氏は，こうした地域社会は直接民主主義が十分に可能になる規模であり，人口5万から20万人単位からはじまり，通信技術の発展によって拡大していくことが展望される。使用価値の内容が重視されるから，関根氏は，最終消費財（生活手段）の大部分を「質的な財」とし，中間的生産財は「量的な財」として区分する。そして前者は「人間の創造性を表現するものであって，これを推し進めれば工芸にもなり，芸術の域にも達する性質のもの」であり，地域社会が生産する。後者は「全く機械的であり，すでに産業オートメーションやロボティックスが示しているように，人間の介入などすくない方が性能もよい。人間があえて関与してもそれは苦役とか倦怠とかでしかなく非人間化をもたらすにすぎない」から，地域社会から追放し，国営工場にまかせる。都市では高度の学問・芸術的洗練・科学研究が行われ，地域社会への技術と情報の伝達や中継を主たる目的とする。そして土地はすべて地域社会の所有とする[64]。地域社会，都市，国営工場間の財と用役の相互交換関係は，さきに示した表10-3のような経済表となる。

地域社会は国営工場より中間財 U_1 をうけとりその代償として土地用役 T_1 を提供する。地域社会は最終財 F_1 を自分のために F_2 を都市のために生産する。都市の方では国家に L_1，地域社会に L_2 とそれぞれ労働用役を提供する。また自分でも L_3 を消費する。これによって都市は地域社会から最終財 F_2 と

土地用役 T_2 を得ることができる。国営工場が生産する中間財の一部 U_2 は，直接ではなしに都市を介して間接に地域社会に流れるようになっている[65]。

関根氏は政治形態については展開していない。また，相互交換には地方的貨幣と国民的貨幣が使用されるとしているが，貨幣の性格については不明確な点を残している。ともかく，一つの試論的問題提起として紹介しておこう。

第5項　市民制社会としての社会主義

以上，20世紀の社会主義の成立と失敗を踏まえながら，21世紀に目標とすべき社会主義像を模索してきた。その新しき社会とは，自然の意識的計画的統御による自然との共生，民族とその文化の個性が創造的に発揮できるような他民族・他文化の共存，連帯と愛で結合されたアソシエーション，コミューン原則にもとづく農村・都市・国家の有機的結合，をスローガンとした。本項では，現に日本社会の中で萌芽的にまた部分的に生みだされている新しい社会，その意味において実現可能性のある社会を考察しておこう。それは戦後の民主化の過程で生まれた日本国憲法の目標とする市民制社会（市民社会）だと私は考える。

1　資本制社会と市民社会

もともと市民社会とは歴史的に形成されようとした社会であった。勃興してきたブルジョア階級が封建的特権階級（貴族と地主と教会）との戦いにおいて，絶対王政を利用しながら実現しようとした社会である。それは経済的には営利活動の自由，政治的には民主主義であり，社会的には平等を目標とした社会である（自由・平等・博愛と連帯）。それはまた17・18世紀の西欧の社会科学者たちが探求した理想社会でもあった。しかし近代社会が資本主義社会として確立したことによって，市民社会は資本制社会の中に包摂され形骸化されていった。しかし，資本と賃労働への階級分裂・対立にもかかわらず，国家が社会としての存続のための「共同管理業務」を遂行しなければならなかったように，資本主義社会も市民社会としての原則を実現していかなければならなかった。歴史的にみても，資本主義が確立した時期（自由競争段階）以降，国家の役割

は増大したし，市民としての国民全体の自由や民主主義や平等は確実に増大してきたといえよう。それは資本が意識的につくりだしてきた恩恵などではなく，労働者を中心とした国民大衆の運動の成果であり，市民社会は資本に包摂されながらも完全には支配されず，国家は市民社会が歴史的に生みだしてきたものにほかならないからである。

資本制国家から資本を取り去れば市民国家となる。市民国家は市民社会が生みだし，かつ資本の支配するものとして疎外されていった。しかしさきにも指摘したように，市民社会は消滅してしまったのではなく，資本主義社会の中で疎外されながらも生きつづけてきたのである[66]。現代人は階級的存在であると同時に，市民としての存在でもある。それは個々の労働者が疎外され搾取されながらも，主体性を喪失してしまったのではないのと同じである。こうした意味においては資本の人格化たる資本家も，賃労働の人格化である労働者もともに，二重人格化せざるをえない。これまで第1～4項で考察してきた新しい社会を実現していく主体は，搾取され抑圧され差別されている人民大衆であるが，その運動は市民運動と結合しなければならないし，市民社会の諸権利を基礎にし，かつ真の市民社会を実現する方向性を持たなければならない。いま求められているのは，こうした連帯の思想と理論とそして人民的なリーダーたちである。

2　日本国憲法と市民制社会

第8章で総括したように，戦後56年を経た日本資本主義は，戦後体制（高度成長のはじまる前後の時期）が破綻し構造的な危機を迎えている。戦後の冷戦体制という世界の軍事・政治対立の中で，日本はアメリカに軍事的・政治的に依存しながら経済成長至上主義の道を突き進んできた。1950・60年代前半の高度経済成長，1960年代後半からの経済大国化，80年代の債権大国化，そしてバブルに酔った代償としての90年代の金融的敗戦であった。構造的危機を乗り切るためには構造改革が必要である。序章で考察したように，戦後の日本社会の枠組みは，戦後の一連の民主化を経て，労働・社会主義運動が変質・抑圧・弾圧され，単独講和条約と日米安全保障条約体制の下での資本主義復活路線として形成された。戦後改革は不完全であったのであり，間違っていたのではない。

もう一度戦後改革の原点に戻り，それが何故に不完全化しかつ挫折していったのかを考え直す必要がある。真の市民社会を考察する本項において，戦後社会を基本的に規制してきた日本国憲法の理念を再確認しておこう。

　憲法問題は現代日本の一大政治問題である。改憲・護憲・論憲と大きく分けられるが，憲法には市民社会の基本的原理が保証されていることを私は訴えたい。憲法は占領軍が押しつけたものであり自主憲法をつくらなければならないとの主張は，間違っている。占領軍が拒否したのは，天皇を君主とする明治憲法の枠組みを堅持しようとした幣原内閣の憲法問題調査会案である。GHQの憲法草案に大きな影響を与えたアメリカの国務・陸軍・海軍三省調整委員会の文書（「日本の統治体制の改革」）は，主権在民・基本的人権の保障・天皇制の廃止ないし改革であった。「押しつけられた」のは，日本政府の新憲法の理念の理解能力が欠けていたことに由来する[67]。

　日本国憲法の前文では，大前提としての国民主権・平和主義・国際主義が宣言されている。国民主権を受けて第1章では象徴天皇制になっており，「この地位は，主権の存する日本国民の総意に基づく」（第1条）とうたわれる。第2章では戦争が放棄される。さて市民社会との関連では，第3章の国民の権利及び義務が関係してくる。基本的人権の享有・個人の尊重・幸福追求権（第11・13条）が保証され，公務員の選定と罷免の権利が保証されている（第15条）。今日の政・官・財の癒着と腐敗はまったくの憲法違反であることになる。基本的人権の内容たる思想・良心の自由（第19条），信教の自由（第20条），集会・結社・表現の自由と通信の秘密（第21条），居住・移転・職業選択の自由（第22条），学問の自由（第23条）が規定され，第24条では両性の平等が宣言されている。第25条では国民の生存権が保証されている。教育を受ける権利と与える義務（第26条），勤労の権利と義務（第27条）と勤労者の団結権（第28条）が保証されている。第4章から第7章にかけて議会制民主主義が制定されている。第8章では地方自治権が保証されている。こうした内容はまさに真の市民社会実現のための土台となっているものであり，第4項までにおいて提起してきた新しい社会実現の出発点となるであろう。私たちはこの日本国憲法を世界に向けて誇りとすべきであり，またこうした憲法の理念を踏みにじってきた勢力が誰であるかをはっきりと認識しなければならない。最後に述べておこう。

日本社会の構造改革はこの憲法の基本精神を発展させるものでなければならない。

注
1) 野々村一雄『ロシア・ソヴィエト体制』TBSブリタニカ，1983年，14-15頁。なお以下の叙述は拙著『入門経済学講義』東京教科書出版，1989年，127-129頁，と基本的に同じである。この書物は絶版となっているし，ソ連崩壊前に書いたものであるが，社会主義という用語を使っていた点を変更しただけで基本的な見解は変わっていないので，再論することにする。
2) 野々村，同上書，17頁。
3) 共産主義社会を第1段階・第2段階に区分し，前者を社会主義社会と呼ぶのは，マルクス『ゴータ綱領批判』による。
4) 野々村『ロシア・ソヴィエト体制』52-57頁。
5) ソ連社会の目標とする社会主義から逸脱し変質していった過程を分析した古典的書物として，たとえば，レオン・トロツキー著，藤井一行訳『ソ連はどこへ』（裏切られた革命）窓社，1988年，同『ソヴィエト国家論』（トロツキー選集第9巻）現代思潮社，1963年，がある。
6) たとえば，重田澄男『社会主義システムの挫折』大月書店，1994年。この見解は社会主義経済学会（その後，比較体制学会と名称変更）の主流的見解であり，第20回大会以前の日本共産党の「生成期社会主義」規定もこの見解に属する。
7) この見解を最も精力的に展開しているのは大谷禎之介氏である。つぎの一連の論考を参照。大谷禎之介「資本主義的生産と商品流通」経済理論学会年報第29集『市場と計画』青木書店，1992年，同「『現存社会主義』は社会主義か」法政大学『経済志林』第58巻第3・4号（1991年3月），同「社会主義とはどのような社会か」『経済志林』第63巻第3号（1995年3月）。
8) たとえば，ポール・スウィージー著，伊藤誠訳『革命後の社会』TBSブリタニカ，1990年，Howard Sherman, *Foundations of Radical Political Economy*, M. E. Sharpe, 1987.
9) 以下の主張は基本的には，拙著『入門経済学講義』第25講の再論である。
10) 大谷「社会主義とはどのような社会か」。
11) Assoziation, Vereinnは「連合」とか「協働連合」と訳されてきたが，大谷氏は同上論文以降「アソシエーション」と表現しているのでそれにしたがう。
12) 同上論文，92-94頁。
13) 同上論文，97-98頁。
14) 同上論文，99-100頁。
15) 同上論文，102頁。

16) 同上論文, 103-104頁。
17) 同上論文, 104頁。
18) 同上論文, 106-107頁。
19) 同上論文, 111頁。
20) 同上論文, 112-113頁。
21) 同上論文, 113-117頁。
22) 同上論文, 118頁。
23) 同上論文, 118-119頁。
24) 同上論文, 122-123頁。
25) 同上論文, 124頁。
26) 同上論文, 137-138頁。
27) 同上論文, 138-139頁。
28) 本節の第1項は, 拙稿「緑の社会主義」森岡・杉浦・八木編『21世紀の経済社会を構想する』桜井書店, 2001年, を収録したものである（語句は若干変更した）。
29) 『高島善哉著作集』全9巻, こぶし書房, 1997-98年, を直接読まれたい。高島の業績を紹介し論じたものとして, 渡辺雅男編『高島善哉　その学問的世界』こぶし書房, 2000年, がある。この書物に, 私が高島の今日的意義を論じた論文（「未完の社会科学—高島善哉が遺したものは何か」）が収録されている。
30) *MEW*, Bd. 25, S.131.（『資本論』第3部第1稿〈1864-1865〉, 大谷禎之介「社会主義とはどのような社会か」68頁の訳を引用した。アンダーラインは引用文による）。
31) *ibid.*, S. 828.
32) 大谷「社会主義とはどのような社会か」104頁, 参照。
33) フリードリッヒ・エンゲルス『猿から人間への移行における労働の役割』（岡崎次郎訳, 世界の大思想Ⅱ-5）河出書房, 382-383頁。
34) のちほど紹介するが, こうしたエンゲルスの理解と高島善哉の理解とは基本的に一致しているし, 高島はそれを「生産力の理論」として展開した。
35) 農林水産省統計情報部『林業センサス累年統計書』農林統計協会, 1993年, 10-11頁。
36) 同上書, 172-175頁より計算。
37) 富塚文太郎「マルクス主義世界観の欠陥」御園生等編『いま, マルクスをどう考えるか』河出書房新社, 1991年, 39-40頁。
38) 同上書, 40-46頁。
39) 同上書, 53頁。
40) ヨセフ・スターリン「マルクス主義における民族問題」『スターリン全集』

第 2 巻，大月書店，1952年，325-329頁。

41) 高島善哉『民族と階級』(著作集第 5 巻) 146-147頁。
42) 同上書, 149-154頁。
43) 高島善哉『時代に挑む社会科学』(著作集第 9 巻), 1998年, 参照。
44) 高島『民族と階級』357頁。
45) 同上書, 358-359頁。
46) マルクス＝エンゲルス「共産党宣言」『マルクス＝エンゲルス全集』第 4 巻, 大月書店, 492-493頁。
47) 高島『民族と階級』156頁。
48) 同上書, 161頁。
49) 同上書, 151頁。
50) 同上書, 152頁。
51) 同上書, 387-389頁。
52) 同上書, 379頁。
53) 同上書, 370-378頁, 参照。
54) フリードリッヒ・エンゲルス「家族・国家・私有財産の起源」『マルクス＝エンゲルス全集』第21巻, 大月書店, 27頁。
55) 大谷「社会主義とはどのような社会か」148頁。
56) カール・マルクス（西雅雄訳）『ゴータ綱領批判』岩波文庫, 24-25頁。
57) カール・マルクス（村田陽一訳）「フランスにおける内乱」『マルクス＝エンゲルス全集』第17巻, 大月書店, 312頁。
58) 同上書, 315頁。
59) 同上書, 315-316頁。
60) 同上書, 316頁。
61) 同上書, 319頁。
62) 関根友彦『経済学の方向転換』東信堂, 1995年, 176頁。
63) 同上書, 170-171頁。
64) 同上書, 170-175頁。
65) 同上書, 175-176頁。
66) 高島善哉『現代国家論の原点』(著作集第 8 巻) こぶし書房, 1997年, 参照。
67) 歴史科学協議会編『日本現代史』青木書店, 2000年, 179-192頁, 参照。

図・表目次

図 1-1　資本主義の経済体制　39
図 3-1　コンポジット・インデックスと実質 GDP，鉱工業生産　93
図 3-2　生産指数と操業度（稼働率）　93
図 3-3　中期循環の主要指標　94
図 3-4　鉱工業生産の成長率循環と在庫調整　94
図 3-5　鉱工業出荷と製品在庫の循環図　95
図 3-6　失業率と物価騰貴率（1957〜71年）　101
図 3-7　失業率と物価騰貴率（1972〜86年）　105
図 3-8　失業率と物価騰貴率（1986〜2000年）　108
図 4-1　戦後景気後退期と工業生産の変動　112
図 4-2　戦後景気後退期と鉱工業生産のトレンドからの乖離　113
図 4-3　世界の成長率循環（鉱工業生産）　115
図 4-4　国民総生産構成要素の成長率（前年同期比，1955〜58年）　118
図 4-5　1955年度の経済指標の伸び（前年同期比）　119
図 4-6　産業別にみた就業者の増加　120
図 4-7　輸入増大の原因　120
図 4-8　利益率の変動（1955〜62年度）　124
図 4-9　操業度（稼働率）の変動（1958〜62年度）　125
図 4-10　生産指数と能力指数の推移（1953〜59年）　125
図 4-11　生産・物価・国際収支の推移（1959・60年度）　126
図 4-12　国民総生産構成要素の推移（1956〜60年度）　126
図 4-13　操業度（稼働率）の推移（1956〜65年）　130
図 4-14　企業利潤率の推移（1956〜65年）　131
図 4-15　製造業需給ギャップ率の推移（1958〜72年）　136
図 4-16　総資本収益率の推移（1958〜71年度）　137
図 5-1　石油公示価格と工業製品輸出価格の推移（1956〜69年）　146
図 5-2　石油公示価格と工業製品輸出価格の推移（1970〜79年）　147
図 5-3　操業度（稼働率）でみた主要国の停滞期（1969〜82年）　148
図 5-4　主要国のスタグフレーション度　151
図 5-5　主要国のスタグフレーション化過程　152
図 5-6　操業度（稼働率）の推移（1965〜75年）　154

図 5-7　売上高経常利益率の推移（1964〜75年）　155
図 5-8　卸売・消費者物価, 株価・地価の推移（前年同期比騰貴率, 1956〜73年）　157
図 5-9　企業の資産投資行動活発化の条件　158
図 5-10　操業度（稼働率）の推移（1974〜82年）　160
図 5-11　経常利益の推移（1975〜83年度）　161
図 6-1　東証株価指数（TOPIX）の推移（1950〜89年）　178
図 6-2　主要国の株価の推移（1984〜93年）　179
図 6-3　地価と物価の推移（騰貴率, 1970〜99年）　180
図 6-4　地価と生産・投資の推移（騰貴率・成長率, 1970〜99年）　181
図 6-5　円レートと公定歩合の推移（1985〜87年）　184
図 6-6　主要国の鉱工業生産の動向（1978〜86年）　186
図 6-7　操業度（稼働率）・設備投資・利益率の推移（1973〜86年）　187
図 6-8　経常利益の推移（1979〜86年度）　188
図 6-9　経常収支と対外証券投資（1970〜87年）　191
図 6-10　操業度（稼働率）の動向（1985〜93年）　192
図 6-11(1)　売上高経常利益率の動向（製造業, 1983〜93年）　192
図 6-11(2)　売上高経常利益率の動向（非製造業, 1983〜93年）　192
図 6-12　地価と不動産業向け貸出残高（1970〜99年）　196
図 6-13　バブルのメカニズム　201
図 7-1　株価の推移（1985〜2001年）　206
図 7-2　主要国の株価の推移（1990〜2000年）　207
図 7-3　主要国の実質GDP成長率（1990〜99年）　212
図 7-4　売上高・経常利益の動向（1989〜2000年）　214
図 7-5　操業度（稼働率）の動向（1993〜99年）　215
図 7-6　バブル崩壊のメカニズム　223
図 8-1　連合・全労連・全労協参加組合　238-239
図 8-2　成長率・失業率・有効求人倍率の推移（1968〜99年）　242
図 8-3　雇用者数の対前年増減数（1975〜99年）　243
図 8-4　産業別雇用者数の推移（1970〜99年）　244
図 8-5　職業別雇用者数の推移（1970〜99年）　244
図 8-6　派遣労働者数の推移（1988〜98年）　245
図 8-7　正規・非正規従業員の比率の推移：男性（1986〜98年）　245
図 8-8　正規・非正規従業員の比率の推移：女性（1986〜98年）　246
図 8-9　設備過剰判断と雇用過剰判断の相関関係　251
図 8-10　設備過剰率と債務償還年数の相関関係　251
図 8-11　設備・雇用・債務過剰の相関関係　252

図 8-12　過剰設備の推計（1986〜98年）　255
図 8-13　設備除去率の推移（1976〜99年）　255
図 8-14　資本設備のビンテージ（1983〜97年）　256
図 8-15　実質自己資本比率と債務超過企業割合（1984〜97年度）　258
図 8-16　売上高債務残高比率と売上高営業利益率（1985〜97年度）　259
図 8-17　国債残高の累増（1965〜97年度）　263
図 8-18　財政投融資の現状（2000年度末）　265

表 0-1　空襲による生産能力の破壊状況　21
表 0-2　業種別生産指数の動向（1951〜54年）　29
表 1-1　巨大産業資本の融資比率（1960年）　50
表 1-2　巨大産業資本の融資比率（1970年）　51
表 1-3a　株式会社の所有と支配（1970年度）　52-53
表 1-3b　株式会社の所有・支配構造の変化　54
表 2-1　戦前と戦後の階級構成の比較（1930年：1955年）　70
表 3-1　成長率の長期動向（1958〜2000年）　88
表 3-2　卸売物価（総合）騰貴率の長期動向（1960〜2000年）　88
表 3-3　消費者物価（総合）騰貴率の長期動向（1956〜2000年）　89
表 3-4　完全失業率の長期動向（1957〜2000年）　89
表 3-5　有効求人倍率（除新卒，1963〜2000年）　90
表 3-6　売上高経常利益率（全産業，1960〜2000年）　90
表 3-7　経済指標の長期動向　90
表 3-8　景気基準日付　92
表 4-1　19・20世紀の恐慌・不況期の工業生産の低下率（年次資料）　114
表 4-2　世界の好況周期（好況から好況までの期間）　115
表 4-3　景気後退期における物価変動（アメリカ）　116
表 4-4　国民総生産の推移（1954〜59年）　118
表 4-5　企業利益率の推移（1955・56年）　121
表 4-6　総需要と総供給の動向（1959・60年度）　128
表 8-1　階級構造の推移（1950〜90年）　240
表 8-2　世代間移動の年次比較（1955〜95年）　241
表 8-3　主要33特殊法人の財務分析（2000年度末）　266
表 10-1　森林の転用用途別面積　324
表 10-2　耕地の拡張・かい廃面積　325
表 10-3　農村・都市・国家の経済表　337

長島誠一

東京経済大学教授
1941年,東京に生まれ,疎開先の福島で育つ。
1965年,一橋大学経済学部卒業,1970年,同大学院経済学研究科単位修了。一橋大学助手,関東学院大学専任講師・助教授を経て,現職。
著書『現代資本主義の循環と恐慌』岩波書店,1981年
　　　『景気循環論』青木書店,1994年
　　　『経済学原論』青木書店,1996年
　　　ほか

戦後の日本資本主義
2001年10月10日　初　版
2004年 3月15日　第 3 刷

著　者　長島誠一
装幀者　林　佳恵
発行者　桜井　香
発行所　株式会社　桜井書店
　　　　東京都文京区本郷1丁目5-17　三洋ビル16
　　　　〒113-0033
　　　　電話　(03)5803-7353
　　　　Fax　(03)5803-7356
　　　　http://www.sakurai-shoten.com/
印刷所　株式会社　ミツワ
製本所　誠製本株式会社

Ⓒ 2001 Seiichi Nagashima

定価はカバー等に表示してあります。
本書の無断複写(コピー)は著作権法上
での例外を除き,禁じられています。
落丁本・乱丁本はお取り替えします。

ISBN4-921190-12-7　Printed in Japan

二文字理明・伊藤正純編著
スウェーデンにみる個性重視社会
生活のセーフティネット
福祉社会の最新事情を7氏が多彩に報告
四六判・定価2500円＋税

エスピン-アンデルセン著／渡辺雅男・渡辺景子訳
福祉国家の可能性
改革の戦略と理論的基礎
新たな，そして深刻な社会的亀裂・不平等をどう回避するか
A5判・定価2500円＋税

エスピン-アンデルセン著／渡辺雅男・渡辺景子訳
ポスト工業経済の社会的基礎
市場・福祉国家・家族の政治経済学
福祉国家の可能性とゆくえを世界視野で考察
A5判・定価4000円＋税

重森 曉
分権社会の政策と財政
地域の世紀へ
集権の20世紀から分権の21世紀へ
A5判／定価2800円＋税

野村秀和編著
生協への提言
難局にどう立ち向かうか
生協の危機をどう見るか？存在意義とは？
四六判／2000円＋税

森岡孝二・杉浦克己・八木紀一郎編
21世紀の経済社会を構想する
政治経済学の視点から
目指すべきビジョン・改革の可能性――23氏が発言する
四六判／定価2200円＋税

桜井書店
http://www.sakurai-shoten.com/

成瀬龍夫
総説 現代社会政策

社会政策の過去と現状, そしてこれから
Ａ５判・定価2600円＋税

青木圭介
現代の労働と福祉文化

日本的経営と労働のゆくえを福祉文化の視点で展望する
Ａ５判・定価2600円＋税

重田澄男
資本主義を見つけたのは誰か

資本主義認識の深化の過程をたどるユニークな経済理論史
Ａ５判・定価3500円＋税

大谷禎之介
図解 社会経済学
資本主義とはどのような社会システムか

現代社会の偽りの外観を次々と剥ぎ取っていく経済学入門
Ａ５判・定価3000円＋税

和田　豊
価値の理論

マルクス経済学における価値論を再構築する
Ａ５判・定価4500円＋税

ドゥロネ＆ギャドレ著／渡辺雅男訳
サービス経済学説史
300年にわたる論争

経済の「サービス化」,「サービス社会」をどう見るか
四六判・定価2800円＋税

桜井書店
http://www.sakurai-shoten.com/

伊原亮司
トヨタの労働現場
ダイナミズムとコンテクスト
若い社会学研究者が体当たりでつぶさに観察・分析
四六判・定価2800円＋税

板垣文夫・岩田勝雄・瀬戸岡紘編
グローバル時代の貿易と投資
多国籍企業・WTO・アメリカの世界戦略をキーワードに分析
Ａ５判・定価2600円＋税

中村　哲
近代東アジア史像の再構成
資本主義の形成と発展に関する理論を組み替える
Ａ５判／定価3500円＋税

渡辺　治
日本の大国化とネオ・ナショナリズムの形成
天皇制ナショナリズムの模索と隘路
現代日本の政治・社会の深層を明快な論理で分析
Ａ５判／定価3000円＋税

佐藤真人・中谷　武・菊本義治・北野正一
日本経済の構造改革
日本経済のどこが問題か？ 改革は何をめざすべきか？
Ａ５判・定価2500円＋税

森岡孝二
日本経済の選択
企業のあり方を問う
市民の目で日本型企業システムと企業改革を考える
四六判・定価2400円＋税

桜井書店
http://www.sakurai-shoten.com/